Uni-Taschenbücher 1882

UTB
FÜR WISSEN
SCHAFT

Eine Arbeitsgemeinschaft der Verlage

Wilhelm Fink Verlag München
Gustav Fischer Verlag Jena und Stuttgart
Francke Verlag Tübingen und Basel
Paul Haupt Verlag Bern · Stuttgart · Wien
Hüthig Verlagsgemeinschaft
Decker & Müller GmbH Heidelberg
Leske Verlag + Budrich GmbH Opladen
J.C.B. Mohr (Paul Siebeck) Tübingen
Quelle & Meyer Heidelberg · Wiesbaden
Ernst Reinhardt Verlag München und Basel
Schäffer-Poeschel Verlag · Stuttgart
Ferdinand Schöningh Verlag Paderborn · München · Wien · Zürich
Eugen Ulmer Verlag Stuttgart
Vandenhoeck & Ruprecht in Göttingen und Zürich

Dietrich Schwanitz

Englische Kulturgeschichte

Band 2: Die Moderne 1760–1914

Francke Verlag Tübingen und Basel

Dietrich Schwanitz (geb. 1940) ist ordentlicher Professor für Anglistik an der Universität Hamburg.

Die Deutsche Bibliothek – CIP-Einheitsaufnahme

Schwanitz, Dietrich:
Englische Kulturgeschichte / Dietrich Schwanitz. – Tübingen; Basel: Francke.

Bd. 2. Die Moderne: 1760–1914. – 1995
(UTB für Wissenschaft: Uni-Taschenbücher; 1882)
ISBN 3-8252-1882-1 (UTB)
ISBN 3-7720-2244-8 (Francke)
NE: UTB für Wissenschaft / Uni-Taschenbücher

Dischingerweg 5 · D-72070 Tübingen
ISBN 3-7720-2244-8

Gedruckt auf chlorfrei gebleichtem und säurefreiem Werkdruckpapier.

Einbandgestaltung: Alfred Krugmann, Stuttgart
Satz: Nagel, Reutlingen
Druck und Bindung: Presse-Druck, Augsburg
Printed in Germany

ISBN 3-8252-1882-1 (UTB-Bestellnummer)

Inhalt

Vorwort 7

Paßhöhe und Sattelzeit 9
Das Empire und die drei Musketiere der radikalen Politik . 22
Der 'Große Khan' der englischen Literatur 40
Der neue Schauspielstil und das Unbewußte 46
Die Erfindung des Mittelalters und der Dampfmaschine .. 56
Die Industrielle und die Französische Revolution 65
Zylinder, Walzer und Dandies 80
Der entfesselte Prometheus 90
Die "große Erzählung" der Neuzeit 112
Reform, Agitation und Modernisierung 127
Dickens und die Viktorianer 150
Liberalismus, Evolutionstheorie und Fortschritt 166
Kompensationen: Genre, Nostalgie und Sport 188
Der Löwe und das Einhorn 198
Kultur, Anarchie und Nonsense 206
The New Woman 220
Die Ethik des Unglaubens 230
Dekadenz, Imperialismus und Irische Renaissance 240
Fabian Society und Bloomsbury 258
Historismus und Moderne 269
Belle Époque 280
In Europa gehen die Lichter aus 298
Mnemosyne 306

Namenregister 311

Vorwort

Der erste Band hatte die englische Kulturgeschichte von 1500 bis zur Sattelzeit um 1760 geführt, in der nach dem Urteil der meisten Zivilisationshistoriker die moderne Gesellschaft Gestalt annimmt. Der vorliegende zweite Band setzt mit einem bilanzierenden Rückblick auf den Zusammenhang von Gesellschaftsstruktur und Semantik am Beginn der Industriellen Revolution ein, der zugleich die Verbindung zum ersten Band herstellt und ein wenig von ihm unabhängig macht, wenn man sich nur über die jüngere Kulturgeschichte informieren möchte. Wegen dieser Doppelfunktion ist das 1. Kapitel etwas schwer zu lesen. Dafür kann derjenige, der den ersten Band gelesen hat, es überspringen und mit Kapitel 2 einsetzen. Tatsächlich möchte ich dem Leser empfehlen, beide Bände zu lesen: denn erst vor dem Hintergrund einer traditionellen Gesellschaft wird die Erstaunlichkeit der modernen sichtbar.

In der Zeit um 1760, in der die Erzählung dieses Bandes einsetzt, ist England bereits zum Vorreiter im Prozeß der Modernisierung geworden und hat die entscheidenden kulturellen Erfindungen in Verfassungsentwicklung und öffentlicher Kommunikation gemacht; jetzt steht es am Vorabend der Industriellen Revolution und ist zugleich im Begriff, in einem Anfall von Geistesabwesenheit, wie Churchill formuliert hat, sein Empire zu erobern. Es hat seine bürgerliche Revolution bereits hinter sich und erlebt eine zweite Auflage in Form des amerikanischen Unabhängigkeitskrieges. Und nach der Französischen Revolution und der Niederlage Napoleons wird das 19. Jahrhundert eigentlich zu einem englischen Jahrhundert, in dem Großbritannien zugleich zur industriellen Werkstatt der Welt wird und zum Zentrum eines Imperiums, wie es die Welt seit den Tagen Roms nicht mehr erlebt hat. All das wird begleitet von einer beispiellosen Eruption kultureller Energien, die unsere heutige Welt bis ins Innerste geprägt haben.

Im Vorwort zum ersten Band habe ich die Gesichtspunkte genannt, die mich bei der Abfassung der Kulturgeschichte geleitet haben, und ich will sie hier nicht wiederholen. Doch da wir jetzt in die Nähe unserer eigenen Zeit kommen, möchte ich einen

Gesichtspunkt nachtragen: in seinem Werk *The Sources of the Self*, dem ich viel verdanke, macht Charles Taylor dem Utilitarismus und ebenso dem Marxismus den Vorwurf, ihre moralischen Quellen zu verschweigen und nicht zu sagen, was sie für gut halten; das macht sie parasitär: ihre moralische Orientierung läßt sich nur negativ aus der Polemik gegen ihre Feinde und aus dem ablesen, was sie nicht wollen. Insofern leben sie moralisch auf Kosten anderer. Der Sozialismus ist gerade zusammengebrochen, und ich schreibe dies in post-marxistischer Zeit. Aber eben diese Diagnose Taylors scheint mir gerade das Verhältnis zu treffen, das die Intellektuellen der Bundesrepublik zur bürgerlichen angelsächsisch geprägten Demokratie haben: Es bleibt negativ auf die faschistische Katastrophe fixiert, die in ihr überwunden und vermieden wird. Das bindet das deutsche Demokratieverständnis zurück an eine nationale Unglücksgeschichte. Damit wird es neurotisch und parasitär. Aber Demokratie ist mehr als die Vermeidung des Faschismus durch bloß gute Gesinnung; sie ist die politische Seite einer ganzen Zivilisation. Wir brauchen die Kenntnis der englischen Kulturgeschichte als positive Kontrafaktur der deutschen Unheilsgeschichte, damit sie uns hilft, über unsere negative Fixierung hinauszuwachsen und den Reichtum einer gelungenen Zivilisation zu verstehen.

Paßhöhe und Sattelzeit

Die Zeit nach der Mitte des 18. Jahrhunderts gilt als "Sattelzeit", die von den meisten Historikern als die Wasserscheide zwischen der traditionellen Ständegesellschaft und einer modernen, funktional differenzierten Gesellschaft angesehen wird. Die moderne Gesellschaft, die in England früher als anderswo heraufdämmert, stellt in der sozio-kulturellen Evolution eine absolute Novität dar. Sie ist ohne Beispiel und grundsätzlich anders organisiert als traditionelle Gesellschaften. Für eine idealtypische Gegenüberstellung benutzen wir das Begriffsinstrumentarium der Systemtheorie von Niklas Luhmann, weil sich mit ihm die Modernität über die völlig neuartige Beziehung zwischen Individuum und Gesellschaft beschreiben und mit der Semantik des Individualismus in Verbindung bringen läßt.

Es gibt zwei Typen traditioneller Gesellschaften: archaische Gesellschaften und Hochkulturen. Archaische Gesellschaften sind segmentär in Familien, Sippen, Clans und Stämme gegliedert. Innerhalb der Segmente herrscht Ungleichheit der Mitglieder, aber zwischen den Segmenten herrscht Gleichheit der Struktur. Wer die Struktur einer Sippe kennt, kennt die ganze Gesellschaft. Deshalb konnte Lévi-Strauss in solchen Gesellschaften eine über die ganze Welt verbreitete Analogie in der Struktur der Verwandtschaft und der entsprechenden Mythologie feststellen. Da sich innerhalb der Verwandtschaftsverbände alle Kommunikation in Form direkter persönlicher Begegnung vollzieht, erlebt man Interaktion und Gesellschaft als weitgehend identisch. Das ändert sich, als mit der Erfindung der Schrift und der Gründung von Städten sich Hochreligionen ausbreiten und sich ein neues Prinzip gesellschaftlicher Differenzierung durchsetzt: das Prinzip sozialer Schichtung. Zu den Hochkulturen dieses Typs gehört auch die europäische Gesellschaft des Mittelalters und der frühen Neuzeit. In ihr wird die Differenz zwischen Gleichheit und Ungleichheit durch Hierarchisierung umverteilt: innerhalb der Schichten herrscht Gleichheit, zwischen den Schichten aber Ungleichheit. Die Belastungen, die von dieser Asymmetrie ausgehen, werden kompensiert durch die Teilung der Welt in Jenseits und Diesseits, wobei das Jenseits zugleich die Fortsetzung und die Kompensation der Hierarchie darstellt. Entsprechend findet die

Hierarchie des Himmels ihr subversives Spiegelbild in der Hierarchie der Hölle und – hier auf Erden – in der Zeit des Karnevals. Die Hierarchie privilegiert die Spitze und die oberste Schicht. Deshalb beobachtet sich diese Gesellschaft selbst über die Kultur der Oberschicht. Zur Ständegesellschaft gehört eine Ästhetik der Repräsentation. Die Vorstellungen vom Sozialen und Politischen kristallisieren sich an der guten Gesellschaft, der Society und ihren Umgangsformen heraus. Im Bereich der Literatur führt das zum Interesse an Manieren und Verhaltensregeln einer repräsentativen Gesellschaft und zur Entstehung des Dramas und zur Blüte des Theaters.

Entscheidend ist nun der folgende Gedanke: die Beziehung des Einzelnen zur Gesellschaft ist durch soziale Inklusion bestimmt. D.h. das Individuum wird in allen seinen Bezügen durch seinen sozialen Ort definiert. Seine persönliche Identität ist auch seine soziale Identität. Der Einzelne ist in allen Aspekten seiner Person Herzog, Kaufmann, Schmied oder Bauer, und seine ständischen Eigenschaften sind seine persönlichen Eigenschaften. Die Gesellschaft wird als statisch gedacht. Jeder gehört nur einem Stand an, und Mischwesen und Bastarde sind so monströs wie Mischungen aus Mensch und Tier. Deshalb neigt die zugehörige Ästhetik zur Typisierung. Das betrifft auch die narrative Form von Geschichten. Sie stellen die Wiederholung typischer Abläufe dar, die aus einem Fundus moralischer und empirischer Regeln gewonnen werden: sie sind Illustrationen, Exempla und Casus. Die Literatur bedient sich dabei aus einem Typenschatz von Verläufen und Geschehensprogrammen, die in ihrer Wiederholbarkeit die Konstanz der Formen sichern. Entsprechend ist die Geschichte auch die Lehrmeisterin des Lebens, und die Erfahrung stützt die Erwartung.

Mit diesem Typ Gesellschaft im Blick konnte man noch glauben, daß sich die Gesellschaft durch die Gliederung ganzer Menschen in Gruppen organisiert. Deshalb wurde von der Antike an die Gesellschaft als Einheit der Summe ihrer Teile gedacht. Die Schwierigkeit, aus der diese Denktradition nie herausfand, bestand darin, daß die Gesellschaft dann doppelt, als Einheit und Summe von Teilen, gedacht werden mußte. Dann stellte sich die Frage, wie das Ganze dann auf der Ebene der Teile zur Geltung gebracht werden konnte. Bezogen auf die Menschen als Teile der Gesellschaft hat man dafür die Antwort gefunden, der Mensch müsse in sich das allgemein Menschliche verwirklichen. Dafür ließen sich verschiedene Füllungen finden wie Bildung, Vernunft, Aufklärung, Pflicht, und entsprechend wurde ideologisch um das Wesen des Menschen gestritten.

Das eigentliche Kennzeichen der Moderne ist aber, daß sich das Prinzip gesellschaftlicher Differenzierung von der Einteilung ganzer Menschen in Familien und Schichten löst und autonom wird. Differenziert werden nicht mehr Gruppen von Menschen, sondern Typen von Kommunikationen. Versteht man Gesellschaft selbst als Kommunikation, erhöht die Gesellschaft damit ihre Geschlossenheit und gewinnt das Prinzip ihrer internen Differenzierung an sich selbst.

Den Anstoß für die Ausdifferenzierung dieser besonderen Typen von Kommunikationen bildet der erhöhte Zumutungsgehalt an die Akzeptabilität der Kommunikation oder, mit anderen Worten, ihre Unwahrscheinlichkeit. Es ist z.B. unwahrscheinlich, etwas für wahr zu halten, wenn es unanschaulich oder unplausibel wird. Aber die Wissenschaft sorgt dann doch dafür. Oder es ist unwahrscheinlich, daß man Entscheidungen hinnimmt, die zu eigenen Lasten gehen; aber das Rechtssystem macht das akzeptabel. Oder es ist abwegig, Dinge zu lernen, die mit dem Alltagsleben nichts zu tun haben, doch das Bildungssystem macht es möglich. All das sind Problemlagen, die auf neue Komplexitätsanforderungen antworten. Orientiert an solch verschiedenen Funktionen wie Naturbeherrschung, Konfliktregelung, Sozialisation, Tausch bilden sich funktionale Subsysteme wie Wissenschaft, Recht, Erziehung, Politik, Wirtschaft, Kleinfamilie etc. heraus, die über zweiwertige Codes wie wahr/falsch, Recht/Unrecht, öffentlich/intim gesteuert werden. Diese binären Codes reduzieren die Ablehnungsgründe für die Kommunikationsofferten auf bestimmte Bedingungen, stoßen alle anderen Ablehnungsgründe ab und kanalisieren damit die Kommunikation: das Gegenteil von wahr ist nur unwahr und nicht häßlich, unmoralisch oder ungerecht. Unter der Prämisse des Wissenschaftssystems müssen also alle Erkenntnisse akzeptiert werden, die nicht unwahr sind, selbst wenn sie häßlich, ungerecht oder unmoralisch sein sollten. In dieser Konzentration auf jeweils eine exklusive Opposition fallen das Schema des Codes und die Motivation zur Annahme der Kommunikation zusammen. Der Erfolg schafft dann das Vertrauen, das es ermöglicht, allein durch Benutzung dieser Medien Glauben zu finden. So sorgen diese Medien für die Bildung langer Kommunikationsketten, indem sie die Bedingungen festlegen, unter denen auch unzumutbare Kommunikationen akzeptiert werden: Der Arme nimmt es hin, daß er dem Reichen noch etwas für das Brot zu geben hat, wenn der Geldcode benutzt wird; der Rechtsuchende akzeptiert eine Entscheidung gegen sich, wenn kontrollierbare Verfahren angewendet werden. Das Unplausible oder Unangenehme wird geglaubt, wenn es wissenschaftlich erwiesen ist. Und unbegründbares Verhalten akzeptiert man, wenn man liebt.

Die Ausdifferenzierung der zugehörigen Subsysteme wie Wirtschaft, Wissenschaft, Kleinfamilie etc. erfolgt über Selbststeuerung: In der Verfassung kontrolliert Macht Macht, die Positivierung des Rechts macht es möglich, durch Rechtsverfahren Recht festzulegen, Geld reguliert den Tausch von Tauschmöglichkeiten im Wirtschaftssystem, die Wissenschaft bestimmt selbst durch Methoden und Theorien, was Wissenschaft ist, Geschmack kann man nur von Geschmack aus beurteilen, und nur Liebe kann Liebe motivieren. All diese gesellschaftlichen Subsysteme sind gegeneinander abgeschlossen, aber ihre Differenzierungslinien decken sich nicht mit denen, durch die ganze Menschen in Schichten oder Stämme getrennt werden. Alle Menschen haben zwar Zugang zu den Teilsystemen, aber sie gehören ihnen nur noch partiell an. Jeder kann Geld verdienen, Prozesse führen, erzogen werden, lieben und in der neuesten Zeit sich an der Politik beteiligen, Parteien beitreten und wählen. Die Teilsysteme sichern ihre Geschlossenheit und damit ihren Erfolg durch das Verbot der Vermischung. Wissenschaftliche Erkenntnisse dürfen nicht durch Rechtsurteile unterdrückt werden; Recht darf nicht durch Kauf korrumpiert werden; Politik darf man nicht durch Liebe beeinflussen wie in der Mätressenpolitik, und Liebe darf man nicht kaufen wie in der Prostitution. All diesen Teilsystemen gehört der Einzelne nur noch aspektweise und vorübergehend als Wähler, Schüler, Leser, Patient und Prozeßgegner an. Allein diese transitorische Qualität macht aus jeder Biographie eine individuell temporalisierte, durch eigene Zeitstellenwerte der Ereignisse interpunktierte Sequenz. Die Inklusionsgeschichte jedes Menschen sieht nun anders aus. Dazu wird er als Ganzer, als Individuum und Person aber aus der Gesellschaft ausgeschlossen. Er wird nicht mehr durch den sozialen Ort definiert. Erst diese Exklusion aus der Gesellschaft ermöglicht seinen fallweisen Wiedereintritt unter spezifizierten Bedingungen. Deshalb teilt sich das Individuum in seine gleichbleibende Ich-Identität jenseits aller Gesellschaft und seine wechselnden Rollen als Wähler, Schüler, Patient etc.: Ich ist das, was gleich bleibt beim Wechsel der Rollen, Rolle ist das, was gleich bleibt beim Wechsel der Spieler. Dieser grundsätzliche Ausschluß des Menschen wird von der Ideologie des Individualismus begleitet. Während vormoderne Gesellschaften das Individuum als bekannt ansetzten und Unbekannte und Fremde gar nicht zur Gesellschaft zählten, wird in der Moderne umgekehrt das Individuum als unbekannt, unberechenbar und frei begriffen. Entsprechend haben wir gesagt, daß sich im Übergang zur modernen Gesellschaft Bewußtsein und Kommunikation zu trennen beginnen. Die Rhetorik als Medium des gesellschaftlichen Vollzugs von Wahrheit bricht zusammen, die Literatur entdeckt das Problem der Inkommunikabilität und erforscht den seelischen Innenraum als Wohnstätte der individuellen Authentizität. Dem entspricht der Neuansatz des Romans. Er beglaubigt sich selbst durch Dramatisierung des Erlebens, "circumstantial method" und anderer Authentizitierungstechniken als realistisch, um sich durch Übereinstimmung mit der Realität von anderen unglaubwürdigen Geschichten wie Romanzen, Legenden und Märchen abzusetzen. Damit betreibt er literaturhistorische Selbstverortung und wagt sich selbst auf den Strom der Zeit hinaus. Die Romane werden wie bei Defoe zu Selektionsgeschichten, die zeigen, wie ein Individuum seine personale Identität außerhalb seines sozialen Status gewinnt. Das setzt individuell zurechenbare Selektivität des Handelns voraus; erst vor dem Hintergrund eines größeren Möglichkeitsspielraums interessiert man sich für Motive und muß diese dann mit der Individualität des Charakters erklären. Das individualisiert dann auch Schuld und Angst, was zu den narrativen Formen der Selbstthematisierung im Dienste der Selbstkontrolle führt: zum Tagebuch, zur autobiographischen Beichte und zum Seelenprotokoll. Pepys, Bunyan, Defoe, Richardson markieren die Übergänge zum realistischen Roman, und auch John Wesley schrieb ein laufendes Tagebuch als geistliche Autobiographie. An den Kriminellen-Biographien von Jonathan Wild oder Moll Flanders – der sogenannten "rogue biography" –, aber natürlich auch an der Robinsonade oder der Vereinsamung von Clarissa zeigt sich die Figuration der sozialen Exklusion. Dabei enthält die rogue biography die Präfiguration der Karriere. Karrieren entstehen, wenn

Herkunft, Status und Normalsozialisation nicht mehr ausreichen, den Lebenslauf erwartbar zu machen. Statt dessen werden in der Karriere die Ereignisse auf den Helden in der Weise zurechenbar, daß sie nach dem Kriterium von Eigenleistung und Glück sortiert werden. Nach dem Robinson-Schema vom happy fall wird die Karriere zur individuellen Fortschrittsgeschichte. Die Verlaufsstruktur des Romans ist die Enfaltung der Individualität in der Zeit. Dabei bringt à la longue die Geschichte die Voraussetzung dafür selbst hervor, daß der Held sie als notwendige Vorgeschichte für seine retrospektive Einsicht in ihren Zusammenhang begreift. Das Individuum konstituiert sich dann über die retrospektive Selbsterkenntnis seiner eigenen Geschichte. Individualität wird zum Prinzip abstrahiert, mit dem die Mannigfaltigkeit der Erfahrung zur Synthese gebracht wird, oder, mit Simmel gesprochen: Individualität ist die Stilisierung des Ichs durch das Ich oder die Mannigfaltigkeit, die sich selbst als Einheit beschreibt. Da Individualität nur in Geschichten beschreibbar ist, heißt das für die Erzählung, daß der Bedarf nach Geschichten steigt, damit sich das Individuum an seiner eigenen Individualität orientieren kann. Das aber führt zu dem Widerspruch, daß das Individuum Individualität durch Kopie von literarischen Individualitätsmustern lernt, was wiederum die Aufforderung an die Innovationsgeschwindigkeit der Literatur steigert, die immer neue Muster liefern muß, bis der Künstler sich selbst als Grenzwert von Sensibilität beim Produzieren von Kunst beschreibt. Das zeigt, daß für die Ausbildung der Individualitätssemantik zwei Codes entscheidend sind: Kunst als Domäne von Originalität und Geschmack sowie Liebe als die Form der Kommunikation, bei der man sich zunehmend an der Individualität des anderen, und d.h. am Weltentwurf der geliebten Person orientiert, obwohl dieser als individuell, kontingent und idiosynkratisch beobachtet wird. Damit geraten Individualität, Weltentwurf und Geschichte in ein mehrstufiges Spannungsverhältnis, bei dem die Literatur die Paradoxie bewerkstelligt, das, was sich als Intimkommunikation herausbildet, öffentlich zu machen. Der Zusammenbruch der Rhetorik zeigt dann, daß sich die Literatur völlig auf Intimkommunikation umstellt. Das sieht man auch daran, daß für sie eine ähnliche Beglaubigungssemantik gefunden wird, mit der sich die Kommunikation des Schriftstellers als Erleben tarnt und in die Unbelangbarkeit entzieht: Inspiration, Enthusiasmus, Genie, Leidenschaft, Geschmack und die Camouflage des Erzählens als Erleben der Figur. Durch Umattribution von Handeln als Erleben wird eine Sphäre der Opakheit eröffnet, die sowohl die intime wie die literarische Kommunikation kennzeichnet. Deshalb dürfte die Literarisierung des Privaten in der Neuzeit das Erfolgsgeheimnis von beiden Bereichen gewesen sein. In den Mittelschichten werden zugleich familienähnliche Formen der Geselligkeit für ungebremste Spontankommunikation ausgebildet: Freundschaftszirkel, Vereine, Freimaurerlogen und Clubs, in denen die Mitglieder unter Absehung von Standesrücksichten und sozialen Funktionen als Angehörige der Menschheitsfamilie miteinander verkehren. Im selben Sinn und parallel zur Ausbildung dieser Geselligkeitsformen wird die Familie im Prozeß funktionaler Differenzierung auf nur eine Funktion hin spezialisiert: auf die paradoxe Funktion, die ausgeschlossene Individualität einzuschließen. Ab dann kann man sich beschweren, daß die Gesellschaft kälter ist als die Familie oder daß die Familie unfreier macht als die Gesellschaft.

Auf der Paßhöhe der Sattelzeit, auf der die Historiker der Modernisierung die neuzeitliche Gesellschaft beginnen lassen, kann diese schon auf eine kulturelle Semantik zurückgreifen, die im Bruch mit dem Schichtenmodell der traditionellen Ständegesellschaft entstanden war. Noch die Shakespeare-Zeit sah die Welt als hierarchische Seinsordnung, in der die Dinge als Exemplifizierungen archetypischer Ideen erschienen. Das begründet die Lehre von der Korrespondenz des Seins: Der König beherrscht die Menschen in derselben Weise wie Gott die Welt, der Kopf den Körper und der Löwe die Tiere, weil in allen Sphären die gleiche Idee der Herrschaft waltet. Und die Ordnung der Ideen repräsentiert die Fülle des Seins, an dessen Vollkommenheit auch die Vernunft teilhat. Diese bezieht sich aber nicht auf die Repräsentation der Dinge im Verstand, sondern auf das Sein selbst, an dem die Vernunft partizipiert. Das Sein zeigt sich von sich selbst in unmittelbarer Überzeugungskraft dem am deutlichsten, der selbst der Idee des rationalen Wesens entspricht. Die Rationalität umfaßt den Sinn für die normative Kraft der kosmischen Ordnung, die Liebe zur göttlichen Perfektion und die engagierte Partizipation an der Fülle des Seins.

Der neuzeitliche Bruch mit diesem ontologisch gestimmten Weltbild, der mit den Namen Descartes, Hobbes, Locke und Newton verbunden ist, verläuft über den Umweg der Allmachtserhöhung Gottes: Die Unendlichkeit seiner Souveränität darf nicht durch ontologische Ordnungen und ewige Wahrheiten eingeschränkt werden. An der Statusveränderung Gottes kündigt sich, wie häufig, das Schicksal des Subjekts an: Es geht auf Distanz, um die Welt wie Gott erschaffen oder beherrschen zu können. Zu diesem Zweck unterwirft es seine Verflochtenheit mit der Welt der epistemologischen Kritik: Dabei entdeckt es über die Differenz von primären (objektiven) und sekundären (subjektiven) Qualitäten, daß die Farbigkeit der Welt nicht im Sein, sondern in unserem Geist steckt; von der objektiven Welt bleiben nur die grundlegenden Qualitäten, die in Mathematik ausdrückbar sind. Das bedeutet einen reflexiven Bruch mit der natürlichen Erlebnisverarbeitung: die Erfahrung muß durch Distanzierungstechniken – also durch eine Art phänomenologischer Einklammerung – als subjektiv durchschaut werden, um auf ihren objektiven Gehalt zurückgeführt werden zu können. Und dieser objektiver Gehalt ist bei Descartes, Hobbes, Locke und Newton mechanistisch. Radikale Subjektivierung war also Voraussetzung für die instrumentelle Objektivierung der Natur in der Wissenschaft. Und sie erfolgte bereits im 17. Jahrhundert bei den englischen Gründungsvätern der Aufklärung: Bacon, Hobbes, Locke und Newton. Die repräsentative Figur ist Locke. Über ihn wandelt sich das Denken von der traditionsgeleiteten Kontemplation des Wahren zur selbstverantworteten konstruktivistischen Prozedur aus dem Geist des Mißtrauens gegen unmittelbare Impulse, Wahrnehmungen und Gewohnheiten. Das "Ich" wird damit zur Agentur einer potentiellen Rekonstruktion der Weltwahrnehmung, die allein mit sich selbst eine Ausnahme macht: sie darf nicht verändert werden. Damit wird die alte Differenz zwischen aeternitas und tempus, die die Welt in die fließende Zeit des Diesseits und die dauernde Gegenwart Gottes im Jenseits geteilt hatte, in den Menschen selbst verlegt: Die Stelle Gottes nimmt die Identität eines von Charles Taylor "punktuell" genannten Ichs ein, das den wechselnden Erlebnissen des empirischen Menschen durch ständige Reflexion eine Art "transzendentale" Dauer verleiht. Der ungeheure Einfluß der Psychologie Lockes erklärt sich sicher damit, daß sie sich als Kristallisationspunkt einer Reihe kultureller Entwicklungen eignete: der von Locke selbst theoretisch entfalteten Doktrin politischer Eigenverantwortung der Individuen; der Explosion der Naturwissenschaften im späten 17. Jahrhundert in England; der Säkularisation der puritanischen Tugenden der Selbstkontrolle und Selbstthematisierung; der zunehmenden Disziplinierung durch die Institutionen und Diskurse der Ökonomie. All das trennt das Selbst von der Welt. Die Trennungszone heißt "Reflexion", in der stets entschieden wird, was auf das Selbst und was auf die Welt bezogen wird. Diese Reflektiertheit liegt auch zwischen der extrovertierten Welt Shakespeares, die wir deshalb so lieben, und unserem neuzeitlichen Individualismus. Das Zentrum der Welt war aus dem ontologisch strahlenden Kosmos ins Subjekt gewandert, das nun zur Wohnung der Wahrheit (oder der Illusion) wurde.

Wir haben diesen Vorgang als Monopolisierung des Seelischen zunächst durch Gott und dann durch das Subjekt beschrieben. Ihm entsprach der Prozeß der Entzauberung der Welt, die zur mechanischen Maschine bei Hobbes und zum Uhrwerk bei Newton wurde. Statt von zahlreichen Qualitäten, Einflüssen und Geistwesen wurde sie nur noch von einem Gesetz regiert: dem Gesetz der Kausalität. Damit wurde die Welt zu einem lückenlosen Ursache-Wirkungs-Zusammenhang, dessen Geschlossenheit die Eingriffe der Magie und die Wunder Gottes nicht mehr zuließ. Die seelische Besessenheit durch magische Einflüsse und Hexerei war der Kombination aus Freiheit und Selbstbeherrschung gewichen. Der Hexenwahn der frühen Neuzeit war geradezu ein Symptom der Geburt des neuen Selbst, dem die ältere Vorstellung der "Besessenheit" durch Ich-fremde Mächte mehr und mehr zum Affront geworden war. Zur neuen Individualität gehört die Selbständigkeit des Ich, das ebenso Herr im eigenen Hause ist, wie der freie Bürger nur mit seiner Zustimmung beherrscht sein will und sich deshalb selbst seine Regierung wählt. Die Freiheit des Ich macht es möglich, seine Bindungen an Bedingungen zu knüpfen: die Bedingung für die Regierung ist ihre Zustimmung zu verfassungsmäßigen Kontrollen. Systemtheoretisch formuliert: die Rückbindung an sogenannte "Kontingenzformeln", die Freiheit an Bedingungen bindet, ist ein Zeichen der Ausdifferenzierung der Politik als Subsystem. Und die Ausdifferenzierung von Subsystemen mit den zugehörigen Mediencodes ist eine Begleiterscheinung der Modernisierung. Kulturgeschichtlich formuliert: Die calvinistische Übernahme des alttestamentarischen Bundes mit Gott im Glaubensbündnis des Covenant bereitet die Theorie vom Gesellschaftsvertrag vor, plausibilisiert sie unter den Puritanern und sprengt die Vorstellung vom Gottesgnadentum der Könige. Die Gesellschaft wird damit zum Zusammenschluß aus dem freien Konsens souveräner Individuen. Auf dieser Basis ruht die whiggistische Politik seit der Glorious Revolution von 1688, und aus diesem Diskurs sollte während der nächsten Generation die amerikanische Unabhängigkeitserklärung ebenso legitimiert werden wie die Französische Revolution.

Ein anderer Aspekt des semantischen Bruches mit dem Weltbild einer traditionellen Gesellschaft betrifft die herkömmliche Hierarchisierung der Sphären, in denen das "gute Leben" geführt wurde. Diese Hierarchisierung drückte sich in der Ständeklausel der poetischen Gattungen aus: nur Adlige konnten bedeutende Schicksale erleben, und deshalb konnten nur sie Tragödien erleiden. Nur sie waren liebesfähig, hatten die seelischen Voraussetzungen für die Erfahrung einer großen Passion und besaßen eine ständisch geprägte Ehre, die sie in Duellen verteidigen konnten. Nur die Waffenfähigkeit bot die Voraussetzung für ein würdiges Leben als Gentleman. Zu ihm gehört der heroische Stil in der Dichtung.

All das wird im Jahrhundert zwischen der großen puritanischen Revolution und der Sattelzeit um die Mitte des 18. Jahrhunderts angezweifelt, umgebaut, aufgehoben und verändert. Im Hintergrund stand die protestantische Aufhebung des sakramentalen Privilegs der Priester: Nicht mehr nur Religionsvirtuosen wie Mönche, Priester, Asketen und Heilige hatten einen direkten Zugang zu Gott, sondern alle Gläubigen, die ihre Seele dem Anruf Gottes öffneten. Damit wurden alle Menschen zu potentiellen Heiligen. Die methodische Lebensführung der Mönche wurde nach dem Prinzip des ora et labora in die Alltagswelt übertragen und zur innerweltlichen Arbeitsaskese generalisiert. Die Differenz zwischen Alltag und Festtag wurde eingeebnet, und der Alltag selbst geheiligt. Das hatte eine grandiose Aufwertung des gewöhnlichen Lebens zur Folge. Der Alltag wurde zu einem Feld moralischer Bewährung. Nicht mehr außergewöhnliche Taten um des Ruhmes willen waren das Ziel der Bewährung, sondern die Tugenden der Stetigkeit und Konstanz: Fleiß, Verläßlichkeit, Standfestigkeit, Selbstkontrolle, Mäßigkeit und Askese. Die Erhaltung durch Gott ist dem neuzeitlichen Prinzip des Selbsterhaltung gewichen, das nach dem hedonistischen Prinzip von Lust und Unlust gesteuert wird.

In den moralischen Wochenschriften von Addison und Steele wurde das "heroische" Leben der Aristokraten lächerlich gemacht und durch das Konzept eines christlichen Gentleman ersetzt, der das Savoir-vivre der Aristokratie mit den häuslichen Tugenden des Alltags verband. Mit Lillos Drama *The London Merchant* erleben wir den ersten Bürgerlichen, der eine Tragödie erleidet. Mit Richardsons *Pamela* geraten sogar Dienstmädchen in die Lage, eine große Passion zu inspirieren und zu erleben. Und der realistische Roman bedeutet den Triumph des gewöhnlichen Lebens über die Ständeklausel.

Die Aufwertung des Alltagslebens wird ergänzt durch die von Lockes Schüler Shaftesbury ausgehende Lehre der moral sentiments, die mit ihren zentralen Werten des Mitleids, der Sympathie und der Benevolenz die Reformbewegungen des 18. Jahrhunderts inspiriert und jene Kulturrevolution des Gefühls vorbereitet, die mit den Begriffen der Sentimentalität und der Sensibility verbunden ist. Ihre zentralen Annahmen sind harmonistisch: Die seelische Natur des Menschen ist gut; der Mensch verfolgt sein eigenes Glück dann am wirkungsvollsten, wenn er den Impulsen der Benevolenz gegenüber anderen nachgibt; und statt der rationalistischen Distanz Lockes bedarf es des gefühlsmäßigen Engagements für seine Mitmenschen.

In dieser durch den aufgeklärten Deismus des 18. Jahrhunderts eingefärbten Perspektive wird auch Gott durch seine Benevolenz gegenüber den Menschen charakterisiert. Er hat in seiner unendlichen Weisheit der Natur eine solche Ordnung verliehen, daß sie des Menschen Glück befördert. Das bereitet die Rousseausche Wendung vor, daß die Natur selbst gut ist. Ihre positive Qualität liegt in der Allgemeingültigkeit und Verläßlichkeit ihrer Ordnung, die nicht um partikularer Fälle willen, etwa durch Wunder, durchbrochen werden darf. Aber diese Ordnung ist nicht mehr hierarchisch, sondern überzeugt durch das Ineinandergreifen ihrer Teile und die Zweckmäßigkeit ihrer internen Organisation dergestalt, daß jeder Teil dem anderen zunutze ist und dient. Dem Menschen geziemt es, sich in diesen Schöpfungsplan einzupassen, indem er mit seinem eigenen Glück auch das Glück der Mitmenschen verfolgt. Das bedeutet es, in Übereinstimmung mit der Natur zu leben. Bis Locke führt der Weg zu diesem Ziel über die Vernunft; bei Shaftesbury, Hutcheson und den moral-sense-Philosophen führt er über das Gefühl. Je mehr das Jahrhundert fortschreitet, desto eher wird der Zugang zur Ordnung der Natur über das Gefühl gesucht, das nun die alte Affektenlehre der Passionen ablöst: das Gefühl erhält moralischen Status und wird selbst zum Ausdruck der guten Natur in uns.

Diese Statuserhöhung des Gefühls begleitet den lauter werdenden Anspruch auf Freiheit der Gattenwahl ohne Rücksicht auf Familienpolitik. Die Kleinfamilie, die in jeder Generation neu gegründet wird, wird damit als Sphäre der Intimität ausdifferenziert. Das bedeutet einen radikalen Funktionswandel der Familie: Statt das Individuum sozial in der Gesellschaft zu verorten, wird sie nun zur Spezialumwelt für Intimkommunikation. Damit wird so etwas wie die Privatsphäre konstituiert, in der das Individuum ohne Rücksicht auf seine sozialen Rollen authentisch sein darf. Aus der großen sozialen Welt zieht sich das Ehepaar in die Intimität zurück. Zugleich wird die Kindheit als eigenständige Daseinsform entdeckt. Den emotionalen Banden zwischen Eltern und Kindern wird nun eine erhöhte Bedeutung zugemessen. Ungehorsam der Kinder wird nicht mehr nur mit Blick auf Gottes Gebote getadelt, sondern mit dem Verweis darauf beklagt, daß das Kind den Eltern das Herz bricht. Die Hoffnung auf ein Leben nach dem Tode wird zunehmend mit dem Hinweis begründet, daß man dort mit seinen Lieben wieder vereinigt sein möchte. Und es ist Rousseau, der das Gefühl und die Natur in ein Verhältnis sich selbst verstärkender Resonanz bringt.

Der Bruch mit der Semantik einer hierarchischen Gesellschaft zeigt sich auch in einer neuen Art zu erzählen. Bis zum Beginn des Romans waren Geschichten als Exempla typischer Abläufe, Geschehensprogramme und Lebensbahnen verstanden worden, deren Wiederholbarkeit die Konstanz der Formen sicherte. Der Thesaurus der Geschichten war nicht kausal, sondern typologisch geordnet: Die Verurteilung des Sokrates war vom gleichen Typus wie der Kreuzestod Christi. Eine außergeschichtliche Logik typologischer Ähnlichkeit stellte eine Verbindung zwischen ihnen her, die jenseits der Zeit lag. Mit dem Zusammenbruch der hierarchischen Ordnung des Seins wird Zeit mit Kausalität parallelisiert, und alles Geschehen erhält jetzt seinen Platz durch seinen Zeitstellenwert im Vorher und Nachher und wird damit partikular. Die Zeit selbst wird zum homogenen Medium für den Vergleich und die Synchronisation aller Verläufe, und die vielen res gestae, vitae, exempla und casus wachsen zusammen zur Geschichte, in der sich nichts wiederholt. Damit wird das Prinzip der historia magistra vitae verabschiedet. Erfahrung und Erwartung treten auseinander, und die neuen Geschichten im Roman werden auf den Punkt der laufenden Vermittlung in der progressiven Welterfahrung des Subjekts hin orientiert. Das Individuum konstituiert seine Identität über die Erinnerung und Erzählung seiner einmaligen Geschichte. Der Roman ist tendenziell autobiographisch wie bei Rousseau, Sterne oder Goethe.

All dies sind schon Hintergrundannahmen eines neuzeitlichen Weltbilds, in dem sich der Übergang zur modernen, funktional differenzierten Gesellschaft kulturell vorbereitete. Sie sind bis 1760 bereits semantisch entfaltet und ausgearbeitet worden. In der Zukunft werden in diesem kulturellen Boden nach einer Feststellung von Charles Taylor zwei Konzepte zu Quellen moralischer Energie werden: das Konzept des Subjekts als selbständige Agentur der rationalen Kontrolle oder der Neuschöpfung der Welt im sprachlichen Kunstwerk; und die Vorstellung von der Natur als providentieller Ordnung und als Resonanzraum für die Gefühle und die innere Tiefe des Subjekts, das sich im authentischen Ausdruck selbst zur Erscheinung zu bringen sucht. Aus diesen Quellen speist sich gleichermaßen die radikale Aufklärung, die dem Menschen sein Geburtsrecht auf die pursuit of happiness auch ohne Rekurs auf die providentielle Ordnung eines benevolenten Gottes bescheinigt, und die Romantik, die ja gerade die Nähe zur Natur und die Verschmelzung mit ihr sucht. Beide Energiequellen sollten im Gegensatz zwischen Benthams Utilitarismus und der sentimentalen Reformbewegung à la Dickens im 19. Jahrhundert miteinander in Konflikt geraten. Doch bevor wir dazu kommen, wollen wir die Ereignisgeschichte wieder aufnehmen.

Das Empire und die drei Musketiere der radikalen Politik

Gegenüber der ersten Hälfte des Jahrhunderts werden in der zweiten Hälfte die Ereignisse dramatischer. 1760 erfolgt der Thronwechsel und George III., der Enkel Georges II., wird König. Das ist die Zeit, mit der die Historiker normalerweise die Industrielle Revolution beginnen lassen. 1779 kommt es bereits zur ersten Maschinenstürmerei in Leicestershire. Damit ist die Industrialisierung in vollem Schwung. In der Politik aber vollzieht sich die Haupt- und Staatsaktion in drei Akten. Von 1756 bis 1763 dauert der Siebenjährige Krieg mit dem Ergebnis, daß England Frankreich als Rivalen in Nordamerika und Indien ausschaltet und sein amerikanisches Imperium sichert. Zwanzig Jahre später versetzt braucht es ebenso lange – von 1775/76 bis 1783 – bis es das gleiche Imperium im amerikanischen Unabhängigkeitskrieg wieder verliert. In der Zeit dazwischen, aber auch während der Kriege, kommt es zu tiefgreifenden Verfassungskrisen, die die Politik wieder stärker re-ideologisieren und eine neue Fraktion der Whigs auf den Plan rufen: die sogenannten "Radikalen". Damit wird das Parlament wieder stärker zur Bühne der Nation. Hier spielen sich rhetorische Dramen ab, in denen die Dramen auf den Schlachtfeldern Amerikas und Indiens ihren Widerhall finden; und die Figuren, die in diesen Dramen eine Rolle spielen, sind sämtlich großartige Schauspieler: William Pitt, der erste bewußt imperialistisch denkende Premierminister Englands, und sein Sohn William Pitt der Jüngere; Charles James Fox, der gefürchtetste Debattenredner des Unterhauses; Edmund Burke, der Begründer der romantischen Ästhetik und des modernen Konservativismus; der Dramatiker Richard B. Sheridan, der Nachfolger von Garrick am Drury Lane Theatre wird und zwei klassische Komödien schreibt, die sich bis heute im dramatischen Repertoire gehalten haben: *The Rivals* und *The School for Scandal*; schließlich John Wilkes, der Held der Radikalen und der erste populistische Volkstribun der demokratischen Moderne; und zu den Darstellern auf dieser Bühne gehören auch die beiden großen Eroberer Indiens, Warren Hastings und Robert Clive. Es ist eine Zeit des Dramas, der Theatralik und der großen Schauspieler: auf der Bühne schlägt Garrick mit seinem neuen Schauspielstil das Publikum in seinen Bann; in der Literatur herrscht Dr. Johnson, genannt "The Great Cham", über einen Troß von Anhängern, Bewunderern, Zuhörern und Fans; und auf den freien Feldern predigen George Whitefield und John Wesley so gründlich, daß die lauschenden Massen in hysterische Verzückungen verfallen.

William Pitt stellt den ersten Fall eines leitenden Ministers dar, der allein die Interessen der City vertritt. Sein außenpolitisches Programm zielt direkt auf die Errichtung eines britischen Imperiums. Für diese Zielsetzung war er von seiner Herkunft her prädestiniert. Sein Goßvater war noch als Matrose nach Indien gegangen, wurde Gouverneur von Madras und erwarb neben einem riesigen Vermögen auch noch den berühmten Pitt-Diamanten. Nach seiner Rückkehr legte er sein Geld in Grundbesitz an und vertrat das "rotten borough" Old Sarum im Parlament. Das war auch der Wahlkreis, den sein Enkel William Pitt ab 1735 vertrat. Den Einfluß, den er dort entfaltete, hatte er fast ausschließlich seiner rhetorischen Begabung zu danken. Zeitgenossen hielten ihn für den besten Redner, der je im Parlament aufgetreten war. Das hatte zweifellos damit zu tun, daß er von einem überpersönlichen Ziel besessen war und es mit allen Mitteln verfolgte: Englands imperiale Größe. Seine leidenschaftlichen Reden waren daher von nationalem Pathos getragen. Daß er unbestechlich war wie Robespierre, verschaffte ihm die Glaubwürdigkeit, das Parlament von seiner Vision zu überzeugen, daß England ein Imperium errichten und den Handel der Welt beherrschen müsse. Der Sturz Walpoles machte den Weg frei für seinen Eintritt in die Regierung, und der Beginn des Siebenjährigen Krieges stieß die Tür zur Realisierung seines Programms auf. Als Außenminister wurde er zur leitenden Figur der Kriegsführung, wählte die Kommandeure aus, plante die Operationen und leitete die militärischen Aktionen in einem Maße, wie es vorher kein Politiker getan hatte. Für ihn bestand die Hauptstrategie in der Ausnutzung der Seemacht. So hielt er die französischen Flotten durch Blockade zurück und attackierte nicht etwa Frankreich selbst, sondern den französischen Handel. Dabei hatte er die Unterstützung der City, deren Kaufleute ihn über ihre eigenen Informationsnetze über die geographische Verbreitung der französischen Gummi-, Pelz-, Fisch- und Zuckerhandelspostenketten informierten. Es gab vier größere Handelszonen: Nordamerika, Westindien, Afrika und Ostindien. In Amerika wurden Quebec und Montreal erobert; über Westindien kam es zu Meinungsverschiedenheiten mit der City, wo man befürchtete, von westindischem Zucker überschwemmt zu werden; in Afrika wurde Dakar als Hauptquartier für den Gummi- und Sklavenhandel genommen; und in Indien siegte Clive auf eigene Faust, während Pitt sich auf die orientalischen Handelsstraßen konzentrierte, Manila eroberte und den Chinahandel und damit den Teehandel unter britische Kontrolle brachte.

Aber mitten in diesem wunderbaren Krieg, den Friedrich der Große auf dem Kontinent durch seine eigenen Siege verschönte, starb nach über dreißigjähriger Regierungszeit George II. Sein Sohn war schon vor ihm gestorben, und so folgte ihm sein Enkel George III. nach. Obwohl er der erste Hannoveraner war, der in England geboren wurde und sich auch als Engländer fühlte, sollte seine 60jährige Regierungszeit von ständigen Krisen geschüttelt werden. Beeindruckt von der Schlechtigkeit der Welt, hatte seine Mutter, die Prinzessin Augusta von Sachsen-Gotha, ihren Sohn wie Parzifal in völliger Isolation erzogen. Dadurch war er zu einem linkischen, verklemmten und ungebildeten jungen Mann geworden. Nach dem Tod ihres Mannes, des Kronprinzen, hatte sich Georges Mutter mit dem Hofbeamten John Stuart, dem Earl of Bute, angefreundet, der seinerseits mit der Tochter von Popes Freundin Lady Mary Wortley Montagu verheiratet war. Den Einfluß, den der Earl auf die Mutter hatte, dehnte er nun auch auf den Sohn aus und wurde vor Georges Thronbesteigung zu seinem Haupberater. Als George 1760 den Thron bestieg, glaubte er unter dem Einfluß von Bute, den Krieg durch einen vorzeitigen Separatfrieden mit Frankreich beenden zu sollen, und stieß damit gleich auf den Widerstand von Pitt. 1761 wurde der Earl of Bute Staatssekretär, und als er weiterhin den Plan eines Separatfriedens ohne Friedrich den Großen verfolgte, trat Pitt aus Protest zurück. Als dann auch der Duke of Newcastle zurücktrat, der Pitt die innenpolitische Rückendeckung verschafft hatte, konnte Bute selbst Premierminister werden. Er und der König machten sich nun daran, die Macht der alten Whig-Familien zu brechen, und nahmen darin Anregungen des neuen Konservativismus von Bolingbroke auf. Das löste einen Verfassungskonflikt aus, der um die Frage kreiste, ob der König das Recht hatte, seine Minister nach Gutdünken zu ernennen und zu entlassen, oder ob er sie nur aus den Führern der Partei auswählen durfte, die aus den Wahlen siegreich hervorgegangen war. Die Frage wurde deshalb akut, weil die Tories im Prinzip die Erbfolge der Hannoveraner anerkannten und deswegen wieder als Minister infrage kamen. Wie zu Zeiten von 1688 sahen sich die Whigs in die Rolle gedrängt, die Hüter der Verfassung zu spielen. Da man den König nicht angreifen konnte, konzentrierte man sich auf Bute, den man beschuldigte, mit der Mutter des Königs ein Verhältnis zu haben. George war beleidigt, ließ Bute einen Separatfrieden mit Frankreich schließen und beendete die Zahlung von Subsidien an Preußen, was England in Deutschland den Beinamen des "perfiden Albion" einbrachte. Der enttäuschende Friede mit Frankreich lehrte die Vertreter der City, daß sie eine politische Maschinerie zur Vertretung ihrer eigenen Interessen brauchte. Jedoch war Pitt nicht der einzige, der die Bedingungen des Friedensvertrags kritisierte. Jetzt machte zum ersten Mal ein Journalist von sich reden, der bereits an die heutigen Märtyrer der Pressefreiheit erinnert: es handelt sich um John Wilkes.

Sohn eines Brandy-Herstellers, hatte sich Wilkes nach seinen Studien in Oxford einem Zirkel von exzentrischen Freunden angeschlossen. Zu ihnen gehörte der Earl of Sandwich, der sich so ungern beim Glücksspiel von den Mahlzeiten unterbrechen ließ, daß er als Begleitmahlzeit den Sandwich erfand; und George Selwyn, den man auch den "Oscar Wilde des 18. Jahrhunderts" genannt hat; seine Bonmots wurden ebenso berühmt wie seine Männerbekanntschaften und seine Eskapaden: so hatte man ihn aus Oxford hinausgeworfen, weil er sich als der Erlöser ausgegeben hatte. Sie gründeten mit dem Dichter Charles Churchill und anderen Gesinnungsgenossen den sogenannten "Hell-Fire-Club" und feierten in der alten Abtei von Medmenham schwarze Messen. Selwyn saß im Parlament, und durch den Einfluß seiner Club-Freunde wurde auch Wilkes als Abgeordneter von Aylesbury ins Parlament gewählt. Bute hatte inzwischen die Unterstützung der Zeitschrift *The Briton* gewonnen, die der schottische Romancier Tobias Smollet, Autor von *Humphrey Clinker* und anderen pikaresken Romanen, herausgab. Im Gegenzug gründete Wilkes die Zeitschrift *The North Briton*, die wegen ihrer witzigen Angriffe auf die Regierung sofort ein Erfolg wurde. In der 45. Nummer der

Zeitschrift verstieg sich Wilkes allerdings dazu, die Thronrede des Königs selbst lächerlich zu machen. Daraufhin wurden fünfzig Männer verhaftet, die an der Herstellung und am Druck der Nr. 45 beteiligt waren. Zu ihnen gehörte auch Wilkes. Dieser aber pochte auf seine parlamentarische Immunität, wurde von einem mit Pitt befreundeten Oberrichter freigelassen und verklagte den verantwortlichen Staatssekretär Halifax. Leider eröffnete Wilkes einen Nebenkriegsschauplatz, indem er mit dem Sohn des Erzbischofs von Canterbury eine obszöne Parodie auf Popes *Essay on Man* verfaßte, die sie *Essay on Woman* nannten. Der Earl of Sandwich hatte das Vergnügen, die Schrift dem Oberhaus zum Amüsement der Lords vorzulesen. Inzwischen wurde auf Befehl des Parlaments die Nr. 45 des *North Briton* vom Henker öffentlich verbrannt. Ein gewisser Mr. Martin, der dort ebenfalls beleidigt worden war, forderte Wilkes zum Duell heraus und verwundete ihn. In London aber glaubte man an ein Komplott der Regierung und hielt Martin für einen bezahlten Killer. Das Volk von London machte Wilkes' Sache zu seiner eigenen und organisierte Demonstrationen mit Slogans wie "Wilkes und die Freiheit" und "Nummer 45". Nach einem weiteren Attentat floh Wilkes nach Frankreich, wurde aus dem Parlament ausgestoßen und für schuldig befunden, in seiner Nr. 45 den König und in seinem *Essay on Woman* Gott beleidigt zu haben.

Auch Bute kapitulierte bald vor den politischen Hahnenkämpfen. Die Presse griff auch seinen Nachfolger George Grenville an, der obendrein das Unglück hatte, daß während seiner Amtszeit George seinen ersten Wahnsinnsanfall erlitt. Zwar genas der König wieder, aber er setzte nun der Whig-Oligarchie keinen Widerstand mehr entgegen. So forderte er einen von ihnen, den Marquess of Rockingham, auf, ein neues Kabinett zu bilden. Nach dessen Demission wurde Pitt noch einmal Premierminister, brachte aber bei dem Versuch, seine Gicht in Bath zu kurieren, seinen Verstand durch Drogen in Unordnung, so daß er 1768 das Amt seinem Nachfolger Grafton überließ. Während der Zeit der politischen Wirren zwischen 1764 und 1768 schloß sich eine Gruppe von Männern zusammen, die sich "Die Freunde des Königs" nannten. Nach Pitts Rücktritt durchlöcherten sie die politischen Einflußnetze der Whigs und hievten Patrick North, der später als Lord North eine fatale Rolle beim Verlust Amerikas spielen sollte, in das Amt des Lord Chancellor. North' Nützlichkeit für den König bestand darin, daß er die politische Maschinerie im Unterhaus ebenso gut manipulieren konnte wie die Whigs. Durch ihn errichtete George III. für ein Jahrzehnt eine Art persönliches Regiment. Er bestach die Wähler, kaufte Parlamentssitze, verkaufte Ämter und bezahlte die Presse. Dadurch brachte der König aber eine Opposition gegen sich auf, zu der auch wieder John Wilkes gehörte. Dieser war 1768 nach England zurückgekehrt und kandidierte erneut für das Parlament. Dabei vertrat er den radikalen Wahlkreis Middlesex, der den Nordwesten Londons umfaßte. Er wurde gewählt und mußte nun vor Gericht seinen Ausschluß aus dem Parlament rückgängig machen. Das Gericht entsprach dem Antrag, verurteilte ihn aber wegen der alten Anklagepunkte zu zwei Jahren Gefängnis. Daraufhin befreite ihn die Menge, und als er wieder verhaftet wurde, kam es fast zu einem Volksaufstand. Anfang 1769 schloß ihn das Parlament wieder aus. Middlesex wählte ihn von neuem, er wurde ein drittes Mal ausgeschlossen, Middlesex wählte ihn wieder, und der wütende Mob hinderte seinen Gegenkandidaten, den das Parlament anerkannte, daran, seinen Parlamentssitz einzunehmen. Verschiedene Wahlbezirke richteten Petitionen an den König, er möge das Recht auf freie Repräsentation wieder herstellen. Als der Monarch sie ignorierte, gründeten die Freunde von Wilkes eine Gesellschaft zur Verteidigung der Bill of Rights. Sie agitierte für die Befreiung Wilkes' aus dem Gefängnis, seine Wiedereinsetzung ins Parlament sowie eine jährliche Wahl des Parlaments aufgrund des allgemeinen Wahlrechts aller männlichen Erwachsenen und forderte, daß alle Kandidaten schwören sollten, weder Staatsämter noch Pensionen noch Bestechungsgelder anzunehmen. Die Bittschriften und Eingaben häuften sich, und ihr Ton wurde immer revolutionärer. Allenthalben wurde eine radikale Verfassungsreform gefordert und die Korruption der Regierung und der Monarchie angeprangert. Man erinnerte mit drohenden Untertönen an die Revolutionen des 17. Jahrhunderts. Inmitten dieser öffentlichen Gärung erschienen in *The Public Advertiser* ab 1769 anonym die geheimnisvollen *Junius-Briefe*, deren Verfasser seine Identität so gut zu verstecken verstand, daß sie bis heute nicht bekannt ist. Dabei handelt es sich zusammengenommen um die rebellischsten und schärfsten Briefe in der englischen politischen Geschichte. Als wahrscheinlichster Kandidat für die Autorenschaft kommt ein gewisser Sir Philip

Francis infrage, der später in Indien wieder auftauchen sollte. Er unterzeichnete die Briefe mit dem Namen Junius, womit er auf Lucius Junius Brutus anspielte, der nach dem Bericht des Livius den etruskischen König abgesetzt und die römische Republik mitbegründet haben soll. In der Wahl des Namens lag ein revolutionäres Programm. Junius erinnerte den König daran, daß man ihn absetzen könnte, pries die Pressefreiheit als heiligstes Gut der englischen Verfassung, geißelte die Korruption der Regierung, verbreitete sich über die Erziehung des Königs und forderte, daß Wilkes wieder in seine Rechte eingesetzt würde. Die Briefe, die noch bis 1772 fortfuhren zu erscheinen, boten ein Musterbeispiel politischer Rhetorik. 1770 wurde Wilkes aus dem Gefängnis entlassen und nacheinander zum Stadtrat, zum Bürgermeister und schließlich doch wieder von Middlesex ins Parlament gewählt. Dabei fand er einen neuen Streitpunkt mit der Regierung: Dies war das Recht, die parlamentarischen Debatten zu veröffentlichen. Um 1768 hatten nämlich einige Zeitungen damit begonnen, die wichtigsten Reden abzudrucken. Daraufhin beklagte sich ein gewisser George Onslow, die ganze Nation könne jetzt in der Zeitung nachlesen, daß er im Unterhaus ein 'unbedeutendes Insekt' genannt worden sei. Das House of Commons befahl die Verhaftung der Drucker, diese aber brachten die Sache vor den Oberbürgermeister und zwei Stadträte, von denen einer wiederum Wilkes war. Er und seine Kollegen erklärten die Verhaftung für ungesetzlich, worauf das Parlament den Oberbürgermeister in den Tower schickte. Darauf kam es zu einem Volksaufstand, und der Oberbürgermeister wurde wieder befreit. Zu dieser Zeit sah es so aus, als ob eher England als Frankreich vor einer Revolution stünde.

Aus diesem Kampf gingen die Radikalen und die Presse als Sieger hervor. Die Presse behauptete sich als Plattform der öffentlichen Meinung und als Repräsentant der vierten Gewalt. Mit der Zustimmung des Parlaments wurden von nun ab die *Journals of the House of Commons* herausgegeben. Durch sie konnten die Parlamentsredner damit rechnen, auf der ganzen britischen Insel gelesen zu werden. Politische Informationen fanden immer größere Verbreitung, und die Gesellschaftsschichten, die zwar politisch interessiert, aber nicht direkt im Parlament vertreten waren wie die Radikalen, die Intellektuellen und die Geschäftsleute, sahen in der Presse ihre Plattform. Die Parlamentsabgeordneten wurden nun von den eigenen Wählern kontrollierbar, weil diese erfuhren, was zu ihrer Interessenvertretung getan wurde. Das erste Ergebnis war die Hebung des rhetorischen Standards im Unterhaus. Deswegen wurde die zweite Hälfte des 18. Jahrhunderts zur großen Zeit der Parlamentsrhetorik. Zugleich konnte die Korruption leichter bloßgestellt werden und nahm schließlich auch ab. Wilkes, der Protagonist dieses Kampfes, wurde im Parlament der Führer der sogenannten "Radikalen", die die parlamentarische Vertretung auch der unteren Volksschichten forderten. Darüber hinaus hatte dieser Kampf auch die Methoden der politischen Massenagitation hervorgebracht. Die Gesellschaft für die Verteidigung der Bill of Rights war der erste politische Club, der versuchte, die öffentliche Meinung zu organisieren.

Damit war die Bühne bereitet für den Auftritt der drei Musketiere, die sich als Führer der liberalen Whigs einen Namen machten; Burke, Fox und Sheridan. Burke war der Sohn eines Rechtsanwalts, besuchte eine Quäkerschule und danach das Trinity College in Dublin und ging schließlich nach London, um am Middle Temple die Rechte zu studieren. Statt aber seinen Studien ernsthaft nachzugehen, trieb er sich in den Debattierclubs Londons herum und schrieb eine der folgenreichsten ästhetischen Schriften des Jahrhunderts: *A Philosophical Inquiry into the Origin of Our Ideas of the Sublime and the Beautiful*, die in der zweiten Auflage von 1759 durch ein Einleitungskapitel *On Taste* ergänzt wurde. Darin verknüpft Burke die von den moral-sense-Philosophen herausgearbeiteten Triebkräfte des sozialen Instinkts und der Selbsterhaltung mit den ästhetischen Kategorien des Schönen und des Erhabenen: die Idee des Schönen entsteht, wenn man von der sozialen Sympathie und der Liebe die mit ihnen verbundene Begierde subtrahiert, womit er Kants Idee des interesselosen Wohlgefallens vorwegnimmt. Das Erhabene entfaltet seine Wirkung, wenn der den Selbsterhaltungsinstinkt bedrohende Schrecken sich als unbegründet erweist. Das legitimiert die Ästhetisierung des Schrecklichen im Schauerroman und in den romantischen Darstellungen heroischer Landschaften. Mit seiner radikalen Trennung der Ästhetik von den Prinzipien der Nützlichkeit und der Moral zeigt Burke, daß die Kunst in der Romantik autonom wird: sie definiert sich nicht mehr durch die Schönheit der Gegenstände, die sie imitiert, sondern sie wird selbst zu einer eigenständigen Optik, die alles zu ihrem Gegenstand machen kann einschließlich des Schrecklichen und des Häßlichen.

Entsprechend werden bisher als wüst geltende Landschaften wie das Hochgebirge oder die trübsinnige Heide poetisiert, da der Eindruck des Erhabenen vom Riesigen und vom Unendlichen ausgeht. Damit wird Burkes Schrift zur Magna Charta der romantischen Ästhetik, bei der sowohl Kants *Kritik der Urteilskraft* als auch die *Ästhetik* von Hegel ansetzen.

Mit dieser Arbeit fand Burke Beachtung in der politisch einflußreichen Gesellschaft der Hauptstadt, wurde Sekretär des Marquess of Rockingham und schließlich als Abgeordneter ins Parlament gewählt. Weil er später mit seinen *Reflections on the French Revolution* die beste Legitimation des Konservativismus lieferte, vergißt man leicht, daß er ein prinzipienfester Whig war, gleiche Rechte für Katholiken und Dissenter forderte, die Prinzipien des Freihandels verteidigte und die Sklaverei zu einer Schande der Zivilisation erklärte. Als Vertreter dieser liberalen Prinzipien wurde er nach Pitt einer der größten Rhetoren im Unterhaus, dessen Wirkung nur durch seinen irischen Akzent gedämpft wurde.

Burkes Freund Charles James Fox war der dritte Sohn von Baron Holland, der dem Earl of Bute dabei geholfen hatte, das Parlament zu manipulieren, und seine Mutter war Caroline Lennox, eine Enkelin von Louise de Kéroualle, der französischen Mätresse von Charles II., so daß Fox ein illegitimer Stuart-Abkömmling war. Er schien die Eigenschaften seines königlichen Ahnen geerbt zu haben: Unvoreingenommenheit, Witz, Schlagfertigkeit, Gutmütigkeit, Liederlichkeit und eine bis zur Sorglosigkeit betriebene Mißachtung der eigenen Interessen. Sein Reichtum und seine liebenswerte Natur setzten ihn in die Lage, ohne Rücksicht auf die eigene Karriere die Prinzipien des Liberalismus hochzuhalten.

Der dritte im Bunde war Richard B. Sheridan, Sohn eines Theaterdirektors und einer erfolgreichen Dramatikerin. So war es Richard vorherbestimmt, im Theater und in der Literatur eine Karriere zu machen. Er begann sie in Form einer romantischen Affaire mit einer Sängerin, die von so gewalttätigen Freiern belagert wurde, daß sie mit Sheridan nach Frankreich floh, wo sie ihn heiratete. Als er nach England zurückkehrte, mußte er sich mit den abgeschmetterten Bewerbern seiner Frau zwei Duelle liefern, blieb im ersten Sieger, war aber im zweiten betrunken und wurde von seinem Vater dabei im Zustand völliger Derangiertheit angetroffen, so daß dieser ihn enterbte. Daraufhin beschloß er, ein Vermögen als Dramatiker zu machen und schrieb sein erstes

Erfolgsstück *The Rivals*. In diesem Stück schuf er die unsterbliche Mrs. Malaprop, die wegen ihrer Unfähigkeit, schwierige Wörter adäquat zu gebrauchen, den englischen Sprachschatz um den Bergiff "malapropism" bereicherte: ("He is as strong as an allegory on the banks of the Nile.") Seine komische Oper *The Duenna* – die Anstandsdame – wurde ein noch größerer Erfolg als die *Bettleroper* und brachte ihm so viel Geld ein, daß er zusammen mit anderen Partnern die Eigentumsrechte am Drury Lane Theater erwerben konnte. Nun schrieb er den größten Kassenschlager des Jahrhunderts mit *The School for Scandal*. Der Erfolg veranlaßte sogar seinen Vater, sich wieder mit ihm zu versöhnen. Er krönte diesen Triumph damit, daß er sich mit Hilfe reichlicher Bestechungsgelder ins Unterhaus wählen ließ. Dort wurde er neben Burke der beste Redner. Die liberalen Whigs hatten also die größten Rhetoren und die schärfsten Zungen auf ihrer Seite. Sie sollten in der politischen und parlamentarischen Auseinandersetzung um den amerikanischen Unabhängigkeitskrieg und die Eroberung Indiens eine führende Rolle spielen.

Blickt man also auf den amerikanischen Unabhängigkeitskrieg, muß man im Auge behalten, daß nicht nur in Amerika ein großer Teil der Bevölkerung loyal zur britischen Krone stand, sondern daß umgekehrt in England Burke, Fox und Sheridan sich auf die Seite der amerikanischen Rebellen schlugen.

Die einzelnen Kolonien in Amerika hatten ihre eigenen Parlamente, die Gesetze beschließen konnten. Das galt allerdings nicht in wirtschaftlichen Dingen. Hier hatte das Londoner Parlament das alleinige Recht, Gesetze für das ganze Empire zu erlassen. Sie begünstigten England, degradierten Amerika zum Rohstofflieferanten und Absatzmarkt für britische Fertigwaren und verhinderten die Entstehung der Textilindustrie und der eisenverarbeitenden Industrie in den Kolonien. Außerdem durften die amerikanischem Kaufleute ihre Produkte nur auf britischen Schiffen exportieren und aus europäischen Drittländern nur solche Waren einführen, die vorher in England zwischengelagert worden waren. Diese Bestimmungen wurden damit gerechtfertigt, daß die Amerikaner durch den Zugang zum englischen Markt besondere Vorteile genossen und daß die Verteidigung und Verwaltung der Kolonien Kosten verursachten, an denen sie beteiligt werden müßten. Aber hier lag ein Paradox: der Sieg der Briten im Siebenjährigen Krieg hatte die französische Gefahr beseitigt, und nun bestand kein Grund mehr, die Kolonien aufwendig zu schützen. Mit anderen Worten, die Engländer hatten die Voraussetzung für die Unabhängigkeit Amerikas selbst hergestellt. Andererseits aber hatte der Krieg so viel gekostet, daß Grenville auf den unglücklichen Gedanken verfallen war, die Amerikaner durch die sogenannte "Stempelsteuer" an den Kriegskosten zu beteiligen. Das aber wiederum verletzte den heiligen englischen Verfassungsgrundsatz "no taxation without representation". Deshalb begannen viele Amerikaner damit, die Stempelsteuer zu boykottieren. Durch den Boykott begann der Handel mit Amerika ernsthaft zu leiden, so daß zu Hause Fabriken geschlossen und Arbeiter entlassen wurden. Immer mehr "manufacturers" reichten Petitionen an das Parlament ein, die Steuer zurückzuziehen. Dies geschah, aber die ausfallenden Steuern wurden durch die Einführung neuer Zölle ersetzt. Auf sie reagierten die Amerikaner mit dem Boykott britischer Waren. Daraufhin hob Lord North alle Zölle mit Ausnahme eines 3-Pence-Zolls auf Tee auf. Als nun die Kolonisten beschlossen, nur noch geschmuggelten Tee zu trinken, versuchte die Ostindische Company, regulär eingeführten Tee in Boston abzuladen. Am 16. Dezember 1773 verkleideten sich etliche Bostonians als Mohawk Indianer, gingen an Bord der Schiffe und kippten die Ladung ins Meer. Das war die berühmte "Boston Tea Party", die den amerikanischen Unabhängigkeitskrieg auslöste. In Wirklichkeit war es ein Bürgerkrieg mit einem Meer dazwischen: auf beiden Seiten gab es Royalisten und Revolutionäre; allerdings überschnitten sich Prinzipien mit regional verteilten Interessen. Die Vertreter der Londoner City, die von ihrem Klassenstandpunkt eigentlich die amerikanischen Kolonien hätten unterstützen müssen, verdienten so gut am Krieg, daß sie ihn befürworteten. Eben das verschaffte den prinzipienfesten Whigs wie Burke, Pitt, Fox und Sheridan ein so radikales Profil. Sie prangerten die Besteuerung der Kolonisten ohne ihre Zustimmung als verfassungswidrige Maßnahme an. So war der amerikanische Unabhängigkeitskrieg auch ein Kampf zwischen Krone und Tories auf der einen Seite und den liberalen Verfechtern des Parlamentarismus auf der anderen. Ohne das unheilvolle persönliche Regiment von George III. und die Rückkehr der Tories in die Politik wäre es wahrscheinlich gar nicht zu der Zuspitzung gekommen, die dann zur Rebellion der Kolonien führte. Die Dissenter Englands erinnerten sich daran, daß die meisten Amerikaner ihre Glaubensbrüder waren, und im Unterhaus polemisierten Burke, Fox, Wilkes und Horace Walpole gegen den Krieg. Der gichtgeplagte Pitt erschien im Parlament, wandte sich wie Brutus gegen die absolutistische Anmaßung der Krone und schleuderte seine Verachtung gegen die deutschen Duodezfürsten, die ihre Untertanen als Kanonenfutter an die Briten verkauften. Burkes feurige Reden gegen die Besteuerung der Amerikaner brachten ihm die Freundschaft von Charles Fox ein, die erst über der Französischen Revolution wieder zerbrach. 1781 wurde William Pitt der Jüngere ins Parlament gewählt und verstärkte mit einer flammenden Rede gegen den Krieg die Reihen der Opposition.

Wie wir wissen, wurde die amerikanische Unabhängigkeit nicht von der Opposition im britischen Parlament, sondern von den Amerikanern selbst gewonnen. 1778 hatte Frankreich die Vereinigten Staaten als unabhängige Macht anerkannt und trat an ihrer Seite in den Krieg gegen England ein. 1779 schloß sich Spanien an, und danach erklärten die europäischen Mächte ihre bewaffnete Neutralität. Sie richtete sich gegen die englische Praxis, neutrale Schiffe auf offenem Meere anzuhalten und zu durchsuchen. Als dies auch zum Krieg gegen Holland führte, war England völlig isoliert. Frankreich eroberte etliche westindische Inseln, und die Spanier eroberten Menorca. General Burgoyne kapitulierte in Saratoga – ein Ereignis, das George Bernard Shaw später in seinem Stück *The Devil's Disciple* dramatisierte –, und Lord Cornwallis streckte die Waffen in Yorktown. Mit den Niederlagen schmolz die Majorität der Regierung im Parlament dahin, bis Lord North nur noch über eine Stimme Mehrheit verfügte. Das erzwang den historischen Präzendenzfall für das parlamentarische Verfahren des Kabinettswechsels. Lord North erklärte, mit der Politik in Amerika sei auch die Politik gegenüber dem Parlament gescheitert, und trat zurück. Damit sah sich George gezwungen, ein Kabinett aus der Opposition zu bilden. Es bestand aus Rockingham, Shelburne, Fox, Burke und Sheridan. Zwar traten die glorreichen Drei nach dem Tod Rockinghams wieder aus dem Kabinett aus, aber Shelburne schloß 1782/83 den Frieden von Versailles und Paris, der den amerikanischen Kolonien die Unabhängigkeit brachte. Die Ideen von Locke, Harrington und Montesquieu waren in Amerika Verfassungswirklichkeit geworden. Nach über einem Jahrhundert hatte Cromwell doch noch gesiegt.

Inzwischen hatte auf der anderen Seite des Erdballs ein anderes Drama begonnen, das die Hallen des Parlaments von Westminster erschüttern sollte: die Eroberung Indiens. Sie begann damit, daß die East India Company, eine Art Aktiengesellschaft mit einem Monopol für den Indienhandel, sich zum Schutz ihres Einflusses gegen französische und holländische Konkurrenz immer mehr in eine militärische Organisation verwandelte und in die lokalen Konflikte zwischen den Maharadschas zu ihrem eigenen Vorteil eingriff. Auf diese Weise wurde die Ostindische Company zur Eigentümerin von Kalkutta, und ihr Bevollmächtigter, Robert Clive, zum Gouverneur von Bengalen. 1765 überließ der Mogul der Company die Verwaltung der Provinzen Bengalen, Bihar und Orissa mit einer Bevölkerung von über 30 Millionen. Hier herrschten nicht die Beamten der Regierung, sondern die Beamten der Company als Nabobs – ein Begriff, der sich vom indischen Wort "nawab" für Herr ableitet. Sie beuteten die Eingeborenen aus, erpreßten Juwelen in unvorstellbarem Wert von den Maharadschas und kamen als Millionäre nach England zurück, wo sie einen festen Block von Abgeordneten im Parlament kauften, die verhindern sollten, daß ihre Methoden in England durch parlamentarische Untersuchungsausschüsse durchleuchtet wurden. Genau das geschah aber, als Aufstände und Hungersnöte in Indien die Profite der Aktieninhaber bedrohten und Clive sich durch das Vorgehen gegen korrupte Beamte zahlreiche Feinde gemacht hatte: Ein Untersuchungsausschuß enthüllte Praktiken, die nach einer Formulierung von Horace Walpole die Grausamkeiten der Spanier in Peru übertrafen. Zwar wurde Clive persönlich weitgehend rehabilitiert, beging aber kurz darauf Selbstmord. 1773 stellte Lord North das gesamte Territorium der Ostindischen Company in Indien unter die Oberaufsicht von Bengalen, dessen Gouverneur seinerseits wiederum der britischen Regierung verantwortlich war. Als Gouverneur wurde Warren Hastings bestellt.

Hastings kam aus einfachen Verhältnissen, war als Abenteurer nach Indien gegangen, diente als Freiwilliger unter Clive, zeigte administratives Geschick, trat in die Geschäftsleitung der Company in Bengalen ein und wurde Mitglied der Verwaltung von Madras. 1774 nahm er seine Tätigkeit als Gouverneur von Bengalen auf. Im Rat von Bengalen saß aber inzwischen jener Sir Philip Francis, von dem man annimmt, daß er der Autor der

Junius-Briefe gewesen sei. Er beschuldigte ihn der Veruntreuung von Geldern und der Bestechung von Richtern und wurde zum großen Gegenspieler von Hastings und zum Ankläger seiner Methoden. Hastings forderte ihn zum Duell und verwundete ihn schwer. Diese Streitereien nahm der Maharadscha von Mysore, Haidar Ali, zum Anlaß für den Versuch, mit den Franzosen zusammen die Engländer und die gesamte Company aus Indien zu vertreiben. Als Haidar selbst starb, setzte sein berühmter Sohn Tipu Sahib den Krieg fort. Um Geld für diesen Krieg aufzutreiben, versuchte Hastings mit allen möglichen legalen und illegalen Mitteln, die Maharadschas zu zusätzlichen Abgaben zu bewegen. Der Radscha von Oudh zeigte sich nur unter der Voraussetzung zahlungswillig, daß die Company ihm helfen würde, seiner Großmutter und seiner Mutter den großen Schatz wieder abzujagen, den sein Vater ihm angeblich hinterlassen habe. Hastings ließ die Eunuchen der Fürstinnen durch seine Truppen foltern und zwang sie zur Herausgabe des Schatzes. Inzwischen war Philip Francis von seinen Wunden genesen, kehrte nach England zurück und berichtete dem Parlament über Hastings' Verbrechen. Das Parlament befahl den Direktoren der Company, Hastings zurückzuberufen, doch der Aufsichtsrat weigerte sich. In dieser Situation brachte Fox ein Gesetz ein, das die East India Company direkt der Aufsicht der Regierung unterstellt hätte. Das Unterhaus nahm das Gesetz an, aber der König bewog das Oberhaus, es abzulehnen. Wieder brach ein Verfassungskonflikt aus, weil das Parlament darin eine königliche Einmischung in die Legislative sah. Als das Unterhaus protestierte, löste der König 1784 das Parlament auf und organisierte nun durch seine Agenten selbst den Wahlkampf. Das Ergebnis war ein überwältigender Sieg der Tories. Mit der neuen Regierungsbildung beauftragte George den Sohn eines Mannes, mit dem er selbst meistens auf Kriegsfuß gestanden hatte: William Pitt den Jüngeren.

Die Bedeutung des jüngeren Pitt bestand darin, daß er seine Prinzipien dem Kompromiß zu opfern verstand. Deshalb übertraf er seinen Vater an politischer Geschicklichkeit und blieb mit einer kurzen Unterbrechung für den Rest seines Lebens Premierminister. In der davon ausgehenden Langzeitwirkung ist er eigentlich nur mit Walpole vergleichbar. Er führte das Kabinettssystem ein, nach dem die Minister gemeinsam beraten, aber getrennt Verantwortung für ihre Ressorts übernehmen. Er verstand es zunehmend besser, den störrischen König zu lenken, und nach dessen Wahnsinnsanfall von 1788 regierte er das Land. Er hatte Adam Smith gelesen, verstand sich auf die Wirtschaft und bewahrte England vor dem Staatsbankrott, der Frankreich in die Revolution führen sollte. Schließlich zog er sich die Feindschaft der glorreichen Drei zu, weil er ein Ostindien-Gesetz einbrachte, das die Interessen der Nabobs weitgehend unberührt ließ: ein königlicher Ausschuß überwachte die politischen Geschäfte der Ostindischen Compagnie, während die Organisation der Handelsbeziehungen ihr selbst überlassen blieb. Nach diesem Gesetz wurde Indien bis 1858 regiert. Als Fox und Burke nach Hastings' Rückkehr wiederholt eine förmliche Anklage im Parlament forderten, stimmte Pitt schließlich zu, um sich von Hastings zu distanzieren. Die Debatte um Hastings führte zu oratorischen Triumphen und Glanzleistungen der Parlamentsrhetorik. Zur Begründung der Anklageerhebung schilderte Richard Sheridan mit seinem durch das Theater trainierten Talent in einer fünfstündigen Rede den Raub des Schatzes der Fürstinnen von Oudh. Zeitgenossen waren der Meinung, daß es die beste je im Unterhaus gehaltene Rede gewesen sei. Man bot Sheridan für eine Kopie über 1.000 £. Zu dem Komitee, das die Anklageschrift vorzubereiten hatte, gehörten wiederum Burke, Fox und Sheridan. Schließlich kam es zur Anklage von Hastings vor dem House of Lords. Für diese Gelegenheit hatten sich der höchste Adel des Imperiums, die Regierung und die Familie des Königs versammelt. Die Anklage wurde von Burke vorgetragen, der nun seinerseits die gewaltigste Rede seiner ganzen Laufbahn hielt. Dabei nahm er die Rhetorik von Zolas *J'accuse* vorweg: Immer wieder begann er seine Sätze mit "Ich klage an": "Ich klage an Warren Hastings Esquire schwerster Verbrechen; ich klage ihn an im Namen des House of Commons von Großbritannien. Ich klage ihn an im Namen des indischen Volkes ...; ich klage ihn an im Namen ... der ewigen Gesetze der Gerechtigkeit; ich klage ihn an im Namen der menschlichen Natur ...". Die Verhandlungen vor dem House of Lords wurde zu einer der größten Sensationen der englischen Justizgeschichte. Die Straßen um das Parlament waren an den Verhandlungstagen überfüllt, und für Eintrittskarten zahlte man auf dem Schwarzmarkt exorbitante Preise. Der Höhepunkt war der Tag, an dem Richard Sheridan Beweisstücke zu Hastings' Verbrechen an den Fürstinnen von Oudh vorlegte. In einer abermals fünfstündigen Rede provozierte er Burke zu einer solch unenglischen Begeisterung, daß dieser sich dazu hinreißen ließ, Sheridan im Parlament zu küssen.

Dieser Kuß war zweifellos der Höhepunkt des Prozesses. Die Lords ließen sich mit der Urteilsfindung so lange Zeit, daß darüber die französische Revolution ausbrach und die Abgeordneten sich mit anderen Problemen zu beschäftigen hatten. Pitt seinerseits machte sich durch die Konsolidierung der Finanzen unentbehrlich, während George III. wieder mal einen seiner Wahnsinnsanfälle bekam. Fox und Burke sahen hier ihre Chance und drängten auf die Einsetzung eines Regenten, aber als der König zu jedermanns Verblüffung plötzlich wieder genas, hatten sie sich diskreditiert und zerstritten sich ihrerseits über der Beurteilung der Französischen Revolution, womit eine neue Epoche beginnt.

Trotz dieser politischen Dramen war das 18. Jahrhundert im Vergleich zum vorherigen relativ ruhig. Der Toryismus, der das göttliche Recht der Könige verteidigte, war nach 1688 praktisch machtlos. Die Unterstützung für die Jakobitischen Aufstände beschränkte sich auf die schottischen Hochlande. Die letzte organisierte Revolte der Dissenter war die Monmouth-Rebellion von 1685. Die beiden Extreme der Dissenter auf der einen Seite und der Gottesgnadentum-Tories auf der anderen machten einer Koalition der Mitte Platz, die von Großgrundbesitzern und vom großen Geld geprägt war. Sie wurde repräsentiert durch die Whig-Oligarchie und die Bank von England. Deswegen mußten sich bis zur Entstehung des neuen Radikalismus von Wilkes, Burke, Fox und Sheridan im späten 18. Jahrhundert alle diejenigen, die gegen die Korruption der Regierung waren, irgendwie "Tories" nennen. Zu ihnen gehörten die meisten Literaten. Die Konzentration des Reichtums im frühen 18. Jahrhundert führte zusammen mit dem Niedergang der Lesser Gentry dazu, daß die Politik für die ärmeren Landadligen zu teuer wurde. Die Eintrittskarte ins Parlament betrug 600 £ Jahreseinkommen für den Vertreter eines ländlichen und 300 £ für den eines städtischen Wahlkreises. Wer Einfluß gewinnen wollte, mußte sich einer Clique anschließen und die Führung eines der Whig-Oligarchen akzeptieren. Da es unabhängige Politiker kaum noch gab, rekrutierte sich das herrschende Personal im 18. Jahrhundert weitgehend aus den Whig-Dynastien. Walpoles Leistung bestand darin, die verschiedenen Interessen von Land- und Geldadel in Übereinstimmung zu bringen, was seine stabile

Amtszeit möglich machte und die völlige Niederlage der Tories besiegelte. Für längere Zeit fanden die eigentlichen Auseinandersetzungen jetzt zwischen den Whigs statt. Die Exekutive, das Kabinett und die Regierungsbeamten waren mit der Legislative durch Patronage und Korruption verbunden. Die Regierungspartei bestand dann aus denjenigen, die ein Amt ergattert hatten, und die Opposition aus den Mitgliedern des Parlaments, die leer ausgegangen waren. Der Familienfluch der Hannoveraner, daß jeder Sohn seinen Vater haßte, kam der Ausbildung dieses Systems entgegen. Die Regierungspartei sammelte sich um den König und den Premierminister, die Opposition um den Prince of Wales. Auf diese Weise wurde das Regierungssystem bis an die Schwelle geführt, an der sich die Opposition zu organisieren begann und sich als Plattform ein Programm verschaffte. Das führte dazu, daß gegen Ende des Jahrhunderts Prinzipien wieder eine stärkere Rolle in der Politik zu spielen begannen. Der Aufstieg der Presse im 18. Jahrhundert war ein Zeichen dafür, daß die öffentliche Meinung an Gewicht zunahm. Gegen Ende des Jahrhunderts wurde die Technik, Regierungsbeamte und Minister zu beeinflussen, durch die öffentliche Agitation ergänzt. Ihr Heros war Wilkes. Ein Großteil der politischen Kämpfe bezog sich auf die Finanzierung der öffentlichen Ausgaben und der Kriege. Dabei gab es grundsätzlich die beiden Möglichkeiten, sie durch Landbesteuerung oder durch Verbrauchssteuern zu finanzieren. Sie entschieden auch über die zwei grundsätzlichen Alternativen der Außenpolitik: die eine bestand aus Kriegspolitik, aggressivem Expansionismus und Imperialismus; sie hatte in der Regel die Unterstützung der Londoner Kaufmannschaft. Die Friedenspolitik dagegen lag im Interesse der landbesitzenden Klassen, wenn die Kriege durch Grundsteuern finanziert wurden. Die imperiale Politik führte also von Cromwell über Wilhelm III. zu Pitt; Harley, Walpole und Bute dagegen betrieben eine Friedenspolitik im Interesse der landbesitzenden Klassen. Die größten Vermögen wurden im Überseehandel gemacht, die bei der Finanzierung der Industriellen Revolution eine entscheidende Rolle spielen sollten. Am Anfang des 18. Jahrhunderts war Europa noch der größte Markt für England; an seinem Ende war es durch die Kolonien abgelöst worden. Die Wirtschaftshistoriker betrachten den Frieden von Paris 1763 als den Wendepunkt der englischen Kolonialpolitik, weil die Kolonien nun als Märkte wichtiger wurden als als Rohstofflieferanten. Bis 1770 verzehnfachte sich durch das rapide Anwachsen der amerikanischen Bevölkerung der Export in die dreizehn Kolonien. Durch die Ausweitung des Marktes wurde vor allen Dingen die Produktion der eisenverarbeitenden Industrie angeheizt.

Zwischen den verschiedenen Branchen des Handels gab es natürlich Interessengegensätze, die auf die Außenpolitik durchschlugen. Die Kaufleute im Westindien- und Ostindienhandel und die Sklavenhändler schienen diejenigen zu sein, die am nachhaltigsten die Kriegspolitik unterstützten. Am profitabelsten war der berühmte Dreieckshandel zwischen Afrika, Brasilien bzw. der Karibik und England, bei dem die Schiffe nie leer zu fahren brauchten: In Westafrika nahmen sie Sklaven an Bord und schafften sie zu den Zuckerplantagen in Brasilien und Westindien. Hier luden sie dann Zucker und Kolonialwaren und fuhren nach Liverpool oder Bristol, wo sie sie gegen Manufakturwaren tauschten, um wieder gen Afrika zu segeln. Am meisten verdiente man dabei an den Sklaven: In den westindischen Inseln kostete ein Sklave fünfmal so viel wie in Afrika. Der Hauptstützpunkt für den Sklavenhandel war Jamaika. Nach dem Ende des spanischen Erbfolgekriegs hatte sich England das Monopol übertragen lassen, Sklaven in die spanischen Kolonien zu liefern. Damit überholte England auch die Niederlande als größter Sklavenhändler. Erst nach dem amerikanischen Unabhängigkeitskrieg organisierte William Wilberforce seine Kampagne gegen die Sklaverei: er hielt öffentliche Versammlungen ab, lancierte Subskriptionen und erreichte durch einen Propagandafeldzug mit Traktaten und Pamphleten eine graduelle Aufklärung der Öffentlichkeit über diese schaurige Barbarei. Sie wurde sogar während der anti-jakobinischen Reaktion gegen die Französische Revolution fortgesetzt und führte schließlich dazu, daß 1807 das Parlament den Sklavenhandel verbot. Sozialpsychologisch war das ein später Sieg der Welle der Sentimentalität, für deren Reizung sich besonders die Unterdrückten, die Leidenden und die Geknechteten eigneten. Die kulturelle Entdeckung der Kindheit, das Mitleid mit den schwachen Frauen, die Sklavenbefreiung und der Tierschutz lagen hier auf der gleichen Linie und legen Zeugnis ab von der zivilisierenden Kraft der sensibility. Und das führt uns zurück zur Mitte des Jahrhunderts, wo wir die Geschichte des Geschmacks und der Literatur wieder aufnehmen.

Der 'Große Khan' der englischen Literatur

Die literarische Szene nach der Jahrhundertmitte wird beherrscht von der dominierenden Figur des Dr. Samuel Johnson. Er war Sohn eines Buchhändlers aus Lichfield, und als Kind hatten ihm die Blattern so zugesetzt, daß sein Gesicht völlig entstellt war. Seine puritanische Mutter vererbte ihm obendrein einen Hang zur Melancholie. Er besuchte die Grammar School, studierte eine kurze Zeitlang in Oxford, war nach dem Tod seines Vaters Hilfslehrer, arbeitete bei einem Buchhändler in Birmingham und heiratete schließlich im Alter von 26 Jahren eine 48jährige Witwe mit drei Kindern, die eine Mitgift von 700 £ in die Ehe brachte. Mit diesem Geld eröffnete er eine Internatsschule, in der David Garrick zu seinen wenigen Schülern zählte. Als sie einsahen, daß diese Schule ihrem Ehrgeiz nicht genug Raum bot, bestiegen sie zusammen das gleiche Pferd und ritten nach London, um ihre Karrieren zu beginnen. Hier fristete Johnson das Leben eines Lohnschreibers, schrieb für *The Gentleman's Magazine* und publizierte Berichte über die Diskussionen im Parlament, die er mit den Anagrammen für die Hauptredner im Unterhaus versah, weil die Publikation der Reden noch verboten war. Als bekannt wurde, daß Johnson der anonyme Autor einiger Dichterbiographien war, trat man mit dem Plan an ihn heran, ein Lexikon der englischen Sprache zu verfassen. Da sich mehrere Verleger an dem Unternehmen beteiligten, konnten sie eine ansehnliche Summe als Vorschuß für Johnson aufbringen. Die Zusammenstellung des Lexikons sollte neun Jahre dauern, wobei Johnson einige Hilfssekretäre beschäftigte. Als Maßstab für seine Definitionen nahm er die englische Literatur aus dem Zeitraum von 1560 bis 1660, da er der Ansicht war, daß die englische Sprache in diesen hundert Jahren ihre höchste Vollkommenheit erreicht hatte. Während er daran arbeitete, starb seine zur Alkoholikerin gewordene Frau, was ihm die Möglichkeit gab, eine höchst bizarre Wohngemeinschaft zu gründen: Zuerst nahm er eine walisische Dichterin auf, die im Begriff stand, zu erblinden; als Diener stellte er einen Schwarzen namens Frank Barber an und schickte ihn zur Schule, um zu sehen, was eine klassische Bildung bei einem Mohren bewirkte. Schließlich stieß noch ein heruntergekommener Quacksalber namens Robert Levett dazu und komplettierte den Haushalt. 1755 ließ sich Johnson von einem gelehrten Freund in Oxford den Titel eines Master of Arts ehrenhalber verleihen, um den Absatz des Dictionary zu befördern. Es wurde im gleichen Jahre fertig. Es war mit seinen 40.000 Stichwörtern eine gewaltige Leistung, die Johnson mit einem Schlag zum Diktator der Kritik machte: in einem Brief an Wilkes prägte Smollett für ihn den Titel "The Great Cham of English Literature". Das Lexikon aber blieb maßgeblich, bis es von Noah Webster im Jahre 1828 ersetzt wurde.

Um die Begräbniskosten für seine Mutter zu bezahlen, schrieb Johnson 1759 mit *The History of Rasselas, Prince of Abissinia* den englischen *Candide*, der jenseits des Kanals zur gleichen Zeit erschien. Während Voltaire den Optimismus von Leibniz ad absurdum führt, demonstriert Johnson, daß es dem Menschen unmöglich ist, glücklich zu sein. Trotz solch düsterer Schlußfolgerungen heiterte sich sein Leben plötzlich durch eine wunderbare Fügung auf: obwohl Johnson ein Gegner der Regierung war, bewilligte ihm George III. auf Anraten von Lord Bute eine jährliche Pension von 300 £. Neben dem Lexikon beruht aber der eigentliche Ruhm Johnsons auf seinen Qualitäten als "conversationalist". Wie vor ihm Dryden und Ben Jonson wurde er zum Mittelpunkt eines Zirkels. 1764 gründete er den sogenannten "Club": das war eine Art von Stammtisch, zu dem sich die Mitglieder jeden Montag Abend in "The Turk's Head" in der Gerrard Street in Soho trafen. Zu ihnen gehörten neben weniger bekannten Leuten von Anfang an der Maler Reynolds, Burke, Goldsmith, und später wurden Garrick, Gibbon, Sheridan, Fox, Adam Smith und Charles Burney aufgenommen, dessen Tochter Fanny sich als Romancière einen Namen machte. Zur gleichen Zeit bemühten sich zwei Menschen sowohl um Johnsons Freundschaft wie um die Verwaltung seines Nachruhms. Der eine war der Schotte James Boswell, Laird von Auchinleck, der Johnson trotz oder wegen seiner kriecherischen Bewunderung langsam lieb wurde. Er plante eine Biographie von Johnson und provozierte deshalb den Meister zu immer neuen Reden. Da Boswell gut zuhören konnte, ergaben die beiden trotz aller Unterschiede ein gutes Paar. Boswells Konkurrentin war eine gewisse Mrs. Thrale, die Frau eines wohlhabenden Brauers aus Southwark. Abgesehen davon, daß ihr Mann Johnson mit nach Hause brachte, vernachlässigte er seine Frau, und so versuchte Mrs. Thrale, "The Great Cham" an die Familie zu binden. Jeden Donnerstag speiste er bei den Thrales, und bald folgten ihm Reynolds, Goldsmith, Garrick, Burke und die Burneys, so daß Mrs. Thrale das Vergnügen hatte, sich als Königin eines literarischen Salons zu fühlen. Den Beschreibungen von Boswell und Mrs. Thrale ist es zu danken, daß wir über Johnson und seine Eigenarten mehr wissen als über irgendeinen anderen Literaten der Zeit. Der Eindruck, der sich uns bietet, ist so erschreckend, daß Burke ihn "erhaben" genannt hätte. Johnson war groß wie ein Bär, hatte ein pockennarbiges Gesicht und wurde von tausenderlei Gebrechen geplagt. Er konnte auf einem Ohr nicht hören und auf einem Auge nicht sehen, litt an Asthma und Gicht und wurde immer wieder von Schwermutsanfällen geschüttelt. Seine Tischmanieren waren nicht vorhanden, er war außerordentlich gefräßig und schlang dermaßen gierig das Essen hinunter, daß er trotz seines Redebedürfnisses dabei kein Wort sprach. Auch seine Umgangsformen entsprachen denen eines ungehobelten Titanen. Leute, die sich mit ihm stritten, mußten damit rechnen, niedergeschlagen oder beiseitegeworfen zu werden. Doch in ihm erfüllte sich das Klischee von der rauhen Schale und dem goldenen Herzen. Er war so großzügig, daß er in seiner bizarren Menage zahlreiche Hungerleider gratis unterhielt. Immer wieder schleppte er Entkräftete, Obdachlose und Prostituierte, die er auf der Straße gefunden hatte, nach Hause und pflegte sie gesund. Neben dem Essen gab es für ihn kein größeres Vergnügen als das Debattieren. Dabei konnte er auf den ungeheuerlichen Wissensschatz des Lexikographen zurückgreifen. So wurde er ein Held der Konversation, von dem unzählige Urteile, Epigramme, Sprüche, Definitionen und Repliken überliefert sind. Sieht man seinen Hang zum Reden und zum Essen zusammen, würde man ihn zweifellos einen oralen Typen nennen. Zugleich brachte er zahlreiche Zeitgenossen durch seine Grobheiten, Witze, Gehässigkeiten und Bösartigkeiten gegen sich auf. Selbst der sanfte Goldsmith, der mit ihm befreundet war, meinte, man könne mit Johnson nicht diskutieren, weil er, wenn seine Pistole versage, seinen Gegner mit dem Kolben niederschlage. Seine Urteile waren von konservativem Pessimismus und von Skepsis gegenüber der menschlichen Natur erfüllt. Er war ein Gegner von Wilkes und hielt den rebellierenden Amerikanern, die sich auf die Freiheitsrechte beriefen, vor, daß sie selber Sklaven hielten. Berühmt ist seine Widerlegung des idealistischen Bischof Berkeley, der bewiesen hatte, daß die Realität nicht existiere: er trat mit Macht gegen einen Stein und sagte: "Das ist mein Gegenbeweis." Er hielt Fieldings *Tom Jones* für zu lüstern, den *Ossian* erkannte er als Fälschung, und Rousseaus Naturschwärmerei hielt er für Aberwitz.

1765 kam seine Shakespeare-Ausgabe in acht Bänden heraus; im gleichen Jahr wurde ihm von der Universität Dublin der Titel eines Ehrendoktors verliehen, und zehn Jahre später verlieh ihm Oxford denselben Titel nochmal. Damit wurde er zu dem Dr. Johnson, als den ihn die Literaturgeschichte kennt. Schließlich schrieb er noch mit *The Lives of the Poets* ein Monument der Kritik, aber sein Nachruhm lebt von seiner sokratischen Wirkung auf die Zeitgenossen. In dem Zeitalter großer Schauspieler war er der große Exzentriker. Er faßte seine Zeit in unsterbliche Aussprüche und bannte die englische Sprache in seinem großen Lexikon. Als er im Dezember 1784 starb, wurde er in der Westminster Abtei begraben. Sein Leben aber inspirierte die detaillierteste Biographie, die einem Sterblichen bis dahin zuteil geworden war: Boswells *The Life of Samuel Johnson.*

In dieser Biographie hatte einer der merkwürdigsten Literaten Englands einen der merkwürdigsten Biographen, die es je gegeben hat, gefunden. Wir wissen über Boswell aufgrund seines Tagebuchs noch mehr als über Johnson. Die Entdeckung dieser Tagebücher gehört zu den größten Sensationen der neueren Literaturgeschichte. Das Londoner Tagebuch wurde erst 1930 in einem Haus in der Nähe von Aberdeen gefunden, die restlichen Tagebücher fanden sich in verschiedenen Manuskripten in den Truhen und Schränken von Malahide Castle in der Nähe von Dublin. Sein Vater, Alexander Boswell, Laird von Auchinleck, war Richter am obersten schottischen Zivilgerichtshof. James hörte in Glasgow Adam Smith, reiste nach London, trat zum katholischen Glauben über, konvertierte wieder zurück zum Presbyterianismus und erregte durch sein exzentrisches Verhalten in seinem Vater den Verdacht, daß er das Familienvermögen verprassen könnte. Um dieser Eventualität vorzubeugen, übertrug er die Verwaltung des Vermögens einem Bevollmächtigten und setzte seinem Sohn eine Rente von 200 £ aus. Damit ausgestattet ging Boswell nach London, lernte Johnson kennen, studierte die

Londoner Prostituierten, holte sich wiederholt eine Geschlechtskrankheit, studierte in Holland die Rechte, begab sich dann auf die Grand Tour, sah Friedrich den Großen in Berlin, traf in Leipzig mit Gellert und Gottsched zusammen, besuchte Rousseau und Voltaire in der Schweiz, traf Winckelmann in Rom, begegnete Wilkes in Neapel und segelte dann nach Korsika. Die Insel hatte sich acht Jahre vorher von Genua befreit und wurde nun von Pascal Paoli regiert. Über seinen Aufenthalt und seine Reisen in Korsika publizierte Boswell später *An Account of Corsica*, in dem er die englische Regierung aufforderte, den Korsen bei ihrem Unabhängigkeitskampf zu helfen. Der Bericht machte ihn zumal auf dem Kontinent berühmt.

Nach seiner Rückkehr ließ er sich in Edinburgh als Anwalt nieder und heiratete eine Frau, die seine unverwüstliche Promiskuität auch dann ertrug, als er wegen seines schlechten Gewissens zu trinken begann. Boswell haßte das Leben in Schottland, und so floh er in seine Gelage und seine Eskapaden, und jedes Jahr floh er einmal nach London, um mit Johnson von Idee zu Idee zu fliehen. Er war ein idealtypischer Reisender, der es weder bei einer Frau noch bei einem Gedanken lange aushielt, ein Genie der Oberflächlichkeit und darin die Vorwegnahme eines modernen Typus: er war ein Fan, der alles sammelte, was mit seinem Idol zusammenhing. So wie er in seinem Tagebuch seine Hurereien und Trinkereien registrierte, so zeichnete er nach Begegnungen mit Johnson die Perlen der Konversation getreulich auf und gab sie in der Biographie in wörtlicher Rede wieder. So verwandelte sich wie bei Plato Mündlichkeit in Schriftlichkeit und behielt doch die Lebendigkeit des gesprochenen Wortes.

Zu Johnsons Entourage gehörte ein Mann, dessen Gesicht ebenso pockennarbig war wie sein eigenes: Oliver Goldsmith. Er war Sohn eines anglikanischen Geistlichen aus Irland, besuchte das Trinity College in Dublin und wurde zum Medizinstudium nach Leiden in Holland geschickt. Statt seinen Abschluß zu machen, vagabundierte er durch den Kontinent und verdiente seinen Lebensunterhalt durch Straßenmusik. Diese romantische Lebensweise verband er zu seinem Glück mit einem vergnügten und sorglosen Temperament: kurzum, er führte das Leben eines Taugenichts oder – um den Begriff zu brauchen, mit dem der moderne Nachfahre dieses Typs gekennzeichnet wird – er war ganz das Bild eines Hippie. 1756 kehrte er nach London zurück und versuchte erfolglos, sich als praktischer Arzt zu etablieren. Um seine medizinischen Mißerfolge auszugleichen, wurde er zwischendurch Hilfslehrer in einer Schule und fing an, Zeitschriften mit literarischen Gelegenheitsarbeiten zu beliefern. 1761 begann seine Freundschaft mit Johnson, die schon im nächsten Jahr Früchte tragen sollte: als Goldsmith wegen unbezahlter Schulden verhaftet wurde, verlangte Johnson ihm irgendeine Wertsache ab, die er verpfänden könnte, worauf ihm Goldsmith das Manuskript von *The Vicar of Wakefield* übergab. Johnson verkaufte es sofort für 60 £ an einen Verleger und löste Goldsmith damit aus. Die Geschichte wiederholt gewissermaßen den unaufhaltsamen Abstieg des Helden in den Schuldturm, bietet aber dem Autor die Gelegenheit, das häusliche Glück des Vikars, das ihn auch im äußerlichen Unglück nicht verläßt, zu idealisieren. Herder und Goethe in Deutschland waren außerordentlich beeindruckt. Nachdem er in dem Gedicht *The Deserted Village* auf eindrucksvolle Weise die Verödung beschrieben hatte, die die Textilindustrie durch die Umstellung von Ackerbau auf Weidewirtschaft auf dem Lande anrichtete, wandte er sich dem Theater zu und schrieb mit *She Stoops to Conquer* eine der besten Komödien des Jahrhunderts. Der Held des Stückes zeigt dabei eine psycho-historisch hochinteressante Pathologie: eine Überdosis Sentimentalität hat ihn gegen Mädchen seines eigenen Standes völlig gehemmt gemacht, während er wie Squire B. gegenüber Dienstmädchen höchst forsch auftritt, so daß sich seine Geliebte, um ihn zu enthemmen, als Dienstmädchen verkleiden muß. Das ist die Karnevalisierung des Szenario von Richardson, und sie verbindet Goldsmith mit Sheridan, der ebenfalls die Exzesse der Sentimentalität in seinen Komödien parodiert. Der gesamte Club Johnsons half bei der Inszenierung des Stücks: Garrick schrieb den Prolog, Johnson kontrollierte die Proben und Reynolds organisierte die Claque für die Premiere.

Goldsmith' Tod stand unter dem Gesetz, unter dem er gelebt hatte: er starb an Sorglosigkeit. Als er von einem Fieber befallen wurde, rieten ihm seine Freunde, nur seine Feinde, aber nicht sich selbst als Arzt zu behandeln. Er schlug den Rat in den Wind und starb an den Arzneien, die er sich verordnet hatte.

Der neue Schauspielstil und das Unbewußte

Inzwischen war David Garrick, der auf demselben Pferd wie Johnson in London eingezogen war, auf den Brettern, die die Welt bedeuten, zu den höchsten Höhen des Ruhms aufgestiegen. Zur Schauspielerei kam er zufällig. Er hatte sich zunächst in dem Weinhandelsgeschäft seines Bruders betätigt, besuchte dabei aber so viele Tavernen, daß er die dort zechenden Schauspieler kennenlernte. Sie überredeten ihn, es selbst einmal mit dem Theater zu versuchen, und da er klein und bucklig war, debütierte er in der Rolle von Richard III. Sein Erfolg war so durchschlagend, daß er sofort zum Star wurde. Darauf wechselte er den Beruf und wurde zu einer solchen Attraktion, daß die Fans nur noch ihn sehen wollten. Das Geheimnis seines Erfolges bestand darin, daß er sich mit sehr viel größerer Sorgfalt auf die Rollen vorbereitete und die steifen Deklamationen durch realistischeres Spiel und stärkere mimische Differenzierung ersetzte. An ihm exemplifizierte Diderot das *Paradox des Schauspielers*, daß der Ausdruck heißer Gefühle kalt trainiert werden muß. Nach seinen Anfangserfolgen wechselte er zum Drury Lane Theatre und schuf dort die Rollen, in denen er im Gedächtnis der Nachwelt haftengeblieben ist. Ab 1747 leitete er das Drury Lane Theatre über zwanzig Jahre lang als Direktor. 1768 organisierte er das erste Shakespeare-Festival in Stratford-on-Avon. Als er sich von der Bühne zurückzog, mußte er drei Monate lang Abschiedsvorstellungen geben. Sein Nachfolger am Drury Lane Theatre wurde Sheridan. Als Garrick starb, wurde er unter dem Shakespeare-Denkmal in der Westminster Abbey beigesetzt. Seine Triumphe dokumentieren, daß das Zeitalter etwas für große Schauspieler übrig hatte. Das galt auch für Schauspielerinnen. Während Garrick nur durch die Konkurrenz von Charles Macklin herausgefordert wurde, hielten Peg Woffington, Kitty Clive, Hannah Pritchard und die begnadete Sarah Siddons das Londoner Publikum gleichzeitig in Atem.

Die Änderung des Schauspielstils durch Garrick zeigt, daß das Repertoire konventioneller Gesten von der Expressivität der emotionalen Körpersprache abgelöst wird. Darin manifestiert sich ein grundsätzlicher Funktionswandel der Interaktion als der unhintergehbaren Formvorgabe des Dramas. In der Shakespeare-

Zeit war das Drama entstanden, als mit der Verhöfischung die Eigengesetzlichkeit der Interaktion an der Etikette, den Manieren und dem Hofzeremoniell – d.h. also an den Rahmungen und Grenzen der Interaktion – beobachtbar wurde. Da sich deshalb das Drama an der Grenze zwischen Interaktion und Gesellschaft kristallisierte, nutzte es seine eigene asymmetrische Einbettung in die Realität für seine interne Organisation, indem es diese Grenze im Inneren wiederholte. Deshalb bevorzugt das Drama als seine Materialien theateranaloge Interaktionsprogramme aus der Lebenswelt, die ihre eigenen Rahmungen deutlich erkennen lassen und damit die asymmetrische, repräsentierende Beziehung zwischen Inszenierung und Realität zur Anschauung bringen: die versteiften Interaktionsprogramme der Repräsentation wie Rituale, Zeremonien und Feste; alle Formen der Simulation, der Täuschung, der Intrige und des Betrugs, bei denen die Simultanpartizipation an den diskrepanten Wirklichkeiten von Betrügern und Betrogenen eine stereoskopische Optik produziert, mit der man Vorder- und Hinterbühne zugleich sieht; den Konflikt, der durch die Rücksichtslosigkeit gegenüber jeder Interaktion alle Rahmen sprengt und einen neuen bildet, der den Zuschauer zwingt, Objektivität und Parteinahme auszubalancieren; und schließlich das Drama selbst, was zum Spiel im Spiel führt. Indem das Drama anhand der Interaktionsgrenze an sich selbst die Form der Interaktion vorführt, verweist es stets auf Interaktion und Gesellschaft zugleich. Die zugehörige Ästhetik, die diesen Bezug in einer ständischen Gesellschaft organisiert, wird beherrscht vom Paradigma der Repräsentanz. Sie plausibilisiert, daß die Interaktion der Oberschichten die ganze Gesellschaft repräsentieren kann. Mit der Umstellung von der ständischen zur funktional differenzierten Gesellschaft verliert aber Interaktion zunehmend ihren Repräsentanzcharakter. Ein übergreifendes Interaktionsethos, das soziales Verhalten in verschiedenen Situationen einem ganzheitlichen moralischen Urteil unterwirft, wird durch eine zunehmende Aufspaltung der Interaktion abgelöst: einerseits kommt es zu einer zunehmenden Versachlichung des Verhaltens, die jede Interaktion grundsätzlich indifferent macht gegen alle anderen. Die Oberschichteninteraktion verliert immer mehr an Repräsentanz, und langfristig geraten die entsprechenden Formen der Geselligkeit wie Galanterie, Hofkultur und das klassische Drama unter Druck. Andererseits wird zum Ausgleich für die schwindende Relevanz öffentlicher Interaktion ein Sonderbereich ausdifferenziert, der nur aus Interaktion besteht: dies ist die Kleinfamilie, der Freundschaftszirkel und die Sphäre von Intimität, Liebe und Gefühl, in der sich die Interaktion auf die psychische Stabilisierung der Individuen spezialisiert. Von anderen Funktionen entlastet, wird Interaktion damit von der Tyrannis der Konventionen und Manieren befreit und mit rousseauschem Pathos als quasi-natürliche Spontaneität freigesetzt. Im engen Kreis bürgerlich-häuslicher Beziehungen scheinen gesellschaftliche Verhaltensregeln als sinnlose Instrumente der Selbstentfremdung. Hier braucht man sich nicht zu verstellen und zu kontrollieren, ja man darf es nicht, sondern man soll sich geben, wie man ist. Die ethische Norm der Aufrichtigkeit weicht der Verpflichtung zur Authentizität. Damit bildet sich im Inneren der Gesellschaft eine Insel, deren interne Organisation fast die Struktur archaischer Gesellschaften wiederholt, in denen Interaktion und Gesellschaft noch zusammenfielen. Das erklärt das bürgerliche Programm der Rückkehr zur Natur, die Kritik an Großstadtzivilisation und Modetorheiten durch Rousseau und das Lob der Natürlichkeit einer Interaktion, die nicht mehr gegen die Psyche differenziert wird, sondern mit dem spontanen Ausdruck von Gefühl zusammenfällt.

Diese Form der Interaktion ist also von weiteren gesellschaftlichen Rücksichten entlastet, da sie nur wenige und immer die gleichen Teilnehmer zu integrieren braucht. Dafür eröffnet sie diesen die Möglichkeit, alle sie bewegenden Themen und Affekte in ihr unterzubringen. Darin besteht ihre neue gesellschaftliche Funktion: sie sichert das Realitätsgefühl der Individuen, ihre primäre Sozialisation und die affektive Kompensation öffentlicher Frustrationen. Paradox gesprochen: die intime Interaktion hat ihre Funktion darin, für die Gesellschaft irrelevant zu sein, indem sie für die Individuen bedeutend ist. Eben darin zeigt sich die Trennung von Individuum und Gesellschaft. Interaktion wird wieder natürlich, weil sie kaum mehr sozial ist. Sie kann deshalb das Ziel der Verhaltensstilisierung aufgeben und beinah so spontan ablaufen, wie sie eben läuft. Deshalb wird die weitere Sphäre des Sozialen zunehmend als Dimension der Entfremdung erlebt, in der man die natürlichen Gefühle unterdrücken muß. Im Gegenzug wird die öffentliche Kommunikation den neuen Normen der Authentizität ausgesetzt, nach denen die öffentlichen Figuren ihrer Fähigkeit nach beurteilt werden, eine Ausstrahlung von Glaubwürdigkeit, Menschlichkeit, Wärme und persönlicher Integrität zu verbreiten, die aus der Nahwelt intimer Beziehungen gewonnen wird. Intime Interaktion wird deswegen als Hort unentfremdeter Natürlichkeit Ausgangpunkt für moralische Ansprüche an die öffentliche Kommunikation. Sie orientieren sich am credibility code der Sentimentalität: sie beglaubigt sich durch Emotionalität und Unwillkürlichkeit. Auch hier gilt die Umbuchung von Handeln auf Erleben. Deshalb löst die unwillkürliche Körpersprache die auf Absichten zurechenbare Rhetorik ab. Der Trennung von Gesellschaft und Individuum entspricht die zwischen Kommunikation und Bewußtsein. Das führt zu einer neuen Moralisierung der Einsamkeit als Bezugspunkt für das Verhalten: ein Verhalten gilt schon nicht mehr als natürlich, wenn man es nur deshalb ändert, weil andere anwesend sind. Die Stille, das Verstummen, das Schweigen werden jetzt beredt. Kommunikation orientiert sich an der Grenze zur Inkommunikabilität. Sie oszilliert zwischen Kommunikation und Bewußtsein. Das alles führt zu der Paradoxie, daß nun die öffentliche Kommunikation im Stil privater Emotionalität abläuft. Dazu bedarf es aber der Kommunikationsvirtuosen, die das stellvertretend für andere tun: das sind Politiker wie Pitt, Demagogen wie Wilkes, Rhetoren wie Burke, Dramatiker wie Sheridan, Prediger wie Wesley, Schauspieler wie Garrick, Exzentriker wie Johnson und die lange Reihe von genialen Dichtern, die nun zur Identifikation mit ihren emotionalen Dramen einladen.

Eine der bizarrsten und zugleich liebenswertesten Figuren in dieser Galaxie von interessanten Charakteren ist der Sohn eines Soldaten, der in Marlboroughs Armeen gedient hatte: Laurence Sterne. Er sollte mit seinem humoristischen Roman *Tristram Shandy* ein Werk sui generis schreiben, das wie in einem Brennspiegel die Umorganisation der Semantik während der Sattelzeit bündelt: durch seine Parodie verabschiedet er die traditionelle Rhetorik und begründet den neuen credibility code der Sentimentalität, indem er ihn auf seine heimlichen Motivgründe zurückführt: – die verdrängte Sexualität. Der Roman ist ein Arsenal von Doppeldeutigkeiten. Er repräsentiert das Auseinandertreten von Kommunikation und Bewußtsein, insofern seine Figuren in die Einsamkeit ihrer hobby horses eingeschlossen werden, während ihre Kommunikation durch Mißverständnisse in Trümmer gelegt wird. Er markiert den Stand literarischer Entwicklung, insofern nicht mehr schöne Gegenstände dargestellt werden, sondern der

Bezug des Subjekts zur Welt im Ganzen. Deshalb geht es in dem Roman um die Konfrontation zweier Ordnungen: der Ordnung des Subjekts in der Beschreibung von Locke mit der mechanischen Ordnung der Welt von Newton. Das führt zu mannigfachen Paradoxien, die sich als Unendlichkeitsprobleme darstellen: interne Unendlichkeit des Subjekts in der Reflexion und äußere Unendlichkeit der Geschichte, die sich ohne Anfang und ohne Ende zur Weltgeschichte weitet; die vielen vitae res gestae, exempla und casus wachsen zusammen zur Universalgeschichte. Zum eigentlichen Gegenstand des Romans wird das Weltverhältnis des Subjekts, und die Geschichte wird zur Entfaltung von Individualität in der Zeit. Die Kunst beglaubigt sich nicht mehr durch Übereinstimmung mit der dargestellten Wirklichkeit im einzelnen, sondern rekonstruiert durch seine interne Geschlossenheit die Komplexität der Welt im ganzen. In Verbindung all dieser Züge stellt der *Tristram Shandy* einen Epochenhorizont dar, in dem die Diskurse der ständischen und der modernen Gesellschaft vermittelt sind.

Trotz seiner subalternen Position war Sternes Vater der Enkel des Erzbischofs von York. Das verpflichtete die Familie, den Sohn zum Studium nach Cambridge zu schicken. Am Jesus College wurde er zum Pfarrer ausgebildet und befreundete sich mit seinem späteren Wohltäter John Hall-Stevenson. Dessen Landsitz befand sich in der unmittelbaren Nachbarschaft der kleinen Pfarre, die Sterne in der Nähe von York erhielt, und wurde zum Zentrum eines Zirkels verrückter Freunde, die sich unorthodoxen Formen der Geselligkeit überließen. Sie nannten Stevensons Landsitz "Crazy Castle" und sich selbst die "Demoniacs". Obwohl Sterne selbst zur Schwindsucht neigte, heiratete er eine schwindsüchtige Frau, die mit ihrer zänkischen Natur sein Eheleben vergällte. Zu allem Überfluß kam auch noch seine verarmte Mutter und seine Schwester aus Irland, die den häuslichen Frieden weiter reduzierten. Zur Kompensation verliebte sich Sterne in Catherine Fourmandel und trieb damit seine Frau in einen solchen Paroxysmus der Eifersucht, daß sie in die Obhut eines Irrenarztes gegeben werden mußte. Als dann seine Mutter noch wegen Landstreicherei verhaftet wurde, setzte ein ihm wenig gewogener Onkel das Gerücht in die Welt, Sterne habe seine Mutter unmenschlich behandelt. Wir finden den Nachhall dieser Geschichte in der Darstellung des Unrechts, das dem armen

Yorick im *Tristram Shandy* angetan wird. Überhaupt ist ein Großteil des Materials des Romans autobiographisch. Sternes Auseinandersetzungen mit seinen Nachbarn, die Intrigen des Domkapitels von York, die Vorgänge in Crazy Castle und der Streit mit einem papistischen Arzt namens Dr. John Burton finden ihr Echo im *Tristram Shandy.*

Die ersten beiden Bücher erschienen im Januar 1760. Sie waren sofort eine literarische Sensation; und da auch Garrick ihnen seinen Segen erteilte, konnte Sterne bei einer Reise nach London bei seinem Verleger günstige Bedingungen für die Fortsetzung des Romans aushandeln.

Nachdem er auch noch eine größere Pfarre erhalten hatte, zog er in ein größeres Haus um, taufte es "Shandy Hall" und schrieb – unterbrochen von zwei Reisen nach Frankreich, die seine Schwindsucht kurieren sollten – bis zu seinem Tode weiter an *Tristram Shandy.*

Der Roman ist eine fiktive Autobiographie. Der Erzähler Tristram nimmt die ironische Anweisung des Horaz, ab ovo zu beginnen, ernst und läßt die Erzählung mit seiner Zeugung anfangen. Aber leider wird die zu diesem Ziel führende Tätigkeit seines Vaters duch die Frage seiner Mutter unterbrochen, ob er nicht vergessen habe, die Standuhr aufzuziehen. Die Parallelisierung des Romananfangs mit der Zeugung zeigt: es gibt zwei Ordnungen – die des Fleisches und die des Wortes, die der Sexualität und die der Sprache, die des Kindes und die des Buches, die des Life und die der Opinions, die des Erzählten und die des Erzählens. Diese Doppelung setzt sich fort in der Beziehung zu zwei philosophischen Systemen: Newtons Gravitationstheorie und Lockes Erkenntnistheorie. Beide beschreiben vollständig geschlossene Welten: in der Welt der Kausalität werden alle Abläufe von sich selbst regulierende Mechanismen der Gravitation geregelt. Ihr Modell ist deshalb die Uhr, deren Aufziehen zum Bild der Schöpfung wird: Wie die aufgezogene Uhr geht das Leben des Kindes Tristram von nun an seinen Gang, ohne des weiteren Dauerkontakts mit dem lebenserhaltenden Vater noch zu bedürfen. Die Gravitation ist die conservatio sui von Hobbes. Dann gibt es die ebenso geschlossene Welt des Subjekts, das plant, reflektiert und erzählt. Jedes dieser Subjekte bildet eine eigene Welt in einer weiteren Galaxie von Subjekten, und jede von diesen Welten ist eine geschlossene Monade: sie enthält zwar

Spiegel, aber keine Fenster. Die Signatur dieser Geschlossenheit ist der Humor, d.h. die unbegründbare, idiosynkratische, sich selbst begründende und den Selbstkontakt genießende Individualität, die ihren Ausdruck im berühmten Shandyschen hobby horse findet.

Es gibt nun kein Supersystem bei Sterne, das die Synchronisation beider Welten regeln würde. Entsprechend führt die Intervention der Subjekte in die Welt der Gravitation zu Unfällen. Vom coitus interruptus des ersten Kapitels angefangen, kommt es zu Unterbrechungen, Kollisionen und Unfällen. Wenn die Mechanik des Uhrwerks gestört wird, kann das zwangsläufig nur zu Ungleichzeitigkeiten, Defekten und Blockierungen kommen. Das sind keine Unfälle mehr, von denen man sich unschuldig überraschen lassen darf; vielmehr handelt es sich um programmierte Programmstörungen, die Murphy's Law beweisen: If things can go wrong, they will go wrong. Entsprechend wird das Leben des Helden interpunktiert von einer Serie von großen und kleinen Unfällen, aus denen die Handlung des Romans besteht: die Zeugung wird unterbrochen, bei der Geburt wird seine als phallische Ausrüstung kenntlich gemachte Nase zerquetscht, bei der Taufe wird versehentlich der beste aller Namen, Trismegistus, durch den traurigsten, Tristram, ersetzt, und schließlich wird durch ein heruntersausendes Schiebefenster die Männlichkeit des Helden beschnitten.

Die beiden zentralen Figuren, Tristrams Vater Walter Shandy und sein Uncle Toby, reiten Steckenpferde, die sie jeweils in die Vergangenheit und die Zukunft entführen und füreinander unerreichbar machen. Uncle Toby wird insofern zum Opfer seiner Vergangenheit, als er während der Belagerung von Namur so nachhaltig im Genitalbereich verwundet wurde, daß seine femininisierte Natur sich unter dem Gesetz der delicacy daran gehindert sieht, sich der genitalen Traumatisierung mannhaft zu stellen. Das führt ihn wie in der Psychoanalyse zu dem obsessiven Versuch, in immer neuen Anläufen seine Geschichte zu erzählen, bis er die Stadt Namur im Miniaturmodell nachbaut und sich – mit Anspielung auf die erotische Metaphorik der Belagerung – dem Hobby der Festungskunde in die Arme wirft, das ihn daran hindert, sich seiner Zukunft zuzuwenden: der Belagerung der Witwe Wadman.

Umgekehrt ist der kinderzeugende Walter Shandy der Zukunft zugewandt: Er ist der Theoretiker der Kontingenz und versucht zugleich, durch genaue Planungen alle Kontingenzen auszuschalten. Dabei zeigt Sterne, was erst die modernen Planungsparadoxien durch ihre Kosten offenbar gemacht haben: kein Plan kann die Reaktion auf sich selbst noch miteinplanen. Entsprechend führen alle Pläne, an die man blind glaubt, zu Unfällen. Das jedenfalls ist das Schicksal des Ehevertrags mit der Scheinschwangerschaftsklausel, der Doppelsicherung der Geburt durch Hebamme und Accoucheur, der Reiseplanung und der Erziehungsplanung. Insofern Walter und Toby Shandy mit ihren Hobbies in die Zukunft und Vergangenheit enteilen, zerreißt auf der Ebene des Erzählten der temporale Zusammenhang.

Dasselbe Problem stellt sich aber auch auf der Ebene des Erzählens selbst. Indem der Erzähler versucht, im Ozean der Zeit den Anfang aller Anfänge zu finden, zwingt er sich zu der Erkenntnis, daß es zu jedem Anfang eine weitere Vorgeschichte gibt; wird also im Newtonschen Universum die Zeit mit Kausalität parallelisiert, kommt es bei der Endlosigkeit der Ursache-Wirkungszusammenhänge zu einem infiniten Regreß. Auf diese Weise wird der Erzähler durch endlose Regressionen in seiner Geschichte nach hinten gezogen. Andererseits behandelt der rhetorische Duktus des Erzählers, der sein Erzählen als Leseransprache (Madam, Sir, your Reverences) inszeniert, im ordo artificialis des Erzählens das Erzählte als etwas, das erst in der Zukunft ins Dasein tritt. Und gerade unter dem Gesichtspunkt der Unendlichkeit des zu Erzählenden wird bei der Begrenztheit des Lebens die Zeit dafür knapp und zwingt den Erzähler zugleich zur Eile und den Leser zum Warten. Ständig unterbricht sich der Erzähler selbst, um auf all das zu verweisen, was er noch zu erzählen hat. Damit spielt der Erzähler die autobiographische Zirkularität zwischen Erzählen und Erzähltem durch und findet sich dann doppelt vor: als erzählte Figur und als Erzähler. In dieser Doppelung inszeniert er eine Aufholjagd, in der die erzählte Figur den Erzähler einholen soll. Sie geht natürlich aus wie der Wettlauf zwischen Achilles und der Schildkröte: Sterne bietet uns Zenos Paradox als Erzählproblem.

Im Bereich der Kommunikation herrscht als parallele Kraft zur Gravitation das Gesetz der Gedankenassoziation. Interferieren verschiedene Gedankenassoziationen, kommt es ebenfalls zu Unfällen, die sich als Mißverständnisse äußern. Sie werden in der Regel durch homonymische Kollisionen ausgelöst (train of artillery/train of ideas), die die Gedanken beider Kommunikationspartner auf die jeweilige ballistische Bahn der Assoziation senden, welche von der Massenanziehung des jeweiligen Steckenpferdes vorgezeichnet ist.

So vollzieht sich Kommunikation als Unfallserie von durch Sprache ermöglichten und durch hobby horses bewirkten Mißverständnissen. Dabei gibt es nur einen Ausweg: die Sprache der Sympathie, der Benevolenz und der Sentimentalität. Auch bei Sterne ist sie Körpersprache: das beredte Schweigen, der vielsagende Blick, die bedeutungsschwangere Pause, der warme Händedruck, die einzelne Träne, der tiefe Seufzer. Der Abbruch der Kommunikation ist selbst Kommunikation. Körpersprache beendet und verstärkt Kommunikation. Sie bezieht sich nun auf die Unausdrückbarkeit des Gefühls. Gefühle werden dadurch zum innerweltlichen Himmelreich, zur Sphäre des Guten, zur internalisierten Transzendenz einer psychologischen Metaphysik. Die black box des Bewußtseins ist das immanente Jenseits, das das eingeschlossene Ausgeschlossene der Psychologie enthält. Darüber hinaus treibt aber Sterne dieses Prinzip in sein linguistisches Extrem, indem er die Grenzen zwischen beiden Welten, der symbolischen und der physischen, in die Grenze zwischen Signifikat und Signifikant verlängert. Jeder Leser des *Tristram Shandy* wird bei der Lektüre von den typographischen Spielchen mit Gedankenstrichen, Sternchen, Leerstellen, schwarzen und marmorierten Seiten, graphischen Darstellungen von wirbelnden Stöcken etc. überrascht. So wie die Figuren von verbaler auf Körpersprache umschalten, schaltet der Verfasser von Signifikat auf den Signifikanten um. In beiden Fällen geht es um dasselbe: auszudrücken, was jenseits des Ausdrucks liegt. Das betrifft aber nun auch das, was durch sexuelle Tabuisierung verdrängt ist: das Unbewußte. Sterne rekonstruiert es als Kommunikation. Dabei greift er Lokkes Theorie auf, daß der Erfolg der Kommunikation nur durch die exakte Definition der Wortbedeutungen garantiert ist. So insistiert der Erzähler in seinem Kapitel über Nasen darauf, daß bei seinem Gebrauch des Begriffs "Nase" tatsächlich nur Nase gemeint sei, warnt seine Leser, sowohl männliche wie weibliche, gegen die Versuchung des Teufels, der ihnen andere Bedeutungen nahelegen könnte, und treibt einen solchen Aufwand bei der Definition des Begriffs "Nase", daß der Leser beginnt, sowohl an der Eindeutigkeit des Begriffs als auch an der Aufrichtigkeit des

Erzählers zu zweifeln. Indem der Erzähler die Kommunikation durch die Absicherung der Semantik sichern will, bringt er sie von der Seite des pragmatischen Mitteilungsinteresses her unter Verdacht. Wer auf Eindeutigkeit insistiert, suggeriert Zweideutigkeit. Zweideutigkeit ist dann die Einheit einer Differenz, und eben das ist eine Paradoxie. Auf diese Weise ruiniert Sterne auch den Ausdruck "winding up a clock", so daß sich die Uhrmachergilde in London beschwert, der Autor habe ihr unschuldiges Gewerbe in Mißkredit gebracht. Zweideutigkeiten überqueren die Grenze zwischen Bewußtem und Unbewußtem, weil sie sich von selbst aufdrängen. Sie tauchen an der internen Grenze der Kommunikation auf: der Versuch, Eindeutigkeit zu beteuern, endet im Selbstdementi. Das sieht in der Regel aber nur der Beobachter, nicht der Sprecher. Zu beobachten, was der Selbstbeobachtung des anderen notwendig entzogen bleibt, heißt aber, das Unbewußte zu beobachten. Die Selbstreflexivität der Beobachtung und das Unbewußte entstehen zusammen. *Tristram Shandy* markiert den Punkt, an dem es möglich wurde, etwas zu kommunizieren, was einem nicht bewußt war, und sich einer Sache bewußt zu sein, die man nicht sagen konnte. Mit anderen Worten, er markiert das Auseinandertreten von Kommunikation und Bewußtsein oder die Trennung von Gesellschaft und Individuum. Darin ist er ein durch und durch moderner Roman. Er führt die Leitbegriffe der modernen Semantik ein: Subjektivität, Geschichte, Gefühl, Inkommunikabilität, Reflexion, Humor, Hobby; er verabschiedet die Rhetorik und liefert die Möglichkeit, die spätere Romanentwicklung als Lösung von Problemen zu verstehen, die sich in Form von Paradoxien in *Tristram Shandy* gestellt haben.

Die Erfindung des Mittelalters und der Dampfmaschine

Im selben Jahr 1760, in dem *Tristram Shandy* zu erscheinen begann, überzeugte ein gewisser junger Mann namens James Macpherson den großen schottischen Historiker Adam Ferguson, der mit seinem *Essay on the History of Civil Society* die Entstehung der Soziologie inspirieren sollte, daß nur der Geldmangel ihn davon abhalte, das schottische Epos aus dem Gälischen zu übersetzen und herauszugeben, dessen Original sich in verschiedenen Manuskripten in den Hochlanden befinde. Mit einigen Freunden sammelte Ferguson Geld und Macpherson die Manuskripte, und 1762 wurde der staunenden Öffentlichkeit Europas die englische Übersetzung von *Fingal, An Ancient Epic Poem, Composed by Ossian, the Son of Fingal* unterbreitet. Die Geschichte beruht auf einem Manuskript aus dem 16. Jahrhundert und erzählte vom Widerstand der heidnischen Schotten und Iren gegen das Christentum und von den damit verbundenen Kriegen. Schottland war erfreut, mit einer neuen heroischen Vergangenheit die Aufmerksamkeit Europas auf sich zu ziehen, Goethe war begeistert und Werther las Lotte aus dem *Ossian* vor, um sie in romantische Stimmung zu versetzen. Aber wir erkennen die Geburt der Geschichtsschreibung aus dem Geist der romantischen Nostalgie daran, daß der ganze *Ossian* von Macpherson selbst verfaßt worden war: die Geschichte ist – allerdings mit Hilfe von Quellen – erfunden. Im Falle des *Ossian* hatte Macpherson zuviel Liebe eingebaut. Damit traf er zwar genau den Geschmack der Zeit, weckte aber auch den Zweifel an der Echtheit des Epos.

Unbeeindruckt von solchen Zweifeln erfand Horace Walpole mit seiner Geschichte *The Castle of Otranto* den Schauerroman. Er war der fünfte Sohn des großen Premierministers. In Eton freundete er sich mit Thomas Gray an, der später mit seiner *Elegy Written in a Country Church Yard* – einer pastoralen Meditation über den Tod – das wohl bekannteste Gedicht des Jahrhunderts schreiben sollte. Nach dem Studium in Oxford begab er sich mit Gray auf die Grand Tour. Grays Stolz ließ es aber nicht zu, daß Walpole die Reisekosten übernahm, und so reiste er auf Walpoles Kosten wieder nach Hause. Nach seiner Rückkehr wurde Walpole Abgeordneter im Unterhaus und unterstützte die liberalen Whigs und Wilkes. Um 1750 kaufte er das Anwesen Strawberry Hill in der Nähe von Twickenham und gab der romantischen Reaktion gegen Palladio gewaltigen Auftrieb, indem er es in jahrelanger Kleinarbeit zu einem neugotischen Schloß ausbauen ließ, das so zerbrechlich war, daß immer wieder die Balustraden einstürzten. Auf einen davon ausgelösten Alptraum geht auch die Entstehung des *Castle of Otranto* zurück. Walpole verlegt das Geschehen ins 12. Jahrhundert und gibt die Geschichte als Übersetzung des Originals aus. Atmosphäre und Handlung sind in Hamletsche Düsternis getaucht. Es gibt einen finsteren Usurpator, der von einer schrecklichen Prophezeiung gequält wird; eine tragische Verwechslung, bei der er seine Tochter ermordet; und den Geist eines Ahnherrn, der dem legitimen Erben zu seinem Recht verhilft. Die Episode, in der der Sohn des Usurpators durch einen ungeheuren herabfallenden Helm zerschmettert wird, war vielleicht durch die herabfallenden Balustraden von Strawberry Hill inspiriert. Mit dieser Geschichte versuchte Walpole, die mittelalterliche Romanze mit der Form des realistischen Romans zu verbinden. Der Versuch war erfolgreich, und von *The Castle of Otranto* wurden bis 1800 zwanzig Auflagen gedruckt.

Die Geschichte begeisterte auch einen schwärmerischen Teenager aus Bristol namens Thomas Chatterton. Angeregt durch die Lektüre alter Manuskripte verfaßte er eigene Gedichte im pseudo-mittelalterlichen Stil, die er als Produkte eines von ihm erfundenen Verfassers namens Thomas Rowley ausgab. Er schickte sie Walpole und bat ihn, bei der Suche eines Verlegers behilflich zu sein. Gray, mit dem sich Walpole inzwischen wieder versöhnt hatte, erklärte jedoch die Manuskripte für Fälschungen. Walpole teilte Chatterton seine Zweifel an der Echtheit der Gedichte mit, vergaß, sie zurückzuschicken, und reiste nach Frankreich. Daraufhin ging der siebzehnjährige Chatterton nach London, stellte fest, daß die Welt von romantischen Dichtern nichts wisssen wollte, und beging Selbstmord mit einer Flasche Arsen. Sieben Jahre später wurden die Gedichte mit Erfolg veröffentlicht, und der Verleger machte Walpole für den Tod Chattertons verantwortlich. Chatterton aber erfüllte das romantische Klischee vom verkannten Genie, das an der Welt leidet und früh vollendet als Jüngling in den Tod geht. Shelley spielt in seinem *Adonais* auf

Chatterton an, und Keats widmete *Endymion* seinem Andenken. Walpole aber sammelte Kunstschätze, ließ sich in Pariser Salons umschmeicheln, druckte Grays Gedichte in seiner eigenen Drukkerei in Strawberry Hill und schrieb eine unendliche Menge von Briefen, die mit ihren interessanten Details einen ungemein guten Einblick in die Geschichte des Zeitalters vermitteln. Die Gothic Novel aber wird von Anne Radcliffe weiterentwickelt, die das Richardson-Szenario von der verfolgten Unschuld und dem finsteren, aber faszinierenden Byronic hero mit eindrucksvoller Landschaftsbeschreibung, einer subtilen Technik der Spannungserzeugung und der Evokation dessen verbindet, was man nun "Atmosphäre" zu nennen beginnt: modernde Gemäuer, ferne Geräusche, dramatische Stürme, Verliese der Inquisition und die mit dem Katholizismus verbundenen geheimen Laster der Mönche wirken zusammen, um in den sensiblen Heldinnen und den Leserinnen der Romane ein wonnevolles Schaudern zu erregen.

Seit Gallands Übersetzung von *1001 Nacht* hatte sich die Oriental Tale in der Manier von Johnsons *Rasselas* oder Voltaires *Zadigue* verbreitet. Eine merkwürdige Verbindung aus orientalischer Erzählung und Schauerroman bot William Beckford mit seinem Roman *Vathek*. Es ist die Geschichte eines faustischen Teufelspakts zwischen Eblis, dem Fürsten der Hölle, und Vathek, dem historischen Enkel von Harun al Raschid. Sie endet in den Ruinen von Istakhar, wo der Held den Eingang zum unterirdischen Palast von Eblis, der Hölle, findet und wie bei Dante dazu verdammt wird, alle Hoffnung fahren zu lassen. Nach Beckfords eigener Schilderung war der Anlaß für die Abfassung des Romans – den der Autor im Alter von zweiundzwanzig Jahren in drei Tagen und zwei Nächten auf Französisch verfaßte – die drei Tage dauernden Feierlichkeiten um Weihnachten 1781, die auf Beckfords Schloß Fonthill mit orientalischem Pomp und der Abhaltung schwarzer Messen in einem entsprechend gestimmten Freundeskreis begangen wurden. Eine gewisse Parallele zu Walpoles Strawberry Hill drängt sich auf, wenn man erfährt, daß einer der gotischen Türme von Beckfords Schloß nach seiner Fertigstellung zusammenstürzte – kurz nachdem sein Besitzer es verkauft hatte.

1760 wurden die ersten Bücher des *Tristram Shandy* veröffentlicht, und im selben Jahr begann Macpherson mit der Publikation des *Ossian*. 1765 publizierte Thomas Percy seine mittelalterlichen Balladen als *Reliques of Ancient Poetry*, und Walpole gab *The Castle of Otranto* heraus. 1768 erschien Sternes *Sentimental Journey*, das den Begriff "sentimental" in Umlauf brachte. 1770 beging Chatterton Selbstmord, und 1785 veröffentlichte Cowper das lange Gedicht *The Task*, in dem er den Sklavenhandel beklagte, England aufrief, zum einfachen Leben auf dem Lande zurückzukehren, und die Herrschaft Popes in der englischen Dichtung beendete. Und Jean Jacques Rousseau hatte die Fundamente aller künftigen Zivilisationskritik gelegt, indem er die Natur für gut und die Zivilisation für eine verderbliche Perversion des Ursprünglichen erklärte, die mit ihren aberwitzigen Einrichtungen, Sitten, Gebräuchen und mit ihrer Philosophie den Menschen daran hinderte, die ursprüngliche Güte zu entfalten, die ihm von seiner Natur aus eigen war. In seiner Preisschrift für die Akademie von Dijon und seinem *Discours* hatte er die Topoi der Zivilisationskritik geprägt, die in der Evolution der Ideen bis heute überlebt haben: Das Ideal der Vergesellschaftung ist die Familie; die Wilden sind edler als die Vertreter fortgeschrittener Zivilisationen; das Privateigentum hat die menschliche Ungleichheit begründet; der technische Fortschritt führt uns ins Verderben; das Landleben ist moralisch wertvoller als das Leben in der Stadt. 1761 hatte er in seiner *Julie ou la Nouvelle Héloïse* dem satanischen Lovelace aus Richardsons *Clarissa* den begeisterungsfähigen Saint Preux entgegengestellt, die Liebe mit dem Enthusiasmus für die Natur verbunden, die Gefühlsdarstellung zum Exhibitionismus gesteigert und damit auch die Herzen der Engländer erobert. Und 1762 ließ er mit seinem *Émile* das alternative, naturverbundene Erziehungsbuch folgen, das die Mütter Europas wieder dazu brachte, ihre Babies selber zu stillen, und als früheste Lektüre für das naturbelassene Kind den *Robinson Crusoe* empfahl. Diese Schriften und der *Contrat social* provozierten die Regierung Frankreichs und die Behörden von Genf, Neuchâtel und Bern nacheinander dazu, Rousseau auszuweisen. Daraufhin schrieb Horace Walpole ihm unter der Vorspiegelung, er sei Friedrich der Große, einen Brief, in dem er ihn bat, nach Preußen zu kommen, da er doch die Verfolgung so sehr liebe: "Wenn Sie darauf bestehen, sich den Kopf zu zerbrechen, um neues Mißgeschick zu suchen, wählen Sie aus, wie es Ihnen beliebt; ich bin König und kann alles tun, Ihren Wünschen zu entsprechen." Statt dessen aber brachte ihn David Hume nach London, wo selbst der König das Theater besuchte, nicht, um

Garrick, sondern um Rousseau zu sehen. Als aber Walpoles friderizianischer Einladungsbrief im *St. James Chronicle* erschien, glaubte Rousseau, Hume sei der Verfasser, und verkrachte sich mit ihm. Der darauf folgende Streit überzeugte Hume, daß exzessive Empfindlichkeit die Launenhaftigkeit ebenso stärkt wie sie die guten Manieren und den Verstand schwächt. Als Hume hörte, daß Rousseau seine *Confessions* schrieb, glaubte er an eine Rechtfertigungsschrift im Zusammenhang mit ihrem Krach und veröffentlichte 1766 einen Bericht aus seiner Sicht, so daß sich schließlich halb Europa an dem Streit beteiligte. Ihn hat Rousseau verloren, während er zugleich den Kampf um die kulturelle Führung gewann: mit ihm setzte die romantische Reaktion gegen den Rationalismus des Augusteischen Zeitalters und der "philosophes" ein.

In den Schloßparks wurde jetzt die französische Geometrie von Versailles durch die englischen Landschaftsgärten abgelöst, die Launcelot Brown nach der Tauglichkeit (capability) durchforstete, phantastische Ruinen und pittoreske Ziertempel aufzunehmen, womit er sich den Spitznamen "Capability Brown" erwarb. Der Töpfereiunternehmer Wedgewood begann seine Massenproduktion von Tongeschirr im Stil der griechischen Vasenmalerei, so daß das Zinngeschirr außer Mode kam. Thomas Chippendale belieferte die englische Gesellschaft mit zerbrechlichen Sitzmöbeln, wobei er mit seinem Rivalen George Hepplewhite wetteiferte. Beider Tradition wurde von Thomas Sheraton fortgesetzt. Die Malerei aber geriet unter die Herrschaft von Joshua Reynolds, jenes Mitbegründers von Johnsons "Club", der seine Kunstfertigkeit durch die Beschränkung auf die Portraitmalerei erhöhte; durch seine Bilder wissen wir, wie all diese Genies, Exzentriker, Schauspieler und Politiker aussahen, von denen wir erzählt haben: der korpulente Fox, der ernste Burke, der blatternarbige Johnson, der faszinierende Garrick, der liebenswürdige Goldsmith und der absurde Boswell. 1768 wurde die Royal Academy of Arts gegründet, und Reynolds wurde ihr erster Präsident. Er begründete die Tradition, die jeweils neue Saison mit einer Rede für die neuen Studenten zu eröffnen. 1773 begann die Rivalität mit dem romantischeren Gainsborough, und beide führten Richardsons und Fieldings Kampf um "the manly man" und "the womanly woman" weiter: Reynolds Männerportraits waren markanter, Gainsboroughs Frauenportraits waren poetischer als die des Rivalen. Es war die Zeit, in der der Kult der Natürlichkeit auch die Kleidermode zu ändern begann. Die Perücken wurden abgelegt, wenn auch die Richter und Rechtsanwälte sie aufbehielten. Das männliche Hosenbein wurde immer länger, überwand das Knie und umhüllte nach der Französischen Revolution schließlich auch die Wade. Der Umfang des Reifrocks ging zurück, und die Standesunterschiede wurden in der Kleidung weniger sichtbar. Tee wurde jetzt billiger als Kaffee und begann, ein englisches Nationalgetränk zu werden. Frauen traten zunehmend als Autorinnen von Romanen in Erscheinung. Mrs. Elizabeth Vesey gründete in Mayfair einen Salon, in den sie auch den Dichter Stillingfleet lud. Entgegen der Etikette erschien er in blauen Strümpfen, aber seine Konversation war so geistreich, daß jedesmal, wenn er fehlte, gesagt wurde: "Es geht nicht ohne blaue Strümpfe." Das wurde ein geflügeltes Wort, und so nannte sich der Salon die "Bas Bleus Society" – die Blaustrumpfgesellschaft – zu der auch Walpole, Garrick und Johnson stießen. Zur Herrscherin im Reich der Blaustrümpfe wurde Elizabeth Robinson Montagu, eine entfernte Verwandte von Lady Mary. In ihrem Haus traf sich die Schönheit mit dem Geist und der Macht. Wie in Paris nahm die geistvolle Geselligkeit in London nun an Würze zu, weil sich beide Geschlechter beteiligten.

Die Revolution des Gefühls war die kulturelle Begleitmusik zur Revolution der Lebens- und Arbeitsverhältnisse durch die Industrialisierung Englands. Der Zusammenhang zwischen dem Ausbau des Imperiums in der zweiten Hälfte des 18. Jahrhunderts und der Industriellen Revolution ist bis heute ein Gegenstand für Kontroversen unter Wirtschaftshistorikern. Einig sind sie sich aber darin, daß dreierlei Faktoren nötig waren: große Absatzmärkte, gigantische Kapitalien und die Produktion riesiger Energien, um die durch die verbesserte Eisenverhüttung herstellbaren Maschinen zu betreiben. Als Erfinder der Dampfmaschine wird in der Regel James Watt genannt. In Wirklichkeit gab es eine Menge Vorformen, die nur nicht so weit entwickelt waren, daß sie industriell genutzt werden konnten. Watts Leistung bestand darin, sie rentabel zu machen. Durch die Entwicklung eines Kondensators konnte er verhindern, daß Dreiviertel der von der Maschine gelieferten Energie verloren ging. Als er dann noch mit Matthew Boulton einen geeigneten Partner für die Produktion fand und als der Eisenhüttenbesitzer Wilkinson, der die erste

Eisenbrücke gebaut hatte, ein neues Hohlzylinderbohrverfahren entwickelte, konnten Dampfmaschinen von bisher unvorstellbarer Leistung hergestellt werden. Ab den 70er Jahren kauften immer mehr Fabrikbesitzer Dampfmaschinen von Boultons Firma. Da anders als bei der Elektrizität die Dampfmaschine ihre Energie an einem Ort konzentrierte, mußten auch die Maschinen an einem Ort aufgestellt werden, und das hieß wiederum, daß die Menschen, die sie bedienten, an einem Ort konzentriert werden mußten. Als dies geschah, war das Fabriksystem geboren. In diesem System führten riesige Kapitalien dazu, daß sich titanische Energien zum Betrieb vieler Maschinen vereinigten, die von vielen Menschen zur gleichen Zeit bedient wurden, um eine ungeheure Menge von immer billiger werdenden Massenprodukten für riesige Absatzmärkte zu produzieren, damit wiederum riesige Kapitalien produziert wurden. An der zirkulären Struktur sieht man, daß der Prozeß – einmal in Gang gekommen – sich selbst beschleunigt. Je teurer die Maschinen wurden, desto mehr ging die Organisation des Fabriksystems von den Master Manufacturers zu den Kapitaleigentümern über. Zugleich mußte die Distribution und der Verkauf der Massenartikel von den nur periodisch stattfindenden lokalen Märkten zu permanenten Läden verlagert werden. Der Ruin vieler kleiner Handwerker, die Kommerzialisierung der Landwirtschaft und die zunehmende Verwandlung von Acker- in Weideland durch die Textilindustrie schufen wiederum das Proletariat, das in die Fabriken strömte. Zu den ersten großen Kapitalinvestoren gehörten offenbar die wohlhabend gewordenen Dissenter, die in der Regel nicht in Land investierten, weil sie aus der Gesellschaft der Gentlemen ausgeschlossen waren. Außerdem verbot ihnen ihre puritanische Moral, durch “conspicuous consumption” auf sich aufmerksam zu machen, und kam statt dessen der gnadenlosen Disziplin, die das Fabriksystem forderte, entgegen. Nicht erst seit den Schriften von Dickens, Marx, Engels oder Zola wissen wir von dem menschlichen Massenelend, das die Industrialisierung auslöste. Das Fabriksystem schuf die schlimmsten Arbeitsbedingungen, die das Menschengeschlecht seit den Tagen von Spartakus oder der Silbermine von Potosi erduldet hatte. Die Arbeiter schufteten für einen Minimallohn unter Arbeitsbedingungen, die häufig gesundheitliche Schäden zur Folge hatten. Neben der Schutzlosigkeit der Arbeiter, deren Löhne jetzt nicht mehr von Zünften geregelt wurden, lag der Hauptgrund für diese Form der Ausbeutung darin, daß ein Fabrikbesitzer nicht mehr für eine Subsistenzökonomie produziert, in der die Arbeit dann aufhört, wenn die Bedürfnisse befriedigt sind, sondern für einen nationalen oder gar einen Weltmarkt, der kaum gesättigt werden kann. Nähert er sich aber der Sättigung, arbeiten nicht alle Arbeiter weniger, sondern ein Teil der Arbeiter wird entlassen.

In den 70er Jahren des 18. Jahrhunderts war die Industrialisierung in vollem Schwung; 1779 kam es zu den ersten Maschinenstürmereien in Lancashire; 1780 steigt die Kurve von Patentanmeldungen und Bankrotterklärungen rapide an, und im gleichen Jahr beginnt Boultons Dampfmaschinenfabrik, Profite abzuwerfen. England begann nun, Korn zu importieren, um sein wachsendes Proletariat zu ernähren. Gleichzeitig steigt die demograpische Kurve des Bevölkerungswachstums steil nach oben. 1776 publizierte der Professor für Moralphilosophie in Glasgow, Adam Smith, sein Meisterwerk *An Inquiry into the Nature and Causes of the Wealth of Nations*. In dieser Schrift werden die Daten über Konsum, Preise, Marktgesetze etc. zum ersten Mal zusammenhängend beschrieben, in ein kohärentes System gebracht und auf die Ebene der Philosophie gehoben: dabei entwikkelt Smith unter dem Einfluß von Locke, Hutcheson und Hume den zentralen Gedanken, daß die Volkswirtschaft von einer unsichtbaren Hand geordnet wird, die die vielen Einzelinteressen in ihrem Zusammenspiel zum Gemeinwohl aller bündelt. Das verschiebt die Selbstorganisation der Civil Society von Harrington ins Ökonomische; von da aus gelangt Smith zu der logischen Konsequenz, daß der Hobbessche Staat sich aus der Wirtschaft herauszuhalten habe. In der alten Konkurrenz zwischen konservativ-skeptischen Staatsbefürwortern und denen, die an die Selbstorganisation der Gesellschaft glauben, ist Smith ein Vertreter des Civic Humanism. Das erst erklärt die vielleicht irritierende Tatsache, daß man später unter den Staatsinterventionisten sowohl Sozialisten als auch Konservative wie Disraeli findet, der den ersten sozialen Roman schreibt. Smith aber begründet den ökonomischen Liberalismus der Viktorianer und die moderne Wirtschaftswissenschaft. Mit seiner Paradoxie von "private interests and public benefits", mit der er an Mandevilles *Bienenfabel* anknüpft, befreit er die private wirtschaftliche Tätigkeit vom moralischen Odium des mangelnden Gemeinnutzes und beseitigt so einen der Gründe für die Bürger, ihr schlechtes Gewissen auf die Juden zu projizieren, womit er England von der Geißel des Antisemitismus bewahren hilft, die auf dem Kontinent die Modernisierung begleitet.

Die Beschleunigung der gesellschaftlichen Entwicklungsgeschwindigkeit schärft das historische Bewußtsein. 1775, auf dem Scheitelpunkt der sogenannten "Sattelzeit", lag der Gedanke nahe, daß eine Welt verging und eine neue heraufdämmerte. Derselbe Gedanke war Edward Gibbon inmitten der Ruinen von Rom gekommen, und nachdem er die spätere Mutter von Madame de Staël nicht geheiratet hatte, publizierte er 1775 das bedeutendste historische Werk, das England bis dahin hervorgebracht hatte: *The Decline and Fall of the Roman Empire*. Der Erfolg des Buchs war so gewaltig, daß Gibbon in Paris sofort zum Salonhelden wurde. Der amerikanische Botschafter in Frankreich, Benjamin Franklin, dessen Land gerade gegen England rebellierte, bot Gibbon Material für den Fall an, daß er "The Decline and Fall of the British Empire" bearbeiten möchte. Im Gegensatz zu Smith ist Gibbon wiederum eher Hobbesianer: für den Niedergang des Römischen Reiches macht er das Christentum verantwortlich, während er die Christenverfolgungen als die legitime Abwehr eines in seinen Grundfesten von einer fanatischen Sekte bedrohten Staates darstellt. Es war ironisch, daß die Äußerung just solcher Ansichten in England wie auch in anderen christlichen Staaten Europas verboten war, weil sie nach Auffassung der Regierenden gegen das legitime Selbsterhaltungsrecht der Staaten verstießen. Und als sie allgemein akzeptiert wurden, wurde einer dieser Staaten in der Revolution von 1789 gesprengt.

Die Industrielle und die Französische Revolution

Das 19. Jahrhundert dauerte von der Französischen Revolution 1789 bis zum Ausbruch des Weltkrieges 1914. Es ist das bürgerliche Jahrhundert. In ihm vollzieht sich der Übergang zur funktional differenzierenden Gesellschaft in Form eines beschleunigten sozialen Wandels, der sich je nach Ausgangslage in den verschiedenen Ländern Europas verschieden manifestiert. In West- und Mitteleuropa erkämpft die bürgerliche Gesellschaft ihre Beteiligung an der Politik in Form von Repräsentationsorganen, Parlamenten und Verfassungen, während sich die Völker durch denselben Prozeß nach außen als Nationalstaaten konstituieren. Zur gleichen Zeit, in der dieser Vorgang in Europa die Bühne beherrscht, verwandelt sich England aber zum Mittelpunkt eines Imperiums, wie es die Welt seit den Zeiten Roms nicht mehr gesehen hat, und wird damit zugleich weniger europäisch, insularer und britischer. Das hat auch damit zu tun, daß das nationale und provinziellere Bürgertum zunehmend die weltläufige Aristokratie in der kulturellen Führung ablöst oder ergänzt. In seiner inneren Organisation aber schafft sich England in Reaktion auf die Industrielle Revolution erst das, was die kontinentaleuropäischen Länder wie Frankreich, Österreich oder Preußen seit den Zeiten des Absolutismus längst haben – einen Staat, d.h. also eine funktionierende Verwaltung in den Bereichen, in denen der einzelne Mensch nicht für sich selbst sorgen kann: öffentliche Sicherheit, öffentliche Gesundheit, Abfallbeseitigung, Schulbildung, Gewerbeaufsicht, Fabrikgesetzgebung, Armenfürsorge und Krankenpflege etc. Die konsequent-ironische Göttin der Geschichte sorgte dafür, daß der Aufbau des Staates in England von der erstarkenden Ideologie des Liberalismus begleitet wurde, dessen Vertreter gegen Eingriffe in die prästabilisierte Harmonie des Marktes und der Gesellschaft polemisierten und doch an entscheidender Stelle daran beteiligt waren, den Staat mit aufzubauen. Aber das ist nur bei flüchtigem Hinsehen ein Paradox; genaugenommen begleitet der Liberalismus nicht die Befreiung des Individuums vom Staat, sondern dessen Ausschluß aus der sich funktional differenzierenden Gesellschaft: Der Aufbau des Staates ist ein Vollzugssymptom dieser Differenzierung. Im Vollgefühl seiner frisch erkämpften Beteiligung am Staat kann sich der Franzose ganz als "citoyen" empfinden; in England ist er es schon längst – wenn er zur Minderheit der durch das Kriterium des Besitzes definierten Wählerschaft gehört. Aber er ist auch Student, Patient, Liebhaber, Käufer und Prozeßgegner, ohne in diesen Rollen als ganzer Mensch aufzugehen. Im Gegenteil: als unteilbarer ganzer Mensch – und das ist die Bedeutung von "Individuum" – ist er nur außerhalb dieser sozialen Rollen vollständig. Diese Welt teilt sich in die Vorderbühne, wo das Drama des sozialen Lebens mit seinen wechselnden Rollen spielt, und die Hinterbühne der Privatheit, wo der Mensch ganz unverstellt und unmaskiert er selbst sein kann und wo er die Maßstäbe der Authentizität gewinnt, an denen gemessen die öffentliche Kommunikation ihm geheuchelt erscheint. Die romantische Lyrik entdeckt die unverfälschte Seele dieses Individuums, das sich nur als authentisch erfährt, wenn es einsam ist. Wie von Rousseau vorgedacht, wird die Natur zum Gegenbegriff der Gesellschaft, und wenn das in der Jahrhundertmitte eine Massenerfahrung wird und die Transportmittel bereitgestellt sind, beginnt der Tourismus. Der realistische Roman, der nach dem lyrischen Energieausbruch während der Romantik zur führenden Literaturgattung des Jahrhunderts wird, dramatisiert dann den Konflikt zwischen der Hinterbühne der seelischen Privatheit und der Vorderbühne des sozialen Lebens, wobei er sich just an der Grenze zwischen beiden orientiert: der Grenze zwischen privatem Bewußtsein und öffentlicher Kommunikation. Insofern wird das 19. Jahrhundert auch zum Jahrhundert der Privatheit, der Familie und der Intimität: die Familie wird geradezu zur heiligen Institution verklärt, häusliche Tugenden werden auch für Männer verbindlich, die ehelichen Treue wird zur absoluten Pflicht, und das häusliche Glück wird mit elysischen Phantasien ausgemalt und zur neuen Utopie erhoben.

In Großbritannien gewinnt der Gang der Ereignisse einen landesspezifischen eigenen Rhythmus, der uns hilft, den Ozean der Zeit zu kartographieren. Von 1789 bis 1832 dehnt sich die Zeit der Romantik und der repressiven Reaktion in der Innenpolitik. Es ist die Zeit der romantischen Dichter, die Zeit Scotts und Jane Austens, des jüngeren Pitt und Horatio Nelsons, eine

Zeit des Kampfes gegen Napoleon und der Unterdrückung von Arbeiteraufständen im Innern. 1832 wird dann ein Jahr der Wende: Scott stirbt, Dickens beginnt seine Produktion, und im Parlament wird die erste große Reform Bill verabschiedet, die das Wahlrecht ausweitet, die Wahlkreiseinteilung an die Bevölkerungsentwicklung anpaßt und damit die Wahl eines bürgerlichen Parlaments ermöglicht, das den nun einsetzenden Reformdebatten eine Plattform bietet. Ab 1832 bis ca. 1848/50 ist die Zeit des Aufbaus einer Verwaltung, der Wahlrechtsagitation der Chartisten, der revolutionären Gärung unter den Arbeitern und der großen Reformdebatten – also eine unruhige Zeit der öffentlichen Aufgeregtheit. Das Jahr 1848, in dem in Europa allenthalben die Revolutionen ausbrechen, wird in Großbritannien zu einer revolutionären Antiklimax: nach heftiger Agitation wird von einer angekündigten Massenpetition der Chartisten – also der Wahlrechtsbewegung – ein Aufstand in London erwartet; statt dessen stellt sich wieder einmal das Wetter auf die Seite der britischen Regierung und kühlt die Demonstranten durch einen anhaltenden Wolkenbruch ab. Die Jahrhundertmitte sieht dann eine konjunkturelle Wende zur Prosperität, an der auch die Arbeiter zunehmend beteiligt werden, so daß die Chartistenbewegung ausläuft und die allgemeine Unruhe einer wachsenden Selbstzufriedenheit weicht. Entsprechend wird die Zeit von 1850 bis 1880 der Hochsommer des viktorianischen Zeitalters. Zugleich bietet das Jahr 1867 mit der zweiten Reform Bill, die das Wahlrecht auf alle Hausbesitzer und Mieter, die 10 £ Miete zahlen, ausdehnt, einen entscheidenden verfassungsgeschichtlichen Einschnitt: nun beginnt auch in England die Zeit der Massendemokratie. Die 80er Jahre erleben dann mit einer wirtschaftlichen Rezession die Wiederbelebung von Reformbewegungen, zu denen sich nun die Spielarten des Sozialismus von Marx, Morris, Hyndman und der Fabianer gesellen. Die 90er Jahre entwickeln ihr eigenes Zeitklima mit einer gewissen nervösen Reizung des kollektiven Bewußtseins durch Überspanntheit: Feminismus, Orientalismus und Dekadenz stoßen auf Entartungsfurcht, Virilitätsverlustpanik und Imperialismus. 1900 wird die Labour Party gegründet, 1901 stirbt Queen Victoria, und die Zeit bis ein Jahr nach Ausbruch des Ersten Weltkriegs bildet insofern den Abschluß einer Epoche, als die Liberal Party zum letzten Mal die Regierung stellt (1905 bis 1915). Wie überall in Europa sonnt sich am Vorabend des

Weltkriegs auch in Großbritannien die Gesellschaft des bürgerlichen Zeitalters im Glanz der Prosperität, während auf dem Gebiet der Kunst und Literatur die Aufkündigung des realistischen Formenkanons und der Beginn der Avantgarde bereits die zugehörigen Formen der Erlebnisverarbeitung verabschieden. Und dann gehen im August 1914 in Europa die Lichter aus, und die Nacht des 20. Jahrhunderts bricht an. Allerdings wird sie in Großbritannien zur Dämmerung gemildert: während die Urkatastrophe des Ersten Weltkriegs fast überall auf dem Kontinent die Entwicklungen auslöst, die in die totalitäre Apokalypse der Lager, der Massaker und des Holocaust führen, bleibt Großbritannien Totalitarismus-resistent und demonstriert mit seinem Kampf gegen Hitler-Deutschland, was seine politische Tradition wert ist.

Das lange 19. Jahrhundert wurde von Herrschern regiert, die immer weniger wichtig wurden und doch mitunter ihr Zeitalter repräsentierten. Der seit 1760 regierende George III. wurde 1810 endgültig geisteskrank, so daß ihm sein skandalumwitterter Sohn George als Prince Regent bis zu seinem Tod 1820 vertrat und den Jahren dazwischen auf diese Weise zur Bezeichnung "Regency Period" verhalf, die heute besonders zur Kennzeichnung von Kunstgegenständen und Antiquitäten dient. Von 1820 bis 1830 regierte er dann als George IV. in eigenem Namen. Und nach ihm herrschte sein kinderloser Bruder William IV. von 1830 bis 1837. Im Jahr 1837 bestieg dessen 18jährige Nichte als Königin Victoria den Thron und blieb fast 75 Jahre bis 1901 auf ihm sitzen. Ihre bürgerlich-solide, familienfreundliche und nach dem Tod ihres geliebten Albert immer großmütterlicher werdende steifleinene Ausstrahlung brachte für die Zeitgenossen auch dann noch die respektable Seele des Zeitalters adäquat zum Ausdruck, als Disraeli diese Inkarnation der Häuslichkeit 1877 zur Kaiserin von Indien machte. Queen Victoria löste in der Schlichtheit ihres Gemüts während ihrer langen stetigen Regierungszeit die Monarchie aus ihrer festen Assoziation mit der sophistication des aristokratischen Lebensstils und machte sie im Übergang zur Massendemokratie zu einer populären Institution, die auch alle späteren Reformbewegungen des 20. Jahrhunderts mühelos überstand. Zugleich markierte Victorias Thronbesteigung die Auflösung der Personalunion mit Hannover, wo die weibliche Erbfolge keine Geltung besaß. Ihrem altgewordenen Sohn Edward VII. gelang es dann noch, seiner kurzen Regierungszeit von 1901 bis

1910 den Beinamen "Edwardian" zu verleihen, womit der großbürgerliche Stil der Belle Époque bezeichnet wird: opulent, luxuriös und pompös, das englische Gegenstück zu dem, was in Deutschland der wilhelminische Stil war, allerdings ohne dessen militärischen Krach. Edwards Nachfolger George V., der Großvater von Königin Elisabeth, gehört dann schon ganz dem 20. Jahrhundert an.

Grob gesehen teilt sich für England das Jahrhundert in eine unruhige Hälfte bis 1848/50, in der die mit der Industrialisierung verbundenen Turbulenzen überwiegen, und eine zweite Hälfte der viktorianischen Selbstzufriedenheit und Prosperität, die allerdings durch die Rezession der 80er Jahre und die Reformbewegungen am Ende des Jahrhunderts aufgelockert wird. Die Angleichung der politischen Maschinerie an die gesellschaftlichen Veränderungen erfolgt dann durch die Reformen von 1832, 1867 und 1884, die für die Verbürgerlichung des Hochviktorianismus und danach für den Übergang zur Massendemokratie durch die Erweiterung und schließlich die Einführung des allgemeinen Wahlrechts sorgen und damit das Jahrhundert ziemlich genau in drei gleich lange Drittel interpunktieren. Alle Drittel werden durch Wendepunke gehälftelt: zwischen 1800 und 1832 besiegelt die Schlacht von Waterloo 1815 die Niederlage Napoleons und das Ende des Krieges. Aber die repressive Innenpolitik wird im romantisch-reaktionären Zeitklima fortgesetzt; zwischen 1832 und 1867, also den beiden Reform Bills, bedeutet 1848 das Ende der Agitation, und die Weltausstellung von 1851 symbolisiert die Wende zur Prosperität. Zwischen 1867 und 1900 markieren die 80er Jahre die sozialistische Reaktion auf den Übergang zur Massen- und Klassengesellschaft.

Die Nachricht von der französischen Revolution traf in England auf eine unruhige Gesellschaft, die gerade den amerikanischen Unabhängigkeitskrieg und die Verfassungskrisen um Wilkes hinter sich und die wildesten Auswüchse der Industriellen Revolution vor sich hatte. Aber sie befand sich in einem anderen Entwicklungstadium als Frankreich. Ihre bürgerliche Revolution lag schon über 100 Jahre zurück. Seitdem gab es den Feudalismus wie in Frankreich nicht mehr, bei dem die Bauern über 50 % ihres Einkommens in Form von Feudalabgaben abtreten mußten. Statt dessen waren die Bauern Eigentümer des Landes, das sie bebauten. Die middle classes waren im Parlament vertreten, und die City von London bestimmte vor allem die Außenpolitik. Die etablierte christliche Orthodoxie war in der puritanischen Revolution, den Sektenbewegungen und im rationalistischen Deismus untergegangen und hatte einer Buntscheckigkeit des religiösen Lebens Platz gemacht, die die anglikanische Kirche zur Toleranz zwang. Der Haß auf den reich gewordenen Klerus, der sich in Frankreich aufgestaut hatte, hatte sich in England bereits durch die vielen Revolutionen, Revolten und Reformen verbraucht. Zu Zeiten, als in Frankreich die revolutionären Massen atheistischer wurden, wurden sie in England durch die Mission der Methodisten religiöser. Zugleich hatte sich trotz ihres Elends die Arbeiterschaft als Klasse mit dem zugehörigen Bewußtsein ihrer selbst noch nicht in Form einer politischen Kraft organisiert. Lokale Aufstände und die Bewegung der Ludditen wurden mit Gewalt unterdrückt. Als dann der Krieg mit Frankreich ausbrach, rechtfertigte der Kampf nach außen die Unterdrückung der Freiheit nach innen, weil deren Repräsentanten immer der Komplizenschaft mit dem äußeren Feind bezichtigt werden konnten.

Nach der Niederlage der Preußen und Österreicher bei Valmy, die Goethe als Ausgangspunkt einer neuen Epoche erkannte, war die Revolution in Frankreich expansiv geworden. Als die rheinischen Städte bürgerliche Regierungen errichtet hatten und die Revanche monarchistischer Truppen befürchteten, schickten sie Gesandtschaften nach Frankreich, die um Hilfe baten. Daraufhin erklärte der Nationalkonvent im November 1792 im Namen der französischen Nation, daß Frankreich allen Völkern helfen würde, die ihre Freiheit wiederzuerlangen wünschten. Französische Truppen besetzten die Scheldemündung und blockierten damit den englischen Handel mit den Niederlanden. Am 21. Januar 1793 taten die Franzosen das, was die Engländer 144 Jahre früher am 30. Januar 1649 getan hatten: sie köpften ihren König. Zwei Tage später, am 1. Februar, erklärte die neue französische Republik England und Holland den Krieg. Auf englischer Seite wird William Pitt der Jüngere, der seit 1783 Premierminister ist, zum großen Gegenspieler der französischen Revolutionäre und später Napoleons. Mit der Kriegserklärung beginnt die Phase der repressiven Innenpolitik. Sie wird getragen von der Panik der englischen Oberklasse, die im Schicksal der französischen Aristokraten auf der Guillotine die Möglichkeit ihrer eigenen Zukunft erblickt; und die Hinrichtung Ludwigs XVI. erinnert sie an die

Vergangenheit ihrer eigenen Vorfahren unter Cromwell. Entsprechend hebt Pitt die Pressefreiheit auf, verbietet aufrührerische Versammlungen von mehr als fünfzig Personen, stellt die Kritik der britischen Verfassung unter Strafe und suspendiert die Habeas Corpus-Akte, die jedem Verhafteten eine Verhandlung oder eine rasche Freilassung auf Kaution garantiert. Zugleich konsolidiert er die öffentlichen Finanzen und schafft damit die Voraussetzung dafür, die europäischen Koalitionen gegen die Revolutionäre und später gegen Napoleon mit einer handfesten Subsidienpolitik zusammenschweißen zu können. Innenpolitisch war das alles möglich, weil Pitt in dem Jahrzehnt vor dem Ausbruch des Krieges mit Frankreich die Tories als eigenständige, vom König unabhängige Partei konsolidiert hatte, indem er ihr eigene Finanzquellen und Beziehungen zur City erschlossen, den konservativen Landadel mit den liberalen Maßnahmen versöhnt und der liberalen Opposition von Fox und Burke den Wind aus den Segeln genommen hatte. Damit wuchs in Parallele zur alten Whig-Oligarchie eine neue Tory-Oligarchie heran. Parallel verschoben wurde Pitt der Walpole der Tories: Die Whig-Oligarchen hatten die Glorious Revolution gegen die Reaktion der Stuart verteidigt; die Tory-Oligarchen verteidigten das gleiche System gegen die demokratische Gefahr von jenseits des Kanals. Der Übergang vom einen zum anderen wird repräsentiert durch Edmund Burke.

Bei Ausbruch der Französischen Revolution hatte es britische Stimmen gegeben, die die Morgenröte der Freiheit begrüßten. Im Chor dieser Stimmen finden sich auch die der romantischen Dichter Wordsworth, Coleridge, Southey, Burns und Godwin. Der Präsident der Gesellschaft zur Erinnerung an die Revolution von 1688, der 3. Earl of Stanhope und Schwager von William Pitt, richtete eine Glückwunschadresse an die französische Nationalversammlung, die einen feurigen Protest gegen die Unterdrücker der Welt enthielt. Das veranlaßte Edmund Burke, seine berühmten *Reflections on the Revolution in France, and on the Proceedings in Certain Societies in London Relative to that Event* zu verfassen. In Form eines Briefes an einen Gentleman in Paris entwickelt er darin die Vorstellung von der Gesellschaft als eines organisch gewachsenen Öko-Systems, das durch gewaltsame Eingriffe in einen Zustand des Chaos oder der Tyrannei gestürzt würde; die Verfassung ist für ihn nicht mehr ein naturrechtlich begründeter Gesellschaftsvertrag, sondern ein die Zeit überspannender Generationenvertrag zwischen Toten, Lebenden und Ungeborenen, die durch die selbstselektive Weisheit der Tradition zusammengehalten werden. Dabei bestreitet er nicht das Recht auf Rebellion schlechthin: im Gegenteil, er verteidigt die Glorious Revolution von 1688 und die amerikanische Rebellion; aber für ihn sind sie Ausdruck des Willens, Rechte, die die englische Verfassung garantiert hatte, zu verteidigen oder wiederherzustellen. Die Französische Revolution dagegen sprengt für ihn die Tradition durch eine abstrakte, künstliche Verfassungskonstruktion, die der Komplexität der Gesellschaft notwendig Gewalt antun muß.

Mit der Analogie zwischen Gesellschaft und Organismus schuf Burke eine "master-trope", um die der Diskurs des Konservativismus dergestalt organisiert wurde, daß jede rational begründete Intervention in die Selbstorganisation der Gesellschaft als Verletzung oder Zerstörung des organischen Ganzen diskreditiert werden konnte. Auf diese Weise wurde die Schrift zum meist beachteten Manifest auf konservativer Seite; in Deutschland wurde sie von Friedrich Gentz, dem großen konservativen Ideologen der Metternich-Zeit, übersetzt und verwandelte ihren Übersetzer in einen Propagandisten englischer Zustände; sie wurde überall in Europa verbreitet und machte Burke zum Ahnherrn der romantischen Geschichtsphilosophie und zum Wegbereiter des modernen Konservativismus. Damit legte er seinen Nachruhm auf das Mißverständnis fest, er wäre ein Tory gewesen: In Wirklichkeit war er ein radikaler Whig, der unter Revolution die Wiederherstellung alter Verfassungsrechte verstand.

Die *Reflections* provozierten nun ihrerseits eine radikale Replik aus der Feder von Thomas Paine. Er war so etwas wie ein Berufsrevolutionär. Als Sohn eines Quäkers war er nach Amerika gegangen, hatte als Adjutant von General Greene auf amerikanischer Seite am Unabhängigkeitskrieg teilgenommen und war dann nach England zurückgekehrt. Als Burke mit seinen *Reflections* an die Öffentlichkeit trat, schleuderte ihm Paine *The Rights of Man* entgegen. Darin bekräftigte er die Menschenrechte in leicht verständlicher und eingängiger Formulierung, forderte die Abschaffung von Monarchie und Aristokratie, den Aufbau eines staatlich finanzierten Erziehungssystems und eine Umverteilung des Reichtums durch die Einführung einer progressiven Einkommenssteuer. Die Resonanz war gewaltig. In kurzer Zeit waren über 50.000 Exemplare von *The Rights of Man* verkauft. Überall wurden radikale Gesellschaften gegründet, die wiederum Paines Buch verbreiteten. Pitt las das Buch, fand es nicht schlecht und befahl, Paine zu verhaften. Als dieser nach Frankreich floh, fand die Gerichtsverhandlung ohne ihn statt, und er wurde in absentia des Hochverrats für schuldig befunden. In Frankreich aber wurde er als einer von zwei Ausländern in den Convent gewählt, plädierte für die Umwandlung des Todesurteils gegen Ludwig XVI. in Verbannung und wurde auf Betreiben von Robespierre daraufhin aus dem Convent ausgeschlossen und bis zum Sturz des 'Unbestechlichen' im Juli 1794 eingekerkert. Kurz vor und nach seiner Haft verfaßte er *The Age of Reason*, eine Schrift, in der er die Bibel zu einer Sammlung mythologischer Märchen, Satan zu einem aufrechten Revolutionär und sich selbst zum Deisten erklärte, womit er die Wut aller Theologen Englands und Amerikas auf sich zog. 1793 veröffentlichte der radikale Philosoph William Godwin mit seiner *Inquiry Concerning Political Justice and Its Influence on General Virtue and Happiness* das einflußreichste philosophische Werk der Zeit, in dem der Verfasser für radikale Gesellschaftsreform nicht durch Revolution, sondern durch Erziehung eintrat. Godwin war ursprünglich Pfarrer, aber die Begegnung mit der französischen Philosophie löste in ihm ein Konversionserlebnis aus, bei dem er sich zum Atheismus und zu Rousseau bekehrte. Er verließ die Kirche und gründete mit Lord Stanhope und Thomas Holcroft einen revolutionären Club, der sich der Verbreitung radikaler Gedanken widmete. Dazu gehörte auch die Proklamation des Rechts auf freie Ehe, die er später mit der Frauenrechtlerin Mary Wollstonecraft tatsächlich praktizierte. Godwins Erziehungsutopie fand den Beifall eines radikal gesonnenen Freundes von Rousseau und David Hume mit Namen Daniel Malthus. Als echter Missionar versuchte er, als erstes seinen Sohn Thomas von der Richtigkeit der bei Godwin geäußerten Ansichten zu überzeugen, und provozierte diesen dazu, seine Zweifel durch ein originelles Argument zu begründen: Thomas machte geltend, daß jede Verbesserung in der Lage der Bevölkerung deren Vermehrung ermöglicht, so daß der Zuwachs wieder die Verbesserung aufzehrt. Der Vater war verblüfft und bat den Sohn, seine Gedanken in die Form eines Buches zu bringen. Es erschien unter dem Titel: *An Essay on the Principle of*

Population As It Affects the Future Improvement of Society (1798) und wurde eins der einflußreichsten Bücher des 19. Jahrhunderts. Sein zentrales Bild war die Schere zwischen arithmetischer Zunahme der Nahrungsreserven (1, 2, 3, 4) und der geometrischen Zunahme der Bevölkerung (1, 2, 4, 8), die sich niemals schließen lasse. Deshalb sei es sinnlos, die Löhne der Arbeiter zu erhöhen, weil sie durch die erhöhte Kinderzahl wieder aufgefressen würden; folglich sei die Armutsgrenze zwar hinauszuschieben, aber niemals zu beseitigen. Das gelte dann besonders, wenn Godwins freie Ehe alle Hindernisse für die Reproduktion beiseite räumen würde. Vielmehr müsse umgekehrt die hemmungslose Reproduktion durch Erschwerung der Frühehe, Enthaltsamkeit und sittliche Zucht erschwert werden. Unter den radikalen Intellektuellen löste Malthus' Buch tiefe Konsternation aus, während die Fabrikbesitzer alle sozialen Probleme der Neigung der Armen anlasten konnten, sich zu stark zu vermehren. Die adäquate Reaktion zeigten erst nach über zwanzig Jahren die sogenannten "Neo-Malthusianer", die sich nach dem Programm von Places *Illustrations and Proofs of the Principle of Population* der Propaganda für Geburtenkontrolle widmeten. Malthus' zentraler Gedanke von der Schere zwischen der geometrischen Progression der Bevölkerung und der arithmetischen Vermehrung der Nahrungsmittel war dann das Prinzip, das Darwin zur Evolutionstheorie führte: der stete Druck an der Wachstumsgrenze von Populationen wirkte als Selektionsprinzip für das Überleben des Tüchtigsten. Die Evolution der Ideen aber führt in direkter Linie von Godwin über Malthus zu Darwin, wobei Godwin radikale, Malthus konservative und Darwin alle beide Positionen legitimierte. Wie bei allen "Krisendebatten" ist die neuerdings wieder aktuell gewordene Diskussion über Bevölkerungswachstum nicht über die anti-utopische Pointe des Malthusschen Nullsummenspiels hinausgelangt: Jeder Fortschritt in der Gegenwart ist die Voraussetzung für den Rückschritt in der Zukunft.

Die doppelte Auseinandersetzung mit der politischen Revolution in Frankreich und den Auswirkungen der Industriellen Revolution in England bildet also den Rahmen, in dem England die Wende zum 19. Jahrhundert überschritt. Aus dem Krieg gegen Frankreich gingen neben Pitt zwei Helden hervor, die sich dem kollektiven Gedächtnis eingeprägt haben: Horatio Nelson, der Sieger von Trafalgar 1805, und Arthur Wellesley, Herzog von

Wellington, der sich mit Blücher den Ruhm des Sieges von Waterloo teilt.

Wie jeder Kenner der Romanzen der Weltgeschichte weiß, siegte Nelson nicht nur über Napoleon bei Abukir, sondern auch über Lady Hamilton in Neapel. Sie war die Tochter eines Schmiedes aus Wales, wurde in jungen Jahren Prostituierte, hatte zwei uneheliche Kinder und dann das Glück, die Geliebte des Honorable Charles Greville, des zweiten Sohnes des Earl of Warwick, zu werden. Er wurde ihr Pygmalion und behandelte sie wie Higgins das Blumenmädchen Eliza in Shaws Stück: Er verlieh ihr den Namen "Emma Hart", brachte ihr Konversation, Singen und Tanzen bei und erzog sie zu einer Lady. Als sie fertig war, gab er sie an seinen Onkel, Sir William Hamilton, weiter, der als britischer Botschafter an den Hof nach Neapel ging. Dort erfüllte sich ihr Schicksal nach dem Modell von *Cinderella, Pamela* und *Pygmalion*: Sie wurde zum Liebling des Königspaars von Neapel, und Sir William machte sie 1791 zu seiner Frau. Als Nelsons siegreiches Geschwader in Neapel einlief, trafen sich Nelson und Lady Hamilton beim königlichen Empfang und lernten sich kennen und lieben. Sir William faßte die Sache philosophisch auf, und alle drei reisten zusammen nach England und begründeten dort eine ménage à trois. 1801 bekam Emma eine Tochter, die sie "Horatia Nelson" nannte, und 1803 starb Sir William in den Armen seiner Frau, während Nelson seine Hand hielt. Von dieser Zeit bis zu Nelsons Tod in der Schlacht von Trafalgar 1805 lebten die beiden zusammen. Dies ist die Schlacht, die Napoleons Invasionsträume endgültig zunichte machte und ihn auf den Pfad der Kontinental-Eroberung zwang, auf dem er nicht gewinnen konnte. Die englische Flotte blieb völlig erhalten, und die französische Flotte wurde vollständig besiegt. Wie immer hatten die bessere Bewaffnung, die bessere Ausbildung und die bessere Führung der englischen Flotte den Sieg davongetragen. Bevor sie begann, hatte Nelson an alle seine Schiffe jenen Satz signalisieren lassen, der von seinem Flaggschiff aus den Weg in jedes britische Lesebuch fand: "England expects every man to do his duty." Zugleich fand Nelson in der Stunde seines größten Triumphs seinen Tod in der Schlacht, getroffen von einem französischen Scharfschützen. Diese Gleichzeitigkeit von Triumph und Tod, die romantische Beziehung mit Lady Hamilton und die Vollständigkeit des Sieges bei Trafalgar wirkten zusammen, um Nelson zur idealen Besetzung für die Rolle eines britischen Nationalhelden zu machen, der nicht umsonst das höchste Denkmal Londons auf dem Trafalgar Square erhielt.

Nelson siegte im gleichen Jahr zur See, als Napoleon zu Lande über die Verbündeten bei Austerlitz siegte. Es sollte noch zehn Jahre dauern, bis sein Feldherrengenie auch hier kapitulierte, und dazu trug mehr als andere Arthur Wellesley bei. Er war der fünfte Sohn des 1. Earl of Mornington, galt als besonders untüchtiger und tölpelhafter Knabe, wurde durch Stellenkauf Offizier in der Armee und Flügeladjutant des Vizekönigs von Irland und nahm als Oberleutnant 1799 an der Invasion von Flandern teil. Hier holte er sich einen lebenslangen Ekel vor dem infernalischen Chaos des Krieges. Danach diente er unter seinem Bruder Richard, dem Marquess of Wellesley, in Indien, wurde nach seiner Rückkehr Mitglied des Parlaments, Minister für Irland, Generalleutnant des Heeres und erhielt 1808 den Auftrag, die Franzosen aus Portugal zu vertreiben. Dabei versuchte er, seine fortdauernde Abneigung gegen das Durcheinander, den Dreck und die Brutalität des Krieges durch sorgfältige Planung zu kompensieren. Es war dieser Zug zum Rationalen und zur kalkulierten Antizipation von Eventualitäten, der ihn schließlich zu einem ebenbürtigen Gegner Napoleons werden ließ. Bis 1812 führte er mit weit unterlegenen Truppen einen taktisch genialen Krieg gegen die Generäle Napoleons in Spanien, dem wir den Begriff "kleiner Krieg" – Guerilla – verdanken. Und schließlich besiegte er zusammen mit dem preußischen Marschall Blücher Napoleon bei Waterloo.

Als England noch dabei war, seine Kräfte gegen Napoleon zu sammeln, machte es kurz nach der Jahrhundertwende 1801 zum ersten Mal mittels einer Volkszählung auf statistischer Grundlage Inventur. Sie ergab eine Gesamtzahl von nicht ganz elf Millionen Einwohnern, die bis 1811, also zehn Jahre später, auf zwölfeinhalb Millionen stieg. Das rapide Bevölkerungswachstum geht auf bessere Hygiene und ärztliche Versorgung und den Rückgang von Kinder- und Alterssterblichkeit zurück. London selbst überschreitet um diese Zeit die Millionengrenze, während in den Midlands und im industrialisierten Norden Städte wie Liverpool, Manchester und Leeds explodieren. Bei der Volkszählung von 1811 sind fast eine Million englische Familien in der Landwirtschaft tätig, während über eine Million in Handel und Produktion und eine halbe Million in anderen Berufen beschäftigt sind. Neben den völlig verarmten Fabrikarbeitern gibt es noch eine breite Palette von anderen Arbeitern wie Kanalarbeiter, Landarbeiter, Bergleute und Dienstmänner aller Art. Die finsteren Bedingungen in den Fabriken dürfen nicht darüber hinwegtäuschen, daß Fabrikarbeit noch nicht allein typisch für die englische Industrie geworden war. Ein Großteil der industriellen Produktion erfolgte noch in Einzelwerkstätten oder wurde als Hausindustrie und von privaten Handwerkern betrieben. Am weitesten war die Fabrikarbeit in der Textilindustrie verbreitet. Aber hier war das Bild in der Tat düster. Die Slums, in denen die Fabriken lagen, waren entsetzlich; eine Kanalisation gab es in der Regel nicht; in den Elendsquartieren und Massensiedlungen regierten statt dessen Krankheit, Alkohol und Brutalität; die Arbeitsbedingungen waren häufig gesundheitsgefährdend; die Arbeitszeit betrug zwölf bis vierzehn Stunden an sechs Tagen in der Woche; für Unfallschutz wurde nicht gesorgt; und die Maschinen wurden auf Höchstgeschwindigkeit betrieben; um Löhne zu sparen, wurden mit Vorliebe Frauen und Kinder und dabei vor allen Dingen Waisenkinder beschäftigt, die von der Armenfürsorgeverwaltung in die Fabriken geschickt wurden. Der Arbeitslohn reichte gerade dazu aus, die Reproduktion der Arbeitskraft in der Weise sicherzustellen, in der Marx das beschrieben hat. Bis 1842 gab es in den englischen Fabriken Kinderarbeit. Die Fabrikbesitzer rechtfertigten die niedrigen Löhne mit Malthus *Essay on Population*, und behaupteten, wenn sie mehr zahlten, würden die Arbeiter gar nicht mehr zur Arbeit erscheinen. Diese grauenhaften Lebensbedingungen führten zur Rebarbarisierung in Sprache und Sitten und zu einer verzweifelten Stimmung unter den Arbeitern, die vielen Beobachtern das Gefühl vermittelte, daß auch in England eine Revolution vor der Tür stünde. Die Verhältnisse wurden durch die Kriege gegen Napoleon und vor allen Dingen durch die Kontinantalsperre verschlimmert. 1811 kam es zur offenen Rebellion. Aber sie ging nicht von Fabrikarbeitern aus, sondern wie im Schlesischen Weberaufstand von den Textilarbeitern, die im sogenannten “putting out system” in kleinen häuslichen Werkstätten arbeiteten. Weil sie ihre Arbeitsplätze durch die Einführung mechanischer Webstühle bedroht sahen, organisierten sie sich zu Banden, die immer wieder in der Zeit zwischen 1811 und 1816 die Textilmaschinen von Nottinghamshire, Leicestershire, Derbyshire und Lancashire zerstörten. Nach dem Vorbild eines gewissen Textilarbeiters namens Ned Ludd, der am Ende des 18. Jahrhunderts durch die Zerstörung von Strumpfstrickmaschinen bekannt geworden war, wurden sie "Luddites" genannt. Der liberale Journalist und Sozialreformer William Cobbett hielt im Unterhaus Reden, in denen er ihr Vorgehen verteidigte, und Lord Byron ruinierte seine politische Karriere, indem er im Oberhaus dasselbe tat. Im Kampf ums Überleben zwischen Maschinen und Menschen trugen die Maschinen den Sieg davon: sie arbeiteten besser und waren billiger; der Aufstand der Luddites aber wurde niedergeschlagen, und ihre Führer wurden deportiert oder gehängt. Die Fabrikherren aber verwiesen auf Malthus' *Essay on the Principle of Population*, in dessen zweiter Ausgabe der Verfasser sein "ehernes Lohngesetz" formuliert hatte: die Löhne werden durch das Verhältnis von Angebot und Nachfrage bestimmt. David Ricardo, Sohn eines aus Holland eingewanderten Juden, knüpfte in seinen *Principles of Political Economy and Taxation* von 1817 an die Überlegungen seines Freundes Malthus an und warnte vor einer Erhöhung der Löhne: sie müßten zu einer Erhöhung der Produktionskosten führen, die sich ihrerseits in einer Erhöhung der Preise niederschlagen würde, mit denen die erhöhten Löhne wieder aufgefressen würden. Er definierte den Wert einer Ware durch den Bezug zu der für ihre Produktion aufgewendeten Arbeitszeit und setzte den gerechten Lohn eines Arbeiters als den Betrag fest, den er für seine eigene und die Reproduktion seiner Arbeitskraft brauche. Auf solche Thesen sollte später Karl Marx seine Kritik der klassischen Nationalökonomie konzentrieren.

In diesem Meer der Düsternis ist es ein Lichtblick, wenn man sich Robert Owen und seiner Modellsiedlung von New Lanark in Schottland zuwendet. Nach einer Lehre als Textilkaufmann wurde Owen Leiter einer Textilfabrik in Lancashire, wo er auch mit Samuel Coleridge Freundschaft schloß. Kurz vor der Jahrhundertwende tat er sich mit zwei weiteren Partnern zusammen und kaufte von David Dale mehrere Textilfabriken in der Nähe von Glasgow in New Lanark und heiratete Dales Tochter. Im Versuch, Kapitalismus und Nächstenliebe zu versöhnen, entwikkelte Owen New Lanark zu einer Mustersiedlung. Er verbot die Kinderarbeit unter zehn Jahren, erhöhte die Löhne und begnügte sich mit einer Rendite von 5 %. In mühseliger Überzeugungsarbeit überredete er die Arbeiter von New Lanark zur methodischen und gemäßigten Lebensführung, eröffnete einen Genossenschaftsladen, wo die Lebensmittel zum Selbstkostenpreis verkauft wurden, und baute ein vorbildliches Erziehungssystem auf. Unter den Teilhabern seiner Firma war auch der Gründer des Utilitarismus, Jeremy Bentham. Nichts zeigt deutlicher die Normalität des Furchtbaren als die Tatsache, daß New Lanark als Ausnahme bald internationalen Ruhm genoß. Bis 1815 besuchten 20.000 z.T. sehr prominente Gäste New Lanark. Ab 1813 veröffentlichte Owen dann eine Reihe von Essays, die unter dem Gesamttitel *New View of Society* zum Klassiker des Reformsozialismus werden sollten. Darin entwickelte er vor allen Dingen eine interessante Milieu- und Erziehungstheorie, die von der unbeschränkten Formbarkeit des menschlichen Charakters im Kindesalter ausging. Im vierten Essay machte er dann weitreichende Vorschläge für eine Arbeitergesetzgebung. Dabei war Owen, wie er später in seiner *Address to the Working Classes* von 1819 deutlich machte, kein Revolutionär, sondern ein Befürworter von graduellen Reformen. Doch das Parlament und die britischen Fabrikanten wiesen seine Vorschläge zurück. Enttäuscht wandte er sich nach Amerika, wo er eine Gemeinde deutscher Pietisten in Indiana unterstützte und sich dabei ruinierte. Nach England zurückgekehrt, organisierte er gewerkschaftseigene Betriebe, die mit den Privatunternehmen konkurrieren sollten, und faßte mehrere Gewerkschaften in der "Grand National Consolidated Trades Union" zusammen, von der er die Transformation des Kapitalismus erwartete. Aufgeschreckt von solchen Visionen stoppten die Banken die Kredite, und das Parlament verhängte ein Verbot der Gewerkschaften. Trotzdem fuhr Owen fort, für seinen Genossenschaftssozialismus zu werben, und bombardierte die Behörden mit Reformvorschlägen und Projekten, bis er sich schließlich im hohen Alter dem Spiritismus zuwandte und den Verkehr mit den Geistern von Shakespeare, Napoleon und dem Propheten Daniel eröffnete. Als er 1858 starb, hatte er selbst das biblische Alter von 88 Jahren erreicht.

Zylinder, Walzer und Dandies

Die politische Revolution in Frankreich und die Industrielle Revolution zu Hause sind die historischen Grundkräfte, die zur Jahrhundertwende besonders sichtbar und dramatisch werden. Doch das gesamte Panorama der englischen Gesellschaft und Kultur ist natürlich breiter. Immer noch lagen die Regierung des Landes und ein Großteil seines Reichtums in den Händen der Aristokratie. 1801 bestand sie aus 287 Peers und 26 anglikanischen Bischöfen, die das House of Lords bevölkerten. Die Rangfolge der Peers war gleichgeblieben und lief immer noch herunter vom Duke über den Marquess, den Earl, Viscount und Baron zum Baronet. Danach kamen die 6.000 Gentlemen der Gentry, die ein Wappen führen durften. Das System war durchlässig, weil die jüngeren Söhne abstiegen, während besonders verdienstvolle Persönlichkeiten es von unten nach oben durchwandern und zur Peerswürde bringen konnten. Das, was Marx mit Bezug auf das Proletariat "Klassenbewußsein" genannt hat, war wohl am stärksten in den middle classes entwickelt, die sich nach unten gegen das Proletariat abgrenzten und im Inneren differenzierten. Der Fernhandelskaufmann dünkte sich mehr als der Industrielle, die indischen Nabobs bildeten eine Klasse für sich, "trade" war nicht dasselbe wie "shopkeeping", und "commerce" nicht dasselbe wie "industrial capitalism". Was diese Schichten kennzeichnete, war eine entwickelte Mobilität und eine permanente Ruhelosigkeit. Im Gegensatz zu statischen Gesellschaften führte die Möglichkeit des Aufstiegs zu einer dauernden Lebensplanung, die über die eigene Generation hinausreichte. Als letztes Ziel galt immer die Aufnahme in die Aristokratie. Eine solche Gesellschaft mußte den Snobismus hervorbringen. Wie der Theoretiker der "leisured classes", Thorstein Veblen, gezeigt hat, blüht der Snobismus vor allen Dingen in mobilen Gesellschaften, und so ist es bezeichnend, daß diese Erscheinungsform der sozialen Abgrenzung jetzt den Beinamen "pox britannica" erhält.

Was die Regierungsmaschinerie betrifft, ist das System aus Premierminister und kollektiver Kabinettsverantwortlichkeit im Laufe des 18. Jahrhunderts ausgebildet worden. Das Oberhaus kann noch alle Maßnahmen des Unterhauses zurückverweisen, wird aber ständig durch die Möglichkeit, mehr Peers zu ernennen, bedroht. Das Unterhaus umfaßt 558 Mitglieder, die nach einem historisch gewachsenen Schlüssel gewählt werden: je zwei von ihnen stammen aus den Universitäten Oxford und Cambridge, einer aus dem Trinity College Dublin, fünfungvierzig aus Schottland, und der Rest wird in vierzig Grafschaften und zwanzig städtischen Wahlbezirken gewählt. Die Wahlbezirke waren keineswegs der sich verändernden Bevölkerungszahl angepaßt worden, was zum Phänomen der sogenannten "rotten boroughs" führte, während umgekehrt die neuen großen Industriestädte wie Manchester und Birmingham gar nicht oder kaum repräsentiert waren. Immer noch waren viele Gruppen von Menschen vom Stimmrecht ausgeschlossen: römische Katholiken, Quäker, Freidenker, Juden, Frauen, Empfänger der Armenfürsorge und jeder, der sich nicht zu den neununddreißig Artikeln der anglikanischen Kirche bekannte. Von den zehn Millionen Einwohnern blieben nur 250.000 Wähler übrig. In der Regel wurde der Kandidat vom maßgeblichen Grundbesitzer der Gegend vorgeschlagen, und die Wähler wurden durch Drohungen, Freibier und Volksfeste dazu bewogen, für ihn zu stimmen. Viele Unterhaussitze wurden auch völlig ohne Wahl besetzt, weil sich niemand fand, der gegen die Kandidaten der Grundbesitzer antrat. Diese Nominierungen wurden auch verkauft. Die Wahl war öffentlich und konnte deswegen massiv beeinflußt werden. Nach wie vor wurde Großbritannien von seinem Unterhaus regiert. Dessen Macht lag in seiner Budget-Hoheit: ohne die Zustimmung des Hauses konnte keine Regierungsmaßnahme finanziert werden. Die Regierung funktionierte inzwischen wie heute: der König ernannte den Führer der siegreichen Partei zum Premierminister, und dieser nominierte zusammen mit den wichtigen Leuten seiner Partei die verschiedenen Minister, die dem Parlament angehören mußten. Diese Rückbindung an das Parlament unterschied das britische Regierungsmodell vom amerikanischen, wo die Montesquieusche Gewaltenteilung sehr viel schärfer durchgeführt worden war.

Auf dem Thron saß immer noch der von periodischen Wahnsinnsanfällen geschüttelte George III., aber das gesellschaftliche Leben wurde durch den Prince Regent geprägt, der mit Literaten wie Sheridan, Fox, Burke und Thomas Moore befreundet war und sich durch sein Auftreten bei der Aristokratie beliebt und beim Volk verhaßt machte. In gewisser Weise glich er Charles II.:

ungemein charmant und liederlich, war er ein Förderer der Künste, ein Liebhaber der geistreichen Konversation, ein Kenner der Mode und ein Vorbild für alle Dandies und Lebemänner von London, die ihr Vermögen bei Pferdewetten, Spielen und Frauen verschwendeten. Schließlich ließ sich der Prince of Wales auf eine Affaire mit Maria Anne Fitzherbert ein, einer sechs Jahre älteren Katholikin, die ihn mit dem Verweis auf ihre Sittenstrenge zur Heirat zwingen wollte. Nun durfte kein Mitglied des königlichen Hauses ohne Erlaubnis des Regenten selbst heiraten, und das Revolutionary Settlement schloß die Ehe des Thronfolgers mit einer römischen Katholikin aus. Also bestach George einen anglikanischen Geistlichen mit 500 £, ihm seine sittenstrenge Katholikin illegal anzutrauen. Natürlich war die Ehe ungültig, und so heiratete George 1795 die Prinzessin Caroline von Braunschweig. Allerdings war ihr Verhältnis von so tiefer wechselseitiger Abneigung geprägt, daß George nach der Hochzeitsnacht, die er in trunkener Betäubung verbracht haben soll, bald zu Mrs. Fitzherbert zurückkehrte. Diese und andere Affairen machten den Prince Regent zu einem Lieblingsobjekt der Karikaturisten, deren große Zeit in diesen Tagen anbricht.

Das Verhalten des Prince of Wales und seiner Entourage zeigt, daß es mit der Sittenstrenge der Aristokratie nach wie vor nicht zum Besten stand. Und auch das Proletariat war unter den barbarischen Lebensbedingungen nicht gerade durch eine Neigung zu Zucht und Ordnung gekennzeichnet. Zumal für die weibliche Arbeiterschaft bedeuteten die Hungerlöhne eine ständige Versuchung zur Prostitution. Ausländische Reisende sind vom Ausmaß und der Brutalität der Prostitution entsetzt. Fürst Pückler-Muskau findet, daß in keinem Land der Welt "dieses betrübliche und erniedrigende Schauspiel so offen vorgeführt" werde wie im frommen und auf Schicklichkeit bedachten England. Die Halbweltdamen wurden "Cyprians" genannt, und in jedem Jahr gab es einen Dirnenball im Argyll-House. Bei zunehmender Prüderie in den Mittelklassen wird die Prostitution im Laufe des 19. Jahrhunderts laufend zunehmen. 1841 gibt es fast 1.000 Bordelle in London, und 850 "Erholungshäuser", 1857 ist ihre Zahl schon auf 2.800 gestiegen.

Obwohl die Liebesheiraten zunehmen, wird in der Regel nach Vermögensrücksichten geheiratet. In Jane Austens Romanen kann man nachlesen, wie die Mütter unablässig Pläne schmieden, um ihre Töchter günstig unter die Haube zu bringen. Zur gesetzlichen Eheschließung ist ein anglikanischer Geistlicher nötig; Scheidungen gibt es – außer durch Parlamentsbeschluß – nicht. Erst nach 1859 wird das Scheidungsrecht liberalisiert. Das bewegliche Eigentum einer Frau geht bei der Eheschließung auf ihren Mann über, während sie Grundbesitz als ihr Eigentum behält, das daraus resultierende Einkommen aber an ihren Mann abtritt. Bei ihrem Tode erbt er ihren gesamten Besitz. Die zeitgenössische Romanliteratur zeigt, daß in dieser Männerwelt gebildeten Frauen häufig nur die Möglichkeit blieb, Gouvernanten zu werden, wenn sie nicht heirateten. Dieses Schicksal droht so mancher Romanheldin von Jane Austen bis Henry James. Ähnlich ging es auch der Frauenrechtlerin Mary Wollstonecraft, deren Vater bei einer Fehlinvestition sein Vermögen verlor und seine drei Töchter ihrem Schicksal überließ. Sie gründeten eine Schule, die bankrott ging, und Mary verdingte sich daraufhin als Gouvernante, wurde aber nach einem Jahr schon wegen der Eifersucht der Mutter auf sie entlassen. 1792 schrieb sie *A Vindication of the Rights of Woman*. Sie widmete es Monsieur Talleyrand mit dem Hinweis, daß die konstituierende Versammlung leider nur "the rights of man" erklärt habe und deshalb verpflichtet sei, dies durch die Erklärung der "rights of woman" zu komplettieren. Neben der Möglichkeit, ihre Interessen im Parlament zu vertreten, fordert sie vor allen Dingen das Recht der Frauen auf eine vernünftige Ausbildung. Dabei plädiert sie für Koedukation und den gleichen Lehrplan für Knaben und Mädchen. Die von ihr nicht geleugneten Schwächen der Frauen wie Ängstlichkeit, Sentimentalität, Oberflächlichkeit und Eitelkeit führt sie allein auf die mangelnde Ausbildung und auf die Tatsache zurück, daß im herrschenden System den Frauen allein die Karriere übrigbleibe, den Männern zu gefallen. Dann schockierte sie ganz England dadurch, daß sie das Recht der Frauen auf Befriedigung beim Koitus betonte. Sie beklagte, daß Frauen von den Männern auf die Rollen des Sexobjekts, der Haushälterin und der Mutter reduziert würden. Mit solchen beredt vorgetragenen Anklagen wurde Mary Wollstonecraft eine der Gründungsheroinen der Frauenbewegung.

Angezogen von den revolutionären Ereignissen in Paris, ging sie nach Frankreich, kam dort an, als die "Terreur" herrschte, lernte den Amerikaner Gilbert Imlay kennen, lebte mit ihm in freier Ehe, bekam ein Kind von ihm, wurde von ihm verlassen, kehrte nach England zurück, versuchte, sich in der Themse zu ertränken, wurde gerettet und begegnete William Godwin, dessen Lebensgefährtin sie wurde. Als sie wieder schwanger wurde, entschlossen sie sich zur gesetzlichen Eheschließung, obwohl sie aus Prinzip gegen die Ehe waren. Deshalb verbargen sie die Tatsache ihrer Verheiratung vor ihren radikalen Freunden, zu denen Thomas Paine, William Wordsworth und William Blake gehörten. Tochter Mary, deretwegen sie geheiratet hatten, sollte Shelleys Frau werden und später den Schauerroman *Frankenstein* schreiben.

Die Industrielle und die Französische Revolution wurden natürlich auch von einer Kulturrevolution begleitet, die das Alltagsleben ebenso änderte wie die Mode. Längst hatten sich die Frauen die barocken Reifröcke ausgezogen, das Korsett aber noch anbehalten, das erst in der Regency-Zeit fiel. Auch im Erscheinungsbild der Herren hatte die Französische Revolution den Übergang von der Kniebundhose – also der adligen "culotte" – zur bis zur Erde reichenden Röhrenhose – dem "pantalon" – erzwungen. Entsprechend nannten sich die Revolutionäre "Sans-Culotten". Die Schnallen auf den Schuhen wurden durch Schnürbänder verdrängt, und die von der Perücke befreiten Haare wurden nun revolutionär lang getragen. Die Stickereien auf den länger werdenden Überröcken verschwanden, und die Kunstfertigkeit der Schneider konzentrierte sich auf die Westen. Kurz vor der Jahrhundertwende provozierte der individualistische Inhaber eines Londoner Herrenmodengeschäfts einen Volksauflauf, weil er sich den ersten Seidenzylinder der Welt aufgesetzt hatte. Nachdem einige Frauen in Ohnmacht gefallen waren, verbreitete sich eine Imitationsepidemie in London, und nach kürzester Zeit trugen die meisten Männer der High Society Ofenrohre auf dem Kopf: wenn das 19. Jahrhundert das Jahrhundert der Emanzipation und der Modernisierung war, so war es auch ein Jahrhundert des Zylinders. Der Anzug wird nun grauer und eintöniger und signalisiert damit, daß die Standesunterschiede verschwinden. Als Kompensationsphänomen der Uniformierung taucht nun der Dandy auf. Das Vorbild für alle anderen Dandies wurde George Bryan, genannt "Beau", Brummell. Er hatte sich durch seine Freundschaft mit dem Prince of Wales eine diktatorische Stellung in Modedingen erobert und regierte die Society durch seine Kunstfertigkeit, mit der er es verstand, die Krawatten auf verschiedenste Weise zu binden und zu fälteln. Die Society, die von solchen Herrschern regiert wurde, traf sich im Royal Pavillon in Brighton oder in einem der eleganten Clubs wie White's oder

Brooke's, wo man auch spielen konnte, oder in Holland House, wo das gesellschaftliche Leben der Whigs konzentriert war. Aus Deutschland war ein als revolutionär geltender Tanz herübergekommen: der Walzer. Er galt zunächst als unschicklich, weil sich die Paare dabei umarmten, an Armen, Hüften und Knien berührten und sich zu lasziver Musik drehten. Das Tanzen, Musizieren und das Kartenspiel waren die beliebtesten Unterhaltungen bei häuslichen Geselligkeiten.

Die öffentlichen Sportveranstaltungen waren häufig roh und relativ brutal. Es gab noch immer den Hahnenkampf, die Bären- und die Stierhatz. Allerdings wurden Hahnenkämpfe 1822 verboten. Zunehmend kam auch das Preisboxen in Mode, das wie das Pferderennen mit Wetten verbunden war.

Die Abgebrühtheit der Oberklassen und die Verrohung der Unterklassen forderten die Entstehung von Reformgesellschaften heraus. Die dahinterstehenden psychologischen Impulse verdanken sich einerseits der Bewegung der Sentimentalität und dem Methodismus und auf der anderen Seite der Tradition der Aufklärung. Sie bereiten das soziale Klima für die Reformwellen des 19. Jahrhunderts vor. Dabei geht es nicht nur um die Unterdrükkung des Lasters und den Kampf gegen Pornographie und Bordelle, sondern auch um die Abschaffung der Kinderarbeit, um die Reform der Gefängnisse, um die Neuorganisation der Irrenhäuser, um Strafrechtsreform, den Tierschutz und vor allen Dingen auch um die Abschaffung der Sklaverei. Während des 18. Jahrhunderts waren es besonders die Quäker, die sich durch ihre Agitation gegen die Sklaverei verdient gemacht haben. 1772 hatte der Quäker Grandville Sharp erreicht, daß die Einfuhr von Sklaven nach England verboten wurde. Ein anderer Quäker namens Thomas Clarkson hatte in seinem Essay *On the Slavery and Commerce of the Human Species* von 1786 die Auswüchse des Sklavenhandels gegeißelt. 1787 gründeten Sharp, Clarkson, der Parlamentsabgeordnete William Wilberforce und der Geschirrfabrikant Josiah Wedgewood eine Gesellschaft zur Abschaffung der Sklaverei. 1789 wurde zum ersten Mal ein Gesetz im Unterhaus vorgelegt, das das Verbot der Sklaverei vorsah. Als es scheiterte, verlegte sich Wilberforce auf die öffentliche Agitation und die systematische Beeinflussung der öffentlichen Meinung durch Kampagnen. Schließlich gelang die Abschaffung der Sklaverei unter der Herrschaft des Premierministers Charles James

Fox, des ehemaligen Freundes und Gegenspielers von Burke im Jahr 1806/7. 1815 wurde auf dem Wiener Kongreß das Verbot des Sklavenhandels für den größten Teil Europas verbindlich. Dieses Verbot wurde nach und nach in den Kolonien durchgesetzt und schließlich 1833 im gesamten Empire angewandt. Wenn man bedenkt, daß das vor der Kolonisation Afrikas erfolgte, kann man die Bedeutung dieses Beschlusses gar nicht überschätzen: er verhinderte, daß der schwarze Kontinent als gigantische Sklavenplantage organisiert wurde und die europäischen Haushalte sich wie in den Südstaaten Amerikas mit der Krankheit der Sklavenhaltung infizierten.

Die Exzesse der Französischen Revolution, die Panik des Adels, der Krieg gegen Frankreich und die Wirkung der methodistischen Mission hatten ein gewisses Revival der Religion zur Folge. Auch der Adel wird religiöser, weil er in der Kirche zunehmend ein Bollwerk gegen die soziale Desintegration sieht und weil er es begrüßt, daß der Methodismus die Hoffnungslosigkeit des Proletariats durch den Hinweis auf himmlischen Ausgleich zu dämpfen versteht. Wie immer stehen hinter den Reformkampagnen meist die religiösen Sekten und die Dissenter, deren christlicher Ernst dem der Staatskirchenchristen in der Regel überlegen ist. Da sie zudem vom Staatsdienst ausgeschlossen sind, fließt ihre kulturelle und moralische Energie eher in gesellschaftliche als in staatliche Bahnen. Das begründet die Stärke der Gesellschaft gegenüber dem Staat in England. Anders als auf dem Kontinent gab es zu allen Zeiten eine vitale Kultur von freien Vereinigungen, Gesellschaften und Reformkampagnen. Wenn von Dissentern die Rede ist, sind wie im 17. und 18. Jahrhundert Baptisten, Kongregationalisten, Quäker, Unitarier und Presbyterianer gemeint. Inzwischen haben sich auch die Methodisten von der Staatskirche getrennt. Sofern sich aber die Reformbewegungen innerhalb der anglikanischen Kirche entfalten, spricht man vom "Evangelical Movement". Weil die französischen Revolutionäre Katholiken verfolgen, wird nun in England die religiöse Toleranz auch auf sie ausgedehnt: die Flüchtlinge werden in England auch dann freundlich aufgenommen, wenn sie Nonnen, Priester und Mönche sind. Um 1800 gibt es ungefähr 60.000 Katholiken in England. Die Zahl der Juden beläuft sich auf ca. 26.000; sie genießen Glaubensfreiheit und dürfen Synagogen bauen, erhalten aber erst im Jahr 1858 das volle Bürgerrecht.

1810 läßt sich auch Nathan Rothschild von der Frankfurter Bank in London nieder und unterstützt die britische Regierung als Vermittler bei der Zahlung von Subsidien an Englands Verbündete gegen Napoleon.

Angesichts der anhaltenden kulturellen Vitalität Englands ist es erstaunlich, festzustellen, daß es weder Schulpflicht noch ein staatlich unterhaltenes, allgemeines Erziehungssystem gab. Der eigentliche Schulunterricht war der Initiative religiöser Gemeinden überlassen, die ihre eigenen Schulen organisierten. Wenn man sich nicht darum kümmerte, konnte man ohne schulische Bildung durchs Leben gehen. Es wurde geschätzt, daß Dreiviertel aller englischen Landarbeiter Analphabeten waren. Eine Ausbildung blieb also Privatsache, und man mußte sie sich leisten können. In der Aristokratie und der reicheren Bourgeoisie erfolgte sie durch Hauslehrer und auf den berühmten Public Schools, die wir heute noch kennen: Eton, Harrow, Rugby, Winchester, Westminster, Charterhouse etc.

Um die Kinder für den Umgang in der besseren Gesellschaft und die Übernahme von Regierungsposten vorzubereiten, war nach allgemeiner Ansicht das Studium der klassischen Sprachen, der griechischen und römischen Geschichte und der Rhetorik am besten geeignet. Von den englischen Dichtern wurde wegen seiner guten lateinischen Prosa vor allen Dingen Milton studiert. Zugleich war in den Public Schools die Ausbildung paramilitärisch: die jüngeren Schüler mußten den älteren gehorchen, und in zahlreichen englischen Romanen wird dokumentiert, daß es keine schlimmere Tyrannei gibt als die eines größeren über einen kleineren Knaben. In Thomas Hughes' Roman *Tom Brown's School Days* kann man nachlesen, was es bedeutet, wenn ein jüngerer Schüler einem älteren die Schuhe putzen, den Tee zubereiten, die Kricketschläger schleppen und alle Besorgungen erledigen muß. Aber man erfährt auch, daß Schüler, die sehr unter diesem System gelitten haben, anfangen, es zu verteidigen, wenn sie selbst in die Rolle von Befehlshabern aufrücken. Nach der Schule geht man nach Oxford oder Cambridge, wobei Oxford von den Tories und Cambridge von den Whigs bevorzugt wird, was sich heute noch darin ausdrückt, daß Oxford mehr Bischöfe, Cambridge aber mehr kritische Gesellschaftswissenschaftler hervorbringt.

Um die Jahrhundertwende ist auch die Theaterleidenschaft der Briten ungebrochen. Ein literarisch wertvolles Drama aber gibt es seit den Tagen von Sheridan und Goldsmith nicht mehr. Die Bühne selbst wird beherrscht von der Familie Kemble und Edmund Kean. Die Kembles sind eine Theaterfamilie, deren Mitglieder bis ins 20. Jahrhundert hinein im Theater eine Rolle spielen. Am bedeutendsten sind die Geschwister am Anfang des Jahrhunderts: Sarah Kemble, die spätere Mrs. Siddons, ihr Bruder Philip Kemble, der Leiter der Drury Lane Company, und Stephen Kemble, der Leiter des Theaters von Edinburgh. Mrs. Siddons beherrschte zehn Jahre lang das Drury Lane Theatre und über zwanzig Jahre lang den Covent Garden. Der Höhepunkt der Londoner Saison bestand um 1800 darin, sie im Covent Garden als Lady Macbeth zu sehen. Als sie sich 1812 vom Theater zurückzog, spendete das Publikum in ihren letzten Aufführungen bei der Schlafwandlerszene von Lady Macbeth so lange Beifall, daß das Stück in der Regel nicht zu Ende gespielt werden konnte. Zugleich feierte ihr Bruder in allen großen Shakespearerollen Triumphe, bis er von Edmund Kean abgelöst wurde. Kean war als Sohn eines Bühnenarbeiters und einer Prostituierten in einem Slum geboren und wurde vom Bruder seines Vaters, einem Spaßmacher, erzogen. Da er der Lebensgefährtin seines Onkels immer wieder ausriß, band ihm diese ein Hundehalsband mit der Aufschrift "Drury Lane Theatre" um den Hals. Dann macht sich Kean als Allrounddarsteller selbständig und führte das Dasein eines Wanderschauspielers mit einem Repertoire zwischen Shakespearerollen und der Imitation eines Affen. Die Wende kam mit seinem Debüt am Drury Lane. Hierfür wählte er die Rolle des Shylock. Seine Darstellungskunst bildete einen Höhepunkt in der Entwicklung des romantischen, ausdrucksvollen Schauspielstils. In dieser Manier gab er den Shylock als Tragödienhelden. Hingerissen von dieser neuen Rollenauffassung steigerte sich das Publikum in so einen ekstatischen Beifall hinein, daß Lord Byron in Krämpfe verfiel. Am Drury Lane feierte Kean später mit allen großen Shakespearerollen Triumphe: Richard III., Heinrich V., Macbeth, Othello, Jago und Hamlet. Die Theatralik der Schauspieler steht in einem gewissen Gegensatz zum moderater und kontrollierter werdenden Benehmen im öffentlichen Verkehr der Menschen. Je zurückhaltender man sich im Verhalten gegenüber Fremden benimmt, desto mehr überläßt man den Ausdruck von Gefühlen den Darstellungsvirtuosen: Dirigenten, Schauspielern und Künstlern. Als Kean allerdings älter wurde, ließ ihn das große Publikum fallen. 1833 spielte er im Covent Garden den Othello, während sein Sohn den Jago gab; da verließen ihn die Kräfte, und mit der Zeile "Leb wohl, Othellos Zeit ist um" brach er zusammen und starb kurze Zeit später.

Der entfesselte Prometheus

Zwischen dem Ausbruch der Französischen Revolution 1789 und der Reform Bill von 1832 siedeln wir gewöhnlich für England die Epoche der Romantik an. War die englische Literatur bis zur Restauration der Stuarts im 17. Jahrhundert eine Literatur des Dramas und der Poesie und ab der Glorious Revolution 1688 eine Literatur der Prosa, so wird sie zwischen 1789 und 1832 wieder eine Literatur der Poesie, während in der Erzählliteratur der Schauerroman und der historische Roman Sir Walter Scotts herrscht.

Dabei ist es mehr als ein Zufall, daß der Vorbote der romantischen Revolution in der Lyrik, William Blake, seine erste Sammlung von Gedichten 1789 erscheinen läßt. Die Revolution ist noch idealistisch und unschuldig wie ein neugeborenes Kind, und Blake nennt seine Gedichte *Songs of Innocence*, die von unschuldigen Kindern handeln. 1757 als Sohn eines Londoner Strumpfwirkers geboren, hatte er früh eine Neigung zu halluzinatorischen Visionen entwickelt. Er macht eine Lehre als Kupferstecher, besucht als Graveur Reynolds Royal Academy, eröffnet mit seinem jüngeren Bruder Robert eine Druckerei, wo er seine Texte mit eigenen Illustrationen druckt, und schließt sich dem Kreis um den Verleger Joseph Johnson an, um den sich die Radikalen wie Thomas Paine, William Godwin und Mary Wollstonecraft sammeln.

Inzwischen geht die Französische Revolution von den ersten Idealen zum Terror über. Blake steigert sich in apokalyptische Visionen hinein, fühlt sich als Nachfahre des Propheten Jeremiah, verkündet "Prophezeiungen" und schreibt mit *The Marriage of Heaven and Hell* seine Umwertung aller Werte, in der er die Hölle mit dem Leben, der Energie und der Sinnlichkeit gleichsetzt und den Himmel mit der Repression, der Einschränkung und der Vernunft. Die Religion erklärt er aus der Dogmatisierung ursprünglicher Dichtung, und so müßten die starren Formen der religiös begründeten Moral gesprengt werden, um das Gefühl für das Unendliche wiederzugewinnen. Blake orientiert sich bei der Konzeption dieser Schrift an den apokalyptischen Visionen in Swedenborgs *Diarium Spirituale* und füllt sie mit "denkwürdigen Phantasien", Chören und prophetischen Merksätzen, die den Stil von Nietzsches *Also sprach Zarathustra* vorwegnehmen. Inzwischen hat die Revolution in Frankreich die Guillotine in so lebhafte Bewegung gesetzt, daß Blake 1794 seine *Songs of Innocence* durch die *Songs of Experience* ergänzt: in der Wildnis der Freiheit lauerte der Tiger der Gewaltherrschaft – "tyger, tyger burning bright / In the forests of the night."

Nach dem Sieg über Napoleon schrieb Blake kaum noch Gedichte, sondern beschränkte sich bis zu seinem Tod 1827 auf die Illustration der Bibel und der *Göttlichen Komödie* von Dante. Während dieser Zeit erlebte England zwei Generationen von Dichtern, die mit ihren unerhörten Gefühlen, ihrer neuen Sprache, den intensiven biographischen Verwicklungen, heftigen Affairen, rebellischen Haltungen und ihrer z.T. rücksichtslosen Lebensführung mehr als andere das lange Zeit beherrschende und auch heute noch wirksame Bild vom Dichter und von der Dichtung geprägt haben. Die beiden Generationen folgen einander in einem Abstand von circa 20 Jahren; die erste ist die wesentlich gemäßigtere und langlebigere. Zu ihr gehören Wordsworth (geboren 1770), Coleridge (geboren 1772) und Southey (geboren 1774). Nicht weil diese drei eine Dichterschule bildeten, sondern weil sie befreundet waren und während einer gewissen Zeit alle im sogenannten Lake District im Nordwesten Englands wohnten, gingen sie als die "Lake Poets" in die Literaturgeschichte ein. Alle drei gerieten in intensive Beziehungen der Freundschaft und Verwandtschaft, und ihre ungemein persönliche Dichtung ist nicht davon zu trennen.

William Wordsworth, Sohn eines Rechtsanwalts, wurde zum Studium nach Cambridge geschickt, damit er anglikanischer Geistlicher würde. Nach seinem Abschlußexamen enttäuschte er seine Verwandten, indem er nach Paris ging und sich so sehr für die Revolution begeisterte, daß er mit einer temperamentvollen Französin eine illegitime Tochter zeugte, an den Versammlungen der Jakobiner teilnahm und sich mit Girondisten anfreundete. Nach London zurückgekehrt, trat er weiterhin öffentlich für die Revolution ein, bis diese dazu überging, seine Freunde, die Girondisten, zu guillotinieren. Er mäßigte seinen Standpunkt und wurde nun ein Anhänger Godwins, mit dem er 1795 Freundschaft schloß. Noch moderater wurde er, als er eine kleine Erbschaft machte und ihm ein Freund ein kleines Cottage in Dorset überließ, in das er mit seiner über alles geliebten Schwester Dorothy 1797 einzog, um sich ganz der Dichtung zu widmen.

Samuel Taylor Coleridge, Sohn eines Geistlichen, ging nach dem Besuch der Armenschule des Christ's Hospital als Stipendiat ebenfalls nach Cambridge, machte zu viele Schulden, floh in die Armee, wurde wieder freigekauft, begeisterte sich für die Revolution und machte 1794 seinen akademischen Abschluß. Im gleichen Jahr ging er nach Oxford, um dort mit einer Gruppe radikaler Studenten Bekanntschaft zu schließen, deren hervorragendstes Mitglied Robert Southey war. Dieser war Sohn eines Tuchhändlers und Neffe einer reichen Tante und hatte an der vornehmen Westminster School und dann am Balliol College in Oxford durch rebellische Töne auf sich aufmerksam gemacht. Als Coleridge Southey in Oxford traf, ruinierte Robespierre gerade die Hoffnungen der Revolution, und so wandten sich die beiden jungen Männer einer neuen Utopie zu: Amerika. Dort wollten sie eine kommunistische Kolonie gründen, die sie "Pantisocracy" nannten. Weil sie neben Geld hierzu auch Frauen brauchten, heiratete Southey Edith Fricker, und da deren Schwester Mary bereits einem weiteren Pantisokratiker versprochen war, blieb für Coleridge nur die dritte Schwester Sarah übrig. Um seine Heirat mit Sarah zu finanzieren, die 1795 stattfand, hielt Coleridge radikale Vorlesungen in Bristol. Zu dieser Zeit traf er zum ersten Mal Wordsworth, der aber von den Pantisokratikern nichts hielt, so daß schließlich von dem ganzen Plan nur die drei Ehen der Schwestern realisiert wurden. Nachdem Coleridge sich mit einer kurzlebigen Zeitschrift verschuldet hatte, überließ ihm ein Freund zur rechten Zeit ein Häuschen in Nether Stowey in Somerset, in das er mit seiner Familie einzog. Hier schrieb er – bereits unter dem Einfluß von Opium – das berühmte Fragment *Kubla Khan*, dessen Entstehungsgeschichte in die Literaturgeschichte eingegangen ist. Von hier aus besuchte er William und Dorothy Wordsworth nur, um sie nach einem mehrwöchigen Aufenthalt bei ihnen in Dorset nach Hause mitzubringen, wo sie sich wenige Meilen von Coleridges Cottage entfernt ein Häuschen mieteten. Damit begann eine der produktivsten Phasen wechselseitiger Inspiration und Kooperation zweier Dichter, die die Literaturgeschichte kennt. Dorothy Wordsworth trug das Ihre zum guten Verhältnis beider Poeten bei, indem sie ihre Liebe zwischen ihrem Bruder William und Coleridge gerecht verteilte. Nachdem Coleridge von dem berühmten Keramikhersteller Wedgewood ein Jahresstipendium von 150 £ unter der Bedingung erhalten hatte, daß er sich nur mit Dichtung und Philosophie beschäftigen solle, beschlossen beide Dichter, ihre Gedichte gemeinsam in einem Sammelband herauszugeben. Das Ergebnis war *Lyrical Ballads* von 1798. Obwohl das Buch bei seiner Publikation keinen großen Eindruck machte, markiert sein Erscheinungsjahr 1798 einen Neuanfang in der Geschichte der englischen Lyrik, der fast ebenso revolutionär war wie der von 1789 in der Politik. In seinem Vorwort erklärt Wordsworth, worin die Gedichte neu sind: "They were written chiefly with a view to ascertain how far the language of conversation in the middle and lower classes of society is adapted to the purpose of poetic pleasure. Readers accustomed to the gaudiness and inane phraseology of many modern writers, if they persist in reading this book to its conclusion, will perhaps frequently have to struggle with feelings of strangeness and akwardness." Mit anderen Worten, die Umgangssprache wird zur Sprache der Dichtung. Damit brechen die *Lyrical Ballads* mit der Tradition der neo-klassischen "poetic diction", nach deren Regeln die Dichtung je nach Genre und Thema einen gehobenen Stil einzuhalten hatte. Die Hauptmerkmale dieses gehobenen Stils waren latinisierende Ausdrücke ("umbrageous" für "shady"), Personifikationen ("Phoebus" für "Sonne"), die vornehme Umschreibung als Ersatz für alltägliche, technische oder niedrige Ausdrücke ("fleecy kind" für "sheep", "finny tribe" für "fish") und die Verwendung von Archaismen ("I ween" für "I think"). Coleridges Beiträge zu dem Sammelband knüpften an die Form der volkstümlichen Balladen an (bekanntestes Beispiel: *The Rhyme of the Ancient Mariner*), während Wordsworth kleine lyrische Gedichte über die höhere Weisheit einfacher Seelen in der Alltagssprache einfacher Leute beisteuerte. Im heute berühmten Vorwort zur zweiten Auflage legt Wordsworth seine Dichtungsauffassung dar: jeder noch so anspruchslose Gegenstand eigne sich als Objekt der Dichtung, wenn er nur ein echtes Gefühl hervorruft; solche Gefühle können auch bei einfachen Leuten auftreten und sind bei ihnen oft unvermischter und klarer; deshalb eignet sich zu ihrem Ausdruck auch eine einfache Sprache; und der Dichter kann ihm am besten Ausdruck verleihen, wenn er ihr spontanes Überströmen später in ruhiger Überlegung ordnend erinnert ("poetry is the spontaneous overflow of powerful feelings recollected in tranquillity"). In der Spannung zwischen "spontaneous overflow" und "recollection in tranquillity" repräsentierte Coleridge eher das spontane Überquellen der Phantasie und Wordsworth die ruhige Erinnerung; Coleridge, der zunehmend stärker vom Opium abhängig wurde, fühlte sich zu außergewöhnlichen Seelenzuständen und zum Übernatürlichen und Wunderbaren hingezogen; Wordsworth ist der Dichter des einfachen Lebens, der einfachen Seelen und der pantheistisch verklärten und vergöttlichten Natur, die er im letzten Gedicht der *Lyrical Ballads* – Lines Written A Few Miles Above Tintern Abbey – anruft: "a sense sublime / Of something far more deeply interfused, / Whose dwelling is the light of setting suns / And the round ocean, and the living air ...".

Nach einer gemeinsamen Reise von Coleridge und William und Dorothy Wordsworth nach Deutschland, wo Coleridge sich in Göttingen der Philosophie des deutschen Idealismus in die Arme warf, suchten beide im Lake District nach einem neuen Zuhause. Wordsworth fand es in Grasmere, Coleridge an einem Flecken dreizehn Meilen südlich in der Nähe von Keswick. Wordsworth blieb hier bis zu seinem Tode 1850, während Coleridge nach einem Jahr intensiver Spaziergänge mit William und Dorothy nach London ging. Dabei ließ er seine Familie zurück und überließ es ab 1803 seinem Dichterkollegen und Schwager Southey, der nun nach Greta Hall in Keswick zog, für seine Familie zu sorgen. Ab dieser Zeit zeigten sich bei Coleridge zunehmend Anzeichen gesundheitlicher und psychischer Zerrüttung aufgrund des anhaltenden Genusses von Opium. Seine dichterische Inspiration versiegte, aber er hielt – nach einem Aufenthalt in Malta – von 1808 bis 1817 Vorlesungen in London, die ihn zum wichtigsten Vermittler deutscher Philosophie in England machten und Charles Lamb, Thomas Moore, Lord Byron und Leigh Hunt, den radikalen Biographen von Byron und Förderer von Keats und Shelley, beeindruckten. In seiner fragmentarischen *Biographia Literaria* von 1817 lieferte Coleridge dann neben seiner philosophischen Synthese aus Kant, Fichte und Schelling eine Theorie der produktiven Einbildungskraft (imagination) als Quelle der Dichtung, wobei der Wert eines Werks allein an der Originalität seiner ganzheitlichen Struktur als neuer Synthese zu messen sei. Die letzten elf Kapitel der *Biographia Literaria*, in denen Coleridge seine Philosophie der Einbildungskraft entfaltet, sind der locus classicus für die Artikulation der romantischen Ästhetik in England. Hier wird die Kunst selbstbezüglich und fängt an, über das Prinzip ihrer Autonomie in ästhetischer Reflexion nachzudenken. Die Begriffe, die wir mit Coleridges Verständnis von Imagination assoziieren müssen, wären in unserer heutigen Sprache Struktur, Gestalt, Synthese und die Bestimmung der Teile durch das Ganze. Coleridge entfaltet den inzwischen völlig vertrauten Gedanken, daß ein Ganzes nie als Summe seiner Teile verstanden werden kann und damit auch nicht auf sie reduzierbar ist. Für ihn ist das menschliche Vermögen für die Wahrnehmung des Ganzen vor den Teilen die Imagination. Dieser setzt er als minderes Vermögen die "fancy" entgegen, die nicht zur Synthese fähig ist.

1816 war Coleridge, der vor dem physischen und psychischen Zusammenbruch gestanden hatte, von dem jungen Arzt Dr. James Gillman als Patient in sein Haus aufgenommen worden mit dem Ergebnis, daß nach seiner raschen geistigen Erholung die geistvolle Konversation von Coleridge den Arzt dazu zwang, sein Haus einer wachsenden Schar von Bewunderern zu öffnen. Hier starb Coleridge – völlig konservativ geworden – als 62jähriger im Jahre 1834, zwei Jahre nach der großen Reform Bill, gegen die er, der in der Jugend die Französische Revolution besang, zuletzt polemisiert hatte. Wordsworth dagegen lebte friedlich in Grasmere, vergrößerte seinen Haushalt durch die Heirat mit einer Jugendfreundin von Dorothy und vollendete *The Prelude*, eine geistige Autobiographie in Blankversen mit dem Untertitel *The Growth of a Poet's Mind*, die er Coleridge widmete. Und bis circa 1807, als seine Inspiration zu versiegen begann, schrieb er hier einige seiner schönsten Gedichte. Nach 1807 entzweiten sich die beiden Freunde wegen Coleridges zunehmender Zerrüttung; die Qualität von Wordsworth's Dichtung zerfiel, und er selbst wurde konservativ und erzielte seine höchsten Leistungen nur noch in der Landschaftsgärtnerei. So fiel die Zeit der höchsten Produktivität beider Dichter mit der Zeit ihrer Freundschaft um die Jahrhundertwende zusammen.

Die drei großen romantischen Dichter der nächsten Generation – Byron, Shelley und Keats – entgingen den Gefahren des Alterns und des damit einhergehenden zunehmenden Konservativismus durch einen frühen und romantischen Tod. Wie im Falle von Wordsworth und Coleridge sind die Lebenswege von Shelley und Byron eng verflochten. Entsprechend haben sich dem europäischen Gedächtnis nicht nur die Gedichte beider Poeten, sondern auch ihre Biographien eingeprägt. Darin drückt sich aus, daß in der Romantik die Dichtung bewußt und programmatisch subjektiv wird: Dichtung wird selbst zum Ausdruck von Subjektivität, und man könnte mit einem Paradox sagen, sie wird zum objektiven Ausdruck des Subjektiven. Die Subjektivität romantischer Dichter wird zur exemplarischen Subjektivität überhaupt. Von da ab wird das Gefühl für das, was Dichtung zu sein hat, von den romantischen Dichtern bestimmt: wir empfinden Dichtung per se als romantisch. Zugleich sind aber die Biographien von Byron und Shelley in ihrer umgehemmten Subjektivität zu Signaturen dessen geworden, was man eine "romantische Lebenshaltung" nennen könnte. Dazu gehört die Feindschaft gegen alle Konventionalität, eine absolute Hemmungslosigkeit in dem Verfolgen subjektiver Impulse, hochgradige Exzentrizität, bewußt gepflegte Sensibilität und Nervosität und Rücksichtslosigkeit gegenüber allen sozialen Normen und Einschränkungen der Freiheit. Mit einer solchen Radikalität haben sie sich selbst in Szene gesetzt. Sie sind Vorläufer dessen geworden, was man später "poètes maudits" genannt hat. In das Bild, das sie mit ihrer Dichtung und ihrer Biographie anreichern, fließt dann auch die Komponente ein, die von nun an ebenfalls zur romantischen Attitüde gehören soll: Jugendlichkeit. Sie machen ihre Karriere und erwerben ihren Ruf als junge Dichter, und sie folgen dem Gesetz ihres Daseins dadurch, daß sie auf unvergleichlich romantische Weise sterben. Keats, geboren 1795, siecht 1821 an der romantischen Krankheit par excellence, der Schwindsucht, dahin. Shelley, geboren 1792, ertrinkt 1822 im thyrrhenischen Meer, und Byron, geboren 1788, stirbt 1824, als er den Griechen bei ihrem Befreiungskampf gegen die Türken hilft. Dies ist bis heute in Griechenland unvergessen und trägt zur Anglophilie der Griechen bei. Mit ihren Biographien bebildern die sogenannten "Rebel Poets" das, was man Genie zu nennen sich inzwischen angewöhnt hatte. Der Begriff des "genius" hatte in der Mitte des 18. Jahrhunderts mit der ästhetischen Reflexion den Begriff des "wit" als neues kreatives Prinzip abgelöst: da der romantische Dichter die Welt nicht mehr abbildete, sondern eine neue Welt in Konkurrenz zur alten schuf, war er ein kleiner Bruder des Welten-schöpfenden Gottes, und seine wichtigste Eigenschaft war die Kreativität. In Alexander Gerards *Essay on Genius* (1758), Youngs *Conjectures on Original Composition* (1759) und William Duffs *Essay on Original Genius* (1767) wird über den Bezug zur Kreativität die semantische Gleichsetzung von Gott, Natur und genialem Dichter eröffnet, für den der inspirierte Verstoß gegen die Regeln der Dichtung und die enthusiastische Verletzung der Konventionen der Gesellschaft zum Ausweis der Originalität wird. Diese Vorstellungen finden ihren Weg zu Diderot und von da aus in die Enzyklopädie und zu Kant: "Genie ist die musterhafte Originalität der Naturgabe eines Subjekts im freien Gebrauch seines Erkenntnisvermögens". Hamann und Herder fügen dann dem Genie-Begriff eine gewaltige Dosis religiöser Irrationalität hinzu. Hamann beschreibt in seinen *Sokratischen Denkwürdigkeiten* Sokrates als Prototyp des Genies, weil er, alleine seinem Genius folgend, die Philosophie der Selbstaufhebung des Wissens entfaltet. Sein Schüler Herder verschiebt dann die Religion ins Pantheistische mit einem für das Selbstgefühl berauschenden Ergebnis. Gott ist der beseelte Kosmos und wohnt zugleich in der Seele eines jeden Einzelnen, der sich als Genie nun für grenzenlos erklärt und sich in den Regelverletzungen des Sturm und Drang einem Ego-Trip überläßt. Diese Entwicklung bindet die Vorstellung von der originellen Persönlichkeit über das Modell des Genies an die Kunst und begründet die Vorstellung, daß Bildung sich allein über das Verständnis von Kunst realisiert. In Schillers *Ästhetischer Erziehung des Menschengeschlechts* zeigt sich allerdings auch die kompensatorische Funktion dieser Bewegung: weil die individuelle Selbstbestimmung für den Bürger in der gesellschaftlichen und politischen Realität – vor allem in Deutschland – noch unerreichbar ist, kann der Mensch allein in der Kunst seine Individualität ganz entfalten. Das ist dann aber nur wenigen Genies vorbehalten, die als eine Art Aristokratie des Geistes das Reich der Freiheit fern der gesellschaftlichen Realität in der Kunst errichten. Damit wird das Genie in noch stärkeren Gegensatz zur gesellschaftlichen Wirklichkeit gebracht. Diese wird beherrscht von der Figur, die von nun an zum Antipoden des Genies wird: vom Philister. Ursprünglich ein studentischer Jargonausdruck zur Bezeichnung des behaglichen Bürgers, nimmt der Begriff des Philisters in der Romantik schnell alle Bedeutungselemente spießiger Mittelmäßigkeit an, die ihn zum Komplementärbegriff des Genies machen: die engherzige Nüchternheit, die bornierte Egozentrik, die Gefühls- und Farblosigkeit, die Erlebnisunfähigkeit, Ideenlosigkeit und der

Mangel an Großzügigkeit und schließlich die niedere materielle Gesinnung, die ausschließliche Orientierung am wirtschaftlichen Erfolg und an lebenspraktischer Tüchtigkeit und der generelle Zuschnitt einer begeisterungsunfähigen, allem Generösen abgeneigten Mediokrität. Der Philister wird zum Bürger, dem das Genie seine aristokratische Verachtung entgegenschleudert, während der Philister mit Neid, Ressentiment und Schadenfreude über die Frustrationen des Genies reagiert. Damit erfolgt eine Verschmelzung des Bildes des Genies mit dem Adligen, der sowieso schon in den Szenarien der Liebesromane die attraktive Figur des zu reformierenden Liebhabers besetzt hält. Mit der Französischen Revolution aber wird unübersehbar, daß der Adel im Niedergang ist und das Genie an der Gesellschaft leidet. Über den Rückgriff auf den Prometheus-Mythos und die Passion Christi wird das Leiden zum Schicksal des Genies, sei es als Strafe der Götter für das kunstschöpferische Handeln, mit dem das Genie wie Satan oder Prometheus den Göttern Konkurrenz macht, oder als modernes Martyrium, dem die posthume Heiligsprechung durch die Verehrergemeinde folgt. Daran knüpfen sich elysische Phantasien. Das zu Lebzeiten verkannte Genie fährt nach seinem Tod auf gen Himmel, wo ihm zum Ausgleich für den kleinlichen Neid und die engstirnige Eifersucht der Zeitgenossen ein Ehrenplatz im Kreis der Unsterblichen zuteil wird. Dem Nimbus des Jenseitigen entspricht das Verkanntwerden im Diesseits. Das Genie produziert solche überirdischen Werke, daß die gewöhnlichen Menschen sie nicht begreifen können. Die lyrische Sprache versucht sich dementsprechend an die Metasprachlichkeit der Musik anzugleichen: sie wird zur Sprache jenseits der Sprache. Musik wird so zur Metapher der unverstandenen Dichtung, die nach Eichendorff als Zaubersprache der Dinge selbst zum Sprechen gebracht wird. All dies verdichtet sich zum Zusammenhang von Genie und frühem Tod, wie er exemplarisch in den Frühvollendeten Keats, Shelley und Byron veranschaulicht wird. Schönheit, Jugend und Tod treten in einen geschwisterlichen Zusammenhang; dem entspricht der Mythos vom intensiven, sich selbst verzehrenden Leben.

Unter den drei Dichtern hat Byron die Figur des romantischen Helden, der erst nach ihm "the Byronic hero" genannt wurde, ebenso sehr in seinem Leben verkörpert wie in seiner Dichtung dargestellt: den trotzigen, melancholischen jungen Mann, der von einem geheimnisvollen Verbrechen aus seiner Vergangenheit gezeichnet ist. Demgegenüber gelten Keats und Shelley im Großen und Ganzen als die bedeutenderen Vertreter der Romantik. Aber von ihrer Herkunft, der Rücksichtslosigkeit ihrer Lebensführung und der Intimität ihrer biographischen Verflechtung her gesehen müssen wir Byron und Shelley zusammen betrachten. Als Bezugspunkt dient uns das Jahr 1816. Es ist ein annus mirabilis an Veröffentlichungen. Scott schreibt *The Antiquary* und *Old Mortality*, Jane Austen veröffentlicht *Emma*, von Byron erscheinen der dritte Canto von *Childe Harold, The Siege of Corinth* und *Prisoner of Chillon*, von Coleridge *Christabel* und von Shelley *Alasdor*. Es ist auch das Jahr, in dem sich die Lebenswege von Shelley und Byron in der Schweiz zum ersten Mal treffen. In den nächsten sechs Jahren sollten sie weiterhin zusammenlaufen und sich immer wieder kreuzen. Wie bei Wordsworth und Coleridge ist dies die Zeit ihrer größten Produktivität. Doch als sie sich treffen, haben sie schon beide eine Karriere voller Exzentrizitäten hinter sich gebracht. Dabei ist es natürlich hilfreich, daß sowohl Shelley als auch Byron aus alten englischen Adelsgeschlechtern stammen, in denen Tradition und Exzentrizität dasselbe waren.

Byrons Vorfahren waren angeblich schon mit William the Conqueror nach England gekommen. Unter Heinrich VIII. erhielten sie Newstate Abbey in Nottinghamshire, wo von nun an der Sitz der Familie lag. Der Titel wurde dem Dichter von seinem Großonkel vererbt, der einen Verwandten im Duell umbrachte und das Leben eines Wüstlings führte. Dessen Bruder John erwarb sich als Seeoffizier den Beinamen “the nautical lover”; und dessen ältester Sohn wurde der Vater des Dichters und führte ein so wildes Leben, daß er sich den Beinamen “mad Jack” verdiente. Danach heiratete er eine reiche schottische Erbin, Byrons Mutter, und ließ sie nach der Verschwendung ihres Vermögens mit ihrem kleinen Sohn sitzen. Im Alter von zehn Jahren erbte Byron, der mit einem verkrüppelten Fuß zur Welt gekommen war, den Titel eines Lords, besuchte nach ausgedehnten Reisen in Italien, Griechenland und Kleinasien Harrow und Cambridge, bis er beim Erreichen seiner Volljährigkeit seinen Sitz im House of Lords einnahm. Zur gleichen Zeit veröffentlichte er in einer Satire auf die Kritiker, die seinen ersten Gedichtband verrissen hatten, sein dichterisches Credo als Aufruf zur Rückkehr zu den Klassizisten, den er später – in seinem satirischen Versepos *Don Juan* (I, 204)

– in die Formel faßte: "Thou shalt believe in Milton, Dryden, Pope; / Thou shalt not set up Wordsworth, Coleridge, Southey." In Cambridge hatte er mit John Cam Hobhouse Freundschaft geschlossen, und nachdem er mit dem Magister Artium seinen Abschluß gemacht hatte, begab er sich mit Hobhouse 1809 auf die Grand Tour, die sich wegen der Besetzung Europas durch Napoleon auf die Mittelmeerländer beschränkte: Gibraltar, Malta, Albanien, Griechenland und Kleinasien. In Athen begann er mit der Niederschrift seines poetischen Reiseberichts *Childe Harold's Pilgrimage*. Am Hellespont durchschwamm er die Meerenge zwischen Europa und Asien; in Griechenland und Kleinasien bewunderte er die klassischen Ruinen, und auf der ganzen Tour vertiefte er die schon in Cambridge begonnenen Studien der verschiedenartigen Formen, in denen die Schönheit der Frauen Gestalt gewinnt. Nach zweijähriger Abwesenheit kehrte er 1811 nach London zurück, schloß sich dem liberalen Kreis in Holland House um den Dramatiker und Politiker Sheridan an und hielt seine Jungfernrede im House of Lords gegen eine Gesetzesvorlage, die für die Ludditen die Todesstrafe vorsah. Durch eine weitere Rede für die Emanzipation der Katholiken und gegen die englische Herrschaft in Irland verscherzte er sich alle politischen Aussichten, aber als er die ersten beiden Gesänge von *Childe Harold's Pilgrimage* veröffentlichte, war die Erstauflage in drei Tagen vergriffen, und Byron wachte, wie er selbst sagte, eines Morgens auf und fand sich berühmt.

Umstrahlt von der dreifachen Glorie, die dichterischer Ruhm, ein Adelstitel und der Ruch erotischen Abenteurertums zu verleihen vermögen, wurde er nun zu einem Magneten sowohl für unverheiratete wie verheiratete Frauen, wobei Byron allem widerstehen konnte außer der Versuchung. Während er sich in ein Abenteuer nach dem anderen verstrickte, spielte er selbst mit dem Gedanken an eine Ehe, um seinem Leben etwas mehr Stabilität zu verleihen. Die Kandidatin hierfür, Annabella Milbanke, war eher das Gegenteil einer femme fatale, eine gebildete, sich für Philosophie, Metaphysik und Mathematik interessierende Frau, zugleich aber auch eine reiche Erbin. Doch als sie Byron eine diplomatische Absage erteilte, suchte er Trost in weiteren Abenteuern, wobei er eine selbst heute noch gültige Grenze überschritt, indem er ein Verhältnis mit seiner verheirateten Halbschwester Augusta Leigh einging und möglicherweise der Vater seiner eigenen Nichte wurde.

Währenddessen signalisierte Miss Milbanke, daß sie einer Heirat doch nicht abgeneigt sei, und nahm zu seinem Schrecken seinen zweiten Heiratsantrag an. Schon kurz nach der Eheschließung am 2. Januar 1815 begann er sich wie ein wildes Tier im Käfig aufzuführen, so daß Lady Byron, die im Dezember der Tochter Ada das Leben schenkte, im Januar einen Arzt bat, Byron auf seine geistige Gesundheit zu untersuchen. Aber auch ein zweiter Arzt konnte außer der Tatsache, daß Byron aus Begeisterung für die Schauspielkunst von Edmund Kean in Zuckungen verfallen war, keine Anzeichen von Irrsinn erkennen. Doch als Lady Byron ihre Eltern besuchte, ließen diese ihre Tochter nicht mehr zu Byron zurückkehren und bestanden auf einer Trennung. Byron mußte einwilligen, weil der Klatsch über die Beziehung zu seiner Halbschwester ein förmliches Gerichtsverfahren zu gefährlich erscheinen ließ. Man einigte sich gütlich, und Byron ließ sich von seinen Freunden Hobhouse, Leigh Hunt, Lord Holland und Benjamin Constant, dem Gefährten von Madame de Staël, trösten; dann erschien wie ein Vorbote weiterer Verwicklungen am Ende des einen und am Anfang des nächsten Lebensabschnitts Godwins Stieftochter Claire Clairmont und brachte ihm Grüße von Shelley und sich selbst als Opfergabe dar. Am 25. April 1816, weniger als ein Jahr nach seiner Eheschließung, verließ Byron England, um es nie wiederzusehen. Von nun an kreuzte seine Lebensbahn immer wieder die von Shelley.

Auch in der aristokratischen Familie der Shelleys war das Durchbrennen mit reichen Erbinnen Tradition. Shelleys Mutter war eine Schönheit mit bemerkenswert fortschrittlichen Ansichten und einem stürmischen Temperament, die diese Qualitäten an Percy, ihren Ältesten, weitergab. Nach seiner Schulzeit in Eton ging er zum Studium nach Oxford, wo er sich zu dem Jüngling entwickelte, den man sich später als typisch romantisch vorzustellen angewöhnte: nachlässig gekleidet, aber von ätherischer Schönheit, verband er rebellische Ansichten mit nervöser Sensibilität und ließ sich mit einem Freund dazu hinreißen, ein Pamphlet über die Notwendigkeit des Atheismus zu verfassen, was ihm die Relegation von der Universität eintrug. Er ging nach London, bekehrte dort eine Mitschülerin seiner Schwestern und Tochter eines wohlhabenden Gastwirts, Harriet Westbrook, zum Atheismus, brannte mit ihr gegen den Willen beider Väter durch und heiratete sie in Schottland, weil Harriet trotz aller fortschrittlichen Ansichten vor der freien Liebe noch zurückschreckte. Danach besuchte er Southey in Keswick, fand ihn zu wenig rebellisch und ließ sich statt dessen von Godwins *Inquiry Concerning Political Justice* zu seiner ersten bedeutenden Dichtung, *Queen Mab,* inspirieren, in der die bei Shakespeare genannte Feenkönigin dem unschuldigen Mädchen Ianthe im Traum die Weltgeschichte als einen einzigen Zusammenhang aus Gewalt und Unterdrückung enthüllt und alle Religionsstifter, vor allem Moses und Jesus, anklagt, sich mit der Erfindnung eines grausamen, mitleidlosen Gottes gegen die harmonische Ordnung einer Natur versündigt zu haben, deren Gesetze allein den Weg zu einem irdischen Paradies weisen könnten. Die Schrift erschien 1813 nur in einem Privatdruck mit geringer Auflage, wurde aber schließlich 1821 bei ihrer Veröffentlichung zu einem der Hausbücher des politischen Radikalismus, 1841 zum Gegenstand eines sensationellen Prozesses und von den späteren Sozialisten von Marx bis Shaw bewundert. Zur gleichen Zeit bekehrte sich Shelley unter dem Einfluß von John Newtons *Return to Nature, Or Defence of A Vegetable Regimen* zur vegetarischen Lebensweise: In seiner *Vindication of a Natural Diet* machte er das Fleischessen für alle Kriege verantwortlich und erwartete von einer natürlichen Diät ein Verschwinden der Übel, die durch Handel und Industrie verursacht würden. All das hat spätere Lebensreformgesellschaften bis zur heutigen Ökobewegung inspiriert. Nach der Geburt einer Tochter Ianthe verlor Shelley zunehmend das Interesse an ihrer Mutter und verkehrte statt dessen immer häufiger im Hause Godwins, den er im Vorgriff auf sein eigenes Erbteil finanziell unterstützte. Dabei lernte er Godwins Tochter Mary kennen, zu der er trotz seiner vegetarischen Diät in einer ungemein heftigen Leidenschaft entbrannte; ohne große Rücksicht darauf, daß er bereits eine Frau hatte, bat er Godwin um die Hand seiner Tochter. Godwin verbot ihm entrüstet das Haus und stellte Mary unter die Aufsicht ihrer Stiefmutter, der zweiten Mrs. Godwin, die er nach dem Tod von Mary Wollstonecraft geheiratet hatte. Shelley sah sich daher gezwungen, Mary zu entführen, und dabei nahm das Paar Marys Stiefschwester, Claire Clairmont, gleich mit, die ihre neue Freiheit für eine neue Eskapade mit Byron nutzte. Nach einigem Hin und Her erwirkte Shelley von seinem Vater, der ihn enterbt, aber seinerseits ein großes Vermögen geerbt hatte, eine Jahresrente von 1.000 £, wovon Shelley 200 an seine Frau abzweigte, die zu ihrem Vater zurückgekehrt war. Und so gerüstet brach Shelley mit Mary und Claire Clairmont zu einer Reise nach Genf auf, wenige Tage, nachdem Byron ebenfalls dorthin abgereist war.

Beide Dichter treffen sich in Genf im Mai 1816. Shelley hielt Byron für den größeren Dichter, der neben *Childe Harold* bereits eine größere Anzahl von wenig anspruchsvollen, aber sehr populären Verserzählungen über Liebe und Abenteuer im Orient geschrieben hatte (*The Giaour, The Bride of Abydos, The Corsair, Lara, The Siege of Corinth*), während Byron von Shelley nur *Queen Mab* kannte. Sie beziehen zwei fast benachbarte Villen am Südufer des Genfer Sees und unternehmen gemeinsame Pilgerfahrten zu den durch Rousseaus *Nouvelle Héloïse* geheiligten Stätten der Romantik. Während dieser gemeinsamen Ferien produziert Shelley die *Hymn to Intellectual Beauty*, Byron zeugt mit Claire ein Kind und verfaßt *The Prisoner of Chillon* (das Schloß am Genfer See, in dem der Genfer Politiker François de Bonevare im 16. Jahrhundert sechs Jahre eingekerkert war), und Mary schreibt als Ergebnis eines Wettbewerbs zwischen den dreien im Alter von 19 Jahren einen der berühmtesten Romane der Literaturgeschichte: *Frankenstein, Or the Modern Prometheus*, in dem die Metapher von der kreativen Göttlichkeit des Genies wörtlich genommen wird. Im Herbst des gleichen Jahres trennen sich Byron und Shelley wieder. Shelley kehrt mit seinen beiden Frauen nach London zurück, und Byron überquert die Alpen und etabliert sich in Venedig. Die Landschaft der Hochalpen bildet den Hintergrund für sein autobiographisch anmutendes Drama *Manfred*, in dem der Held die Hexen der Alpen beschwört und von ihnen die Gabe des Vergessens erbittet, um sich vom Fluch einer schweren Sünde zu befreien, wobei angedeutet wird, daß es sich um Inzest handelt. Wie der ewige Jude zur Unsterblichkeit verdammt, erbittet Manfred von Astarte, der Verkörperung seiner verbotenen Liebe, Vergebung und die Gnade des Todes, die ihm gewährt wird. Als das Drama 1817 erscheint, sieht die englische Gesellschaft darin ein Eingeständnis des Inzests mit seiner Schwester und ist empört. Byron aber verkauft seinen Familiensitz in England und erwirbt dafür den Palazzo Mocenigo am Canale Grande, den er mit zahlreichen Dienern, zwei Affen, zwei Bulldoggen und mit der Frau eines venezianischen Bankiers als seiner neuen Mätresse bezieht.

Während sich Byron den Freuden der Promiskuität hingibt, erntet Shelley die Sorgen dessen, der mehr als nur eine Familie hat. Marys Halbschwester, die natürliche Tochter Mary Wollstonecrafts, bringt sich mit Laudanum um, Shelleys Frau Harriet ertränkt sich in einem See im Hyde Park, Claire bringt Byrons Kind Allegra zur Welt, und Marys Kinder werden geboren und sterben wieder. Nach kurzem Aufenthalt in London reisen Shelley und Mary ebenfalls nach Italien, treffen Byron 1818 in Venedig, wo sie ihm seine Tochter Allegra aushändigen, und residieren bis zur nächsten Begegnung mit Byron 1821 nacheinander in Rom, Livorno, Florenz und schließlich in Pisa und wieder bei Livorno. Diese drei Jahre sind Shelleys produktivste Zeit, und er schreibt seine großen Dichtungen, *Prometheus Unbound, Ode to the Westwind, To a Skylark, The Cloud, Epipsychidion* und *Adonaïs*. *Prometheus Unbound*, auf dem Dach der Caracalla-Thermen geschrieben, ist ein lyrisches Drama, das in Anknüpfung an Aischylos Prometheus als rebellischen Wohltäter der Menschheit zeigt, der sich gegen den Autokraten Zeus aufgelehnt hatte; die Ode an den Westwind wird in einem Wald am Arno verfaßt, nachdem ein stürmischer Wind den Herbstregen vertrieben hatte; im *Epipsychidion* verarbeitet Shelley seine heftige Verehrung für Emilia Viviani, die er in einem Kloster bei Pisa besucht, wo man ihre Jungfräulichkeit gegen die Versuchung schützt; und in *Adonaïs* beklagt er den Selbstmord von Chatterton und den Tod von Keats, wobei er die Kritiker beschuldigt, mit dem Verriß von *Endymion* Keats' Tod verursacht zu haben; indessen hatte Byron sein satirisches Versepos *Don Juan*, sein eigentliches Hauptwerk, begonnen, in dem Don Juan in einer burlesken Szene vom Ehemann seiner Geliebten aus deren Schlafzimmer und aus Spanien vertrieben, wie Odysseus schiffbrüchig auf eine griechische Insel verschlagen wird, wo er in einem Naturkind seine ideale Liebe findet, von deren Vater wieder vertrieben und von Piraten als Sklave verkauft wird, in einen Harem gerät, als Gesandter bei Katharina der Großen von Rußland auftaucht, die ihn zu ihrem Geliebten macht, bis er in geheimer Mission nach England gesandt wird, wo das Epos abbricht. Dem Wechsel von der düsterromantischen zur heiter-satirischen Dichtung entspricht ein Wechsel in der Lebensführung vom Lotterleben zur Solidität. Und diesen hat Byron der hingebungsvollen Geduld von Theresa Guiccioli zu verdanken, die ihn zu ganz andersartigen Verwicklungen führen sollte. Sie war die 19jährige Gattin des 58jährigen Graf Alessandro, der ihr Byron als Cavaliere Serviente gestattete. Als sie es zu weit trieben und Byron Theresa entzogen wurde, erkrankte sie so schwer, daß der Graf sofort wieder nach Byron schickte, der darauf mit einer Menagerie von sechs Hunden, zwei Katzen, einem Falken, einer Krähe, einem Affen, einem Fuchs und einem Dachs einen Flügel des gräflichen Palastes bezog und sein Drama *Cain* schrieb, das Satan und Kain mit so miltonischer Wucht verteidigte, daß Goethe und Scott, dem es gewidmet war, ganz hingerissen waren, und Byrons Ruf in England endgültig ruiniert wurde. Als Theresa wieder genesen war, erwirkte ihr Vater, Graf Gamba, eine Trennung von ihrem Ehemann, der sie auch zu ihrem Vater entließ, so daß Byron, der immer noch im Schlosse des Ehemanns wohnte, sie nun im Hause ihres Vaters besuchen mußte. Dort machte er die Entdeckung, daß Vater und Bruder seiner Geliebten eine führende Rolle im Geheimbund der Carbonari spielten, die die Befreiung Italiens von der österreich-bourbonischen Herrschaft planten. Als ein Aufstand der Carbonari fehlschlug, mußten die Gambas nach Pisa fliehen, und Byron, der ebenfalls der Unterstützung der Carbonari verdächtigt wurde, folgte ihnen bald dorthin, wo Shelley ihm bereits eine Villa gemietet hatte.

Eineinhalb Jahre lebten die beiden Dichter nun in engem Kontakt bei allerdings abnehmender Intimität in Pisa und später in Livorno. Theresa schloß mit Mary Shelley Freundschaft, und die Dichter planten eine liberale Zeitschrift als Gegengewicht zu den konservativen *Quarterly Review*. Byron ließ sich eine Yacht bauen und Shelley ein Segelboot, mit dem er, des Schwimmens unkundig, häufig die Küste zwischen Byrons Wohnsitz in Livorno und seinem eigenen in Casa Magni entlangsegelte. Als Leigh Hunt zur Unterstützung für die geplante Zeitschrift im Juli 1822 in Italien eintraf, fuhr Shelley in seinem Segelschiff zu seiner Begrüßung nach Livorno. Auf der Rückfahrt nach Casa Magni am 8. Juli geriet sein Boot in einen heftigen Sturm und sank. Die Leiche Shelleys wurde zehn Tage später an den Strand gespült und von Fischern begraben. Am 16. August wurde sie wieder exhumiert und im Beisein von Hunt und Byron verbrannt, während der Kapitän von Byrons Yacht "Simon Bolivar" Öl, Wein und Weihrauch in die Flammen goß und die Asche Shelleys der Natur übergab, die er so sehr verehrt hatte.

Im Jahr von Shelleys Tod hatte sich Griechenland gegen die Türkenherrschaft erhoben. Die provisorische Regierung schickte ein Komitee nach England, das Gelder sammeln sollte, und dessen Boten erreichten auch Byron in Genua. Er reagierte sofort. Nachdem er Theresa und Leigh Hunt finanziell versorgt hatte, verkaufte er alles, was er hatte, charterte ein Schiff, rüstete es mit Waffen, Munition und Medikamenten für 1.000 Mann aus, erreichte nach verschiedenen Verzögerungen im Jahr 1824 Missolunghi, brachte dem Fürsten Geld und Gold und übernahm selbst das Kommando über 600 undisziplinierte Krieger. Im Februar wurde er krank, genas wieder, zog sich im April erneut ein Fieber zu, und am 19. April 1824 starb der gefallene Engel der Romantik für die Befreiungsbewegung jenes Volkes, das die Demokratie erfunden hatte. Der einbalsamierte Leichnam wurde nach England gebracht, wo ihm die Beisetzung in der Poet's Corner der Westminster Abbey verweigert wurde, so daß Byron in der Pfarrkirche beerdigt wurde, in der auch seine Mutter liegt. Seine Geliebte Claire Clairmont, deren Tochter schon mit fünf Jahren, wie sie glaubte, nicht ohne Schuld Byrons gestorben war, lebte bis 1879 und schilderte ihn als Ausbund aller nur denkbaren Eitelkeiten, Verrücktheiten und Schwächen. Theresa Guiccioli hatte noch mehrere Affairen, u.a. mit Byrons Bewunderer Lamartine, wurde im Alter spiritistisch, nahm Kontakt mit dem Geist Byrons auf und schilderte ihn in mehreren Büchern als den perfektesten aller Gentlemen. Mary Shelley überlebte ihren Mann um 27 Jahre und gab seine Schriften heraus. Die Nachwelt aber erinnerte sich beider als der Inkarnation all dessen, was die Romantik an jugendlichem Rebellentum, Überspanntheit, Nervosität, Großzügigkeit und psychologischer Tiefe kennzeichnet. Beide waren zu ihren besten Zeiten schön, ungemein temperamentvoll, erotisch attraktiv und außergewöhnlich sensibel. Zugleich waren sie psychologisch unberechenbar, emotional rücksichtslos und Frauen gegenüber ausbeuterisch. Es ist schwer zu sagen, wer von beiden der Verrücktere war. Im Vergleich zu Byron war Shelley äußerst unpraktisch und eskapistisch und neigte zu Meditationen und Träumereien. Im Kontrast zwischen Ideal und Wirklichkeit beharrte er auf der Normatik des Idealen und hätte mit Hegel sagen könne: "Umso schlimmer für die Wirklichkeit". Entsprechend fehlt ihm auch der Sinn für Humor, der Byron eignete. Zugleich waren aber Shelleys Ideale Vorgriffe auf das, was später realisiert werden sollte: Er trat für religiöse Toleranz, die Frauenbefreiung, allgemeines Wahlrecht, den Sieg der Wissenschaft und für die freie Liebe ein und war ein glühender Anhänger der natürlichen Lebensweise und der vegetarischen Ernährung. Überhaupt schien er darin modern, daß er zum wahren Ziel der Menschheit die Rückkehr zur ökologischen Bescheidenheit deklarierte. Das vermittelte er bereits mit Anklagen gegen den Kapitalismus. In dem 1820 geschriebenen Essay *A Philosophical View of Reform* empört er sich über die schlechten Lebensbedingungen der Fabrikarbeiter in England und attackiert die neue Plutokratie von Finanzleuten, Handelsherren und Fabrikanten. In seiner *Defence of Poetry* von 1821 erklärt er aber die Dichter und Philosophen zu den "unacknowledged legislators of the world".

Noch stärker als Shelley hat Byron für Generationen die Vorstellung vom romantischen Dichter geprägt. Das Bild, das er bot, enthielt eine idealtypische Mischung romantischer Elemente: dazu gehörten der hocharistokratische Status eines Lords, die erotische Unersättlichkeit und Rücksichtslosigkeit, die Haltung der Rebellion und der Unkonventionalität, der tollkühne Einsatz des eigenen Lebens, die Attitüde des Weltschmerzes und des Lebensekels, die tiefgründige Interessantheit einer unklaren Schuld, hinter der sich die Andeutung des Inzests verbarg, die Großzügigkeit in materiellen Dingen, die sardonische Selbstironie, wie sie sich im *Don Juan* ausdrückt, die satanische Qualität des klumpfüßigen Hinkens, die Leichtigkeit, mit der Byron vorgab zu dichten, die virile Aura, die er durch das Heldentum und seine sportlichen Leistungen im Schwimmen, Reiten und Fechten um sich schuf, das wilde und ungezügelte Temperament, bei dem jede Frau sich einbilden konnte, nur sie allein könne es besänftigen, sowie der notorische Donjuanismus, der trotz seiner moralischen Anrüchigkeit die Attraktivität eines Mannes eher zu erhöhen als zu beeinträchtigen scheint. Das alles fügte sich zum Bild des "Byronic hero" zusammen, wie er im Schauerroman vorgeprägt und von Byron mit größerer Interessantheit inkarniert wurde. Auf diese Weise verschwamm sein Bild, indem es mit dem seiner Helden zusammenfloß: an erster Stelle *Childe Harold*, jenem düsteren, von Weltekel bewegten Ritter, dessen poetisches Tagebuch dieses Gedicht darstellt. Wie kein anderer nach Shakespeare vertrat Byron das Bild der englischen Literatur auf dem Kontinent. "Bevor er kam", so sagte Mancini, "war all das, was wir von der englischen Literatur in Italien kannten, französische Übersetzungen Shakespeares. Byron hat uns dazu gebracht, Shakespeare und die anderen englischen Schriftsteller zu studieren". Von seiner Wirkung an datiert die Sympathie aller großherzigen Menschen für dieses Land der Freiheit. Er führte den Genius Englands auf eine Pilgerfahrt durch Europa.

Der dritte große romantische Dichter, John Keats, der ebenso schnell gereift ist und dessen Produktion in die gleiche Zeit zwischen 1817 und 1820 fällt und der ebenfalls in Italien stirbt, unterscheidet sich von Shelley und Byron durch seine kleinbürgerliche Herkunft und darin, daß sein Leben weitgehend ereignislos war. Ein echter Cockney, Sohn eines Oberstallmeisters, wurde er bei einem Chirurgen in die Lehre gegeben und brach sie ab, als er seine poetische Berufung spürte. Seine großen Bildungserlebnisse sind die Lektüre von Spensers *Faerie Queene* und Chapmans *Homer*; und sein Nachruhm lebt weiter im *Hyperion* – einem unvollendeten Blankversepos über den Sturz der Titanen – und seinen unsterblichen Oden, die zu den schönsten Gedichten der englischen Sprache gehören. Solche Gedichte sind Augenblicke, in denen sich die Welt, die Zeit und die Geschichte in der subjektiven Erfahrung sammeln. Mehr als andere Dichtungsgattungen zeigt uns das lyrische Gedicht die Innenseite zur Außenseite der Gesellschaft. Nur darin wird erklärbar, daß der einsame Dichter sich anmaßen kann, wie Shelley im Namen der Menschheit zu sprechen und in seiner eigenen individuellen Erfahrung die Erfahrung der Gattung wiederzufinden. Und so vollzieht sich in der romantischen Lyrik das punktuelle Zünden der Welt im Subjekt.

Weil in dieser Zeit der Alphabetismus und das Lesepublikum zunahmen und es deshalb lohnender wurde, Bücher zu produzieren, konnte sich nun das Verlagswesen als unabhängiger Geschäftszweig vom Buchhandel lösen. Die Verleger wetteiferten um bekannte Autoren, machten Reklame für sie, glamourisierten sie und feierten sie in ihren Salons. Thomas Norton Longmann gab Wordsworth heraus, Joseph Cuttle verlegte Coleridge und Southey, John Murray wurde der Verleger von Byron. Damit wurden endgültig die Verleger zu den Nachfolgern der adligen Mäzene, in deren Fußstapfen zuweilen reiche Fabrikherren wie Wedgewood traten. Allerdings lebten nur die wenigsten Autoren ausschließlich von ihrer Schriftstellerei.

Zu Anfang des 19. Jahrhunderts boten die Zeitungen keine Literatur mehr. Eine Zeitung bestand in der Regel aus einem Faltblatt und hatte also nur vier Seiten. Die erste und vierte Seite war für Anzeigen reserviert, und die Innenseiten befaßten sich mit Politik und parlamentarischen Neuigkeiten. Seit 1788 gab es die *Times*, die ungefähr eine Auflage von 5.000 Exemplaren hatte. Das Organ der Whigs war die *Morning Post*, wo die Leitartikel von Coleridge erschienen, und die Stimme der Liberalen war der *Examiner*. Es gab auch Wochenschriften, und die radikalste unter ihnen war William Cobbets *Political Register*. In ihm schilderte er die englischen Verhältnisse in neuartigen Reportagen, die als *Rural Rides* bekannt wurden. Die einflußreichsten Vierteljahresschriften waren die *Edinburgh Review*, die progressive Ideen propagierte, und die *Quarterly Review* von Robert Southey und Walter Scott, die zum Organ der Tories wurde.

Während die Ausbildung des Verlagswesens zumindest den bekannten Autoren zugute kam, hatten die Maler und bildenden Künstler es schwerer, ihre Familien zu ernähren. Am besten ging es noch den Karikaturisten wie Thomas Rowlandson, der bereits ganze Bildserien wie *The Tours of Dr. Syntax* zeichnete, und James Gillrays, der neben Nelson zum gefährlichsten Feind Napoleons wurde, indem er seinen Mythos durch Lächerlichkeit bekämpfte. Von den Malern hatten es wiederum die Portraitisten besser als die Landschaftsmaler wie John Constable. Das galt besonders dann, wenn sie wie Thomas Lawrence die häßlichen Züge ihrer Auftraggeber durch vorteilhafte Beleuchtung veredelten und die fehlende Schönheit der Damen durch ausdrucksvolle Augen wettmachten. Unter all diesen Künstlern, die Sir Joshua Reynolds Academy of Art in steigender Zahl produzierte, gab es einen Titanen, der sie alle überragte: William Turner.

Er war Sohn eines Barbiers in der Nähe von Covent Garden, der die Zeichnungen des Knaben in seinem Friseurgeschäft ausstellte, bis ein Kunde den Zeichner einem Freund aus der Akademie empfahl, wo Turner bereits mit vierzehn Jahren aufgenommen wurde. Er hatte Erfolg, bekam Ausstellungen, verkaufte seine Bilder, wurde Vollmitglied der Akademie, machte sich im Jahr 1800 selbständig und richtete sich ein Atelier ein. In der ersten Phase seines Schaffens konzentrierte er sich auf historische Motive und die Darstellung von Nelsons Seesiegen über Napoleon. Was die Zeitgenossen mit Erstaunen füllte, war, daß

Turner die Linie als Mittel der Konturierung der Gegenstände aufgab und alles in formlose Farben auflöste. Die Natur verwandelte sich bei ihm in einen dynamischen Wirbel aus Licht, Wolken und Wasser, der die menschlichen Gestalten ebenso verschlang, wie alle festen Konturen, die dem Dasein sonst Halt verleihen. Nach einer Reise durch die Niederlande und das Rheinland, die seine mittlere Periode prägte, machte Turner 1819 seine erste Italienreise, die seinen malerischen Stil noch einmal revolutionierte. Von nun an konzentrierte er sich auf die Wiedergabe des Lichts. In Venedig hatte er die Kraft von Licht und Luft entdeckt, die Formen der Dinge zu verändern. Nun reizte ihn nicht mehr die Wiedergabe der Objekte selbst, sondern die Impression, das Ergebnis der Begegnung zwischen Objekt und Licht. Er verwendete reine, ungemischte Farben, die er – nach dem Gesetz der Lichterzeugung durch Komplementärfarben – nebeneinandersetzte, und erzielte dabei Effekte, die ihn zum Vorläufer des Impressionismus machten. Entsprechend tragen die Bilder seiner letzten, sogenannten "transzendentalen Phase" Titel wie "Licht und Farbe" oder "Schatten und Dunkel". Er malte kaum noch Objekte, sondern den Glanz, die Dunkelheit, die Schatten, den Sturm, und wenn es Gegenstände waren, so waren es Schiffe in Seenot oder die erste Lokomotive, der er den Titel "Rain, steam and speed" gab. Als seine Fähre bei einer Überfahrt nach Harwich in einen Schneesturm geriet, ließ Turner sich wie Odysseus an den Mast binden, um das Toben der See seinem Bildgedächtnis einzuprägen. Das Ergebnis war "The Snowstorm". Wie Leonardo ließ er sich von aufgepeitschten Wellen und Wasserwirbeln faszinieren. Bei einer Fahrt nach Frankreich konnte das Fährschiff wegen Sturm nicht anlegen; Turner ruderte mit einem Boot an Land und skizzierte die gegen die Wellen ankämpfende Fähre von Ufer aus: Schiffbruch mit Zuschauer.

1843 fand Turner seinen kongenialen Kritiker, als John Ruskin den ersten Band seiner *Modern Painters* veröffentlichte und Turner als Titanen der modernen Malerei feierte. Tatsächlich war er ein Impressionist avant la lettre. Seine große Leistung war die Entdeckung des Lichts nicht als Medium, sondern als Gegenstand der Darstellung. In Turners Malerei entdeckte die Wahrnehmung sich selbst und erschrak über die Unkonturiertheit des Bewußtseins, wenn es nicht von Gegenständen geordnet wird. Turners ungeselliges Einzelgängertum, das weder von Ehen noch

Freundschaften unterbrochen wurde, macht deutlich, worum es ging: um den Resonanzbezug zwischen dem einsamen Bewußtsein und der ungezügelten Natur als dem zentralen Thema der Romantik.

Die "große Erzählung" der Neuzeit

Mit der Mode der Sentimentalität waren in der Erzählliteratur vor allen Dingen Liebesromane und Schauerromane populär geworden. Das gab den women writers eine Chance, und bei den Romanschriftstellern waren Frauen nun fast in der Überzahl. Zu ihnen gehörten Anne Radcliffe, die Schreiberin von Gothic novels, Fanny Burney, die als Vorgängerin von Jane Austen Erziehungsromane für junge Mädchen nach der Formel "A Young Girl's Introduction into the World" schrieb, und Maria Edgeworth, die mit ihrem *Castle Rackrent* von 1800 einen Vorläufer des historischen Romans verfaßte. Die bedeutendste nicht nur der women novelists war Jane Austen.

1775 als Tochter des Rektors von Steventon in Hampshire und als Schwester einer Schwester und zahlreicher Brüder geboren, spielte sich ihr Leben im sozialen Kosmos der Landhauskultur zwischen Pfarrei, Gentry und Marine ab, der mehrere ihrer Brüder angehörten. Die beiden Schwestern, Cassandra und Jane Austen, heirateten nicht. Cassandras Verlobter wurde in den West Indies von einem Gelbfieber hingerafft, während Jane einen Antrag von einem gewissen Mr. Bigwither erhielt, den sie annahm, aber nach einer wahrscheinlich unruhigen Nacht am Morgen doch noch ablehnte, da sie unfähig war, "to marry for an establishment without love". Die Situation der Schwestern und die Gefahren und Untiefen des Heiratsmarktes werden in Jane Austens Romanen geschildert. Sie partizipiert an jener Landhauskultur des 18. Jahrhunderts, in der ein ländlich-aristokratischer Lebensstil sich mit klassischer Bildung und aufgeklärtem Anglikanismus verband. Alle Familienmitglieder lasen gerne Romane, und Janes erste Versuche auf diesem Gebiet waren zur Unterhaltung der Familie verfaßt worden. Literarisch begann sie mit einer Parodie der novel of sensibility nach dem Schema des *Female Quixote*: In *Northanger Abbey* wird die Heldin in ihrer gesellschaftlichen Unerfahrenheit ein Opfer ihrer Leseerlebnisse und läßt sich, als sie auf einen alten Landsitz eingeladen wird, von ihrer exzessiven Lektüre von Gothic novels dazu verleiten, nach verschütteten Familiengeheimnissen zu suchen. Der Roman selbst besteht dann in der Erziehung der Heldin zur Wirklichkeit durch ihren Liebhaber und späteren Ehemann. Dabei muß die romantisch veranlagte Heldin lernen, daß es in der Gesellschaft durch propriety, decorum und elegance geprägte Konventionen zu beachten gilt. Andererseits wird aber aus der subjektiven Perspektive der Heldin der gesellschaftliche Betrieb und dessen Oberflächlichkeit kritisiert. Diese doppelte Distanz zu den sozialen Konventionen und zur subjektiven Sensibility der Heldin setzt Jane Austen in die Lage, die beiden von Richardson und Fielding entwickelten Dimensionen des Romans zusammenzuführen: die Dramatisierung der Subjektivität und ihrer Gedanken und Gefühle auf der einen Seite und die humoristische und ironische Distanz über den relativierenden Bezug zur Objektivität der Gesellschaft auf der anderen. Diese Doppelung hatte bei Laurence Sterne im *Tristram Shandy* zu den beschriebenen Interferenzproblemen zwischen der Ebene des Erzählens und des Erzählten geführt. In der Regel blieb aber im Roman des 18. Jahrhunderts das Problem ausgespart, weil man sich einfach für eine der beiden Ebenen entschied: entweder wurde, wie bei Richardson, das Erzählte über die Dramatisierung in der Briefform verselbständigt; oder es blieb, wie bei Fielding, so eindeutig abhängig von dem als Ursprung des Erzählten inthronisierten auktorialen Erzähler, daß Interferenzprobleme nicht auftraten. Jane Austens Position war nun gegenüber dieser Ausgangslage so günstig, daß sie geradezu prädestiniert war, mit ihrem Werk an die Problemkonstellation, wie sie durch Richardson, Fielding und Sterne gekennzeichnet wurde, in ihrer ganzen Breite anzuschließen und alle Probleme auf einmal zu lösen: erzähltechnisch und thematisch begann sie mit dem Richardsonschen Briefroman, insofern die ersten Fassungen ihrer frühen Romane als Briefromane geschrieben wurden; in ihrer Bewertung der sentimentalen Literatur stand sie aber der klassischen Haltung Fieldings näher, und so begann sie folgerichtig mit Parodien der sentimental und der Gothic novel. Als sie vom Briefroman, der sie auf die Perspektive der Figur festlegt, zum in der dritten Person berichtenden Erzähler übergeht, hält sie trotzdem an der Konstellation der Richardsonschen Liebesgeschichte fest. Dabei verbindet sie das Problem der Erzählung mit dem Verbot der Zukunftsplanung in der Liebesgeschichte, das vor allen Dingen die Frauen trifft: sie dürfen nicht aktiv planen, sondern müssen ihre latente Liebesbereitschaft verdrängen. Da aber aus der Perspektive des Geschehens die Situation, aus der eine Geschichte erzählt werden kann, erst in der Zukunft liegt, wird mit dem Verbot der Zukunftsplanung die Erzählsituation gestrichen. Diese Streichung der Erzählsituation löst die zirkuläre Beziehung zwischen Erzählen und Erzähltem auf. Statt des allwissenden Erzählers erzählt eine ortlose Erzählstimme das Geschehen, die sich mal auf die Erlebnisperpektive der Figur zusammenzieht und aus deren Optik erzählt und dann wieder die beschränkte Figurenperspektive auf einen erweiterten Überblick hin transzendiert. Damit wird die Erzählperspektive mobil und umspielt ständig die Personengrenze der Figur. Der Leser sieht sie mal von innen *und* mal von außen, und meistens von innen und von außen. Die Grenze zwischen Bewußtsein und Kommunikation wird damit zum poetologischen Angelpunkt des Romans.

Zugleich wird die Erzählperspektive an die fortschreitende Erlebnisgegenwart der Figur angeschlossen. Wenn aber die mit dem Erleben der Figur mitlaufende Erzählperspektive über die fortlaufende Selbstkorrektur in eine offene Zukunft führt, stellt sich die Frage, wie die Geschichte zu Ende kommen soll. Über das Schema der Liebesgeschichte findet Jane Austen auch hier die Antwort: die Autorin läßt ihre Heldinnen ihre Verdrängungen selbst entdecken. Wenn sie merken, daß sie sich selbst und ihre Partner mißverstanden haben, weil sie ihre unbewußte Liebesbereitschaft auf sie – oder etwa im Falle des Romans *Emma* auf eine Ersatzfigur – projiziert haben, dann ist die Geschichte zu Ende gekommen. Die gestrichene Erzählsituation taucht dann im Erzählten wieder auf, und zwar an der Stelle, an der die Figuren den Stand des Erzählers eingeholt und sich selbst als unbewußte Ursprünge der eigenen Geschichte durchschauen gelernt haben. Das Happy End markiert dann die Aufhebung der Verdrängung durch Selbsterkenntnis, die mit der richtigen Beurteilung der anderen zusammenfällt. An dieser Stelle durchschauen dann die Liebesleute ihre bisherigen Mißverständnisse als notwendige Anstöße zur Selbstkorrektur, und ihre Erfahrungen kommen zu sich selbst. Deshalb erzählen sich an diesem Punkt die Liebespartner in plötzlicher Selbsttransparenz ihre Geschichte noch einmal und können nun erklären, warum alles so kommen mußte. Das heißt aber: sie haben mit der Aufhebung ihrer Verdrängung die Position des Erzählers erreicht, und das Erzählte hat das von ihm aus gesehen in der Zukunft liegende Erzählen eingeholt; was Tristram Shandy vergeblich versuchte, gelingt in der Liebesgeschichte. Die gestrichene Erzählsituation taucht am Ende des Erzählens wieder auf. Da der Leser über die Perspektivenführung ungefähr auf der Höhe der Protagonisten bleibt, wird auch er an diesem Prozeß beteiligt. Mit anderen Worten, erst die Verdrängung macht die Liebesgeschichte möglich, und erst ihre Aufhebung macht sie für die Betroffenen erzählbar. Das produziert die Spaltprodukte des neuen Erzählens: mitlaufendes Erleben und eliminierte Erzählsituation. Darin drückt sich die inverse Doppelung der temporalen Perspektiven in der Isolierung der Liebe gegen die Kausalität der Welt aus: mit dem Blick in die Zukunft muß Liebe zufällig auftreten, damit nicht gegenwärtige Intentionen als Ursachen künftiger Liebe erlebt werden können; im Rückblick muß sie notwendig gewesen sein, damit sie nicht im Vergleich mit anderen Wirkungen kontingent gesetzt werden kann. Am Ende der Geschichte schlägt die eine Perspektive nach der Manier eines Vexierbildes in die andere um: solange die Liebesgeschichte dauert, ist sie für die Betroffenen nicht erzählbar, und wenn sie sie erzählen können, ist sie zu Ende gekommen. Mit anderen Worten: Jane Austen legt ihre Liebesgeschichte so an, daß sie durch ihren eigenen Verlauf die Bedingungen ihres Erzähltwerdens an ihrem Ende produziert. Die Figurenperspektive stimmt dann mit der Erzählperspektive überein, und die Zeit steht still. An dieser Stelle gibt es dann keine Zukunft mehr, sondern nur noch die Retrospektive oder, wie es bei Jane Austen heißt, die "happy retrospections" der Liebesgeständnisse. In diesem vexierbildhaften Umkippen der in die Zukunft hin fortlaufenden Zeit in den erzählerischen Rückblick auf die notwendige Vergangenheit erfüllt sich die Einheit der Geschichte als deren Sinn. Ihn begreifen die Beteiligten nachträglich als notwendige List der Vernunft, die sie bis zu dem Punkt ihrer retrospektiven Selbsterkenntnis geführt hat. Das ist die Stunde der Dämmerung, in der die Eule der Minerva ihren Flug beginnt. Die zirkuläre Einheit der Geschichte besteht dann darin, daß die Verdrängung der Zukunft die Voraussetzung ihrer eigenen Aufhebung produziert. Damit erhält die Geschichte eine Richtung und eine Stoppregel.

Jane Austen löst damit alle Probleme des Romans auf einmal. Sie gibt der Geschichte eine Einheit: sie wird so konstruiert, daß sie am Ende die Bedingungen ihres retrospektiven Erzähltwerdens, also die gestrichene Erzählsituation, selbst wieder hervorbringt; sie löste das Problem der Interferenz zwischen Erzählen und Erzähltem, indem sie die Erzählsituation streicht und damit das unpersönliche Erzählen erfindet, das nicht mehr innerhalb der Welt des Romans angesiedelt ist, sondern diese erst hervorbringt; und sie erhebt die präsentische Erlebnisperspektive der erzählten Figur zum perspektivischen Drehpunkt, von dem aus im erzählerischen Mitvollzug der sich progressiv verschiebenden Erlebnisgegenwart der Figur die laufende Vermittlung von Vergangenheit und Zukunft geleistet wird. Damit begründet sie die mobile Perspektiventechnik, die sich abwechselnd auf die begrenzte Erlebnisperspektive der erzählten Figur einstellt und diese dann wieder in eine Richtung auf eine offene Zukunft hin überschreitet. Auf diese Weise kombiniert sie die Fieldingsche Distanz mit der Richardsonschen Dramatisierung der subjektiven Erlebnisperspektive. Symptomatisch hierfür ist die Stilfigur der Erlebten Rede, die Jane Austen erfindet und zum ersten Mal bewußt und massiv einsetzt: dabei handelt es sich um eine grammatikalische Paradoxie, bei der wörtliche Rede und Erzählbericht zusammengezogen werden. Redesubjektivismen, syntaktische Unabhängigkeit und rhetorischer Duktus weisen sie als Rede oder Gedanken der erlebenden Figur aus; der Gebrauch der dritten Person und das Tempus der Vergangenheit kennzeichnen sie als Erzählbericht ("Die Comtess lief im Zimmer auf und ab. Morgen kam ihr Verlobter!" Der zweite Satz gibt den Gedanken der Comtess wieder und kombiniert die Zukunft mit der Vergangenheit). Damit wird die unpersönliche Erzähltechnik auf die Spitze getrieben; der Leser soll nicht mehr unterscheiden können, als was er das Geschehen erlebt: als Kommunikation des Erzählers oder als Erleben der Figur. So wird das unpersönliche Erzählen zum Äquivalent der Unwillkürlichkeit im Gefühlsausdruck: der Roman erzählt sich selbst so wie das literarische Kunstwerk sich selbst repräsentiert. Das Erzählen tarnt sich als Erleben. Zugleich wird durch die mobile Perspektivenführung Jane Austens das Erleben über die Konfrontation mit der Realität relativiert. Dadurch wird der Leser an den Erfahrungen, die die Heldinnen machen, beteiligt.

Jane Austen hat ihre Romane in zwei Schaffensperioden vor und nach der Jahrhundertwende mit einer ungefähr zehnjährigen Pause dazwischen geschrieben. Zur ersten Schaffensperiode gehören die drei Romane *Northanger Abbey*, *Sense and Sensibility* und *Pride and Prejudice*, die durch einen heiter-ironischen Ton und eine durchgehende Kritik an den Haltungen der Sensibility und den romantischen Klischees gekennzeichnet sind. In den Romanen der zweiten Phase, *Mansfield Park*, *Emma* und *Persuasion*, richtet sich die kritische Perspektive zunehmend auch gegen die Gesellschaft und die in ihr geltenden Konventionen. Die Doppelung von Subjektivität und Gesellschaft reproduziert sich noch einmal in den beiden Phasen von Jane Austens Werk.

Es klingt zwar übertrieben, doch kann man mit Hilfe von etwas Kühnheit und nach zweimaligem Hinsehen feststellen: Jane Austen vollstreckt die Kopernikanische Wende in der Erzähltechnik im Sinne Kants und vollzieht dann auch noch den Schritt von Kant zu Hegel. Ganz so, wie die neue Ästhetik das Konzept der Mimesis verabschiedet, gibt auch Kant es auf zu untersuchen, wie sich die Realität in der Erfahrung abdrückt. Statt dessen fragt er danach, wie Erkenntnis a priori, d.h. unabhängig und vor aller Erfahrung aussehen müsse, und gelangt von da aus zu einer ganz anderen Staffelung logischer Ebenen: der Verstand ist nicht Teil einer empirischen Welt, die er dann abbildet oder erkennt; vielmehr konstituiert er die Welt durch die Art, wie er sie konstruiert. Er ist nicht Teil der Welt, sondern ihr Ursprung. Er schreibt ihr a priori vor, wie sie zu sein habe. Die Kategorien, mit denen er sie beobachtet – etwa Kausalität – sind nicht in der Welt, sondern Bestandteil der Erkenntnismatrix. Der Verstand gehört sowenig zur Welt wie eine Klasse – etwa die Klasse der Hunde – ein Element ihrer selbst ist: die Klasse der Hunde ist selbst kein Hund. Der Verstand – oder das Subjekt – ist nicht empirisch, sondern transzendental. Empirisch (die Hunde) und transzendental (die Klasse der Hunde) liegen auf zwei verschiedenen logischen Ebenen. Mit anderen Worten, Kant streicht den Verstand in derselben Weise aus der empirischen Welt wie Jane Austen die Erzählsituation aus der Erzählung: die Erzählung (das Erzählte) ist empirisch, und die Erzählsituation (das Erzählen) ist transzendental. Jane Austen vollzieht die Kritik – im Sinne der Beschränkung – der reinen Erzählsituation, die allem Erzählten vorausliegt. Das ist das Vermögen zur apriorischen Synthese, die die Welt hervorbringt, ohne selbst Teil der Welt zu sein. Wäre sie es, käme es zu Interferenzproblemen wie im *Tristram Shandy*. Was Hume für Kant bedeutet, ist Sterne für Jane Austen: der Punkt, an dem das alte Erzählen so unmöglich geworden ist wie die alte Philosophie.

Aber als Erzählerin kann sich Jane Austen nicht mit der bloßen Streichung der Erzählsituation als der Wendung vom Empirischen zum Transzendentalen zufriedengeben: sie hat ja im Empirischen eine Geschichte zu erzählen. So vollzieht sie den Schritt von Kant zu Hegel, der die Philosophie und die Geschichte zusammenführt und in der *Phänomenologie des Geistes* von 1807 die Weltgeschichte als Liebesroman erzählt. Dabei streicht der Erzähler Hegel die Erzählsituation, von der aus er als nachträglich allwissender Erzähler die Geschichte erzählen könnte. Statt dessen stellt er die Erzählperspektive auf die Erlebnisgegenwart einer jeweiligen Epoche ein, faßt die fortlaufend neu vermittelte Differenz zwischen Vergangenheit und Zukunft als Einheit eines jeweils anders artikulierten Gegensatzes und nennt das Ganze "Dialektik". Auf diese Weise wird die Weltgeschichte erzählbar als sukzessive Transformation der Mißverständnisse und Gegensätze zwischen an-sich und für-sich, Antike und Christentum, Politik und Wirtschaft, Herr und Knecht, Bewußtsein und Selbstbewußtsein, bis sich alle Widersprüche und Mißverständnisse in einem grandiosen Finale lösen, an dem die Geschichte über die sukzessive Aufklärung ihrer eigenen Bedingungen die Voraussetzung ihrer Selbsttransparenz schafft und die Erzählsituation aus sich hervortreibt, von der aus sie dann von Hegel erzählt werden kann. Es ist dies die Stunde der Versöhnung aller Gegensätze, die Stunde der Dämmerung, in der die Eule der Minerva ihren Flug beginnt, in der am abendlichen Kamin die Liebhaber sich ihre Geschichte in unendlichen Konfessionen noch einmal erzählen und in der Hegel dem geliebten Napoleon einen wissenden Blick zuwirft, bevor sich der Weltgeist zu Pferde in die Schlacht zu Jena begibt und Hegel selbst sich als das Selbstbewußtsein dieses Weltbewußtseins an die Abfassung der *Phänomenologie des Geistes* macht. Es ist dies eine Geschichte, in der die Theorie der Geschichte mit der Geschichte der Theorie in liebender Versöhnung zusammenfällt. Wie in der Liebe, wird in ihr das, was im Vorblick auf die offene Zukunft Zufall ist, im Rückblick zur absoluten Notwendigkeit. Die blinde Stelle ist die List der Vernunft, die diesen Umschlag bewirkt.

Doch ist dieses Vexierspiel eine großartige Sinnestäuschung mit weltgeschichtlichen Folgen. Die List der Vernunft besteht darin, daß sie am Ende der Geschichte wieder ausgräbt, was sie vorher versteckt hat: die Erzählsituation. Hegels großartige Rekonstruktion der Geschichte fußt nicht auf deren wirklichem Gang, sondern auf den undurchschauten Erzählkonventionen des Romans. Sie beruhen auf einer trickreichen Fassung der Selbstreferenz: Die Erzählsituation steht nicht am Anfang der Geschichte, sondern an deren Ende als ihr Ergebnis. Entsprechend erzählt Hegel die Weltgeschichte als Liebesroman und entwirft die politische Versöhnung der Menschheit mit sich selbst als Happy-End.

Die im *Tristram Shandy* parodierte Frage der Theodizee, wie der erste Verursacher solch eine Unglücksgeschichte hat produzieren können, erhält darin eine strukturelle Antwort: Gott wird als Autor am Anfang gestrichen, um als Resultat der Geschichte wieder aufzutauchen, damit er sie als absoluter Geist im Sinne der Vorgeschichte seiner eigenen Epiphanie retrospektiv durchschauen kann. Aus Gott, dem Schöpfer der Geschichte, wird Gott, das Resultat der Geschichte. Die List der Vernunft, die Hegel hier walten sieht, ist in Wirklichkeit der neuen Technik des Erzählens zu verdanken, durch die sich der himmlische Autor mittels Streichung der Erzählsituation in die Unbelangbarkeit entzieht, um am Ende als utopischer Hoffnungsträger wieder erscheinen zu können. Hegels Rekonstruktion der Geschichte als dialektische Bauchrednerei des Weltgeistes verdankt sich in Wahrheit der mobilen Erzähltechnik des Romans. Wo in England die Romanliteratur entfaltet wurde, entstand in Deutschland mit denselben Mitteln die Geschichtsphilosophie mit den Resultaten, die wir kennen: Als man versuchte, Hegels Programm in der marxistischen Fassung zu realisieren, hatte man alle Rückkopplungsparadoxien des *Tristram Shandy* auch in der Wirklichkeit. Das Ergebnis war dasselbe wie bei Sterne: Unfälle. Deshalb sagt die Parallele zwischen Jane Austen einerseits und Kant und Hegel andererseits vielleicht mehr über die Philosophie als über die Erzählung. Auf jeden Fall wird die Geschichte der progressiven Selbstaufklärung über die eigenen undurchschauten Prämissen bis zur völligen Selbsttransparenz zum Grand Récit, zum mythologischen Grundentwurf der Moderne. Andere zirkuläre Varianten der Fortschrittsgeschichte durch Selbstaufklärung sind die Evolution, die in der Evolutionstheorie gipfelt; die Psychoanalyse, die in der Einsicht ihrer Notwendigkeit endet; der Bildungsroman bzw. der autobiographische Künstlerroman, der in dem Roman endet, der seine Vorgeschichte erzählt; und eben die Geschichtsphilosophie, die in der reflexiven Kehrtwendung auf ihre eigene Vorgeschichte besteht.

Nimmt man den Umweg über die Geschichtsphilosophie von Hegel, findet man es auch weniger erstaunlich, daß die große Parallelfigur zu Jane Austen auf dem Gebiet der Erzählliteratur der Erfinder des historischen Romans ist: Sir Walter Scott. Er wurde 1771 als Sohn eines Edinburgher Juristen geboren und war wie Byron von Kindheit an gehbehindert. Nach der schottischen Ausbildung an der Edinburgh High School und der University of Edinburgh wurde er 1792 Anwalt. Später bekleidete er die Posten des Sheriff Deputy of Selkirk und Clerk of Session in Edinburgh. Aber schon vorher hatte er sich vor allen Dingen für die traditionellen schottischen Border Ballads und Songs interessiert, die er sammelte und unter dem Titel *Minstrelsy of the Scottish Border* herausgab. Sie enthielt aber auch einige Imitationen von Scott selbst, von denen eine sich zu einer Verserzählung auswuchs, die später unter dem Titel *The Lay of the Last Minstrel* separat veröffentlicht wurde. Weil sie dem romantischen Zeitgeschmack entgegenkam, wurde sie enorm populär. Deshalb produzierte Scott weitere Verserzählungen mit Titeln wie *Marmion, The Lady of the Lake, Rokeby, Harold the Dauntless* etc. Diese Dichtungen machten ihn sowohl berühmt als auch reich, so daß er sich als Teilhaber einer Publishing Company einkaufen, einen repräsentativen Landsitz in Abbotsford erwerben und ein Leben als Country Gentleman führen konnte. Als ihn aber Lord Byron mit seinen poetischen Romanzen ausstach, wandte er sich von der Versdichtung ab und dem Roman zu. Allerdings hielt er eine so niedrige Beschäftigung für unvereinbar mit dem Status eines Gentleman und ließ seinen ersten Roman *Waverley* 1814 anonym erscheinen. Er erhielt diese Anonymität zehn Jahre lang aufrecht, und alle folgenden Romane erschienen mit dem Impressum "by the author of 'Waverley'". Deshalb wurde diese Gruppe später "Waverley novels" genannt. Erstaunlich ist die Geschwindigkeit, mit der Scott seine Romane schrieb. *Guy Mannering* wurde in sechs Wochen verfaßt, *The Bride of Lammermoore* sogar in vierzehn Tagen. Zwischen 1814 bis zu seinem Tod 1832 schrieb Scott in jedem Jahr fast einen Roman und in manchen zwei. 1820 wurde er zum Baronet erhoben und avancierte zum literarischen und sozialen Monarchen von Schottland. Sogar George IV. besuchte ihn 1822. Diese enorme Produktion war nötig, um die ungeheuren Kosten für seine soziale Repräsentation aufzubringen. 1826 ging dann die Publishing Company von Ballantine, bei der er Teilhaber war, aufgrund von falschem Management bankrott, und Scott nahm es auf sich, die Gläubiger zu befriedigen, und produzierte seine Romane mit noch größerer Geschwindigkeit, bis er 1832 an Überarbeitung starb. Seine Gäubiger aber wurden schließlich nach seinem Tode durch den Verkauf der copy rights befriedigt. Er gehörte zu jener Kategorie von Romanciers, deren sozialer Aufstiegswille zu ständiger Geldnot führt, die dann ihrerseits die ungehemmte Produktivität provoziert. In dieser Hinsicht sind Romanciers wie Defoe, Balzac, Scott und Dickens einander sehr ähnlich.

An seinem ersten Roman *Waverley* kann man das semantische Schema studieren, das Scott in verschiedenen Abwandlungen auch in allen späteren Romanen benutzt. Die historische Vorlage für den Roman ist die Jakobitische Rebellion von Bonnie Prince Charlie von 1745. Der Held Waverley, dessen Name mit "to waver" = schwanken assoziiert wird, wird schon in der Exposition zwischen seinen whiggistischen Vater und den jakobitischen Onkel gestellt. Im Hause dieses Onkels kommt er in Kontakt mit den alten romantischen Legenden seiner schottischen Ahnen. Unter dem Einfluß dieser heroischen Literatur wird er Soldat in einem englischen Regiment und macht von seiner Garnison aus häufigere Ausflüge zu den schottischen Clan-Häuptlingen, die auf Seiten von Bonnie Prince Charlie kämpfen. Dabei trifft er die Töchter zweier Häuptlinge, die als Gegensatzpaar arrangiert sind: Rose ist blond und Flora ist schwarz, Rose ist süß und lieblich, Flora ist leidenschaftlich und wild. Zwischen diesen beiden Damen schwankt der Held genauso wie zwischen England und Schottland bzw. den Lowlands und den Highlands. Innerhalb dieses Musters von Kontrastierungen spielt sich die Geschichte als Initiation des Helden ab. Zunächst verliebt er sich in die glühende Jakobitin Flora, die für ihn das romantische Schottland der Vergangenheit repräsentiert. Nach verschiedenen Verwicklungen wird er vom Young Pretender vor die Wahl gestellt, für die Engländer oder die Jakobiten zu optieren, und wählt die Sache der Jakobiten. Danach setzt eine progressive Desillusionierung mit den romantischen Highlanders ein, und am Ende der Gegenbewegung heiratet der Held die blonde, aber zahme Rose, die den Realismus, die gesellschaftliche Anpassung, die Whigs, die Engländer, die Lowlands und die Gegenwart repräsentiert.

Die Geschichte wird durch alle drei Authentizitierungstechniken wie Herausgebervorworte, kritische Kommentare, Postskripten und durch die Beteuerungen gerahmt, daß die Quellen der Erzählung echt seien. Diese Distanzierungstechnik wird im Roman selbst weitergeführt, wobei der Held wiederum über Geschichten und Romanzen von den schottischen Hochlanden erfährt und sich dann von deren Bewohnern weitere Geschichten erzählen läßt. Auf diese Weise wird eine über Generationen zurückreichende Erinnerungskette aufgebaut, die stark historische Tiefenwirkung hat. Zusammen mit der geographischen Differenz zwischen Highlands und Lowlands bewirkt das die Evokation der Vergangenheit des Vergangenen. Zugleich zeigt das Muster der Erzählung trotz der Fülle des historischen Materials, daß wir so weit von Jane Austen nicht entfernt sind. Auch bei Scott finden wir am Anfang einen unerfahrenen Menschen, der seine Phantasie mit romantischen Leseerlebnissen ernährt. Auch hier finden wir – bei vertauschten Geschlechterrollen – die Projektion der romantischen Phantastereien auf eine Gothic heroine mit schwarzen Haaren, schwarzen Augen und feurigem Gemüt. Ist bei den women novelists der Byronic hero die Projektionsfläche, ist es bei den Männern immer die femme fatale, die den Helden fast ins Verderben lockt. Wie in Jane Austens *Sense and Sensibility* finden wir in der Gegenüberstellung von Rose und Flora die Vernünftigkeit und die Leidenschaft. Das Neue ist, daß Scott diese Opposition mit politischen Prinzipien, historischen Bewegungen und ganzen Kulturen identifiziert. Zwischen sie stellt er den schwankenden Helden, um von da aus die Rezeptionsperspektive des Lesers zu lenken. Darauf läßt sich die Alternative zwischen Progressivität und romantischer Nostalgie, zwischen Fortschrittsorientierung und Konservativismus abbilden. Schon an dieser Begrifflichkeit zeigt sich, daß die politischen Parteien nun ihre Positionen über den Bezug zur historischen Zeit definieren. Diese Doppelung findet sich beim Roman selbst im Schema der Don Quixoterie; sie enthält die Parodie der Romanze und beglaubigt sich selbst damit als realistisch. Die Nostalgie wird einerseits als Verlockung erlebt und andererseits als Eskapismus kritisiert.

Die Erfindung des historischen Romans zeigt an, daß Geschichtlichkeit nun in einer anderen Tiefendimension erfahren wird. Geschichte ist jetzt nicht mehr eine Frage von Haupt- und Staatsaktionen, von Schlachten und politischen Geschichten, sondern die gesamte Kultur wird als Matrix für die Erlebnisverarbeitung als historisch erlebt: mit der Zunahme der Entwicklungsgeschwindigkeit beginnt man zu begreifen, daß auch die Dinge des täglichen Lebens, die Mentalität, die Auffassungen, die Kostüme, die Art zu sprechen etc. vergänglich sind. Die Lebenszeit des Menschen und die Weltzeit geraten in ein anderes Verhältnis. Das Tempo der gesellschaftlichen Entwicklung beginnt die Geschwindigkeit des Lebens zu überholen. Damit werden bei zunehmender Lebenserwartung die einzelnen Altersphasen stärker voneinander distanziert. Schon die eigene Kindheit erscheint der Erinnerung ferner, weil die Verhältnisse so anders waren. Das produziert die Bereitschaft zur Nostalgie. Und es führt dazu, daß das Konzept der Originalität, das zunächst nur auf das Subjekt bezogen wurde, auch auf die historischen Epochen angewandt wird: jede Epoche, jede geschichtliche Phase ist selbst unwiederholbar und einmalig. Die neu gegründete romantische Historiographie bemüht sich, gerade diese Einmaligkeit zu beschreiben. Im selben Moment, in dem die Geschichte als Roman erzählt wird, wird der Roman historisch. Ist die Perspektive einmal etabliert, wird auch die Gegenwart zu einer historischen Epoche, die unter dem Gesichtspunkt ihrer Vergänglichkeit gesehen wird. Nach Scott werden auch die Romane, die in der Gegenwart spielen, zu historischen Romanen.

Kulturgeschichtlich kam dem entgegen, daß mit der Ausbreitung der Revolution durch Napoleon in Europa historische Umwälzungen in sehr kurzer Zeit zum Gegenstand von Massenerfahrungen wurden. Die Kriege wurden jetzt nicht mehr von kleinen Söldnerheeren, sondern von Volksheeren geführt, so daß ein Großteil der Bevölkerung auf dem Kontinent an den Kriegen teilnahm. Die Französische Revolution artikulierte sich selbst temporal als Zukunftsentwurf und Abschied von der Vergangenheit. Dementsprechend wurde von Burke die Kritik an der Revolution historisch formuliert: als Ablehnung von gewaltsamen Eingriffen in das geschichtlich Gewachsene. Auch dabei geht es um verschiedene Entwicklungsgeschwindigkeiten. Zugleich entwickelte sich in England die Kritik am Kapitalismus vor dem Hintergrund einer Sehnsucht nach den feudalen vorrevolutionären Zeiten, die als besonders friedlich und human hingestellt werden konnten. Alle bürgerlichen Kritiker des 19. Jahrhunderts entwickelten eine Neigung, das Mittelalter als eine soziale Idylle hinzustellen. Mit dieser legitimistischen Tendenz wird der Historismus zur Gegenposition gegenüber der Aufklärung und der Französischen Revolution. Darüber wird auch der Naturbegriff für konservative Zwecke umfunktioniert. Die von Burke für den Historismus reklamierte Organismus-Metapher ist nicht mehr bezogen auf eine unwandelbare Natur mit ewigen Gesetzen, sondern auf einen quasi-natürlichen Prozeß, der nach eigenem Tempo abläuft, das man weder verlangsamen noch beschleunigen kann. Von da an sollten die Debatten begründet werden, die die Wahrnehmung historischer Kräfte wie Aristokratie und Bourgeoisie, Feudalismus und Kapitalismus durch die Projektion auf die historische Zeit organisierte: Geschichte wurde in Phasen und Epochen eingeteilt, in denen jeweils andere soziale Strukturen realisiert wurden. Entsprechend war Scott von der philosophischen Schule der schottischen Historiker beeinflußt: Adam Smith, David Hume, Adam Ferguson und John Millar. Ihnen gemeinsam war eine Vorstellung von der Unausweichlichkeit des Fortschritts, der Wichtigkeit des Klassenkampfes und vom Wandel der sogenannten "manners". Adam Smith machte den ersten Versuch, die Menschheitsgeschichte in sozialhistorische Phasen einzuteilen, und korrelierte die Kultur einer Zeit mit der Wirtschaftsgeschichte: Die Entwicklung einer Gesellschaft verlief von der Jagd über die Weidewirtschaft zum Ackerbau und schließlich zu den modernen kommerziellen Gesellschaften. Adam Ferguson übernahm diese Kategorien in seinen *Essay on the History of Civil Society*, und John Millar bezog sie bereits in seinem *Origin of Ranks* auf den Klassenkampf und faßte die sukzessiven Formen sozialer Organisation als "tribalism, feudalism and manufacture". Durch den Einfluß dieser Tradition wurden Konzepte faßbar, die vorher überhaupt noch nicht gedacht werden konnten: das Konzept der Sozialgeschichte, das des unaufhaltsamen Fortschritts und das des historischen Relativismus, der geschichtliche Phasen in ihrem Eigenrecht sah. In diesem Zusammenhang war es wohl Konservativen wie Scott eher als Reformern gegeben, überholten historischen Phasen Gerechtigkeit widerfahren zu lassen, obwohl auch er an die Unausweichlichkeit der historischen Fortschrittsgeschichte glaubte. Aber als Legitimist konnte er die Vertreter archaischer und überholter Verhältnisse in ihrem Kampf um die Bewahrung des Status quo mit Sympathie schildern. Scott schrieb nicht mehr die Geschichte der Sieger, sondern die der Besiegten. Damit bietet seine Form der Geschichtsschreibung eine Kontrafaktur zur "Whig Interpretation of History". Von den Vertretern der Fortschrittsgeschichte konnte er deswegen angeklagt werden, der Nostalgie und dem Eskapismus Vorschub zu leisten. Mark Twain hielt ihm direkt vor, die reaktionären Haltungen der Südstaatler legitimiert zu haben, und taufte aus Rachsucht das untergehende Wrack auf dem Mississippi in seinem *Huckleberry Finn* auf den Namen "Sir Walter Scott".

Doch wie Jane Austens Heldinnen machen auch Scotts Helden in der Regel eine éducation sentimentale von der durch Leseerlebnisse induzierten Romantik zum Realismus durch. Der Unterschied zwischen beiden besteht natürlich darin, daß Jane Austen einen sehr begrenzten sozialen Ausschnitt aus der Wirklichkeit zeigt, während Scott gewaltige historische Panoramen entwirft. Jane Austen schreibt dabei novels of character, während Scott romances of incidents schreibt. Während Jane Austen eine bewegliche Perspektive benutzt, die zwischen der der Heldin und der des neutralen Erzählers fluktuiert, verlegt Walter Scott die Mobilität in das geschilderte Material selbst. Die Opposition zwischen den historischen Epochen ist das materiale Gegenstück zu Jane Austens mobiler Perspektive. In beiden zeigt sich letztlich die gleiche grundsätzliche Standortgebundenheit des Bewußtseins der über die Konfrontation verschiedenster Sozialsphären gekennzeichneten Charaktere. Die beiden finden gewissermaßen entgegengesetzte Lösungen des gleichen Problems: während man bei Jane Austen die geschilderte Welt auf das erlebende Subjekt hin abrechnen muß, über dessen Perspektive die Rezeptionslenkung erfolgt, relativiert Walter Scott umgekehrt das Subjekt auf seine Verhältnisse. Die zirkuläre Beziehung zwischen Geschichte als Realitätsbegriff und Geschichte als Reflexionsbegriff wird nun nach verschiedenen Seiten hin aufgelöst. Die Welt wird ausschnitthaft von einem standortgebundenen Bewußtsein her erlebt, aber diese Standortgebundenheit ist relativiert auf eine bestimmte historische Epoche. Wenn Jane Austen über die Relativierung auf den Charakter die Erzählorganisation des modernen Romans begründet, hat Scott auf der anderen Seite die Perspektive auf das gesellschaftliche Material enorm erweitert. Als Begründer des historischen Romans hat er zahlreiche Nachfolger gefunden: in England Bulwer-Lytton, Dickens, Thackeray, Stevenson, in Deutschland Fontane, Stifter, Gustav Freytag, C.F.

Meyer, in Frankreich Balzac, Mérimée, Dumas und Hugo; und in Rußland Tolstoi, Puschkin und Gogol. Sein erster englischschreibender Imitator ist allerdings der Amerikaner James Fennimore Cooper, der in seiner *Leatherstocking Saga* (*The Pioneers, The Last of the Mohicans, The Prairie, Pathfinder, The Deerslayer*) den schlichten, aber aufrechten Helden Nathaniel Bumppo zwischen indianischen edlen Wilden und weißer Gesellschaft schwanken läßt.

Reform, Agitation und Modernisierung

Der Krieg gegen Frankreich hatte dazu geführt, daß alle Rufe nach institutionellen Reformen als Antwort auf die Industrielle Revolution mit Hinweis auf die außenpolitische und ideologische Gegnerschaft gegen Frankreich unterdrückt werden konnten. Jedes Verlangen nach Reformen konnte über die Assoziation mit der französischen "Terreur" als Aufruhr diskreditiert werden. Dabei wurde die Situation nach dem Ende des Krieges zunächst noch schlimmer: die Soldaten wurden just in dem Moment aus dem Heer entlassen, als die Einführung neuer Maschinen in der Textilindustrie die Arbeitslosigkeit verstärkte. Das Ergebnis waren die Maschinenstürmereien der Ludditen und das sogenannte Peterloo Massacre von 1819: in St. Peter's Field in Manchester wollte eine große Volksmenge einen Reformagitator hören, aber die Behörden ließen die Versammlung zusammenschießen. Trotzdem gewann die Agitation nach dem Krieg mehr und mehr an Boden. Die ideologische Stoßkraft für die Reformpropaganda stammte von den "Philosophical Radicals" der Utilitarian School von Jeremy Bentham, James Mill, Henry Peter Brougham und John Stuart Mill. Dabei ist es fast symbolisch, daß Jeremy Bentham, der Gründungsvater und das Zentrum der Philosophical Radicals, im Jahre der großen Reform Bill 1832 starb. Geboren und aufgewachsen war er in London als Sohn eines wohlhabenden Juristen und wurde auch selbst Jurist. Dabei beschäftigte er sich besonders mit Verfassungsproblemen. Obwohl aus einer Tory-Familie stammend, wurde er unter dem Einfluß seiner eigenen Arbeiten zu einem Radikalen, den man den "letzten Erben der Aufklärung" genannt hat. Die von ihm vertretene philosophische Richtung wurde von John Stuart Mill mit dem Namen "Utilitarismus" belegt, weil vor dem strengen Urteil der Vernunft alles nach dem Gesichtspunkt geprüft wurde, ob es dem Gemeinwohl nütze oder nicht. Die Formel, nach der diese Prüfung erfolgt, wurde berühmt: es ist das bekannte Kriterium "of the greatest good of the greatest number". Zu Benthams persönlichen Obsessionen gehörte die Gefängnisreform. Ihr widmete er seine berühmte Schrift *Das Panoptikum* – den Entwurf einer Anstaltsarchitektur, in der man von einem Punkt aus alles auf ein Mal überblicken konnte. Es war die Utopie der totalen Überwachung. Dieser Zug zur Erziehungs- und Überwachungsdiktatur teilt sich dann auch der von den Utilitarians inspirierten Sozialgesetzgebung mit, mit deren Folgen sich Dickens in *Oliver Twist* auseinandersetzt. Für die Reformbewegung aber wurden seine anderen Werke wichtiger: *Introduction to Principles of Morals and Legislation*, der *Discourse on Civil and Penal Legislation* und der *Parliamentary Reform Catechism*. Seinen Körper hinterließ Bentham der Wissenschaft zu Forschungszwecken, und deshalb kann man heute noch sein Skelett, in zeitgenössiche Kleidung gehüllt, in einer Glasvitrine im University College, London, bewundern.

Der engste Mitarbeiter und Freund von Jeremy Bentham und das zweite Haupt der Philosophical Radicals war James Mill. Eigentlich für die schottische Kirche bestimmt, konvertierte er zum Atheismus, etablierte sich in London als freier Schriftsteller, gab die Wochenzeitschrift *London Journal* heraus und schrieb die *History of British India*. Dadurch wurde er zum Assistenten des Schriftführers Bentham in der India Office, der eigentlichen Regierung von Indien. Er widmete sich der Verbreitung von Benthams utilitaristischer Philosophie in seinen *Elements of Political Economy* von 1821 und seiner *Analysis of the Phenomena of the Human Mind* von 1829. Zusammen mit dem Bildungsreformer Henry Peter Brougham gründete er die London University. Brougham war in mancher Hinsicht der typischste der Benthamites: als ein unermüdlicher Reformer, ein Verehrer im Tempel des Fortschritts und ein Meister der öffentlichen Kampagne, war er umfassend gebildet und kannte sich in allen Bereichen der Wissenschaft und der öffentlichen politischen Reform aus. Als eine solche Figur war er natürlich auch ein geeignetes Ziel für literarische Satiren, und so ist er das Original für das Portrait *The Learned Friend* in Peacocks *Crotchet Castle*. Zugleich war er das führende Mitglied der Society for the Diffusion of Useful Knowledge. Diese Gruppe von Reformern sollte einen ungeheuren Einfluß auf die englische Reformbewegung ausüben. Ihr Glaube an die praktische Anwendbarkeit der Vernunft, die Unbesiegbarkeit der Ratio und die Notwendigkeit einer rationalistischen Askese machte sie zu einer unermüdlichen und schlagkräftigen Truppe im Kampf für Reformen. Über das Innenleben dieser Gruppe informiert uns am besten die Autobiographie von

John Stuart Mill. Da sein Vater, James Mill, den englischen Schulen mißtraute, erzog er seinen Sohn selbst. Der Lektürekanon ist für heutige Begriffe absolut erstaunlich: mit drei Jahren las John Stuart Aesops Fabeln im Original, danach die *Anabasis* von Xenophon, Herodot, Diogenes Laertius, Lucian und Isokrates. Mit sieben Jahren las er die ersten Dialoge von Plato und begann unter der Aufsicht seines Vaters mit dem Studium der Arithmetik. Zur Erholung las er die Übersetzungen von Plutarch und Humes *Geschichte Englands*. Darüber hinaus neigte sein Vater dazu, ihm Bücher zuzuspielen, die energievolle und erfindungsreiche Menschen in ungewöhnlichen Umständen zeigten, die gegen große Schwierigkeiten anzukämpfen hatten. Im achten Jahr begann er damit, seinen jüngeren Geschwistern Latein beizubringen, und las auf diese Weise Vergil, Livius, Ovid, Terenz, Cicero, Horaz, Sallust und Atticus, während er gleichzeitig fortfuhr, die griechischen Klassiker Aristophanes, Thukydides, Demosthenes, Aischines, Lysias, Theokrit, Anakreon, Dionys, Polybius und Aristoteles zu studieren. Sein Hauptinteresse galt weiterhin der Geschichte, wobei er in Form eines 'useful amusement' selbst eine Geschichte Hollands und eine römische Verfassungsgeschichte schrieb. Abgesehen von Shakespeare, Milton, Goldsmith und Gray war die Erziehung nicht literarisch. Von den Zeitgenossen wurde nur Walter Scott registriert. Als größtes Amüsement während seiner Kindheit bezeichnete er die "experimental science". Mit dem zwölften Lebensjahr begann das Studium der Logik und der Philosophie. Im Alter von dreizehn Jahren durchlief er einen kompletten Kurs der politischen Ökonomie. Sein Vater war mit Adam Smith und David Ricardo befreundet, der auf diese Weise ebenfalls zu den Philosophical Radicals stieß. Bevor John Stuart ihre Arbeiten lesen durfte, gab ihm sein Vater während des täglichen Spaziergangs jeweils eine Lektion, die er in klarer, präziser Form schriftlich wiedergeben mußte. Diese Notizen dienten James Mill später als Grundlage für seine *Elements of Political Economy*. Erst danach durfte John Stuart Ricardo und Smith selber lesen und mit Ricardo den angeblich oberflächlicheren Smith widerlegen. Im Alter von vierzehn Jahren machte er eine ein Jahr dauernde Reise auf den Kontinent. Bis dahin hatte sein Vater ihn von jedem Kontakt mit der Umwelt ferngehalten. Entsprechend wuchs er ohne die Kenntnis auf, daß es Menschen mit religiösen Überzeugungen gab. Sein Vater war Agnostiker und fand es unmöglich, daß die Welt, die voll von Bösem war, das Werk eines allmächtigen und gerechten Schöpfers sein sollte. Deshalb hielt er die Religion nicht nur für eine intellektuelle Illusion, sondern auch für ein großes moralisches Übel, weil sie den Glauben an Fiktionen und an Gefühle der Hingabe, die nicht mit dem Nutzen der Menschheit verbunden waren, als Ersatz für genuine Tugenden anbot. Der Gipfel der Bösartigkeit war ihm das Christentum. Aber er vermutete, daß die Zeit nahe sei, in der keine einigermaßen aufgeklärte Person mehr an das Christentum glauben würde. Umso erstaunter war John Stuart Mill, als er in Frankreich zum ersten Mal Menschen mit religiösen Überzeugungen traf. In Montpellier studierte er Chemie, Zoologie, Mathematik, Logik und Metaphysik, und nach seiner Rückkehr machte ihn sein Vater mit den Lehren Benthams bekannt. Dies war ein Wendepunkt in John Stuarts intellektueller Biographie. Was ihn mit der Kraft einer Offenbarung traf, war die Erkenntnis, daß es möglich schien, die Morallehre zu verwissenschaftlichen, die Handlungen zu klassifizieren und davon ein weitreichendes Programm der Sozialreform abzuleiten. "Als ich den letzten Band des Traité", (in dem Benthams Schriften zusammengefaßt wurden), "niederlegte", schreibt er, "war ich ein anderes Wesen geworden. Das Prinzip der Nützlichkeit ... nahm genau den Platz eines Eckpfeilers ein, der die verschiedenen unabhängigen und fragmentarischen Komponenten meiner Kenntnisse und Glaubensartikel zusammenhielt. Es gab meiner Vorstellung der Dinge Einheit. Ich hatte nun Meinungen, einen Glauben, eine Doktrin, eine Philosophie. Im besten Sinne des Wortes hatte ich eine Religion, deren Verwurzelung und Verbreitung ich zum wichtigsten Zweck meines Lebens machen konnte. Und ich hatte eine großartige Konzeption vor mir ausgebreitet von den Veränderungen, die durch diese Lehre in den Verhältnissen der Menschheit hervorgerufen werden konnten."

In dieser Autobiographie zeigt sich auf exemplarische Weise, wie nun in der seelischen Ökonomie die wissenschaftlich begründeten Ideologien und Reformbewegungen an die Stelle der Religion treten; gerade weil John Stuart ohne Religion aufgewachsen ist, übernimmt der Rationalismus der Benthamschen Philosophie die Funktion einer Religion. Dies sollte das Schicksal von vielen Intellektuellen des 19. Jahrhunderts werden. Damit wurden ein Großteil der religiösen Energien in die Reformbewegungen kanalisiert. Im Alter von sechzehn Jahren hatte damit auch John Stuart Mill sein Lebensziel gefunden. Mit Gleichgesinnten gründete er im Winter 1822/23 eine gelehrte Gesellschaft, die sich alle 14 Tage traf und der er den Namen "Utilitarian Society" gab. Von da an wurde er eher ein Mitkämpfer seines Vaters als sein Schüler. Sie gründeten eine radikale Zeitschrift, *The Westminster Review*, in der die Philosophical Radicals ihre Ansichten über die Notwendigkeit und den Weg der Sozialreform der Öffentlichkeit vorlegten. Der Einfluß, den sie auf die innenpolitische Entwicklung in England hatte, läßt sich nicht überschätzen. Die Lehre, die diese Gruppe vertrat, war nicht reiner Bentham, sondern eine Mischung aus Utilitarismus, der modernen politischen Ökonomie Ricardos und der Bevölkerungstheorie von Malthus. Dazu kam der unerschütterliche Glaube an den heilsamen Effekt der Repräsentativregierung, der freien Meinungsäußerung, der Verbreitung universaler Bildung und die Überzeugung, daß der menschliche Charakter alleine durch die Umstände auf der Basis des Prinzips der Assoziationen geformt würde – hier machte sich der Einfluß von Hartley geltend –, woraus sich die Konsequenz ergab, daß der Charakter des Menschen durch moralische und intellektuelle Konditionierung sich unendlich verbessern ließe. Auf der Basis dieser Meinungen handelten sich die Philosophical Radicals den Ruf ein, eine Gruppe von Denkmaschinen zu sein, oder, wie John Stuart formuliert: "We found all the opinions to which we attached most importance constantly attacked on the ground of feeling. Utility was denounced as cold calculation; political economy as hard-hearted; anti-population doctrines as repulsive to the natural feelings of mankind. We retorted by the word 'sentimentality'." Damit beschreibt John Stuart Mill ziemlich genau das Terrain, auf dem Leute wie Charles Dickens sie angriffen, obwohl sie selbst für Reformen waren. Mit anderen Worten, die Reformbewegung spaltete sich in eine Art sentimentalen Zweig und die Philosophical Radicals, die mit ihren Kalkulationen, statistischen Methoden und Datenerhebungen im Stile der empirischen Sozialforschung die gefühlvolleren Gemüter vor den Kopf stießen.

Zwischen dem fünfzehnten und zwanzigsten Lebensjahr war John Stuart Mill einer der führenden Propagandisten der Utilitaristen und damit einer der führenden Intellektuellen Englands. Sein Ziel hingegen war die Reform der Gesellschaft, seine Vorstellung vom Glück war völlig mit diesem Ziel verschmolzen, und er war glücklich, sein Glück in etwas Dauerhaftem und zugleich weit Entferntem gefunden zu haben. Doch als er zwanzig Jahre alt war, rächte sich die merkwürdige Erziehung in einer emotionalen Krise: er zweifelte plötzlich daran, daß die Herstellung des größten Glücks der größten Anzahl auch sein eigenes Glück bewirken würde, so daß ihm plötzlich das Glück als Maßstab für die Prüfung der Nützlichkeit abhanden kam. Die Vorstellung, daß er möglicherweise gar nicht in der Lage wäre, irgendetwas zu fühlen, stürzte ihn in eine tiefe Depression, die ihn an den Rand des Selbstmords führte. Schließlich wurde er zufällig durch die Lektüre eines Textes von Wordsworth zu Tränen gerührt. Die Entdeckung, daß er noch weinen konnte, war ihm eine außerordentliche Erleichterung. Auf diese Weise arbeitete er sich aus der Depression wieder heraus und entwickelte zu diesem Zweck seine Anti-Selfconsciousness-Theory: zwar glaubte er nach wie vor, daß der Prüfstein für alle Verhaltensregeln das Glück sein sollte, aber nun war er der Meinung, man dürfe es nicht direkt ansteuern wollen; das Glück dürfe nur ein Nebenprodukt eines höheren Ziels sein, das etwa im Glück der Menschheit insgesamt bestünde; wenn man sich dagegen frage, ob man glücklich sei, höre man gleich auf, es zu sein.

Nach dieser Krise kehrte John Stuart Mill mit verdoppelter Kraft zu seiner Tätigkeit zurück, das Evangelium des Fortschritts und seiner Folgen zu verkünden. Er wurde damit zum zentralen Repräsentanten des englischen Liberalismus. Im Bereich der Politik beruht dieser auf folgenden Annahmen: zwischen Herrschern und Beherrschten existiert ein inhärenter Antagonismus, der nur aufgelöst werden kann, wenn die Beherrschten und die Herrscher durch das Mittel des allgemeinen Wahlrechts die gleichen werden; die Interessenübereinstimmung zwischen beiden muß durch eine freie Öffentlichkeit und eine billige Presse bewahrt werden; die Herrschaftsorganisation muß durch die sorgfältige Ausbalancierung von Exekutive und Legislative im Gleichgewicht gehalten werden; der Motor des Fortschritts im Bereich der Wirtschaft ist die Konkurrenz; überall reduziert die Konkurrenz die Profite des Arbeitgebers und die Löhne des Arbeitnehmers bis zum Niveau der reinen Reproduktion der Subsistenzmittel; nur der Landbesitzer profitiert von der wachsenden Nachfrage nach Nahrung und Grundstücken, weil die wachsende

Bevölkerung Druck auf die Subsistenzmittel ausübt; deshalb ist der Landbesitzer der gemeinsame Feind von allen; die menschliche Freiheit hält Gegenmittel bereit: durch Fleiß und Disziplin kann der Arbeitgeber den Markt für seine Güter erweitern, und durch Fleiß und Selbstdisziplin bei der Fortpflanzung kann der Arbeiter seine Subsistenzmittel erhöhen; Tugend besteht also aus Selbstdisziplin, Klugheit, Voraussicht und Selbstkontrolle.

Diese Reformideen sollten schon bald in der Reform der Armengesetzgebung von 1833/34 umgesetzt werden. Die Prozedur, in der das geschah, wurde für weitere Reformen modellhaft: Inquiry, Legislation, Execution, Inspection and Report, also Untersuchung, Gesetzgebung, Ausführung, Inspektion und Bericht. Die entsprechende Formel für die öffentliche Agitation ohne Regierungsauftrag war: Information, Agitation, Foundation of a Parent Society, Foundation of the Local Branch, the Picture and the Handbill, also Information, Agitation, Muttergesellschaft, lokaler Zweig, Bild und Flugblatt. Es waren dies Mittel der Propaganda, wie sie von den großen Bewegungen der Zeit entwickelt worden waren: der Anti-Sklavenbewegung von William Wilberforce, den Chartisten und der Freihandelsliga.

Parallel zur Propaganda der Philosophical Radicals setzte sich die Bewegung des Methodismus innerhalb der anglikanischen Kirche als "Evangelical Movement" fort. In ihr wurde die Gefühlskultur der Sentimentality verbreitet. Damit war die Überzeugung verbunden, daß das äußere Verhalten Ausdruck innerer Frömmigkeit war. In puritanischer Fassung bestand dieses Verhalten in jener Mäßigung und Beherrschung der Leidenschaften, die so gut zu den bürgerlichen ökonomischen Tugenden paßt. Die meisten weltlichen Vergnügungen und das Herausputzen der Person wurden verdammt. Damit wurde ein tiefes Gefühl für die Heiligkeit der alltäglichen Lebenspflichten verbunden. In die Mitte der bürgerlichen Daseinsvorsorge wurde dabei die Lebensberufung, also der Beruf, gestellt. Gerade dem Kleinbürgertum lieferte der Methodismus einen ausgesprochen emotional geprägten ethischen Verhaltenskodex. Die Französische Revolution wurde von diesen Kreisen als Gottesgericht über den sittenlosen Lebenswandel des Adels interpretiert. Zur Grundlage der bürgerlichen Moral wird damit die respectability, eine Form der Selbstbeherrschung, die die Anerkennung durch andere und die eigene psychologische Sicherheit garantiert. Die Virtuosen der Selbstkontrolle haben deshalb wenig Hemmungen, für unkontrollierte Abweichler die Formen der Überwachung und Kontrolle bereitzustellen. Sie ergreifen dann die intimen Bereiche von Gesundheit, Körperpflege und Sexualmoral. Die gesamte Reformagitation in England wird begleitet von Aufrufen zur Hygiene, zur Gesundheitspflege und zur Kontrolle der Sexualität. Die Ärzte übernehmen nun vom Klerus zunehmend die Rolle der Hüter über die Normalität. Gesundheit wird zu einer moralischen Kategorie. Auch die Literatur wird nun moralisch überwacht. Thomas Bowdler beginnt 1807 seine Laufbahn, indem er die Dramen Shakespeares von sexuellen Anzüglichkeiten säubert. Das Ideal männlichen Verhaltens ist die selbstbeherrschte Mannhaftigkeit – die stiff upper lip; von Nervosität wird auf geheime Laster geschlossen. Leidenschaften müssen auf höhere Ziele umgelenkt werden und die Sinnlichkeit transzendieren. Als größtes Übel im Bereich der Sexualität gilt die Selbstbefriedigung, weil sie zur sinnlosen Verpulverung der Kräfte führt. Dahinter steckt ein ökonomisches Modell von der Summenkonstanz menschlicher Energie. Der Onanist verhält sich unsozial, weil er sich der Verantwortung für Familie, Staat und Menschheit entzieht. Die Ärzte überboten sich in der Schilderung der grauenhaften Folgen, die sich bei gewohnheitsmäßiger Onanie einstellten: Schwindsucht, Epilepsie, Paralyse, Wirbelsäulenverkrümmung, Idiotie, Degeneration, Mattigkeit und früher Tod. Die Schrift des Schweizer Arztes Dr. Tissot *De l'onanisme* wurde in England ein Bestseller. Ärzte, Pädagogen und Geistliche arbeiteten zusammen, um die Panik zu schüren.

Vor diesem Hintergrund entstand auch das Bild einer sublimierenden Frau als Hüterin der Moral und eines ernsthaften Mannes, der seine Virilität durch Seriösität, Zuverlässigkeit und Selbstbeherrschung zeigt. Die häusliche Intimität der Kleinfamilie wird zum Ideal des Zusammenlebens. Die Arbeitsteilung zwischen der sentimentalen Tradition des Evangelical Movement und dem radikalen Rationalismus der Benthamites setzt sich in den verschiedenen Funktionen der Geschlechterrollen fort. Der Frau bleibt es vorbehalten, die sanfteren Gemütstöne gefühlsmäßiger Tugend zu bekräftigen, während der Mann auf der Grundlage der Rationalität die Hierarchie, die Zucht, die Ordnung von Familie und Staat und das Geschäft repräsentiert. In seiner säkularisierten Form fließt diese Art von religiöser Erwekkung in den Code der Respektabilität ein. Der Verschärfung der inneren Überwachung entspricht die Etablierung der Verwaltung eines sich jetzt erst konstituierenden Staates.

Indem die Gesellschaft moralisiert wurde, wurde der moralische Achtungsentzug ein normales Mittel sozialer Kontrolle. In der ersten Hälfte des Jahrhunderts wurden die schlimmsten Formen von Brutalität wie Tierquälerei, Sklaverei und in den Oberklassen das Duellieren nach und nach diskreditiert, abgeschafft und in den Untergrund getrieben. Damit wurde die Gesellschaft ziviler. Die Zivilisierung der Oberklasse beförderte in der Regel die Kultur von Public Service bei den Politikern. Das Gebot, den Sonntag zu heiligen, wurde wieder ernster genommen; das Gefühl sozialer Verantwortung drückte sich in zunehmender Philanthropie aus; der Alkoholismus ging zurück, und die Disziplin in der Berufsausübung nahm zu. Sofern die von dieser Moral geprägten Klassen in ständigem sozialen Aufstieg begriffen waren, gewann die damit verbundene Lebensform an Überzeugungskraft und Generalisierungsfähigkeit. Das ist die Grundlage für die Verbreitung jenes spezifischen viktorianischen Klimas der Tüchtigkeit und der respectability. Zugleich waren die Engländer während der napoleonischen Kriege insularer geworden. In Differenz zu den kontinentalen Ländern wußte man, daß man "the workshop of the world" war. Die Industrielle Revolution wurde als Kampf "of man against rude nature" stilisiert und die Maschine zum Emblem und Instrument des Triumphes. Insofern war man stolz, der Vorreiter der menschlichen Gattung in der Herrschaft über die Natur zu sein.

Die Parallele zwischen Evangelicalism und Utilitarianism bietet also den zentralen Zugang zum Verständnis des viktorianischen England. Ihre beiden klassischen Werke, Malthus' Buch *On Population* und Wilberforces *Practical View*, erschienen fast gleichzeitig 1797 und 1798. Ihre größten Siege, nämlich die Abschaffung der Sklaverei und die Reform des Armengesetzes, wurden 1833 und 1834 ebenfalls fast gleichzeitig erzielt.

Nach einem Jahr beispielloser Agitation wurde die Great Reform Bill 1832 unter großem Tumult durch das Parlament gepeitscht. Es war die Magna Charta des Bürgertums. Sie paßte die Wahlkreiseinteilung an die Bevölkerungsänderung an, die durch die Industrielle Revolution hervorgerufen worden war. Auf diese Weise wurden die fast entvölkerten ländlichen Wahlkreise abgeschafft und die großen Städte wie Manchester und Liverpool zum ersten Mal überhaupt repräsentiert. Darüber hinaus wurde das Wahlrecht selbst auf alle Eigentümer oder Mieter von Häusern mit 10 £ Mietwert pro Jahr und auf alle Pächter mit einem bestimmten Pachtbetrag ausgedehnt. Dadurch wurde die Zahl der Wähler auf ca. 1 Millionen erhöht. Mit dem unter diesen Bedingungen gewählten Parlament setzten die Benthamschen Reformen ein, durch die der liberale Nachtwächterstaat, der sich bisher nur um die Armee und die Justiz zu kümmern hatte, eine effektive Verwaltung aufbaute, die Arbeitsbedingungen beaufsichtigte, die öffentliche Gesundheit kontrollierte und ein Erziehungssystem organisierte. Das Verfahren, das sich während dieser Reformen einspielte, begann mit der Einsetzung einer parlamentarischen Untersuchungskommission, die ihre Ergebnisse in Blue Books vorlegte. Daraufhin wurden nach dem nötigen Parteienstreit die entsprechenden Gesetze erlassen. Die unmittelbaren Ergebnisse waren The Factory Act, The Public Health Act und The Education Minute. Was früher zum Bereich der Selbsthilfe und der individuellen Vorsorge gezählt wurde, wurde nun zunehmend der Staatsaufsicht unterstellt. Damit zollte man seinen Tribut an die funktionale Differenzierung und deligierte die Dinge, die man nicht alleine tun konnte, an Beamte und Experten. Man konnte sich nicht sein eigenes Haus bauen, seine eigenen Abwässer ableiten, seinen eigenen Müll vernichten und auch nicht die eigenen Kinder erziehen. Diese drei Bereiche – Arbeitswelt, Erziehung und öffentliche Gesundheit – sind nun auch gerade die Bereiche, die im entstehenden sozialen Roman des 19. Jahrhunderts immer wieder behandelt werden. Als 1831 aus Hamburg die Cholera nach England kam, war das der Anlaß für den Aufbau eines öffentlichen Gesundheitswesens. Schließlich wurde eine Gesundheitsbehörde in White Hall eingerichtet, die befugt war, lokale Komitees zu schaffen, die sich mit der Regulation von Schlachthäusern, der Technik der Kanalisation und dem Betrieb von Friedhöfen beschäftigte. In ähnlicher Weise wurde das Erziehungswesen neu organisiert. Zunächst waren alle Parteien gegen die Forderung der Französischen Revolution eingetreten, daß die Erziehung allgemein, gratis, areligiös und obligatorisch sein soll. Den meisten Engländern erschien das als Eingriff in die Freiheit des Einzelnen. Entsprechend blieb die Erziehung lange Zeit Sache der Familien und der Privatlehrer. In den unteren Klassen war der Elementarunterricht in den Händen religiöser Gesellschaften.

Dabei gab es zunächst die Sonntagsschule, in denen den Kindern das Lesen der Bibel beigebracht wurde. Das nächste Stadium bestand in der Ausdehnung der Sonntagsschule, weil die Established Church mit den radikaleren Sekten um die Seelen konkurrierte. Entsprechend kam es zur Gründung zweier konkurrierender educational societies: Der "National Society for Promoting the Education of the Poor in the Principles of the Established Church" und der "British and Foreign School Society". Zugleich blockierte diese Kontroverse aber eine vernünftige Schulreform: wie überall führte auch hier die Debatte über die Schulreform zum Kulturkampf.

In den Armenschulen waren die Unterrichtsmethoden der ersten Jahrhunderthälfte ausgesprochen praktisch: die älteren Kinder unterrichteten die jüngeren. Diese Technik hatte den Vorteil, enorm billig zu sein. Demgegenüber schlugen die Philosophical Radicals vor, das Land in Schuldistrikte einzuteilen und eine Erziehungssteuer zu erheben, mit der dann Kinderschulen, Grundschulen und Berufsausbildung in sogenannten "Training Colleges" bezahlt werden konnten. In Wirklichkeit erfolgte die Reform des Erziehungswesens sehr viel gemächlicher nach dem üblichen Verfahren: Einsetzung eines Untersuchungskomitees, Einsetzung eines Komitees zur Verteilung von Subsidien und Zusammenfassung dieser Komitees zu einem Department of Education unter einem Erziehungsminister. Unter dem Druck der Propaganda der National Education schloß die Regierung, wie so oft, einen Kompromiß: sie ließ die religiösen Schulen in Bereichen, wo sie funktionierten, unberührt, errichteten aber anderswo sogenannte "School Boards", die sie mit der Macht ausstatteten, Steuern zu erheben, um die Schulen zu bauen und Lehrer einzustellen, sowie dafür zu sorgen, daß alle Kinder auch zur Schule gingen. Diese neuen staatlichen Schulen waren nicht konfessionell, obwohl dort religiöser Unterricht gegeben werden konnte. Die Regulierung der Secondary Education dagegen ließ noch länger auf sich warten.

In ähnlicher Weise wurde über verschiedene Acts of Parliament eine Polizeibehörde aufgebaut. Eine Police Force, die den Namen verdiente, gab es 1815 nicht. Das Amt des Constable in der Gemeinde oder der Grafschaft war ein unbezahltes Ehrenamt und wurde normalerweise vom Friedensrichter besetzt. Im übrigen mieteten sich Schiffsmakler, Kaufleute, Unternehmer, Fabrikbesitzer etc. private Wachmannschaften. Als es während der

Beerdigung von Queen Caroline 1822 zu riots kam, wurde eine parlamentarische Untersuchungskommission eingesetzt, die ein "Metropolitan Police Act" einbrachte. Sie sah die Einrichtung eines Polizeikommissariats mit dem Hauptquartier in Scotland Yard vor. Die vorhersehbare Wirkung bestand darin, daß die Kriminellen ihren Wirkungsbereich von London in die Vorstädte verlagerten. Darauf erließ das Parlament ein Gesetz, das es den Friedensrichtern gestattete, ihre Polizei unter der Aufsicht eines Chief Constable zu reorganisieren. Da dies aber nicht alle Friedensrichter taten, wanderten die Kriminellen in die unbeaufsichtigten Counties. Das machte es wieder nötig, den ganzen Polizeiapparat 1856 unter der Aufsicht des Innenministeriums zu koordinieren. Weil entscheidende Schritte zum Aufbau der Polizeibehörde während des Kabinetts Peel erfolgten, wurden die Londoner Polizisten nach dessen Vornamen Robert "Bobbies" oder auch "Peelers" genannt. Erst eine rational gegliederte Polizeibürokratie und die damit einhergehenden rationalen Methoden der Untersuchung von Verbrechen bilden dann die Voraussetzung für die Entwicklung eines literarischen Genres, das eine besonders englische Einfärbung erhält: des Kriminalromans.

Ein weiteres Objekt permanenter Reformbemühungen stellten die Gefängnisse dar. Hierbei müssen wir vier verschiedene Arten unterscheiden: die goals, die houses of correction, die hulks und die Schuldgefängnisse. Die goals enthielten normalerweise nur Personen, die auf einen Prozeß warteten. Sie waren deshalb in der Regel in der Nähe von Polizeibüros untergebracht. Das berühmteste goal – bekannt gemacht durch viele Romane – war Newgate, das Hauptgefängnis von London, das dem Old Bailey Polizeigericht zugeordnet war. Es war das älteste, größte und notorischste aller Gefängnisse und galt in der Öffentlichkeit als Hochburg von melodramatischen Verbrechen. In den houses of correction, die auch Bridewells genannt wurden, waren Gefangene eingesperrt, die nur eine kurze Strafe abzusitzen hatten. Typisch hierfür waren die Prostituierten, für die das ursprüngliche Bridewell in London gedacht war. Hulks waren alte und nicht-seetüchtige Schiffe, in denen Strafgefangene eingesperrt wurden, die auf den Transport nach Australien oder in andere Strafkolonien warteten. Von einem dieser hulks flieht der berühmte Strafgefangene Magwitch aus Dickens' *Great Expectations*. In den bekannten Schuldgefängnissen The Fleet, The King's Bench oder The Marshalsea saßen keine

Kriminellen, sondern Schuldner, die auf Antrag der Gläubiger verhaftet wurden, wenn sie ihre Schulden nicht bezahlten.

Zu Anfang des 19. Jahrhunderts waren die mittelalterlichen Exekutionstechniken wie das Aufs-Rad-Flechten oder Vierteilen nicht mehr üblich, doch die Todesstrafe galt noch immer für ungefähr 200 Verbrechen. Im Zuge einer kontinuierlichen Strafrechtsreform wurde die Todesstrafe im Laufe des Jahrhunderts auf Hochverrat, Mord, Piraterie, Zerstörung öffentlicher Arsenale und Meuterei beschränkt. Die übliche Exekutionsform war Hängen. Sie erfolgte aber nicht mehr durch Strangulation, sondern durch den Bruch des Nackenwirbels, weil der Verurteilte durch eine Falltür fiel. Bis in die späten 1860er Jahre war das Hängen öffentlich, danach wurde es nicht zuletzt auf Betreiben von Dickens, der über die Rohheit der Menge bei einer öffentlichen Hinrichtung entsetzt war, in die Gefängnisse selbst verlegt. Das einzige Zeichen einer Hinrichtung war dann das Aufziehen einer schwarzen Flagge auf dem Gefängnis und das Läuten der Kirchenglocken fünfzehn Minuten vor und fünfzehn Minuten nach der Hinrichtung.

Die zwanzig Jahre zwischen 1830 und 1850 sehen also die graduelle Ausweitung der Staatskontrolle auf die öffentliche Gesundheit, den Strafvollzug, die Polizei, das Erziehungswesen und die Arbeitsrechtsgesetzgebung. Viele der Reformen gingen auf private Initiativen zurück. Sie wurden weitgehend über die konstitutionell vorgesehenen Organe des Parlaments, der Komitees, der Untersuchungskommissionen und über die graduelle und stufenweise Einrichtung entsprechender Bürokratien entwikkelt. Insgesamt stellen diese Reformen die Anpassung der englischen Gesellschaft an die Industrielle Revolution dar.

Der Factory Act von 1833 führte in allen Textilfabriken den Zehn-Stunden-Tag für Kinder unter achtzehn Jahren und den 48-Stunden Wochenrhythmus für Kinder unter dreizehn Jahren ein, wobei die Kinder verpflichtet wurden, jeden Tag zwei Stunden zur Schule zu gehen. Natürlich war das Gesetz für die Arbeiterschaft eine Enttäuschung, die viel dazu beitrug, den Popular Radicalism zu verstärken. Er fand seinen Ausdruck in zwei Bewegungen: der Gewerkschaftsbewegung und der Bewegung der sogenannten "Chartisten". Eine Gruppe von Radikalen unter der Führung von Fergus O'Connor, die sich "The Working Men's Association" nannte, hatte eine sogenannte "People's Charter" verfaßt. In ihr wurden unter Anknüpfung an die Reform Bill folgende Forderungen aufgestellt: die Ausweitung des Wahlrechts auf alle volljährigen männlichen Bürger; geheime Wahlen, damit sich die Arbeiter den Schikanen der Fabrikherren entziehen konnten; und die Bezahlung der Parlamentsmitglieder, damit sich die Arbeiter von ihresgleichen vertreten lassen konnten. Die People's Charter blieb also durchaus im Rahmen des bürgerlichen Parlamentarismus und forderte nicht etwa eine sozialistische Umverteilung des Eigentums. Im Unterschied zum Kontinent, wo die Bürger noch um die parlamentarische Beteiligung an der Macht rangen, traten in England die Arbeiter als soziale Gruppe bereits auf und drängten das Bürgertum selbst zu einer konservativeren Haltung, die durch die Erinnerung an die Französische Revolution noch verstärkt wurde. Die allgemeine Revolutionsfurcht wurde von den Chartisten insofern geschürt, als ihre Führer durchaus den Einsatz gewaltsamer Mittel befürworteten. Zugleich war dies der Grund, daß die meisten social novelists wie Mrs. Gaskell oder Dickens die Chartisten ablehnten. Es gab zwei große Massenversammlungen der Chartisten in den Jahren 1839 und 1848. Beidemal waren es Versuche, die People's Charter als Petition dem Parlament zu überreichen. Beim ersten Mal wurden die fünfzig Delegierten vom Parlament gar nicht anerkannt. Von der Versammlung 1848 wurde erwartet, daß sie eine Revolution auslösen würde. Die königliche Familie zog sich auf die Isle of Wight zurück, die öffentlichen Gebäude wurden durch Miliz und Soldaten bewacht, und Tausende von Londoner Bürgern stellten sich als Special Constables zur Verfügung. Die Organisatoren planten einen Marsch von 500.000 Demonstranten von der Südseite der Themse nach Westminster. Das Ganze wurde für die Chartisten ein Debakel: Die Menge war wesentlich kleiner als geplant, von den Unterschriften unter der Petition waren viele gefälscht, die Demonstranten wurden durch die Polizei aufgehalten, und ein Wolkenbruch vertrieb den Rest. Für den Working Class Radicalism und die Chartisten war das Debakel ein Wendepunkt. Nachdem ein wirtschaftlicher Aufschwung eingesetzt hatte, in dem ein Großteil der Arbeiterunzufriedenheit ausgetrocknet wurde, welkte die Chartistenbewegung dahin.

Erfolgreicher war die Entwicklung der Trade Unions oder Combinations. Allerdings: bis 1824 waren sie völlig illegal. Arbeiter, die versuchten, mit den Arbeitgebern die Arbeitszeit und die Arbeitsbedingungen auszuhandeln, konnten für schuldig befunden werden, den freien Handel zu behindern, und wurden nach Australien deportiert. 1824/25 wurden die Anti-Combination Laws durch eine Art von Kompromiß ersetzt. Die Organisation von Gewerkschaften wurde erlaubt, die Streiks blieben verboten. Diese merkwürdige Situation zwischen Legalität und Illegalität tauchte die Gewerkschaften in das Zwielicht von Geheimgesellschaften und Verschwörungen. Tatsächlich mußten die Gewerkschafter sich zunächst im Geheimen treffen und die Geheimhaltung ihrer Mitglieder durch hoch elaborierte Initiationszeremonien sichern. Nach ihrer Legalisierung wurden sie allerdings zu gut organisierten Gesellschaften ausgebaut, die ihre eigenen Funktionäre, Juristen und vor allen Dingen ihre eigenen Geldmittel hatten. Das ermöglichte es ihnen, in den fünziger Jahren verschiedene Streiks erfolgreich durchzustehen, womit sie deren Legalisierung durchsetzten. Als der Chartismus als Bewegung dahinsiechte, war die Gewerkschaftsbewegung das erste Beispiel für eine konstruktive politische Organisation, die fast ausschließlich von Arbeitern für Arbeiter aufgebaut worden war. Die Ziele der Chartisten wurden dann nach der zweiten Reform Bill realisiert.

Es gibt verschiedene viktorianische Romane, in denen die Chartistenbewegung dargestellt wird – so etwa in Charles Kingsleys Roman *Alton Locke* und Benjamin Disraelis *Sybil, Or the Two Nations* von 1845. Mit den zwei Nationen sind die Armen und die Reichen gemeint. In Disraelis Roman wird die erste Petition der Chartisten von 1839 geschildert, anläßlich derer der adlige Held eine positive Rede im Parlament hält, so wie das der Autor auch getan hat. Für den Roman griff er auf Parlamentsstatistiken, Untersuchungsreports, Blue Books und die Eindrücke eigener Reisen zurück. Die Ober- und Unterklasse, die im Roman miteinander konfrontiert werden, werden jeweils nochmals nach moralischen Kriterien gespalten. In der Oberklasse gibt es die ausbeuterischen Kapitalisten, die von den Whigs repräsentiert werden, und die idealistischen moralischen Tories, die im Rückgriff auf eine korporative Solidarität mittelalterlicher Prägung das Los der Arbeiter erleichtern möchten. Bei den Arbeitern steht die “Party of Violence” den Vertretern des “Moral-Force-Idealismus” gegenüber. Es entsprach Disraelis Bemühung, den Konservativismus auf neue Grundlagen zu stellen, indem er die Vision einer Koalition zwischen Moral-Force-Arbeitern und paternalistischen Tories entwarf, die sich gegen ihren gemeinsamen Feind, den liberalen Kapitalismus, zusammenschließen sollten. Hinter diesem Programm versammelte er eine Gruppe von konservativen Jungtürken, die sich unter dem Titel "Young England" zu einer Erneuerungsgruppe zusammenschlossen.

Ein weiterer Roman, der sowohl die Chartisten wie die Gewerkschaftsbewegung der ersten Jahrhunderthälfte behandelt, ist Mrs. Gaskells *Mary Barton. A Tale of Manchester Life*. Sowohl Mrs. Gaskells Vater als auch ihr Mann waren unitarische Pfarrer, durch die die Autorin das Leben der Arbeiter in Manchester aus erster Hand kennenlernte. Ihr Roman behandelt wie Disraelis *Sybil* die Chartistenbewegung zur Zeit der Vorlage ihrer Petition von 1839. Außerdem treten Agitatoren und Trade Union Leaders auf, die einen Streik ausrufen. Aber im Sinne des Sentimental Radicalism traut die Autorin der christlichen Nächstenliebe und der privaten Moral noch die Versöhnung der Klassengegensätze zu. Von den Sozialkritikern der viktorianischen Zeit wie Morris, Kingsley, Carlyle und Dickens wird der Roman einhellig begrüßt.

Die Radikalisierung der Arbeiterschaft und die Propagandafeldzüge führten zur Entstehung der Massenpresse. Bis zum Anfang des Jahrhunderts waren die Londoner Zeitungen relativ kleine Blätter, die für die Leserschaft der Mittel- und Oberklasse geschrieben wurden. Die Unterstützung durch eine der großen Parteien und die Anzeigen machten sie weitgehend unabhängig von der Auflage. Das änderte sich während der Agitation vor und nach der Reform Bill, als die Chartisten zu Streiks, Massenversammlungen und Aufständen aufriefen. Zugleich wurde durch die Erfindung der Zellulose die Massenproduktion von Papier billiger, während die Zeitungssteuer 1836 auf einen Penny reduziert wurde. All das führte dazu, daß nun eine große Zahl von Sonntagsblättern mit sehr hoher Auflage gegründet wurden, die sich an die semiliterate Arbeiterschaft wandten und ihre Spalten mit radikaler Politik und der Schilderung sensationeller Kriminalfälle füllten. Von nun an wurden Verbrechen von der Presse zunehmend als sensationelle Mordfälle vermarktet.

Der erste Fall dieser Art war der Mord an einem reich gewordenen Wettkampfpromoter namens William Weare durch den Boxtrainer John Thurtell, der bereits in Hazlitts Essay *The Fight* über den berühmten Boxkampf zwischen Bill Neat und Tom

Hickman, "the gas man", vom 11. Dezember 1821 portraitiert wird. Mörder und Opfer gehörten beide dem halbseidenen Milieu von Spielern, Sportlern, Geschäftsleuten und Vertretern der High Society an, das im damaligen Jargon "fancy" genannt wurde. Das enorme Interesse, das der Fall erregte, verblüffte die Zeitgenossen und brachte Thomas de Quincey dazu, seinen wegweisenden Artikel *Murder as a Fine Art* zu schreiben, in dem er bereits die Theorie für die Ästhetisierung des Mordes im Kriminalroman liefert. Es war dies der erste Fall der Rechtsgeschichte, bei dem es zu einer Kollision zwischen Justiz und Presse kam. Angesichts dieser Entwicklung war es natürlich, daß der Schauerroman, seines Dekors aus Mediävismus und Landschaftsbeschreibung entkleidet, als "poor man's Gothic novel" in Form der "sixpenny pamphlets" weiterlebte. Das waren Heftchen-Reißer, die in Form einzelner Episoden als "Penny dreadfuls", als Kompaktlektüre aber als "Shilling-shockers" konsumiert wurden. Auf einem höheren literarischen Niveau blühte zur selben Zeit die sogenannte "Newgate Novel", deren Schurken in der Regel am Galgen von Newgate endeten. Es ist bezeichnend, daß Bulwer-Lytton in einem der berühmtesten Romane dieser Art mit dem Titel *Pelham* auf den Thurtell-Mord zurückgriff und dabei bereits die minutiöse Aufklärung eines Verbrechens nach Kriminalroman-Manier bietet. Diese Mode der Newgate Novel führte zu der Anklage, daß die Literatur das Verbrechen zu sehr glamorisiere. Der Vorwurf war umso politischer, als die öffentliche Phantasie das Verbrechen mit Carbonari, Gewerkschaftlern, Sozialrebellen, Aufrührern und Geheimbünden aller Art in Verbindung brachte. Tatsächlich hatte ein gewisser Butler in einem weit publizierten Fall gestanden, daß er durch die Lektüre von Ainsworth' Roman *Jack Sheppard* dazu angeregt worden sei, seinen Herrn, Lord William Russell, zu ermorden. Mit dem Abebben der politischen Leidenschaften um die Jahrhundertmitte endete dann auch die Mode der Newgate Novel, deren Tradition allein von Dickens in Romanen wie *Oliver Twist* fortgesetzt wurde. Um die gleiche Zeit begannen die Zeitungen, die immer weniger interessierende Politik durch die heute noch herrschende Verbindung aus Sport und Gewaltverbrechen zu ersetzen. Führend darin wurde zunächst der *Daily Telegraph*, der nach der völligen Abschaffung der Zeitungssteuer 1855 als erster "penny daily" gegründet worden war. Seine Auflage wurde mit über 200.000 die höchste der

Welt. Das war dann die Zeit, in der die Tageszeitungen endgültig die Bilderbögen, die sogenannten "broad sheets", ablösten.

Diese Erscheinungsformen der modernen Massengesellschaft färben ein Zeitgefühl ein, das als Gegenreaktion einen auf die Spitze getriebenen, elitär geprägten Individualismus auslöst. Ihr Exponent ist der Schotte Thomas Carlyle. 1795 als ältester Sohn eines Maurers und Kleinbauern geboren, soll er ursprünglich presbyterianischer Pfarrer werden, wendet sich aber der Mathematik zu, arbeitet als Lehrer, studiert zeitweilig Jura und widmet sich während dieser Zeit dem intensiven Studium der deutschen romantischen Dichtung und Philosophie, die ihn stärker als irgendeinen anderen Briten beeinflußt. Carlyle wird damit nach Coleridge zum wichtigsten Vermittler der deutschen Kultur in Großbritannien: Im *London Magazine* publiziert er eine Biographie von Schiller und übersetzt den ersten Teil von Goethes *Wilhelm Meister*; dann heiratet er die charmante Jane Baillie Welsh und findet über sie Kontakt zum *Edinburgh Review*, für den er Artikel über Jean Paul und die deutsche Literatur schreibt; im *Foreign Review* veröffentlicht er eine Serie von Artikeln über Goethe, Jean Paul und deutsche Literatur und schreibt schließlich das autobiographisch gefärbte *Sartor Resartus or The Life and Opinions of Herr Teufelsdröckh*. Der lateinische Titel – der neu eingekleidete Schneider – zielt natürlich auf den Menschen überhaupt: die Sprache, die Institutionen und Gesetze sind die Kleider des Geistes, der Körper ist das Kleid der Seele und das Universum ist das Gewand Gottes. Unter dem Einfluß von Fichtes idealistischer Selbstaffirmation des Ichs zeigt Carlyle, daß sich der Mensch neu einkleiden muß, um den Gefahren die Stirn bieten zu können, mit denen die Industrialisierung und die Massengesellschaft ihn bedrohen. Die periodisch notwendig werdenden Häutungen erfolgen in Revolutionen. Unter der Decke der erstarrten Verhältnisse bricht der göttliche Geist auf und findet seinen Ausdruck in den großen Individuen und Kulturheroen. Dabei ist Carlyle alles andere als ein Demokrat. Sein Interesse gilt den großen Individuen der Weltgeschichte, den Propheten und Helden, denen sich der Weltgeist offenbart und die als Werkzeuge historischer Notwendigkeiten ein höheres Bewußtsein haben als gewöhnliche Sterbliche. Um dies zu zeigen, schreibt Carlyle die Geschichte der Französischen Revolution in drei Bänden. Das fertiggestellte Manuskript leiht er John Stuart Mill, und dessen

Dienstmädchen hält es für Altpapier und zündet damit den Kamin an. So gibt sie Carlyle Gelegenheit, seinen eigenen Heroismus zu beweisen und in mühevoller Arbeit ein neues Manuskript herzustellen. Mit seinen Vorlesungen *On Heroes, Hero-Worship, and the Heroic in History*, seiner *Geschichte Friedrichs des Großen*, für die ihm Bismarck später den preußischen pour-le-mérite-Orden verleihen läßt, und den zeitkritischen *Latter-Day-Pamphlets* nimmt seine Heldenverehrung eine zunehmend anti-demokratische Wendung. Wie viele konservative Kritiker des Kapitalismus idealisiert auch Carlyle das Mittelalter und rekonstruiert in *Past and Present* die Geschichte des Klosters St. Edmund's als Gegenmodell zur anomischen Zerrissenheit und Leere in der Moderne. Er selbst fühlt sich als heroische Figur und legt seine Zeitdiagnosen und historischen Fallgeschichten als Prophetien an. In der Konzentration seiner politischen Theorie auf die Heldenverehrung wird er ein Vorläufer jenes Kultes des Übermenschen, den Shaw später aufgreifen und evolutionstheoretisch unterfüttern sollte. Der z.T. als Bildungsroman angelegte *Sartor Resartus* führt an der seelischen Krise des Helden vor, wie die für die Intellektuellen des 19. Jahrhunderts typisch werdenden Erfahrungen des Glaubensverlustes und der Sinnkrise ein verbreitetes Weltanschauungsbedürfnis und eine Sehnsucht nach Orientierung auslösen, die nur von Ideologien gestillt werden können, die für die Intellektuellen selbst eine Rolle als Prophet, Revolutionär, Held, Priester und Wegweiser bereithalten. Mit Carlyle beginnt die Reihe der großen viktorianischen Zeitdiagnostiker wie Ruskin, Morris, Arnold, Shaw, Wells, die Literatur, Essayistik, Kunstkritik, Gesellschaftsanalyse, Geschichte und politische Polemik mit einem Rollenverständnis verbinden, nach dem sie sich selbst als Propheten neuer Weltanschauungen empfinden. Zur Entwicklung dieses Rollenverständnisses hat Carlyles Heldentypologie beigetragen, die er in *On Heroes, Hero-Worship and the Heroes in History* entwirft: Es gibt die Helden als Könige (Cromwell und Napoleon), die Helden als Dichter (Dante und Shakespeare), die Helden als Priester (Luther und John Knox) und die Helden als Schriftsteller (Samuel Johnson und Rousseau). Zugleich hat die damit verbundene Auffassung, daß die Geschichte nur von großen Männern gemacht wird, die bildungsbürgerliche Verehrung der Kulturheroen ebenso vorgeprägt wie das Selbstverständnis avantgardistischer Revolutionäre, den byzantinistischen Despotismus kommunistischer Prägung und den faschistischen Führerkult. In diesem Sinn nimmt Carlyle die Polarisierung zwischen Massen und Führer in den Massenbewegungen des 20. Jahrhunderts vorweg.

Trotz solcher Krisenerscheinungen in der geistigen Welt, trotz des Arbeiterelends und trotz der sozialen Probleme war der Grundton der öffentlichen Kommunikation alles andere als düster. Im Gegenteil: aus der Perspektive zurückhaltenderer Zeiten fällt eine gewisse überschäumende Vitalität auf. Mit dem, was die Evangelicals "seriousness" nannten, waren Gefühlsdemonstrationen, lautes Gelächter oder plötzliches Moralisieren keineswegs unvereinbar. Als beim Marquess of Bowood der populärste Dichter der Romantik neben Byron, Tom Moore, sang, brach einer nach dem anderen in seinem Auditorium in Weinen aus, bis auch der Dichter selbst zusammenbrach. Es ist ein Zeitalter, in dem die Bräute noch manchmal vor dem Altar ohnmächtig wurden und die Priester am Kommunionstisch weinten; eine Zeit der blitzenden Augen und der geschürzten Lippen, wo man leicht gerührt wurde und leicht schockiert war, wo man leicht rückhaltlos bewunderte und ebenso leicht jemanden moralisch verdammte. Weit verbreitet war die Neigung, bei der leisesten Provokation zu predigen. Ein Mensch, der in einem kultivierten Haushalt aufwuchs, mochte, wenn er erwachsen geworden war, an die tausend Predigten gehört haben. Es ist deshalb kein Wunder, daß der Predigerton auch in der seriösen Literatur und in der Parlamentsrhetorik immer wieder durchschlug. Unter dem Druck des Evangelical Movement kam es auch in der Established Church zu einer gewissen Regeneration. Im Dogma gab es eigentlich wenig Unterschiede zwischen einem anglikanischen Prediger mit evangelikalischer Einfärbung und einem dissenting minister. Sozial aber war der Unterschied allein schon dadurch gegeben, daß der Anglikaner eine Universitätskarriere durchlaufen hatte und in enger Beziehung zur Gentry stand, während der Prediger kleine Kongregationen in den Dörfern und Hinterhöfen der Städte um sich versammelte. Die Independents repräsentierten den traditionellen middle-class-Puritanismus; weiter unten in der gesellschaftlichen Hierarchie waren die Baptisten und die viertausend Quäker-Familien, die sich von allem fernhielten und eigene Gruppen bildeten. Die Methodisten hatten ihrerseits das neu entstehende Industrieproletariat missioniert, moralisch integriert und respektabel gemacht. Über diesen Transmissionsriemen wurden auch die Organisationsformen der Methodisten, das Predigen, die öffentliche Rhetorik und die großen Massenversammlungen an die neuen politischen Formen des Chartist Movement und der Trade Unions weitergegeben. 1840 hatten die Methodisten schätzungsweise eine halbe Million Mitglieder in England und Wales. Die Parteimanager der Whigs und Tories kalkulierten die Haltung dieser Gruppen in ihre Verlautbarungen und Wahlkämpfe mit ein.

Phasenverschoben zum Evangelical Movement kam es innerhalb der Anglican Church zu einer Gegenbewegung, die man als "Oxford Movement" bezeichnet hat. Ausgelöst wurde sie dadurch, daß die Whig Regierung im Jahre 1833 zehn irische Bischofssitze abschaffte. Das entfachte eine Art Panik, da man glaubte, die Whigs hätten es auf das Christentum selbst abgesehen. Angeblich hatte James Mill, der ja ein offizieller Regierungsbeamter war, einen Plan in der Schublade, nach dem die Kirche nach utilitaristischen Vorstellungen in eine Institution für die öffentliche Nützlichkeit verwandelt werden sollte: danach sollten die Sonntagsgottesdienste zwar erhalten bleiben, aber der Gebete und Riten entkleidet werden. Statt dessen sollte die Gemeinde in Sonntagskleidern sich versammeln, um Vorlesungen über Botanik oder Ökonomie zu hören und Preise für tugendsames Verhalten entgegenzunehmen. Der Rest des Sonntags sollte dann mit Tänzen verbracht werden, in denen soziale und brüderliche Gefühle zum Ausdruck gebracht werden sollten, wobei alle Hinweise auf das Jenseits zu vermeiden waren. Solche Horrorvorstellungen wurden durch Erinnerungen an die französischen Revolutionsfeste, in denen die Göttin der Vernunft verehrt wurde, genährt und von vielen Pfarrern offenbar für realistisch gehalten. Das löste einen Schulterschluß der Kleriker und eine Solidarisierungswelle mit der Kirche aus. Prominente Nonkonformisten machten bekannt, daß sie eine Attacke auf die etablierte Kirche als ein Bollwerk gegen den Unglauben nicht dulden würden. Unter den Führern der Kirche in Oxford breitete sich die Überzeugung aus, daß die korporative Qualität und die sakramentalen Aspekte der Kirche wieder betont werden sollten und daß die Religion wieder Platz schaffen müßte für Gefühle der Schönheit, der Tradition und des Mysteriums, die während der rationalistischen Phase im 18. Jahrhundert vernachlässigt worden seien. Dadurch schuf das

Oxford Movement ein neues anglikanisches Selbstbewußtsein, das sich durch die Betonung von apostolischer Nachfolge, korporativer Solidarität, Tradition und sakramentalem Mysterium der römischen Kirche wieder annäherte. Man glaubte, damit die Kirche gegen den Angriff des Liberalismus, des Unglaubens und gegen den Geist der Wissenschaft verteidigen zu können. Der große Exponent dieser Bewegung war John Henry Newman, der tatsächlich später zum römisch-katholischen Glauben übertrat. Doch weder die Anglikaner noch die Protestanten anderer Konfessionen wußten, wie wenig die Religion den halb barbarisierten Massen in den Städten noch bedeutete, und noch konnten sie nicht ahnen, in welchem Maße sich der wissenschaftliche Rationalismus sowohl in den gebildeten als auch in den weniger gebildeten Massen verbreiten würde. Das Oxford Movement war eine Bewegung der 30er Jahre. Als John Henry Newman nach einer Serie von Traktaten in einem berühmt gewordenen *Traktat Nr. 40* zu verstehen gab, daß die Rückbesinnung des Anglikanismus auf seine Ursprünge auf eine Wiedervereinigung mit Rom hinauslaufen könnte, setzte eine protestantische Reaktion ein, die von Charles Kingsley angeführt wurde. Die Folge war eine Reihe theologischer Kontroversen, bis John Henry Newman als protestantischer Vikar von St. Mary's zurücktrat und 1846 in die katholische Kirche aufgenommen wurde.

Inzwischen hatte 1837 Königin Viktoria als Nachfolgerin ihres Onkels William IV. den Thron bestiegen. Sie war ein junges Mädchen von achtzehn Jahren, ohne irgendwelche Erfahrungen in öffentlichen Angelegenheiten, aber selbstsicher, zäh und pflichtbewußt. Ihre Erziehung entsprach der der konventionellen höheren Tochter der Oberklasse. Ihre Mutter, Prinzessin Viktoria von Sachsen-Coburg, die schon lange verwitwet war, hatte sich mit William IV. zerstritten und war bis zu einem Grade dem Einfluß ihres Sekretärs Sir John Conroy erlegen, daß man hinter vorgehaltener Hand von einem Verhältnis munkelte. Eine der ersten Maßnahmen Königin Viktorias war es deshalb, den vermeintlichen Liebhaber ihrer Mutter aus London wegzuschicken. 1840 heiratete sie ihren Vetter, den Prinzen Albert von Sachsen-Coburg-Gotha. Albert verstand es, sich durch Pflichtbewußtsein, Vernunft und einen guten Einfluß auf Viktoria in England beliebt zu machen. Nach einer Weile wirkten sie wie das Modell eines bürgerlichen Paares. Sie schienen die Inkarnation der Respektabilität und der viktorianischen Ernsthaftigkeit zu sein. Der Verhaltensstandard am Hof wurde sehr viel moralischer, und Viktoria hatte sogar etwas dagegen, wenn Witwen wieder heirateten. Als sie selbst Witwe wurde, zeigte sich ein gewisser morbider Zug zum exzessiven Totenkult, der aber für die melodramatische Ästhetik der Viktorianer repräsentativ war. Viktorias Intelligenz wird als durchschnittlich beschrieben, von den sozialen Fragen ihres Zeitalters ahnte sie wenig, und von den intellektuellen und wissenschaftlichen Problemen verstand sie nichts. Kunst, Wissenschaft oder Literatur fanden bei ihr wenig Resonanz. Aber sie verfügte über eine natürliche Lebhaftigkeit, ein ausgezeichnetes Gedächtnis und einen praktischen Sinn.

Dickens und die Viktorianer

Im Jahr 1851 fand die erste Weltausstellung in London statt, die der neuen industriellen Zivilisation den Spiegel vorhielt. Zugleich wurde in diesem Jahr die alle zehn Jahre fällige Volkszählung durchgeführt, und sie dokumentierte, daß zum ersten Mal in der Weltgeschichte in einer Gesellschaft die Stadtbevölkerung größer als die Landbevölkerung geworden war. Und in der Literatur hatte sich mit dem Roman ein Medium herausgebildet, das elastisch, differenziert und umfassend genug war, um diese moderne urbane Welt darzustellen. Auch hierin zeigt die Jahrhundertmitte einen gewissen Höhepunkt. 1847 erschienen im gleichen Jahr *Jane Eyre* von Charlotte Brontë, *Wuthering Heights* von Emily Brontë und *Vanity Fair* von Thackeray; im Jahr 1848 erschienen *Dombey and Son* von Dickens, Kingsleys *Yeast*, Mrs. Gaskells *Mary Barton* und Thackerays *Pendennis*. Der viktorianischste und mit allen Fasern seines Wesens mit dieser Welt verflochtene Romancier ist Charles Dickens.

Eine Innenansicht seiner Biographie bietet sein Roman *David Copperfield*. Dickens wurde 1812 als Sohn eines Schreibers des Navy Pay Office in Portsmouth geboren. Sein Vater ist offenbar der Prototyp von Mr. Micawber, der mit dem Geld zu sorglos umgeht und zur regelmäßigen Lebensführung nicht fähig ist. Deshalb kam auch Charles nicht in den Genuß einer regulären Schulbildung und wurde sogar während einer bestimmten Zeit, die er als äußerst traumatisch erlebt hat, als Kinderarbeiter in eine Schuhcremefabrik gesteckt. Diese Episode wird von ihm als Erfahrung totaler Verlassenheit erlebt. Sie löst bei ihm eine lebenslange Angst vor dem sozialen Abstieg aus und begründet seine Fähigkeit, sich in die Einsamkeit von Kindern einzufühlen. Gerade wegen der unregelmäßigen Schulbildung blieb dem jungen Dickens sehr viel Zeit zum Lesen, wobei er vor allem die Romane des 18. Jahrhunderts verschlang, und für Theaterbesuche, die seine Begeisterung für das Theater weckten. Er selbst hat später zahlreiche Amateurinszenierungen veranlaßt und auch selbst gespielt. Nach dem Umzug von Chatham nach London im Jahre 1816 folgte die ganze Familie dem Vater ins Marshalsea-Schuldgefängnis – eine Phase in Dickens' Leben, die einen Großteil des Materials für *Little Dorrit* geliefert hat. Nachdem der Vater seine Gläubiger befriedigt und sich mit einer Pension von seinen offiziellen Pflichten zurückgezogen hatte, kam Dickens dann doch noch zu zwei Jahren relativ regelmäßigen Schulbesuchs und wurde Sekretär in einem Juristenbüro. Hier lernte er die Kunst der Kurzschrift, worin er eine große Fertigkeit entwikkelte, und dies wiederum ermöglichte es ihm, zunächst für *The True Sun* und 1835 für *The Morning Chronicle* Parlamentsreporter zu werden. Es war die Zeit der großen Agitation und der Debatten über die Sozialgesetzgebung, in der Dickens als Reporter die Informationen sammelte, die später in seine Romane Eingang finden sollten. Inzwischen hatte er damit begonnen, für das *Monthly Magazine* und den *Evening Chronicle* Episoden aus dem Londoner Alltagleben zu schreiben, die als *Sketches by Boz* herausgegeben wurden. Der Erfolg dieser Sketches führte zu der Aufforderung, solche Episoden zu einer Serie von humoristischen Drucken über die Abenteuer eines Clubs von Amateursportleuten zu liefern. Daraus wurde *The Posthumous Papers of the Pickwick Club*, deren Abenteuer durch die Don Quixote und Sancho Pansa-Paarung von Pickwick und seinem Diener Sam Weller zusammengehalten werden. Die Pickwick-Papers waren ein unmittelbarer Erfolg. Nachdem er im gleichen Jahr Catherine Hogarth, eine Nachfahrin des Malers, geheiratet hatte, wird Dikkens' Biographie weitgehend von seiner Romanproduktion bestimmt, bei der er von Erfolg zu Erfolg schritt. Beginnend mit *Oliver Twist*, dem Roman über das Workhouse, erschienen die Romane in Serienform. Dann schrieb er *Nicholas Nickleby*, die Darstellung des englischen Schulsystems, *The Old Curiosity Shop* und die beiden historischen Romane *Barnaby Rudge* und *A Tale of Two Cities*. 1841 ging Dickens auf eine Vorlese- und Vortragsreise nach Amerika, wo er mit großen Enthusiasmus begrüßt wurde; seine amerikanischen Erfahrungen hat er später in dem Roman *Martin Chuzzlewit* bearbeitet. Nach *Dombey and Son* gründete er 1849 die Zeitschrift *Household Words*, die er selbst herausgab, und wurde Manager einer Theatertruppe. Es symbolisiert seine repräsentative Stellung gegenüber dem Viktorianismus, daß sein autobiographischer Roman *David Copperfield* genau in der Jahrhundertmitte, 1850, erschien. In den 50er Jahren schrieb er dann nacheinander seine großen Romane *Bleak House*, das umstrittene *Hard Times*, das eine Auseinandersetzung mit den

Philosophical Radicals enthält, und den Gefängnisroman *Little Dorrit*. Im Jahr 1858 begann er mit öffentlichen Vorlesungen aus seinen Werken, die finanziell außerordentlich erfolgreich waren. Im selben Jahr trennte er sich von seiner Frau, beendete die Herausgabe von *Household Words* und startete statt dessen die Zeitschrift *All The Year Round*, in der dann seine Romane *A Tale of Two Cities*, *Great Expectations* und *Our Mutual Friend* erschienen. 1867 machte er eine zweite Amerikareise, bei der er 20.000 £ einnahm und – wie Scott – seine Gesundheit durch Überanstrengung ruinierte. 1869 starb er über seinem Werk *The Mystery of Edwin Drood*, einem ersten Kriminalroman, den er nicht vollenden konnte, so daß das im Titel genannnte Geheimnis bis heute ungelöst bleibt und die verschiedensten Kriminalromanautoren dazu provoziert hat, Lösungen anzubieten.

Wie wohl kein anderer Romancier vor ihm hat sich Dickens in die tiefen Gemütsschichten seiner breiten Leserschaft hineingeschrieben. Die Kommunikation mit ihr war unmittelbar und gleichzeitig, und bekannt sind die Geschichten von der Menschenmenge, die im Hafen von New York ungeduldig auf die Zeitungspakete mit einer weiteren Fortsetzung von Dickens wartete. Viele von seinen Gestalten haben folkloristische Statur und sind in das kollektive Gedächtnis der englisch sprechenden Länder eingegangen. Zu ihnen gehört zweifellos Oliver Twist, der arme Waisenknabe, der zunächst ins Arbeitshaus und dann in die Obhut des finsteren Fagin, des Königs der Londoner Unterwelt, gerät. In diesem Roman zeigen sich die typisch Dickensschen Züge, die sich mit Bezug auf das spätere Werk generalisieren lassen.

Zunächst gibt es die direkte Bezugnahme auf einen identifizierbaren gesellschaftlichen Mißstand oder eine Institution, die allgemeine Empörung erregt. In diesem Fall ist es das Workhouse unter dem New Poor Law: das Arbeitshaus war eine Einrichtung aus dem Geiste Benthams, in der sich Fürsorge und totale Entmündigung auf eine unangenehme Weise mischten. Um trotz der annähernd gleichen Höhe von Niedriglöhnen und Armenunterstützung die Zahl der Fürsorgeempfänger möglichst niedrig zu halten, wurden diese in die Arbeitshäuser gezwungen, die so unangenehm und abstoßend sein sollten, daß die Arbeiter lieber jede Anstrengung unternehmen würden, um sich oder ihre Angehörigen vor dem Schicksal zu bewahren, dort hinein zu geraten. Die Lebensbedingungen in diesen Arbeitshäusern hingen in vielen

Dingen von dem Temperament und den Methoden des Masters oder der Matron ab. Als erster Literat schildert Dickens jenen mit der neuen staatlichen Bürokratie auftauchenden Typus des Leuteschinders, der sich mit seinem Sadismus auf die Vorschrift berufen kann. Diese Vorsteher des Workhouses mußten darauf insistieren, daß die Insassen zur gleichen Zeit aufstanden, zur gleichen Zeit ihre Mahlzeit nahmen und zur gleichen Zeit arbeiteten. Niemand durfte ohne Erlaubnis das Workhouse verlassen, und erst nach 1842 durften die Kinder die Schule und die Erwachsenen die Kirche besuchen. Alle Insassen einschließlich der Kinder mußten ihre Mahlzeiten schweigend einnehmen. Es gab keine Bücher und nicht einmal Bibeln. Besuche wurden nur mit Erlaubnis des Masters geduldet, Eltern mußten von ihren Kindern getrennt werden und durften sie auch dann nicht sehen, wenn sie im gleichen Arbeitshaus wohnten. Um 1848 gab es an die 50.000 Kinder in Arbeitshäusern. Solch ein Arbeitshaus ist der Schauplatz von *Oliver Twist*. In ihm trifft sich die Dämonie des Kleinbürgertums mit dem Geist der Inspektion, der disziplinären Überwachung und des social engineering von Bentham. In Dickens rebelliert also der Sentimental Radicalism gegen den Philosophical Radicalism der rationalistischen Planungsbürokratie, obwohl beide Richtungen auf Reformen hinarbeiteten. Was sie unterschied, war ihr Bezug zum Gefühl; das macht die Debatten vor der Jahrhundertwende so verwirrend und kennzeichnet Dickens' komplizierten Bezug zur Reformbewegung, zu der er eigentlich selber gehört. Aber er wittert schon die Komplizenschaft der Vernunft mit der Macht, hat Vorahnungen von der Dialektik der Aufklärung und antizipiert Foucault.

Ein weiterer typischer Zug seiner Romane ist die Darstellung der städtischen Unterwelt, über die die Sozialkritik an der gesamten Gesellschaft artikuliert werden kann: die Unterwelt wird zum seitenverkehrten Spiegelbild der bürgerlichen Gesellschaft. Insofern ist Fagin, der König der Unterwelt, ein Gegenkönig zur Hierarchie der offiziellen Welt der Respektabilität. Auch er propagiert die bürgerlichen Sekundärtugenden der Nüchternheit, des Fleißes und des beruflichen Erfolges. Für die kulturgeschichtliche Perspektive noch entscheidender ist ein dritter Zug: Dickens ist einer der ersten Schriftsteller, der die Erfahrung der Großstadt als eines Ortes der Moderne in literarische Form bringt. Er wird zum Dichter Londons. Die schiere Monströsität der Metropole provoziert den Rückgriff auf mythologische Dimensionen der Beschreibung, die sich der überlieferten Metaphorik der Natur bedient: die Stadt ist ein Häusermeer, eine Steinwüste, ein Dickicht, ein Urwald und ein Dschungel. Die Rückverwandlung in Natur zeigt den Umschlag von höchster Zivilisation in tiefste Wildnis. Zumal in der Nacht, wenn das Gaslicht gelöscht ist, wird die schlafende Stadt zum Ort des Schreckens und des Verbrechens. Ihre Kompaktheit erlaubt die Wiederbelebung des Bildes von der Gesellschaft als eines riesigen Körpers. Die Großstadt wird zum Stadtkörper, die Verkehrsströme werden zum Blutkreislauf und zum Stoffwechsel, die Straßen, Kanäle und Schienen zu Adern, und die durch die Stadt pflügende, von Dickens zum ersten Mal geschilderte Eisenbahn wird zur Chiffre für das Bündnis von Moderne, Technik und Gewalt. Der Erfahrung des Massenhaften – Massen von Menschen, von Waren, von Häusern, von Dingen – entspricht die Angst, sich im Labyrinth zu verirren und zu verlieren. Das betrifft dann auch die Wahrnehmung, die durch den Ansturm des Massenhaften und Unübersichtlichen überfordert wird. Der Großstadt korrespondiert die beschädigte Wahrnehmung in Krankheit und Fieber, die Hypersensitivität des verfolgten Menschen, der Blickwinkel des halluzinierenden Wahnsinnigen und Besessenen. Die Metropole ist nicht nur eine Topographie, sondern ein Bewußtseinszustand. Die Wahrnehmung wird über ihre Kapazitätsgrenzen hinaus beansprucht. Deshalb beschreibt Dickens die Stadt als die Erfahrung des Amorphen, Konturlosen, Monströsen. London verschwimmt im Nebel und löst sich im Regen auf. Die Straßen versinken im Schmutz, Friedhöfe quellen auf, die Themse verliert sich in schlammigen Ufern, Häuser werden von Bergen von Abfall begraben, und die Leiber der Menschen verlieren sich in den Massen von Dingen, die sie umgeben, und werden ihnen gleich. In dämonischen Bildern der Amorphheit beschwört Dickens die metaphorische Angst vor der überfluteten Stadt. Die Mengen, die durch die Straßen strömen, entsprechen dem Wasser in den Abwässerkanälen, Gossen und Abflüssen der Unterwelt. In der Masse wird das Unbekannte zum Unwirklichen der Großstadt. Das beobachtende Ich verliert im Strom der entwirklichten Bilder seine eigene Geschichte und seine Vertrautheit mit sich selbst. Zum Kennwort des Fremden und Unbekannten der Großstadt wird nach der Beobachtung von Wordsworth das Geheimnis: "How often in the overflowing streets have I gone forward with the crowd and said unto myself: the face of everyone that passes by me is a mystery." Nicht umsonst finden sich bei Dickens die Ansätze zum Kriminalroman.

Dem entspricht eine wechselseitige Anpassung von Wahrnehmung und Erscheinungsbild der Menschen in einem Erfahrungsraum, in dem weitgehend nur Fremde Fremden begegnen: Der Versuch, aus dem Erscheinungsbild des Gegenüber seinen Charakter zu ermitteln, provoziert den detektivischen Blick. Gleichzeitig werden die Kleider immer homogener und einförmiger. Mit den 1840er Jahren beginnt sich ein Modestil durchzusetzen, dem es vor allem auf Neutralität und Unauffälligkeit ankommt, um sich der Lesbarkeit zu entziehen. Es tauchen die ersten Nähmaschinen auf, Modezeitschriften verbreiten sich, die Kleidungsstücke werden nach Schnittmustern von Maschinen gefertigt, und zum Modeideal wird das Ziel, nicht aufzufallen. Die Konfektionskleidung liefert den Menschen das Mittel, sich zu schützen. Aber je einförmiger die Körperbilder werden, desto intensiver werden sie von den Menschen nach Hinweisen auf die Persönlichkeit abgesucht. Kleine Unterschiede werden damit signifikanter: wenn die Farben der Stoffe gedämpft sind, kommt es auf die Qualität der Stoffe selbst an; wenn die Mäntel alle gleich aussehen, kommt es darauf an, wie sie geknöpft sind. Wer aber die Regeln, die die äußere Erscheinung bestimmen, nicht kennt und zu lesen versteht, kann keine Gewißheit darüber gewinnen, mit wem er es zu tun hat. Die Normalwahrnehmung wird zu einer Spurenlesetechnik, die die Detektive zu Vorbildern des durchschnittlichen Großstädters macht. Ein neues Personal bevölkert diese Räume: der Beobachter, der Fremde, die Polizei, der Verbrecher und der Verdächtige.

Weiterhin bietet Dickens in seinen Romanen eine Galerie von schikanierenden und brutalen Kleintyrannen, deren Groteskheit eine Spur der gesellschaftlichen Gewalt ist, die sie weitergeben. Es sind dies die typischen Vertreter der von Dickens besonders eindringlich dargestellten Schicht des Kleinbürgertums. Hier hat er ein ausgesprochen scharfes Auge für die Psychologie des Ressentiments, das für das Kleinbürgertum so typisch ist. Er ist ein Genie in der Darstellung der Schikane. In vielen seiner Gestalten, die zugleich grotesk, komisch und schauerlich sind, nimmt er die Psychologie dämonischer Hanswurste vorweg, die in den Massenbewegungen des 20. Jahrhunderts triumphieren sollte.

Die Perspektive, aus der diese Tyrannen ihre schaurige Gestalt gewinnen, ist die Sicht des Kindes. Dickens ist ein Darsteller der Kinder. Darin zeigt er die Perspektive der Entfremdung: das Kind ist das Wesen, das nichts versteht und das kaum handeln kann, das vielmehr nur beobachtet, erduldet und alles in einem fremden, ihm unverständlichen Licht sieht. Die Fremdheit der Stadt und die Perspektive des Kindes entsprechen einander. Gerade weil dies auf solche Resonanz stößt, wird der Viktorianismus auch ein Zeitalter der Kinderliteratur. In der zweiten Hälfte des Jahrhunderts entsteht die Nonsense-Poetry und die Nonsense-Literature, und in vielem nimmt Dickens Lewis Carrolls *Alice in Wonderland* vorweg. Wie dort sind auch in Dickens' Romanen die Erwachsenen für die Kinder fremde, groteske und unverständliche Monstren. Dickens' persönliches Interesse an Kindern hatte dabei mehrere Quellen: die Erinnerung an seine traumatische Erfahrung in der Blacking Factory; die romantische und rousseauistische Tradition, die Dickens aus dem 18. Jahrhundert geerbt hatte; und vor allen Dingen seine wirkliche Sorge hinsichtlich der sozialen und industriellen Ausbeutung von Kindern, in der sich einer der gräßlichsten Züge der industriellen Gesellschaft manifestierte. Von hier aus rückt er die vernachlässigten und verlorenen Kinder in den Mittelpunkt, die durch die Straßen von London irren. Dabei gerinnt seine Darstellung immer wieder zum Genrebild. In ihm stehen sich das unschuldige Kind und das Monster mit dem verhärteten Herzen gegenüber. Diese Konstellation bildet eine der Grundachsen von Dickens' Darstellung, und darin zeigt sich wohl auch eine der Grundkonstellationen der viktorianischen Psychologie. Man findet diese Differenz auch auf das bürgerliche Paar projiziert, bei dem der Mann die Härte der Geschäftswelt vertritt, während die sanfte Frau sich den Anliegen des Herzens widmen darf und jenen milden Schein des Gemüts verbreitet, in dem sich alle Verhärtungen wieder lösen. Diese Opposition konstituiert das Genrebild, in dem die triumphierende Welt des Kapitalismus dem Interieur des Hauses mit Frauen und Kindern und ihrem süßen Charme entgegengestellt wird. Entsprechend konstruiert Dickens seine Romane über die semantische Differenz zwischen häuslichem Frieden und Unbehaustheit. Die Insassen von Workhouses sind ebenso Heimatlose wie die Verbrecher der Unterwelt und die Obdachlosen, die nachts durch die Straßen streichen. Und an den vernachlässigten, vereinsamten und unterdrückten Kindern gewinnt der Eindruck der Heimatlosigkeit die Qualität eines rührenden Pathos.

An der zwiespältigen Haltung der Viktorianer zu Kindern zeigt sich zugleich wieder der Unterschied der Sentimental und der Philosophical Radicals, die die puritanische Strenge geerbt hatten. Gerade für den Puritaner sind die typischen Eigenschaften der Kindheit – die Verspieltheit, die Unwilligkeit, zu arbeiten, die Vergnügtheit und das Gefühl der Unschuld – besonders verdammenswert. In diesem Sinne ist ein Kind sozusagen das Gegenbild des Puritaners: der richtige Calvinist ist düster, ernsthaft, fleißig, streng, kontrolliert und dabei schuldbeladen. Aus diesem Grunde stattet Dickens in seinen Romanen häufig die Kinderquäler mit dem Tenor puritanischen Moralisierens aus. Gerade die Prätention der moralischen Überlegenheit macht diese Figuren besonders unsympathisch. Zugleich werden sie natürlich als gewaltige Heuchler demaskiert. Das strenge Ethos der Puritaner setzt sich aber in die utilitaristische Vorstellung der strengen Erziehung von Kindern zur Nützlichkeit fort. Das eben verstärkt Dickens' Abneigung gegen den Stil der Philosophical Radicals. Die von den Puritanern geheiligten Sekundärtugenden wie Pünktlichkeit, Fleiß, Pflichtbewußtsein etc. sind dieselben Tugenden, die auch von den Utilitaristen gepredigt werden. Demgegenüber ist Dikkens selbst ein Erbe Wordsworths mit Bezug auf die Bedeutung, die er den Kindheitseindrücken, den Erinnerungen, den Träumen und der Phantasie zuschreibt. Aber er führt seine Kinder aus dem gesunden und kräftigen Landmilieu, wo sie Wordsworth vorgefunden hatte, in die korrumpierende, vereinsamende, unübersichtliche, monströse Stadt. Aus dieser Gegenüberstellung entwikkelt er jenseits der traditionellen Klischees eine differenzierte und einfühlsame Kinderpsychologie. Die Bedeutung, die er den Phantasiebereichen beimißt, ermöglicht es ihm, die Wichtigkeit von Nursery Stories, die Rolle des Makabren, die Vergnügen der Rekonvaleszenz und die Wonnen der Wachträume richtig zu ermessen und eine Phänomenologie der kindlichen Einsamkeit und Todesverfallenheit zu schreiben, die seine ureigenste Leistung ist. Mit ihrer leicht morbiden Qualität trifft sie mitten ins Herz der Viktorianer. Der typische Dickens-Roman enthält also auch ein repräsentatives viktorianisches Szenario: Es gibt das unschuldige Kind, manchmal in der Variante der Kindfrau, und ihm gegenüber steht der harte Tyrann als Repräsentant einer gesellschaftlichen Institution und ihrer gefühllosen Rationalität; dann gibt es den dämonischen Herrscher der Gegenwelt wie Fagin oder Quilp aus *The Old Curiosity Shop* und die kinderfreundliche Gegenfigur als Repräsentant eines Bereichs der Antirationalität und der Phantasie wie des Theaters oder des Zirkus. Dazu gehört ein Geflecht von Institutionen und eine Topographie der Metropole mit Unterwelt und Slums.

Dickens' Werk ist also wie kein anderes die Darstellung des Viktorianismus geworden. Selbst Historiker haben seine Romane als dokumentarische Quellen herangezogen. Tatsächlich können sie folgende Dinge illustrieren: die Schuldgefängnisse, die Kinderarbeit, die Straßenjungen, die Arbeitshäuser, die Gasbeleuchtung, den Londoner Verkehr, die neue Polizei, die Juristen, die neuen Ministerien, die Wohlfahrtsbürokratie, die Schulen, die Theater, die parlamentarischen Wahlen, die Industriesiedlungen und das Fabriksystem. Dickens ist der erste, der im großen Stil das für das Zeitalter symbolische Verkehrsmittel, die Eisenbahn, darstellte. In ihr ergibt sich eine neue Optik, die das Auge schon auf die Photographie und die bewegliche Kamera vorbereitet: mit dem Blick aus der Eisenbahn bleibt der Horizont stabil, während der Vordergrund mit großer Geschwindigkeit vorbeirast. Das entspricht dem Blick ins Karussell oder dem im 19. Jahrhundert beliebten Panorama.

Die Bodenhaftung des Dickensschen Werkes drückt sich aus in einer eigenen Dickens-Topographie, die sich in modernen Titeln niederschlägt wie *Dickens's London*, *The London of Charles Dickens*, *Dickensian Inns and Taverns*, *In Kent with Charles Dickens*, *A Week's Tramp in Dickens' Land* etc. Bis heute beziehen wir unser Bild des Viktorianismus von ihm, der selbst durch und durch Viktorianer war. Gerade weil er ähnlich empfand wie seine Leser, konnte er so ungemein populär werden. Es blieb sein Problem als Autor, daß er bis zuletzt keinen archimedischen Punkt fand, von dem aus er seine Gesellschaftskritik organisieren konnte. Auch das hat zu seiner Popularität beigetragen. Er teilte mit seinen Lesern den Gegenentwurf einer privaten Utopie als Sehnsucht nach einer intakten Familie mit emotionaler Wärme und Geborgenheit. Auch in seinem Reformismus war er keineswegs seinen Lesern voraus. Der Zeitgeist war geprägt von einem "Spirit of Reform", den die Sentimental Reformers mit den Philosophical Radicals und sogar mit dem konservativen New England Disraelis teilten. Dickens' Einzigartigkeit bestand in der Fähigkeit, völlig phantastische Exzentriker und groteske Charaktere zu schildern und aus der Konfrontation von hilflosen Kindern mit institutionellen Mächten und deren sadistischen Vertretern seine Sozialkritik zur poetischen Apotheose zu steigern. Dabei gelang es ihm, seinen Hang zur Gothic fantasy und zu grotesken Visionen durch einen Realismus auszubalancieren, der mit der Detailfülle einer ständig expandierenden industriellen Welt angereichert war. In seiner Fähigkeit, die Grenzen zwischen Personen und Dingen zu verwischen, anthropomorphisierte er die Dinge und verdinglichte die Menschen. Das machte beide grotesk und gewissermaßen dämonisch. Fast immer zeigte er seine Charaktere in der für sie typischen Umgebung, die durch die Berufsrolle charakterisiert war. Deshalb ist sein Romanwerk auch das erste große Panorama der verschiedensten Berufe. Dabei gibt es nicht nur Ladenbesitzer und Landladies, sondern Näherinnen, Wäscherinnen, Ingenieure, Schiffszimmermänner, Friseure, Hebammen, Kinderschwestern, Handschuhmacher, Lehrer, Schauspieler, Detektive, Office Boys, Pastöre, Leichenbestatter, Sekretäre, Architekten, Geldverleiher und Juristen. Vor allen Dingen aber gibt es immer wieder die Lumpensammler, die fast schon selber zu Lumpen werden, und die ungeheure Menge von Schreibern. Darin zeigt Dickens zugleich die Ausdifferenzierung der Gesellschaft und die Explosion der Warenwelt.

Zur Signatur der Massenproduktion von Artikeln, die sich nun in größerer Häufung um die Menschen sammeln, werden die Kataloge und Reklamemagazine. Sie stehen für eine neue Welt der Massenhaftigkeit: das Warenhaus. Als neue Einrichtung ist es typisch für die Jahrhundertmitte und die Zeit der Weltausstellung. Das erste Warenhaus wurde im Jahre 1852 in Paris von Aristide Boucault eröffnet und dann gleich von Burtt in London und von Potter und Palmer in Chicago imitiert. Gegenüber dem traditionellen Alltagstheater auf den Märkten und beim Einzelhandel, zu dem die offenen Preise und das Feilschen gehörten, veränderte das Warenhaus die Verkaufssituation grundlegend. Es beruhte auf dem Prinzip der Festpreise, über die man nicht mehr feilschen konnte. Man konnte also in ein Warenhaus eintreten, ohne eine Kaufverpflichtung einzugehen. Das war bis dahin anders: wer im frühen 19. Jahrhundert ein Einzelhandelsgeschäft betrat, gab damit zu verstehen, daß er etwas kaufen wollte. Wer sich zwanglos umsehen und herumstöbern wollte, mußte auf den Markt gehen. Die Kaufverpflichtung war durchaus sinnvoll: wenn ein Verkäufer seine Zeit mit glühenden Lobpreisungen seiner Ware zubringen und mit ergreifenden Erklärungen, wie nahe er dem Bankrott sei und daß er keinen Penny mehr nachlassen könne, dann mußte er wissen, daß sich das Geschäft am Ende lohnte. Eine solche Dramaturgie erforderte viel Zeit und stand deshalb dem schnellen Umsatz großer Warenmengen im Wege. Im Warenhaus dagegen wurden die geringen Handelsspannen durch große Umsätze wettgemacht. Insofern entsprach das Warenhaus dem neuen Fabriksystem: da außerdem der Warenhausbesitzer bei der Vielzahl der Angestellten nicht mehr darauf vertrauen konnte, daß sie ebenso geschickt und erfolgreich und motiviert feilschten wie er selbst, mußte er die Preise festsetzen. Das Ganze funktionierte aber nur bei der gewaltigen Vermehrung der Käuferscharen. Wenn es darum ging, eine große Masse von Konsumenten an einem Ort zusammenzuziehen, war das mittelalterliche Straßengewirr der Städte zunächst ein Hindernis. Man hat geschätzt, daß ein Fußweg, für den man heute eine Viertelstunde benötigen würde, in den verwinkelten Straßen Londons zu Beginn des 19. Jahrhunderts anderthalb Stunden in Anspruch nahm. Diese Situation wurde durch die Einrichtung eines öffentlichen Verkehrssystems in London grundlegend verändert. In die fünziger Jahre fällt die Zeit der Pferde- und Eisenbahnen, die immer mehr Menschen in die Innenstadt führten.

Wenn die Menschen ohne feste Kaufabsicht in die Warenhäuser strömten, mußten sie natürlich zum Kauf der Ware bewogen werden. Deshalb schlägt jetzt die Geburtsstunde der Reklame. Durch sie wurde das Geschäft in ein Spektakel verwandelt, in dem die angebotenen Waren dramatisiert wurden: dem diente die Exposition oder die Auslage. Das Warenhaus wurde zu einer Art Museum. Dabei wurde den Gegenständen selbst eine exotische Bedeutung oder ein Flair des Neuen verliehen. Fremdartig anmutende Waren, die aus den Kolonien importiert wurden, konfrontierten den Kunden mit Überraschungen und gewöhnten ihn daran, etwas zu kaufen, worauf er nicht aus gewesen war. Es gibt nun die Aura der Waren, die Fremdartigkeit und der Reiz, der nicht mehr in ihrem Gebrauchswert, sondern in ihrer Bedeutung liegt. Diese Entwicklung steht im Hintergrund der kapitalistischen Warenanalyse durch Marx, der seit Ende 1849 in London lebte. Deren Pointe ist ja, daß sich in der Ware der gesellschaftliche Zusammenhang von Produktion und Konsum mystifiziert und der Blick verhext wird. Als Ware werde jedes Arbeitsprodukt zu einer gesellschaftlichen Hieroglyphe, die die sozialen Bedingungen, unter denen ein Gegenstand hergestellt worden ist, verdecke. Die Gegenstände selber werden opak, laden sich mit Bedeutung auf und erhalten etwas Geheimnisvolles, eine Art Aura und einen Hof von Assoziationen, die mit ihrem Gebrauch gar nichts zu tun haben. Die neue Chiffre für den Wert der Ware bildet dann der feste Preis. Er werde zu einem Wert an sich, den man als Signatur der Verdinglichung nicht mehr in das Bedeutungsgeflecht von Produktion und Konsum auflösen könne. Auf diese Weise werde der eigentliche Gebrauchscharakter vom Preis verdeckt. Damit schreibt Marx der kapitalistischen Ordnung die Fähigkeit und die Macht zu, die äußere Erscheinung der Dinge zu mystifizieren. Es ist dieser Zusammenhang, den Marx mit dem Begriff des "Warenfetischismus" belegt. Dahinter steht das historische Bezugsbild der Entstehung des Warenhauses, in dem der Ware durch die Exposition in der Draperie, durch die Reklame und die Auslage eine verführerische Aura vermittelt wird. Die Waren sollen wie die Prostituierten verführen. Die Kombination von Erotik und Käuflichkeit macht deswegen die Prostituierte zur Ikone der Warenwelt. In ihr zeigt sich dieselbe Dämonie wie in der Anthropomorphisierung der Dinge und der Verdinglichung der Menschen bei Dickens. Die Mystifikation der Ware aber provoziert den durchdringenden Blick des Detektiven, der das Geheimnis ergründet, oder des Ideologiekritikers, der die bürgerliche Gesellschaft demaskiert. Insofern besteht ein Zusammenhang zwischen der neuen Warenästhetik, der urbanen Erfahrung, den neuen Formen der Öffentlichkeit, dem Kriminalroman und der Analyse des Kapitalismus durch Marx.

Geht man von der Spiegelung der Epoche im Roman aus, muß Dickens durch einen weiteren repräsentativen Autor des Viktorianismus ergänzt werden: William Makepeace Thackeray. Sein Œuvre bietet uns die satirisch-ironische Darstellung der Society, die Dickens kaum kannte. Thackeray war der Sohn eines höheren Beamten der ostindischen Kompanie, besuchte die Public School und das Trinity College in Cambridge und versuchte erfolglos, die Rechte zu studieren, verschleuderte den größten Teil seines Vermögens, indem er eine Zeitung kaufte, die bald einging, und verlor den Rest beim Kartenspiel. Dann versuchte er es mit dem Studium der Künste, bewarb sich bei Dickens darum, die *Pickwick-Papers* illustrieren zu dürfen, und wurde abgelehnt. Daraufhin wandte er sich dem Journalismus zu und wurde Pariser Korrespondent für eine Zeitung, die sein Stiefvater herausgab. Mit dem Gehalt von acht Guineen pro Woche heiratete er Isabella Shaw, die nach einiger Zeit in Wahnsinn verfiel. Das machte es Thackeray gleichermaßen unmöglich, wieder zu heiraten, und ein normales Familienleben zu führen. Pikanterweise ist das genau die Situation, in die Charlotte Brontë ihren Helden Rochester in *Jane Eyre* plaziert. Ohne das zu wissen, widmete ihm Charlotte ihren Roman, und Thackeray las ihn schockiert in einer einzigen Nacht durch. Inzwischen hatte er verschiedene Romane geschrieben, sich mit Parodien von Bulwer-Lytton, Disraeli, Fennimore Cooper, die im *Punch* erschienen, einen Namen gemacht und mit *The Book of Snobs* seinen Ruf als Sozialkritiker der oberen Kreise begründet. Mit diesen Satiren reagiert Thackeray auf die Tatsache, daß mit der Industriellen Revolution und The Great Reform Bill die stabile Gesellschaft des 18. Jahrhunderts in Bewegung geraten war, und eine große Zahl von Fabrikanten, Handelsherren, Kaufleuten, Ärzten, Juristen und Spekulanten die soziale Leiter hinaufdrängten, indem sie die Manieren der Gentry imitierten. Das machte auf den höheren Rängen das Phänomen des Snobismus universal. In gewisser Weise kann man *The Book of Snobs* als Einführung zu seinem großen Roman *Vanity Fair* lesen, der im annus mirabilis 1847 erscheint. Der Untertitel *A novel without a hero* enthält ein literarisches Programm, bei dem sich die Gesellschaftssatire mit der Parodie bisheriger Romankonventionen trifft: es gibt keinen Helden, und es gibt auch nicht mehr – wie in den sogenannten "Silbergabelromanen" von Bulwer-Lytton und Disraeli – den Glamour der High Society. Ebensowenig gibt es die romantischen Frissons und die poetische Gerechtigkeit. Statt dessen dokumentiert der programmatische Anti-Heroismus den Sieg des Christian Gentleman über den aristokratischen Byronic hero. Entsprechend unsentimental ist der Charakter der Heldin Becky Sharp. Sie ist so rebellisch im Bereich der sozialen Konventionen wie die Heldinnen der Brontë-Sisters im Bereich des Gefühls. Damit wird Thackeray zum Chronisten des Wandels vom romantischen Heroismus der Waterloo-Zeit zur Prosaik des triumphierenden Liberalismus in der Jahrhundertmitte. Heroismus ist lächerlich geworden, und Thackeray demonstriert das an immer neuen Satiren auf den spielenden, trinkenden, libertinistischen und sich schlagenden Aristokraten. Die Typen-Galerie reicht von Count Galgenstein in *Catherine* über Algernon Deuceace in *The Yellow Plush Papers* und Colonel Brandon in *The Shabby Genteel Story* bis zu Barry Lyndon in dem Roman dieses Titels. Es ist um diese Zeit, daß auch das Duell außer Gebrauch kommt. 1844 ändert Prince Albert unter dem Eindruck eines fatalen Duells die Articles of War dahingehend, daß einem Gentleman nun geboten wird, eine Entschuldigung anzubieten, falls er jemanden beleidigt habe. 1869 kann der Titelheld von Trollopes *Phineas Finn* angesichts einer Forderung zum Duell durch einen Lord schon feststellen: “Wenige Engländer fechten heutzutage Duelle aus. Diejenigen, die das tun, werden im allgemeinen für Idioten gehalten.” Dies ist ein Zeichen einer nachhaltigen Ent-Glamourisierung und Verbürgerlichung des Adels. Unter dem Blick der sich militarisierenden Gesellschaft in Preußen sollte nun das entstehen, was man während der wilhelminischen Zeit den “englischen Händlergeist” nannte.

Eine andere Gruppe von Romanen, die ebenfalls alle im annus mirabilis 1847 erschienen, sind nun in der Tat gerade dies: nämlich romantisch. Sie verdanken ihre Einheit ihrem wohl einzigartigen Entstehungshintergrund in einer interessanten literarischen Großfamilie: es sind dies die Romane *Jane Eyre*, *Wuthering Heights* und *Agnes Grey* von Charlotte, Emily und Anne Brontë.

Patrick Brunty wurde 1777 als Sohn eines kleinen irischen protestantischen Bauern geboren, zu einem Grobschmied in die Lehre gegeben, aber aufgrund auffallender Begabung zum Dorfschulmeister geschickt, wo er angesichts seines Lerneifers zum Hilfslehrer ausgebildet wurde. Mit einundzwanzig Jahren wird er Hauslehrer bei den Söhnen eines Methodistenführers, der ihn seinerseits auf seine Kosten zum Studium nach Cambridge schickt. Dort beginnt er zu trinken und ändert seinen Namen in “Brontë”. Nachdem er als Geistlicher mehrere Pfarrstellen der Hochkirche durchlaufen hat, landet er in Haworth in Yorkshire. Vorher heiratet er die Tochter eines Kaufmanns und Ratsherren einer kleinen Stadt aus Cornwall und hat mit ihr einen Sohn und fünf Töchter, von denen zwei als Schulmädchen sterben. Nach dem frühen Tod seiner Frau führt seine Schwägerin Elizabeth Branwell den Haushalt. So besteht die Familie aus Vater, Schwägerin und den Kindern Charlotte (10 Jahre), Patrick Branwell (9 Jahre), Emily (8 Jahre) und Anne (6 Jahre). Die Stadt ist klein, und das Pfarrhaus befindet sich zwischen Schule, Kirche und Friedhof. Da der Friedhof höher liegt, ist das Trinkwasser ausgesprochen ungesund, schadet aber dem Vater als einzigem nicht, weil er nur Alkohol trinkt. Die anderen werden alle früh sterben. Um seine Kinder nicht sehen zu lassen, daß er ein größeres Quantum an Alkohol zu sich nimmt, als es sich für einen Pfarrer schickt, ißt und trinkt der Vater grundsätzlich nur allein. Ansonsten ist er abwechselnd freundlich und tyrannisch. In dieser Situation haben die Kinder nur sich selbst und eine Landschaft voll Einsamkeit und wilder Hochmoore. Im Juni 1826 beginnen sie die gemeinsame Abfassung einer Geschichte, die sie zusammen sechzehn Jahre lang weiter fortspinnen sollten. Der unmittelbare Anlaß dafür ist, daß Vater Brontë für Sohn Branwell einige Spielzeugsoldaten mit nach Hause bringt. Branwell verteilt sie gerecht unter den Geschwistern, und sie beginnen sofort damit, sich deren Erlebnisse zu erzählen. Um diese Erlebnisse interessanter zu machen, werden die "young people", wie sie fortan heißen, zu neuen Ufern transportiert: sie fahren zur See, landen an der spanischen Küste, werden von einem Taifun an die Westküste Afrikas geworfen und gründen das Königreich "Angria". Von den Figuren erhält jede ihre eigene Provinz. Den jeweiligen Helden stehen vier Großgenien als unbegreifliche und mächtige Geisterwesen schützend zur Seite. Sie heißen Brannii, Emmii, Annii und Tallii. Dazu wird eine eigene Mythologie erfunden. Nach zwei Jahren dieses Spiels setzen die ersten Niederschriften ein. Viele tausend Seiten mit winziger Druckschrift sind erhalten. In ihnen findet sich die vollständige Geschichte der Bewohner von Angria. Ein ganzes Sammelwerk enthält die Lebensläufe und Charakteristiken der berühmtesten Männer. Es erscheinen sechs Nummern einer Monatszeitschrift, in denen Stücke, Fabeln und phantastische Geschichten abgedruckt sind. Als Charlotte in ein Internat geht und Bruder Branwell der Premierminister von Angria wird, tritt eine politische Spaltung ein. Emily und Anne gründen ein eigenes Königreich mit dem Namen "Gondal". Da Charlotte aber 1834 zurückkehrt, wird die Entwicklung in Angria wieder aufgenommen, und so existieren die beiden Königreiche Angria und Gondal nebeneinander her, verwaltet und betrieben von den beiden Geschwisterpaaren Charlotte und Branwell auf der einen

Seite und Emily und Anne auf der anderen. Charlotte und Branwell sind klein und zierlich, Emily und Anne dagegen lang und knochig.

Das sechzehnjährige Leben in einer privaten Phantasiewelt hat die Kinder für den Kontakt mit der Außenwelt ungeeignet gemacht. Als Branwell sich als Hauslehrer versucht, wird er von seinen Dienstherren hinausgeworfen und verkommt im Suff und im Opium. Die Schwestern versuchen sich als Gouvernanten und vergehen vor Heimweh. 1845 treffen sie sich alle wieder zu Hause. Dabei verabreden sie sich, jeweils einen Roman zu schreiben. Alle drei Romane bestehen in verschiedenem Maße aus der Übertragung von Geschichten aus Angria und Gondal in die zeitgenössische Welt. Dies sind *Wuthering Heights* von Emily, *Jane Eyre* von Charlotte, der sofort ein Bestseller wird, und *Agnes Grey* von Anne. Im Vergleich zu ihrer Vorlage verändert Emily in *Wuthering Heights* am wenigsten: Die Liebe zwischen Heathcliffe und Catherine ist in Gondal vorgeprägt; aber auch in *Jane Eyre* ähnelt der Byronic hero dem Herzog von Samorna aus Angria. Nach dieser Eruption kreativer Energien rafft der Tod ein Geschwister nach dem anderen hinweg. 1848 sterben Branwell am Alkohol und Emily an der Schwindsucht. 1849 folgt Anne. Charlotte überlebt sie um sieben Jahre und stirbt an den Folgen einer Schwangerschaft.

In einer einzigartigen Fallgeschichte von Familieninzucht entwickelt sich also ein Opus, auf das die Zeitereignisse kaum einen Einfluß haben. Die Lektüre der Geschwister besteht allein aus Werken der Dichtung mit geringem Bezug zur sozialen Wirklichkeit. Und trotzdem sind es novels of protest. *Jane Eyre* wiederholt das Panorama von Richardson mit dem Unterschied, daß der adlige Byronic hero geblendet wird und eine kleine Gouvernante sich herabläßt, ihn zu heiraten, deren Leidenschaft und Gefühl ebenso intensiv und drängend sind wie die eines Mannes. Die Heldinnen der Brontës unterscheiden sich von den zeittypischen Heroinen durch ihre Härte und ihre aggressiv vorgetragene Leidenschaftlichkeit. Darin artikuliert sich der Protest gegen die traditionelle Rolle der Frau. Emilys Roman *Wuthering Heights* aber ist eine Familien-Saga von einer solch elementaren Wucht und Leidenschaftlichkeit, daß sie alle moralischen Maßstäbe sprengt und zur viktorianischen Zeit weithin Empörung ausgelöst hat.

Liberalismus, Evolutionstheorie und Fortschritt

Die Jahrhundertmitte brachte nicht nur den Beginn der Prosperität und eine produktive Zeit für die Entwicklung des Romans, sondern auch den Höhepunkt des Liberalismus. Die Gesetzgebung, die zur Reform Bill und den Anschlußreformen geführt hatte, war natürlich von den Whigs ausgegangen. Aber nach dem Municipal Corporations Act von 1835, der die Selbstverwaltung in den Städten einführte, kam der Reformimpuls der Whigs zum Erliegen. Das führte nach einer scharfen Depression in der Wende von den 30ern zu den 40er Jahren zur Machtübernahme der Konservativen. Ihr großer Repräsentant war Sir Robert Peel. Sein Name verbindet sich mit einer Konstellation, die den Sieg des Liberalismus zur Jahrhundertmitte praktisch unvermeidlich machte und zur interessanten Konfrontation dreier Staatsmänner führt, die als Premierminister einen Großteil der Politik des 19. Jahrhunderts in Großbritannien bestimmen sollten: Peel selbst, Gladstone und Gladstones späterer Gegner Disraeli, der sich schon als Autor sozialer Romane einen Namen gemacht hatte. Und diese Konfrontation hat wieder zu tun mit einer ökonomischen Situation, in die die Tragödie Irlands verwickelt ist. Das alles ist verflochten mit der ideologischen Schlacht um die allmähliche Durchsetzung des Prinzips des Freihandels.

In einem industriellen Land treibt das Problem des Brotpreises Land und Stadt in einen neuartigen Gegensatz: für die Stadtbewohner ist ein niedriger Brotpreis günstig, während für das Land ein hoher günstig ist. Nun hatte während des napoleonischen Krieges die Kontinentalsperre dafür gesorgt, daß England dazu gezwungen war, sich aus der eigenen Landwirtschaft zu versorgen. Das war natürlich den "Landed Interests" entgegengekommen, die im Parlament überdurchschnittlich vertreten waren. Deshalb sorgten sie auch nach dem Ende des Krieges durch einen Schutzzoll dafür, daß England kein billigeres Getreide vom Kontinent einführen konnte. Da aber in allen anderen Bereichen der industriellen Produktion die Schutzzölle nach und nach fielen, wurden die Einfuhrzölle auf Getreide zunehmend unplausibel.

Zugleich nahm die Zahl der Bauern ab, die davon hätten profitieren können, und an ihre Stelle trat ein ländliches Proletariat von Landarbeitern, deren Interesse mit denen der Stadtbewohner zusammenfiel. Das machte die sogenannten "Corn Laws" zum Gegenstand öffentlicher Debatten. Der britische Parlamentsabgeordnete Richard Cobden gründete eine Anti-Corn-Law-League, eine Art von Pressure Group und Kampagnengesellschaft, die für die Aufhebung der Kornzölle agitierte. Ihre hoch effektive Propagandamaschine bewirkte, daß Millionen Menschen, die bisher außerhalb der Politik gestanden hatten, in den Prozeß der öffentlichen Meinungsbildung mit einbezogen wurden. Ihr enormer Erfolg hatte wohl auch damit zu tun, daß man gleichzeitig an den Egoismus und an den Wohltätigkeitsinstinkt der Menschen appellierte: Brot für die Armen! Die Liga verteilte mit einem Personal von über 800 Personen neun Millionen sorgfältig geschriebene Traktate. In einer Zeit, in der Finanz- und Regierungsprobleme als Mysterien angesehen wurden, die nur von den oberen Beamten der Regierung verstanden wurden, überschwemmte die Liga das Land mit Rednern, die riesigen Mengen von Kaufleuten, Büroangestellten, Handwerkern, Farmern und Landarbeitern Ökonomie beibrachten und den Staatshaushalt erläuterten. Die zur Liga gehörenden Geschäftsleute begannen damit, innerhalb der Landbezirke Land zu kaufen, um selbst als County Voters zu zählen und auf diese Weise die ländlichen Magnaten mit ihren Stimmen zu bedrohen. Im Grunde wurde auch der Tory-Führer Peel überzeugt, daß die Kornzölle aufgehoben werden müßten. Er überlegte noch, wie er ohne Gesichtsverlust und ohne seine eigenen Wähler zu verprellen die Aufhebung der Kornzölle bewerkstelligen konnte, als zwei Katastrophen dazwischenkamen: Das eine war die große Kartoffelseuche in Irland und das andere ein völlig verregneter Herbst in England, der die Kornernte verdarb. Als die Kartoffelseuche in Irland ausbrach, hatten die Protektionisten gehofft, die Iren mit englischem Korn durchfüttern zu können. Als das aber nun wegen der verregneten Ernte ausblieb und die Iren wegen des Schutzzolls auf Korn nicht mit billigem ausländischen Getreide versorgt werden konnten, brach eine Hungersnot aus. Als sich 1846 die Mißernte wiederholte, wurde die Hungersnot katastrophal; sie war eine bevölkerungspolitische Katastrophe von größtem Ausmaß und wurde zum großen Trauma der neueren irischen Geschichte. Durch Krankheit, Hungertod und Auswanderung verminderte sich die Bevölkerung Irlands um über ein Drittel von über sechs Millionen auf vier Millionen. Die gewaltige Auswanderungswelle in die Vereinigten Staaten machte die Iren zur zeitweilig größten Auswanderungsgruppe in den USA, die später nur von den Deutschen an Zahl übertroffen wurde. Von hier aus datiert auch die Gründung von Institutionen und Vereinen, die die Loslösung Irlands vom englischen Mutterland betrieben. Die sogenannte Repeal Association, die ihr ehemaliger Gründer und Führer O'Connell aufgelöst hatte, wurde nach der Übernahme der Regierung durch die Konservativen wieder neu gegründet, und der Bund des "Young Ireland" agitierte unverhohlen für die Trennung von England. John Mitchels "United Irishmen" predigten offene Empörung, und William O'Brien berief einen Nationalkonvent nach Dublin. Die britische Regierung reagierte wie üblich: der Nationalkonvent wurde verboten, O'Brien und Mitchel zur Deportation verurteilt, die Habeas Corpus-Akte suspendiert und Dublin und andere Grafschaften unter Kriegsrecht gestellt. 1849 wurde die Katastrophe durch das Wüten der Cholera verschlimmert. Diese irische Apokalypse der Jahrhundertmitte wurde zum Ausgangspunkt für die Erneuerung der irischen Unabhängigkeitsbewegung.

Inzwischen war für Peel die Situation völlig unhaltbar geworden. Im Winter 1845/46 hatte die Liga ihre letzte und unwiderstehliche Kampagne durchgeführt: Peel wollte zwar die Corn Laws aufheben, aber die Partei versagte ihm die Gefolgschaft. Auch die Whigs scheuten sich vor der Krise und weigerten sich, die Verantwortung zu übernehmen. Das hat sie bei heutigen Historikern stark diskreditiert, führte aber zu der paradoxen Wendung, daß ihnen für zwanzig Jahre die Macht zufiel: denn es spaltete die konservative Partei. Peel vergaß, daß er nur als Repräsentant seiner agrarischen Klientele in der konservativen Partei ins Parlament gekommen war, und hob die Corn Laws auf. Das war die Stunde des jungen, brillianten jüdischen Außenseiters in der Partei, Benjamin Disraeli. Er war seit 1837 Delegierter von Maidstone für die Tories. In der Zeit der Corn Law Agitation schreibt er seine drei großen Romane *Conningsby, Or the New Generation*; *Sybil, Or the Two Nations* und *Tancred, Or the New Crusade* und formt mit ihnen seine politische Philosophie. Das Ergebnis ist die Überzeugung, daß die konservative Partei eine neue offensive Ideologie braucht. Diese kann sie nur aus einer Frontstellung gegenüber dem herrschenden bourgeoisen Geist des Liberalismus gewinnen. Damit wird der Konservativismus Disraelis antikapitalistisch. Hier formiert sich die konservative Kulturkritik an den Entfremdungserscheinungen des modernen Kapitalismus und macht verständlich, wieso ausgerechnet ein Konservativer den ersten sozialen Roman schreiben konnte. Und von hier aus deutet sich die politische Möglichkeit eines Bündnisses zwischen einer erneuerten Aristokratie mit dem unterdrückten und ausgebeuteten Volk an. In der gemeinsamen Frontstellung gegen den modernen Geist des Kapitalismus, der Unpersönlichkeit und der menschlichen Gleichgültigkeit, so stellt sich Disraeli vor, kann der Adel die aristokratischen Werte der persönlichen Loyalität, der korporativen Solidarität und der religiösen Ehrfurcht wieder zur Geltung bringen und auf diese Weise an eine alte Tradition anknüpfen, die ihn einst zur politischen Führung legitimierte. Von da aus plädiert Disraeli für eine spirituelle Renaissance des Adels. Die Rückkehr zum mittelalterlich-christlichen Geist ist für Disraeli so etwas wie die Rückkehr zu den jüdischen Ursprüngen des Christentums, die er sich als spirituell vorstellt. Von dieser Position aus formiert er eine Gruppe von Jungtürken innerhalb der Partei, die sich den Namen "Young England" gibt. Für diese Gruppe bedeutet die Aufhebung der Corn Laws eine liberale Erzsünde und die Kapitulation vor dem Geist des Kapitalismus. Vor diesem Hintergrund benutzte Disraeli die Unzufriedenheit der Squires über die Aufhebung der Kornzölle, um im Parlament brillante Reden gegen Peel zu halten, und brachte ihn damit zu Fall. Während Peel im Volk ungemein populär wurde, erlitt er zugleich im Parlament seine größte Niederlage. Das Ergebnis war die Spaltung der konservativen Partei im Jahre 1846, die sie für zwanzig Jahre von der Macht fernhielt: Die Scheidung zwischen den Peelites und den anderen Parteimitgliedern der Tories war zu bitter, um schnell geheilt zu werden, denn die Truppen hatten das Gefühl, daß ihre Offiziere die Festung verkauft hatten, und die Offiziere hatten das Gefühl, daß die Truppen, von einem Außenseiter verführt, ihren Offizieren in den Rücken geschossen hatten. Zu diesen Offizieren gehörte als Unterstaatssekretär auch der große spätere Gegner von Disraeli, William Gladstone. Im Gefolge dieses Ereignisses übernahm Disraeli die Führung der konservativen Partei, und die Peelites unter der Führung von Gladstone verließen das konservative

Lager und stießen zur liberalen Partei. Das war die Stunde des Triumphes für die Whigs. Im Zuge der nächsten fünfzehn Jahre bauten sie und Gladstone das Gebäude des Freihandels völlig aus, wobei diese Politik durch die längere Phase der Prosperität nach der Jahrhundertmitte bestätigt wurde. England wurde nun zum "workshop of the world" und zur Beherrscherin des Weltmarkts. Die Welt wurde ihrerseits zu einem Ensemble von mehr oder weniger landwirtschaftlich bestimmten Ländern, die sich um das Manufakturzentrum England gruppierten. Das hereinströmende Kapital und die Profite führten zu einem Expansions- und Investitionsboom, der auch auf die Lebensverhältnisse der Arbeiter durchschlug. Die Löhne stiegen und die Beschäftigung wurde sicherer und regulärer. Gleichzeitig mit dem Kapital konsolidierten sich auch die Gewerkschaften. 1852 bildete sich die Amalgamated Society of Engineers, und dies wurde das Modell für die organisierte Arbeiteraristokratie. Selbsthilfeorganisationen aller Art boten nun Finanzierungs- und Versicherungstechniken für Arbeiter an. Hinzu kam der Aufbau der Kooperative-Bewegung, die aus Initiativen von Owens Anhängern hervorgegangen war. Sie hatten 1844 den ersten Co-op-Laden aufgemacht, bei dem die Waren zu Marktpreisen verkauft, aber die Profite unter den Mitgliedern der Kooperative im Verhältnis zur Höhe ihrer Erwerbungen geteilt wurden. Und zugleich unterwies die Kooperativebewegung die Arbeiter in den Techniken der Selbsthilfe, des business management und der Organisation ihrer eigenen Interessen. Ihr Erfolg wurde durch den Idealismus der Christian Socialists befördert, bei denen sich vor allen Dingen Tom Hughes, der Autor von *Tom Brown's School Days*, verdient machte.

Darin drückt sich aus, daß die Jahrhundertmitte eine wenn auch allmähliche Wende in der Haltung der Kirche gegenüber den sozialen Problemen brachte. Gegen Ende der 40er Jahre setzte eine Reaktion gegen die konservativen Tractarians ein, die gegen die Chartisten und die Reformer geeifert hatten. Statt dessen wurde in den 50er Jahren eine Bewegung der demokratischen Sympathie mit dem Volk von den sogenannten "Broad Church Men" in die Kirche getragen. Ihre beiden Führer waren F.D. Maurice und Charles Kingsley, die das begründeten, was sie "Christian Socialism" nannten.

Die Industrielle Revolution und die Formen, in denen man auf sie zunächst reagiert – also die Kooperative-Bewegung, die

Fabrik-Gesetzgebung, die Gewerkschaftsbewegung, die Free Trade-Bewegung – sind englischen Ursprungs, und viele der britischen Organisationsformen werden zum Modell für kontinentale Imitationen. Dazu gehört auch eine Einrichtung, die man zunächst nicht für einen Bestandteil der Arbeiterkultur halten würde, nämlich die Praxis, Briefe durch eine aufgeklebte Briefmarke zu befördern. Tatsächlich hat Sir Rowland Hill 1840 durch diese Idee die Post revolutioniert. Dieses Verfahren machte die Post sehr viel billiger und ermöglichte es auch Arbeitern, mit weit entfernten Gesinnungsgenossen oder Verwandten zu kommunizieren. Es trug insgesamt dazu bei, eine Nation zu einer Kommunikationsgemeinschaft zu machen und die Korrespondenz über Kontinente hinweg zu ermöglichen. Erst ab dieser Zeit gibt es Auswandererbriefe in größerer Zahl. Entsprechend kommt es also erst nach Einführung der Briefmarke im Postsystem zu den großen Auswanderungswellen in Irland, Schweden und Deutschland.

Das Schauspiel der europäischen Revolutionen von 1848, die fehlschlugen oder unterdrückt wurden, befestigte im englischen Publikum das Gefühl, die Freiheit, um die andere kämpften, schon zu besitzen. Seinen Wohlstand konnte es besichtigen, als 1851 Prince Albert unter dem großen Glasdom im Hyde Park die Weltausstellung eröffnete. Die unglücklichen Europäer, die es nicht fertiggebracht hatten, sich selbst als freie Gesellschaften zu organisieren, wurden sozusagen in Form eines Trostpreises eingeladen, den Frieden, den Fortschritt und die Prosperität Großbritanniens zu bewundern. Diese erste große Weltausstellung eröffnete eine neue Ära in der ökonomischen Selbstdarstellung von Nationen und in der internationalen Reklame.

Ab der Jahrhundertmitte wurde es möglich, politische Karrieren außerhalb des Parlaments zu machen. Typisch hierfür waren Kampagnenführer und Volkstribunen wie Cobden, die eine Verbindung herstellten zwischen den parlamentarischen Organisationen und dem, was man "popular support" nannte. Da es sich in der Regel um Reformkampagnen handelte, fiel diese Tendenz mit der wachsenden Verbreitung liberaler Anschauungen zusammen. Auf diesem Wege verwandelte sich die alte Whig Partei in eine moderne liberale Partei. Darin zeigt sich die Wirkung der Great Reform Bill von 1832: zwar war die politische Kaste in Großbritannien nach wie vor ziemlich aristokratisch, aber die adligen

Netzwerke von persönlichen Verbindungen mußten nun auf Seiten der Whigs durch einen Transmissionsriemen zwischen Partei und öffentlicher Meinung ergänzt werden. Auf diese Weise wurden große Gruppen der gesamten Nation als Wählerschaft an eine Partei gebunden. Im Fall der Liberalen waren das die Philosophical Radicals, die religiösen Dissenter, die Geschäftsleute und Kapitalisten, ein großer Teil der Juristen, alle Minderheiten wie Iren, Schotten und Waliser, ein Großteil der Arbeiterschaft, die sich als sogenannte "Working Class Liberals" empfanden, und die meisten Intellektuellen. Eine organisierte parteipolitische Vertretung der Arbeiterschaft im Sinne einer sozialistischen Partei gab es noch nicht und sollte es bis zur Entstehung der Labour Party um die Jahrhundertwende auch nicht geben. Mit anderen Worten, bis zum Anfang des 20. Jahrhunderts konnten die Liberalen mit dem Votum der Arbeiterschaft rechnen, und ihr Untergang fällt mit dem Aufstieg der Labour Party zusammen. Zur Jahrhundertmitte aber hat der Liberalismus die öffentliche Meinung erobert. Seine Herrschaft wird dazu führen, daß es 1867 zu einer zweiten Reform Bill kommt, die das Wahlrecht nochmals erweitert. Der führende Intellektuelle dieser Jahrzehnte und der größte Repräsentant des Liberalismus ist John Stuart Mill. Seine Leistung besteht geradezu in der Integration und Formulierung der öffentlichen Meinung in zugleich verständlicher und anspruchsvoller Form. Er gab allen Problemen einen weiten historischen Kontext und er verstand es, bei der Debatte über irgendeine Malzsteuer die gesamte Zukunft des Empire ins Spiel zu bringen. In den 1860er Jahren wurden seine Hauptwerke als Volksausgaben herausgegeben. 1848 waren seine *Principles of Political Economy* erschienen, und in seiner produktivsten Zeit zwischen 1858 und 1865 erschienen seine berühmten Traktate *On Liberty*, *Utilitarianism*, *Representative Government* und schließlich 1869 die Magna Charta der Frauenbewegung, *The Subjection of Women.* Mills besondere Fähigkeit bestand darin, eingehende Analyse in gutem Stil vorzutragen, politische Rhetorik und philosophische Orientierung zu integrieren und politische und soziale Probleme zu verbinden. Die von ihm immer beschworenen Werte sind die der individuellen Selbstverwirklichung, der Selbsthilfe und der Eigeninitiative. Zugleich hatte er eine gute Witterung für aktuelle Problemlagen, die er mit seiner politischen Ideenwelt verbinden konnte. In seinen einflußreichen *Principles of Political Economy*, die er auf die volkswirtschaftlichen Analysen von Ricardo gründet, geht er auch auf die Arbeiterfrage ein, was ihm das wohlwollende Interesse der Arbeitervertreter sichert. Unter dem Einfluß seiner intellektuellen Freundin Harriet Taylor, die er nach dem Tode ihres Mannes heiratete, schrieb er *The Subjection of Women*, wo er für die Einführung des Frauenstimmrechts eintrat. Er war der Apostel einer Ethik des politischen Engagements. Jeder sollte sich für öffentliche Fragen interessieren, von den Abwässern bis zur Außenpolitik und von der Dorfschule bis zur Frage des nationalen Budgets. Ein besonderes Anliegen war ihm die Einrichtung von Selbstverwaltungsorganen auf lokaler Ebene. Macht sollte lokalisiert, aber die Information sollte zentralisiert werden. Er vereinigte also in einer konsistenten Theorie die Differenzierung einer dezentralisierten Selbstverwaltung mit der Zentralisierung spezieller Führungstechniken. Seine Schrift *On Liberty* vermittelte einer ganzen Generation eine offene Einstellung gegenüber der Freiheit der Meinungsäußerung, der Neuigkeit von Ideen und der Notwendigkeit von Innovationen insgesamt. Das entsprach natürlich auch dem unaufhaltsam scheinenden Fortschritt der Wissenschaft, die sich weder den Grenzen der Konvention noch dem Diktat des Glaubens mehr beugen wollte. Mills *On Liberty* erschien im selben Jahr wie Darwins *Origin of Species*.

Wenn Mill der repräsentative Intellektuelle des Liberalismus war, wurde seine politische Hegemonie durch den Viscount Palmerston repräsentiert. Insofern er in der Außenpolitik England zum Verbündeten jeder Befreiungsbewegung erklärte, kombinierte er einen liberalen Jingoismus mit einer relativ konservativen Innenpolitik, womit er die Kräfte eines erst halb entwickelten Wahlsystems miteinander austarierte. Mit seiner persönlichen Autorität hinderte er radikalere liberale Impulse an der Entfaltung, und so bedeutete sein Tod 1865 die notwendige Voraussetzung für die zweite Reform Bill 1867. Erst danach treten die stärkeren Trennungslinien zwischen Konservativen und Liberalen hervor. Die Wahlkreiseinteilung von 1832 wurde durch das rapide Bevölkerungswachstum in den Industriestädten schnell wieder anachronistisch. Solange die Wahl noch nicht geheim war, war die Landbevölkerung der Beeinflussung durch ihre Landlords ausgesetzt. Da sich die Wähler registrieren lassen mußten, kam es zu allen möglichen Manipulationen bei der Anfertigung der Wahlregister. Häufig versuchten die Manager in den Landkreisen auch, die Anhänger der Gegner betrunken zu machen, so daß sie überhaupt nicht mehr zur Wahl gehen konnten. Es ist dieses Wahlsystem, das Dickens in den *Pickwick Papers* karikiert. Man hat es eine "Semi-Demokratisierung des parlamentarischen Systems" genannt. Wie so vieles in der britischen Geschichte war es ein Kompromiß zwischen der Landed Aristocracy und den neuen Industrie- und Handelsklassen gewesen. Peel war der erste Sohn eines Fabrikbesitzers, der Premierminister wurde. Gladstone kam aus einer schottischen Kaufmannsfamilie, und Disraeli war der Sohn eines jüdischen Börsenmaklers. Während dieser Übergangszeit war die Parteiorganisation noch in den Kinderschuhen. 1832 wurde der Carlton Club gegründet, um die Registrierung von Wählerstimmen sicherzustellen. 1852 gründete Disraeli eine Art konservatives Generalsekretariat, in dem vor allen Dingen die Kandidatenlisten geführt wurden. 1834 hatten die Radikalen ihrerseits den Reform Club gegründet, um mit dem Carlton Club konkurrieren zu können. Die ganze Maschinerie wird in Disraelis *Conningsby* von 1844 geschildert. In der Palmerston-Ära des Liberalismus und der Freihandelszeit dominiert die auswärtige Politik die britische Öffentlichkeit, während die innenpolitischen Probleme sich auf Finanzierungs- und Steuerfragen reduzieren. Dabei ist Gladstone, der als Konservativer begann, mehrere Male Schatzkanzler und organisiert das nationale Budget nach liberalen Prinzipien. Er reduziert die meisten Zölle – u.a. auch den auf Papier – mit dem Ergebnis, daß die Massenpresse einen weiteren Expansionsschub erfährt.

Während dieser Zeit scheint fast allen Beteiligten das 1832 beschlossene Wahlsystem unsinnig und halbherzig zu sein. Nachdem so viele Gesetze zur Verbesserung der Lage der Arbeiter durch das Parlament gegangen waren, war es unlogisch, ihnen nicht selbst das Stimmrecht zu geben. Dabei gehört es zu den vielen Paradoxien der englischen Geschichte, daß es nach mehreren Anläufen ausgerechnet Disraeli gelang, im Widerspruch zu den Parteiprinzipien der Konservativen die Ausdehnung des Wahlrechts in der zweiten Reform Bill durch das Parlament zu bringen. Danach hatte jeder das Stimmrecht, der ein eigenes Haus bewohnte oder als Mieter zehn £ jährliche Miete zahlte. Gleichzeitig wurden ungefähr 45 Sitze neu verteilt, wobei die Repräsentation der Counties und der größeren Städte auf Kosten der Kleinstädte verstärkt wurde mit dem Ergebnis, daß in den

Counties die middle classes und in den Städten die Arbeiter stärker repräsentiert wurden. Zum ersten Mal in der englischen Geschichte hatten damit die städtischen Agglomerationen mehr Wähler als die ländlichen Counties. Das Elektorat wurde um das Doppelte erweitert, betrug aber immer noch weniger als zehn Prozent der Bevölkerung.

In den Großstädten Liverpool, Manchester, Birmingham und Leeds, von denen jede drei Parlamentsmitglieder nach Westminster schickte, durfte kein Wähler für mehr als zwei Kandidaten stimmen. Auf diese Weise sollten Minoritäten geschützt werden. Aber die Birmingham Liberal Association fand bald heraus, daß durch eine sorgfältige Verteilung ihrer Stimmen alle drei Abgeordnetensitze von ihrer Partei gewonnen werden konnten, wenn die eigenen Wähler besser organisiert wurden. Das führte zur Formierung des Birmingham Liberal Caucus, der seine Funktion so perfekt wahrnahm, daß er zum Modell für andere Parteiorganisationen wurde. Auf diese Weise wurden die Mitglieder und die lokalen Komitees der Parteidisziplin und der Macht der Zentralorganisation unterworfen. 1867 wurde "The National Union of Conservative and Constitutional Associations" formiert, und zehn Jahre später folgte die "National Federation of Liberal Associations". Auf diese Weise nahmen beide Parteien langsam ihr modernes Gesicht an.

Ähnlich wie 1832 wurde auch im Zuge der zweiten Reform Bill eine Serie von Anschlußreformen während des Gladstone-Kabinetts von 1868 bis 1874 nachgeschoben. Dazu gehörte, daß nun endlich – 1872 – die Wahl geheim wurde. Innerhalb weniger Jahre wurde auch die Beamtenschaft, das Militär und das Justizwesen überholt. In der Beamtenschaft wurde das Prinzip der Patronage völlig abgeschafft und durch Fachexamina ersetzt. In der Armee wurde auf derselben Linie der Kauf von Offizierspatenten abgeschafft. Und schließlich kommt es auch zu einer Reform des Erziehungssystems. Die Gründung der radikalen National Education League führt zu einem Education Act im Jahre 1870, der lokale School Boards einrichtet, die den Schulbesuch bis zum Alter von dreizehn Jahren obligatorisch machen. All diese Reformen sind zirkuläre Prozesse und verstärken sich selbst. Die bessere Erziehung macht ein erweitertes Elektorat möglich, und die Erweiterung des Wahlrechts führt zur besseren Erziehung. Das Ergebnis bestand immer in einer Verstärkung der zentralen und lokalen Regierungsaktivität. Die expandierende staatliche Verantwortung führte zu mehr Staatsbeamten, Inspektoren, Lehrern und zu einer generellen Expansion der Verwaltung, die sich seit den 1830er Jahren auf diesen Grundlagen formiert hatte. Aber gerade weil sich der Staat ausdehnte, mußte er sozusagen in inverser Richtung immer stärker demokratisiert werden. Das Gefühl, von dem wachsenden Staat in der persönlichen Freiheit eingeschränkt zu werden, führte immer wieder zu neuen Agitationswellen für persönliche Rechte. Das aber hieß wiederum: eine Perfektionierung der Parteienmaschinerie, eine bessere, aktivere und informiertere Öffentlichkeit und mehr Spielraum für freiwillige Gesellschaften.

Es sind diese Jahre zwischen 1851 und 1867, die wohl am stärksten das Bild des Viktorianismus eingefärbt haben. Zu diesem Bild gehörten das philiströse Gefühl der Selbstzufriedenheit, der Vorsprung Englands in der materiellen Kultur gegenüber allen anderen Ländern, der scheinbar unaufhaltsame Vormarsch der middle classes als der für die Moderne repräsentativen Klasse und die Ausbreitung einer bürgerlichen Berufs- und Pflichtethik, die in der viktorianischen Fassung von protestantischer Religiosität imprägniert war. Es ist deshalb symbolisch, daß im Jahr der großen Weltausstellung zum ersten Mal der Begriff "viktorianisch" gebraucht wurde, um das neue Selbstbewußtsein zu charakterisieren.

Der siegreiche Liberalismus fand nun auch den Historiker, der die Geschichte Englands als ein Fortschreiten permanenter Reform beschrieb und damit die Whig Interpretation of History begründete: Thomas Babington, Lord Macaulay. Er schrieb seine *History of England* direkt mit dem Ziel, den zeitgenössischen Romanbestsellern Konkurrenz zu machen und ein Massenpublikum zu erreichen. Als die ersten zwei Bände 1848 erschienen, wurden in vier Monaten 13.000 Exemplare verkauft. Der dritte und vierte Band fanden 1855 innerhalb von zehn Wochen mehr als 26.000 Käufer. Wenn mit Scott die Romane historisch wurden, wird mit Macaulay die Geschichte romanhaft. Er ist ein Sprachrohr der middle classes und haßt den römischen Katholizismus und den Jakobinismus der Französischen Revolution mit gleicher Inbrunst. Seine Begeisterung gilt der Glorious Revolution von 1688 und der Reform Bill von 1832, also den großen Taten der Whig Reformer. Dabei neigt er dazu, die Whigs immer ins

Recht und die Tories immer ins Unrecht zu setzen, was dazu führt, daß er den historischen Siegern Recht gibt und denen, die besiegt wurden, nachträglich bescheinigt, im Unrecht gewesen zu sein. Das verstärkt natürlich die Tendenz, Erfolg und Recht miteinander zu identifizieren – eine Haltung, die manchen auch als typisch viktorianisch gilt. Charakteristisch ist der Satz, mit dem Macaulay seine Geschichte beginnt: "The general effect of this chequered narrative will be to excite thankfulness in all the religious minds and hope in the breasts of all patriots. For the history of our country during the last hundred and sixty years is eminently the history of physical, of moral, and of intellectual improvement."

Die Vorstellung von der Geschichte der Zivilisation als der Geschichte des Fortschritts wurde weiter befestigt durch die Publikation eines Buches, das mit einem Schlag die Vorstellung von der Welt, der Geschichte der Natur, der Glaubwürdigkeit der Bibel und der Stellung des Menschen verändern sollte: Darwins *Origin of Species* von 1859.

Die Vorgeschichte der Evolutionstheorie bietet eine interessante Illustration zu dem, was Thomas Kuhn "Paradigmenwechsel" genannt hat. Das eigentliche Problem lag in den Annahmen über das Alter der Welt. Weil man mit Bezug auf die Bibel von der relativ kurzen Zeit von 6.000 Jahren ausging, wurde das zunächst ein Problem für die Geologen: dies ließ für die Annahme erdgeschichtlicher Veränderungen einfach zu wenig Zeit. Wie groß die Autorität der Bibel und wie schwierig es war, sich längere Zeiträume vorzustellen, zeigt sich an den enormen Anstrengungen, mit denen man zunächst versuchte, die geologischen Funde mit den Berichten der Bibel in Übereinstimmung zu bringen. Diese Bemühungen endeten zunächst in einem Kompromiß, der von Buckland in England und Cuvier in Frankreich vertreten wurde: man konzedierte der Zeit von Noahs Flut bis heute ungefähr die biblische Dauer, dehnte aber die 'vorsintflutliche' Zeit ins Unvordenkliche aus, um für die geologischen Tatsachen einen größeren temporalen Freiraum zu gewinnen. Der Bezug auf die Sintflut als Zeitenwende bot den zusätzlichen Vorteil, daß auch in der temporalen Organisation der Schöpfung ein Kompromiß möglich wurde: die Entwicklung konnte als eine Folge von Episoden gesehen werden, deren jede durch eine Katastrophe beendet wurde. Jede dieser Katastrophen zerstörte eine

Anzahl von Arten und nötigte Gott dazu, danach wieder neue zu schaffen. Dadurch wurde zwar die Schöpfung zeitlich gestaffelt, aber jede Art entsprang wieder unmittelbar der Hand Gottes, was ihre Abstammung untereinander ausschloß und Gott in direkten Kontakt mit den Menschen hielt. Dadurch konnten also die Fossilfunde ausgestorbener Arten und die diluvianischen Sedimentierungen mit dem biblischen Bericht und der Vorstellung einer direkten Schöpfung in Übereinstimmung gebracht werden. Es war deswegen ein entscheidender Schritt, als der junge Geologe Charles Lyell in seinen *Principles of Geology* von 1830 darauf verzichtete, die Befunde der Wissenschaften mit der Bibel in Übereinstimmung bringen zu wollen und zur Erklärung erdgeschichtlicher Veränderungen nur die Ursachen heranzog, die auch heute noch beobachtbar waren, wie Erosion, Sedimentierung, Vulkanismus etc. Die Anhänger Lyells wurden deshalb "Uniformitarians" genannt und galten als wissenschaftlicher, während die "Katastrophisten" in der Nachfolge Cuviers die Wissenschaften mit der Vorstellung von der göttlichen Intervention versöhnen wollten. Wissenschaftsgeschichtlich aber führte dies zu einer Blockade, die dreißig Jahre dauerte: die Uniformitarians lehnten die katastrophistische Vorstellung von distinkten Arten als unwissenschaftlich ab, umgekehrt leugneten die Katastrophisten jeden entwicklungsgeschichtlichen Zusammenhang zwischen den verschiedenen Arten, weil ihrer Meinung nach jede Art neu geschaffen worden war. Diese Blockade wurde erst durch Darwin gelöst.

Die Ironie der Geschichte bestand darin, daß Darwin diese Lösung deshalb gelang, weil er wegen seines Mangels an formalen Qualifikationen in den Naturwissenschaften von der ganzen Kontroverse wenig beeindruckt war: Naturwissenschaftler wurde man in den 1840er Jahren, als auch der Begriff "scientist" in Gebrauch kam, indem man entweder Mathematik und Physik oder Medizin inklusive Physiologie, Embryologie, Genetik und Mikroskopie studierte. Darwin aber war ein Gentleman Naturphilosoph, der nichts studiert hatte und seine Kenntnisse der Naturgeschichte vor allem der Unterhaltung mit Bauern und Züchtern verdankte. Er war deshalb von den standesüblichen paradigmabedingten Vorurteilen und Denkmustern völlig frei. Die Klammer für die Verbindung beider Prinzipien – distinkte Arten und entwicklungsgeschichtlicher Zusammenhang – fand er in Malthus' *Essay on the Principle of Population* von 1798: die Schere zwischen der geometrischen Progression der Bevölkerungsvermehrung und der arithmetischen Vermehrung der Subsistenzmittel war ein Selektionsprinzip für das Überleben der Tüchtigsten. Damit wurde zum ersten Mal die Vorstellung eines nicht zielgerichteten und trotzdem geordneten Prozesses denkbar. Der Fortschritt brauchte jetzt nicht mehr der rationalen Planung zu folgen, die von einem überlegenen Bewußtsein ausging, sondern war jetzt als subjektloser und gleichwohl strukturierter Prozeß denkbar.

Der Schock, den Darwins Buch auslöste, war enorm. Die Entdeckung der Verwandtschaft mit dem Tier und zumal mit dem Vetter des Menschen, dem Affen, bedeutete eine erhebliche narzißtische Kränkung. Die endlose Kette der Evolution rückte Gott den Schöpfer in unendliche Ferne. Der biblische Schöpfungsbericht schien endgültig diskreditiert, womit der wörtliche Glaube an die Bibel überhaupt erschüttert wurde. Und da Gott der Planer angesichts der Selbstorganisation der Evolution nicht mehr nötig war, wurde er auch unplausibel. In vielen Intellektuellen löste das Erscheinen des Buches von Darwin eine Glaubenskrise aus.

Darwin hatte die Schockwirkung vorausgesehen. 1844 war anonym Chambers' Buch *Vestiges of Creation* erschienen, das die Vereinbarkeit von Lamarcks spekulativer Theorie der Evolution mit den Entdeckungen der Paläontologen und Geologen demonstrierte. Die schrille öffentliche Reaktion bestärkte Darwin in dem Vorhaben, seine Theorie noch nicht zu publizieren, sondern sie erst durch eine Ausbreitung einer Fülle von Fakten unwiderlegbar zu machen. Aber gerade das machte dann die Überzeugungskraft des Buches umso überwältigender. Es wurde ein Klassiker in seiner intellektuellen Architektur und seiner stilistischen Oberfläche. Die endgültige Erklärung der Evolution hatte den Vorteil, mit einer ungeheuren Masse von Argumenten und Beispielen im klaren Aufbau und im klaren Stil vorgetragen zu werden. Immer wieder wird Darwins *Origin of Species* mit Newtons *Principia Mathematica* verglichen. Beides sind epochemachende Werke, die das Weltbild der zivilisierten Menschheit veränderten. Beide haben zu ihrer Entstehung sehr lange gebraucht und wurden schließlich mit der ganzen intellektuellen Kraft und dem Nachdruck, den ein guter Stil verleiht, der Weltöffentlichkeit übergeben. Beide Werke verheimlichten nicht, daß einige fundamentalen Probleme der Theorie noch ungelöst waren: bei Newton war es die Herkunft der Gravitation, und bei Darwin war es der Mechanismus der Vererbung, mit dem die Variationen weitergegeben wurden. Die Gesetze der Genetik waren noch nicht entdeckt. Aber Darwin hatte ein einfaches Gesetz, nämlich die natürliche Selektion durch den Kampf ums Dasein und die dadurch erfolgte progressive Evolution der Arten, als Erklärung für eine unübersehbare Menge von Fakten vorgetragen. Das hieß zugleich, daß der temporale Umfang der Naturgeschichte ins Unendliche ausgedehnt worden war und daß eine geschichtliche Wissenschaft der Natur entwickelt werden konnte, durch die sich die Erkenntnisse der Geologie, der Paläontologie und der Zoologie in einem großen Modell zusammenfassen ließen. Ob akzeptiert oder abgelehnt, die Evolutionstheorie Darwins wurde nach dem Erscheinen des *Ursprungs der Arten* zum dominierenden Paradigma der Intellektuellen der zweiten Hälfte des 19. Jahrhunderts. Wie Newton vor ihm hatte Darwin ein Modell entworfen, in dem selbst die Geschichte der Natur ein sich selbst regulierendes System darstellte, das keiner göttlichen Eingriffe mehr bedurfte. Auf diese Weise hatte Darwin wieder einmal dazu beigetragen, die natürliche Ordnung und die moralische Ordnung voneinander zu trennen. Die periodischen Eingriffe Gottes oder der Heilsplan einer göttlichen Vorsehung waren nun vollends unnötig geworden. Damit hatte er auch der natürlichen Theologie, die die Wunder der Natur als Beweise für Gottes Schöpfungsplan anbot, den Garaus gemacht. Zugleich vollendete die Evolutionstheorie die Temporalisierung der Welt. Die Präsenz Gottes als einer begleitenden Gegenwart, die immer für Eingriffe ins Diesseits bereitstand, wich einer Streckung der Zeit ins Unendliche, bei der man sich höchstens vorstellen konnte, daß Gott an ihrem Anfang gestanden hatte.

Bei so viel Sprengkraft war es natürlich, daß die Aufnahme des *Ursprungs der Arten* von Darwin von einer Flut von Kontroversen und Diskussionen begleitet wurde. Am berühmtesten wurde ein Auftritt zwischen dem Bischof von Oxford und Thomas Henry Huxley, der ein glühender Anhänger Darwins und ein wirkungsmächtiger Missionar seiner Lehre geworden war. Die Debatte fand um 1860 vor der British Association for the Advancement of Science statt, bei der ursprünglich ein anderer sprechen sollte: Huxley selbst war nur zufällig auf Betreiben von Robert Chambers, des Autors von *The Vestiges of Creation*, anwesend. Nach der Eröffnung der Debatte fragte der Bischof von Oxford Huxley höhnisch, ob er auf seines Großvaters oder seiner Großmutter Seite mit dem Affen verwandt sei. Huxley sagte, nachdem er die Inkompetenz des Bischofs mit Blick auf die Fragen der Evolution nachgewiesen hatte, daß er die Herkunft von einem Affen der Verwandtschaft mit einem Manne vorzöge, der die Gaben der Eloquenz und Bildung dazu ausnutzte, die Wahrheit durch Appelle an religiöse Vorurteile zu verdunkeln. Diese Antwort wurde außerordentlich berühmt und ließ Huxley als aufrechten Streiter für die Verbreitung von Aufklärung und Wissenschaft gegenüber doktrinären Theologen und dogmatischen Klerikern erscheinen.

Aber der Bischof hatte natürlich Recht, in Panik zu geraten. Unter dem vereinten Ansturm der in Deutschland einsetzenden historischen Bibelkritik und der Evolutionstheorie brach unter den Intellektuellen der Glaube an das orthodoxe Christentum zusammen. Die Stationen auf diesem Passionsweg des Glaubensverlustes sind Malthus' *Essay on Population*, Lyells *Principles of Geology*, Tom Paines *Age of Reason*, *Das Leben Jesu* von David Friedrich Strauß, das von George Eliot übersetzt wurde, und natürlich Darwins *Origin of Species*. Es gibt kaum einen ernstzunehmenden Intellektuellen des 19. Jahrhunderts, der sich nicht mit den Problemen, die diese Bücher artikulierten, in irgendeiner Weise auseinandergesetzt und dazu Stellung bezogen hat. Es gibt auch kaum eine persönliche Seelenkrise, die nicht in irgendeinem Zusammenhang mit der Evolutionstheorie Darwins steht. Fast alle Literaten beschäftigen sich mit ihr: George Eliot, Meredith, Hardy, Samuel Butler, H.G. Wells, George Bernard Shaw etc. Sie ist ausschlaggebend für die gesamte intellektuelle Erfahrungsorganisation der zweiten Hälfte des 19. Jahrhunderts. Sie wird zum Bezugspunkt aller großen Kontroversen und zum ideologischen Rechtfertigungsarsenal für den Wirtschaftsliberalismus und später für den Vitalismus und den Biologismus. Sie stellt also einen wirklichen Paradigmawechsel dar, der eine intellektuelle Revolution und eine Veränderung des Weltbildes auslöste, wie sie nur den Änderungen an die Seite gestellt werden kann, die durch Kopernikus und durch Newton hervorgerufen wurden. Damit wurde das ungemein langlebige Paradigma der "Great Chain of

Being" endgültig abgelöst. Eine dynamisch gewordene Gesellschaft hatte das Prinzip entdeckt, dem sie sich selbst unterwarf: den Fortschritt.

Der Fortschrittsgedanke – in der *Querelle des anciens et des modernes* nur mit Bezug auf die Literatur konzipiert –, wurde von Fontenelle auf das intellektuelle Leben insgesamt übertragen und vom Abbé de St. Pierre bereits als historisches Gesetz formuliert, wonach seine Verbreitung vor allem auch durch die wissenschaftlichen Erfolge getragen wurde. In England wurden dann Priestley und Bentham, Godwin und Macaulay, James und John Stuart Mill, Spencer, Kingsley und Huxley seine Verkünder, und der mit ihm verbundene Optimismus machte die Vorstellung von der Sündenverfallenheit der Welt so unplausibel, daß Papst Pius XI. den Gedanken des Fortschritts als 80. Irrtum auf seinem *Syllabus Errorum* von 1864 aufzählte. Allerdings ändert er langsam seine Prämissen: geht es zuerst gegen die Vorstellung einer im Prinzip unveränderlichen Welt, muß das Fortschrittsprinzip später die Temporalisierung der Erlebnisverarbeitung auffangen, der sich niemand mehr entzieht. Denn mit der zunehmenden Temporalisierung der Welt und dem Zusammenbruch der christlichen Orthodoxie wird der Fortschritt immer alternativenloser, weil er zum einzigen Ordnungsprinzip avanciert. Carlyle läßt in seinem *Sartor Resartus* seinen Helden Teufelsdröckh in eine Krise geraten, weil Chronos, die Inkarnation der Zeit, alle seine Kinder verschlingt: "Our whole terrestrial being is based on Time, and built of Time. It is wholly a Movement, a Time-Impulse ... oh Time Spirit, how hast thou environed and imprisoned us, and sunk us so deep in thy troublous dim Time-Element, that only in lucid moments can so much as glimpses of our upper Azure Home be revealed to us." Fällt die jenseitige Welt der Konstanz völlig weg, erzwingt die Wahrnehmung der Zeit den Gedanken des Fortschritts als Einheit der Zeit in der Geschichte. Von da aus konnten dann die kürzeren Zeitspannen als Entwicklungsphasen zu kleineren Einheiten zusammengefaßt und stabilisiert werden. Comte, Spencer und Marx operieren alle mit Phasenmodellen, und die Historiographie entwickelt die Vorstellung des Zeitgeistes, die jede einzelne singuläre Epoche zu einer Einheit zusammenfaßt. Das erzwingt die Alternative, mit dem Fortschritt mitzuhalten oder in der Vergangenheit zurückzubleiben. Jetzt verbreitet sich die Überzeugung, daß jede Epoche in ihrer Art singulär ist, daß sie in allen ihren Aspekten historisch geworden und also auch anders möglich ist, daß alle festen Formen sich in Sukzessionen auflösen werden und daß alle Erscheinungsformen einer Epoche in einer unterirdischen Beziehung zueinander stehen, die allein durch die Synchronie zustande kommt. Es ist dieser Zusammenhang, der die zugleich lebenden Menschen zu Zeitgenossen macht.

Die Evolutionstheorie weitet dann die Zeithorizonte ins Ungeheure aus. Sie schließt die Natur an die Geschichte der Menschheit an und dehnt die Zeit ins Unvorstellbare. Diese Änderung des Zeitgefühls entsprach einer erhöhten Entwicklungsgeschwindigkeit der eigenen Zeit. Während des ganzen 19. Jahrhunderts wurden Erfindungen gemacht, die die Wahrnehmung der Zeit selbst durch Tempoerhöhungen veränderten: der Telegraph, das Telefon, die Nähmaschine, der Photoapparat, das elektrische Licht, die Schreibmaschine, die Eisenbahn und schließlich am Ende des Jahrhunderts das Automobil und das Flugzeug.

Im Hochsommer des Liberalismus war die Vorstellung des permanenten Fortschritts in England eine besonders willkommene Idee, weil man das Gefühl gewann, selbst an seiner Spitze zu marschieren. Die Welt schien in allem britisch zu werden. Die englische Sprache und Kultur dehnten sich durch den Ausbau des Empire in der Welt aus; Englands politische Entwicklung wurde vorbildlich für andere Länder, und die in England produzierten Waren überschwemmten den Weltmarkt. Es war natürlich, daß mit der Periode der industriellen Expansion und der kommerziellen Dominanz Englands die Lehren des Laisser-faire-Liberalismus der Manchester Schule bereitwillige Aufnahme fanden. Wenn man die Freiheit des Gedankens und die Freiheit der Rede und die Freiheit der religiösen Orientierung forderte, dann war es auch natürlich, die Freiheit des Marktes, den Freihandel, das freie Unternehmertum und die freie Konkurrenz zu fordern; und die Darwinsche Evolutionstheorie zeigte, daß dasselbe Prinzip auch in der Natur herrschte. Schutzzölle waren durch den britischen Vorsprung in der Industrialisierung unnötig, und weil die nationalen Industrien keine Protektion brauchten, schien man anzunehmen, daß der einzelne Bürger auch keinen Schutz brauchte. Da die britische Navy die See beherrschte, glaubte man, daß England genug geschützt war. Weil die City von London das Finanzsystem der Welt kontrollierte, nahm man an, daß die

Währung und das nationale Finanzsystem auch nicht geschützt werden müßten. Auf diese Weise gewöhnte man sich an den Gedanken einer dynamischen Stabilität. Deshalb brauchte auch die Wahrheit kein anderes Regulationsprinzip als das freie Zusammenspiel von Kritik und Diskussion. Dies ist das Hauptargument von Mills Essay *On Liberty*. Auf der Basis solcher Annahmen war es sinnvoll, die Wählerschaft immer weiter auszudehnen. Man hielt es für vernünftig, die Gesetzgebung auf den Vergleich von public opinion und Expertenmeinungen zu gründen: im Vorfeld von Reformvorhaben wurde deswegen die Doppelstrategie von öffentlicher Kampagne und Royal Commission üblich. Das Klima der freien öffentlichen Diskussion begünstigte natürlich auch den wissenschaftlichen Fortschritt. Die Verbreitung liberaler Anschauungen und liberaler Haltungen war so erfolgreich, daß selbst noch in den 1880er Jahren die Kritiker des Liberalismus aus den Reihen des Fabianismus und der Gewerkschaften liberal imprägniert waren. Und das sollte sie von den kontinentalen Schwesterbewegungen unterscheiden.

Versteht man den Liberalismus als Ideologie der Bourgeoisie, so wurde England ab der Jahrhundertmitte das bürgerlichste aller Länder. Obwohl natürlich die Aristokratie nach wie vor die politische Maschine beherrschte, wurde sie selbst während der hochviktorianischen Zeit zunehmend "embourgeoisée". Wenn die Bedeutung des Begriffes "Ideologie" darin besteht, daß das Weltbild einer Klasse – in diesem Falle des Bürgertums – so plausibel und generalisierungsfähig ist, daß es sich auch in den anderen Klassen der Aristokratie und der Arbeiterschaft verbreitet, war der Liberalismus eine Ideologie, in der die Interessen des Bürgertums als die Interessen der Gesamtgesellschaft darstellbar waren. Es ist deshalb kein Wunder, daß England auch im liberalen Bürgertum der kontinental-europäischen Staaten besonders angesehen war. Das ist die Wurzel der Anglophilie, die sich in liberalen bürgerlichen Milieus kontinentaler Länder verbreitete. Wurden sie Englandfeindlich wie später das wilhelminische Deutschland, merkte man das daran, daß die Bürger sich aufgegeben hatten und – wie die Propaganda der wilhelminischen Zeit belegt – sich mit dem Heldentum der waffentragenden Aristokratie gegen die "Krämerseelen" der englischen Bürger identifizierten.

Seit Harrington und Locke gehörte es zu den integralen Bestandteilen whiggistischer Auffassungen, daß nur die Unabhängigkeit, die das Eigentum verleiht, den Menschen zum Staatsbürger macht. Im Hochsommer des viktorianischen Liberalismus wird das zum Zusammenhang von independence und respectability. Dabei gewann Unabhängigkeit des Einkommens eine moralische Qualität, die mit Respektabilität als dem Zeichen dafür, daß man sich vor höheren Werten verbeugte, einherging. Erst wenn man nicht von Verwandten oder der Fürsorge abhängig war, wenn man seine eigene Familie ernährte und ein unabhängiges Einkommen hatte, war man ein moralischer Mensch. Abgesehen von Frauen, die in diesen Code der Unabhängigkeit und der Maskulinität nicht mit einbezogen wurden, war es die Pflicht eines jeden, für sich selbst zu sorgen und, wenn man in Schwierigkeiten geriet, durch eigene Anstrengungen wieder auf die Beine zu kommen. Die Bewältigung von Schwierigkeiten wurde dabei als Stahlbad des Charakters angesehen. Kein Unglück konnte so schlimm sein, daß ein starker Charakter nicht wenigstens seinen Selbstrespekt und seinen Sinn für Unabhängigkeit behalten konnte. Beispiele von standhaften Menschen, die ohne ihr eigenes Zutun ins Unglück gerieten und sich aus eigener Kraft wieder herausarbeiteten, wurden in leuchtenden Farben ausgemalt. Symptomatisch hierfür war der frappante Erfolg des Bestseller-Autors Samuel Smiles, der mit den Biographien von Männern, die ungeheure Schwierigkeiten gemeistert hatten, seine Karriere begann; es sind meistens Biographien von Technikern und Erfindern: *The Life of George Stephenson*; *Lives of Engineers*; *The Lives of Boulton and Watt*; *Men of Invention and Industry*; *The Huguenots, their Settlements in England and Ireland* etc. Das Leitmotiv dieser Darstellungen war die Betonung von Tugenden wie Fleiß und männliche Redlichkeit. Als dann 1859 – im selben Jahr wie Darwins *Origin of Species* – sein Buch *Self Help* erschien, wurde es sofort ein beispielloser Erfolg: 20.000 Exemplare wurden gleich und mehr als das Dreifache in wenigen Jahren verkauft. Es wurde in alle Sprachen übersetzt, und Handwerker aus aller Welt bestätigten Smiles in unzähligen Briefen die Nützlichkeit dieses Werks. Die Konsequenz war ein ungeheurer moralischer Druck auf die, die sich nicht selbst zu helfen verstanden. Sie mußten ihr Unglück als Charakterlosigkeit und selbstverschuldete Folge ihrer eigenen Inkompetenz verbuchen. Vielleicht dürften solche Haltungen heute noch am meisten in den USA verbreitet sein. Der Schriftsteller Samuel Butler zog daraus die Konsequenz und stellte in seinem utopischen Roman *Erewhon* (der Titel ist ein Anagramm von Nowhere) Krankheit als moralisches Versagen dar. Entsprechend waren Gesten der sozialen Hilfe häufig mit Formen der Herablassung und erziehungsdiktatorischen Schikanen durchsetzt, die äußerst demoralisierend wirken konnten.

Die funktionale Differenzierung der Gesellschaft hatte ihren internen Aufbau völlig verändert. Die fünf beruflichen Sphären des 18. Jahrhunderts, die man "professions" nannte – die Kirche, die Juristerei, die Medizin, die Armee und die Marine – hatten einer unübersehbaren Vielfalt von Berufen Platz gemacht. Damit entstand eine reich differenzierte Stufenleiter, auf der jeder versuchte, einen Schritt nach oben zu kommen. Das führte zu einer neuartigen Feineinstellung bei der Kombination von Kriterien, nach denen der Status bestimmt wurde. Rein ökonomische Maßstäbe wurden durch stilistische, moralische und Gesichtspunkte der Herkunft ergänzt und überlagert. Das begründet die Rolle solcher Kriterien wie Respektabilität, in der sozialer Status und moralische Qualität vereint wurden. Dasselbe galt für den Begriff des Gentleman. Im letzten Kapitel seiner *Self-Help* sagt Smiles: "True Gentlemanliness is within reach of any virtuous Briton." Zum Gentleman gehörte Selbstlosigkeit, Mut, Unabhängigkeit, Verantwortlichkeit und Selbstkontrolle. Doch mischten sich bei diesem Konzept Gesichtspunkte des Status, des Lifestyle, der Moral und der Bildung. Man konnte ohne weiteres bei entsprechendem Benehmen seinen Weg in der Gesellschaft machen und als Gentleman akzeptiert werden. Das erhöhte die soziale Schiedsrichterfunktion dessen, was man "Society" nannte: wer in der Society akzeptiert wurde, war ein Gentleman. Das galt natürlich für alle Mitglieder der Aristokratie und der Gentry. Aber es gab professions, die "gentlemanlier" als andere waren: dazu gehörte der Offizier in der Armee oder der Navy, der höhere Beamte, der Jurist, der Doktor und der Pfarrer – also die "old professions". Diejenigen, die England in den "workshop of the world" verwandelt hatten, gehörten demnach nicht dazu. Aber sie etablierten ihr eigenes Reich der respectability als eine Gradierung von Hierarchien und Subhierarchien, in der es immer jemanden gab, auf den man herabsehen konnte. Und dafür brauchte man das Zusatzkriterium der Respektabilität. Deren Kriterien waren nicht immer leicht zu bestimmen: in einigen sozialen Kreisen war es z.B. respektabel, Karten zu spielen oder etwas zu trinken oder keusch zu tanzen, und in anderen war es das nicht. Aber einige Züge gehörten zu allen Formen der Respektabilität: respektable Leute betranken sich nicht, führten sich nicht unkontrolliert auf, zogen sich anständig an, sprachen nicht vulgär und hielten ihre Häuser einigermaßen aufgeräumt. Ihr Verhalten zeichnete sich durch Nüchternheit und Konventionalität aus. Damit ging natürlich die vielbeklagte viktorianische Heuchelei einher. Man darf aber nicht vergessen, daß ein gewisses Maß an Heuchelei einen zivilisierenden Einfluß hat: wenn man heuchelt, respektabel zu sein, muß man es in einem gewissen Maße auch tatsächlich sein. Aber ab 1870 nimmt die viktorianische Kritik an der Heuchelei und Respektabilität zu. Man empfindet sie zunehmend als philiströs und falsch. Das analytische Drama der Jahrhundertwende und der Kriminalroman sollten sich damit beschäftigen, hinter die Fassaden der bürgerlichen Wohlanständigkeit zu blicken. In Wilkie Collins' Roman *The Woman in White* beschreibt eine Figur die Symptome, die auf ihre wiedergewonnene Respektabilität verweisen: sie hat nicht über ihre Verhältnisse gelebt; sie hat guten Kredit bei Handwerkern und Ladenbesitzern; sie hat eine teure Bibel auf dem Tisch liegen; sie spendet mehr als andere bei der Kollekte; sie beteiligt sich an der Finanzierung bei der Drucklegung einer besonders hervorragenden Predigt; sie hat sich auf einer Unterschriftenliste eingetragen, auf der die Einwohner gegen einen Zirkus protestieren, der ihre Moral korrumpieren könnte; sie bezahlt ihre Miete pünktlich; und der Pfarrer macht eine riesige Verbeugung vor ihr.

Der Code der Respektabilität war so weit verbreitet, daß man immer wieder tief erschrak, wenn man feststellte, daß einige sich nicht danach richteten. Auch den Arbeitern unterstellte man in der Regel, daß sie es zur independence und respectability bringen wollten, und war jedesmal besonders schockiert, wenn es zu Massenaufruhr und mob violence kam. Respektable Kritiker der bürgerlichen Gesellschaft wie Charles Kingsley, Matthew Arnold oder George Eliot empfanden eine tiefsitzende Abneigung gegen die reine Massendemokratie und den ungehemmten Ausdruck proletarischer Rohheit.

Kompensationen: Genre, Nostalgie und Sport

Es ist unmittelbar einsichtig, daß die Herrschaft des liberalen Diskurses, der um die Werte des Fortschritts, der Unabhängigkeit, der Selbsthilfe, der Respektabilität und der Freiheit organisiert war, psychische Kosten verursachte, die sich in Formen semantischer Kompensation niederschlugen. Besondere Felder der psychischen Erholung boten die Dichtung, die Nostalgie, die Freizeit, die Idealisierung des Mittelalters, die Kindheit und die Sentimentalisierung der Frau als "angel in the house".

Die zugehörige Ästhetik ist die der Genre-Szene. Genre charakterisiert den besonderen Stil der viktorianischen Erlebnisverarbeitung. Ihre Signatur ist der angehaltene Augenblick. In arretierten Szenen werden Allegorien von menschlichen Grundkonstellationen inkarniert. Dabei wird die ewige Geltung der Barock-Allegorie durch den Appeal an den Betrachter ersetzt. Was die Viktorianer lieben, sind Szenen des Lasters, der Wollust, der Grausamkeit, des schmelzenden Mitleids, der kindlichen Unschuld etc. Sie bebildern für die viktorianische Imagination die menschlichen Haltungen. Niemand konnte sich Mutterliebe vorstellen, ohne sich im Geist ein Genre-Bild zu denken, bei dem eine Mutter in typischer Geste ihr Kind vor dem rohen Zugriff eines Unholds schützt. Überall finden sich rührende, empörende, das Mitleid herausfordernde Genre-Bilder – in Kunstausstellungen, Zeitschriften, Romanen, Gedichtbüchern und im bürgerlichen Alltag. Typisch hierfür ist etwa Harriet Beecher Stowes *Uncle Tom's Cabin*, von dem bei seinem Erscheinen 1851 über 300.000 Exemplare verkauft wurden und das 1852 allein in England zwölf Neuauflagen erlebte. Ganz Europa und Amerika wurden von der sterbenden kleinen Evangeline gerührt, die den seelenvollen Schmerz, den sie in den um ihr Sterbebett versammelten Sklaven auslöst, selbst noch inszeniert, um damit deren Wirkung im Leser zu verdoppeln. Sie bietet ihre hinwelkende Existenz den Anwesenden als eine lebenslange schmelzende Erinnerung an. Die Vorwegnahme der nostalgischen Erinnerung befestigt die Sehnsucht schon in der Gegenwart, die auf diese Weise mit einer süßen Patina überzogen wird. "Ich habe nach euch allen geschickt," sagt Evangeline, "weil ich euch liebe, euch alle liebe, und ich habe euch etwas zu sagen, von dem ich wünsche, daß ihr euch immer daran erinnern möget: ich muß euch jetzt verlassen. In wenigen Wochen werdet ihr mich nicht mehr sehen können. Da ist kein einziger unter euch, der nicht immer gut gegen mich gewesen wäre, und deshalb will ich euch etwas geben, bei dessen Anblick ihr euch immer meiner erinnern mögt. Hier hat jeder von euch eine Locke von meinem Haar. Tragt sie und denket dabei, daß ich euch geliebt habe, daß ich hinauf zum Himmel gehe und euch dort wieder zu sehen hoffe." Die Wirkung auf die Leser wird ähnlich gewesen sein wie die auf die Zeugen, die sich um das Sterbebett versammelt haben, und die die Erzählerin schildert: "Es ist unmöglich, den Auftritt zu beschreiben, der nun folgte. Unter Tränen und Seufzern umringten sie das kleine liebliche Wesen und nahmen aus seiner Hand das letzte Liebeszeichen. Sie sanken auf ihre Knie" etc. Die in die Erinnerung eingeschriebene Genre-Szene wird mittels des Erinnerungszeichens, auf das man immer wieder blicken kann, stabilisiert. Das kennzeichnet die viktorianische Ästhetik der Erinnerungsstücke. Die Nostalgie, mit der wir selbst auf das 19. Jahrhundert blicken, wird von seiner Genre-Ästhetik vorweggenommen; es hat seine eigenen Erinnerungsstücke schon produziert: die vergilbten Briefe, die lieben Locken, die verwahrten Kinderkleidchen, die getrockneten Kleeblätter, die verwelkten Rosen, die Poesiealben etc. Deshalb werden Sterbeszenen wie die hier beschriebene zur Apotheose des Genres: es ist eine Genre-Szene, die dazu ausersehen ist, dem Genre selbst Dauer zu verleihen und sich selbst als Erinnerung zu inszenieren. In seiner anspruchsvolleren Form wird "la recherche du temps perdu" zur Zweitfassung des Lebens als Erinnerung. Das Programm hatte Wordsworth zu Anfang des Jahrhunderts verkündet: "powerful feelings recollected in tranquillity". In der Genre-Ästhetik des 19. Jahrhunderts, für die deshalb die Kindheit eine so große Rolle spielt, lebt die Memoria-Rhetorik der Renaissance in neuem Gewande wieder auf. Doch die Erinnerungsorte der rhetorischen Topologie werden jetzt zu Erinnerungszeichen, die die Erinnerung nicht mehr bewußt aufrufen und zitieren, sondern unbewußt auslösen, um sich von ihr überschwemmen zu lassen. Diese dem Melodrama verpflichtete Ästhetik des Genres zelebriert eine Religion des Gefühls und des schmelzenden Mitleids, das sich in den sterbenden Kindern und leidenden Frauen am deutlichsten ausdrückt.

Die Menschlichkeit wird nun zur besonderen Mission der Frau stilisiert. Dies wird aller Verdinglichung in der Geschäftswelt und der Wissenschaft entgegengesetzt; von da aus wird das verhärtete Männerherz als der Ursprungsort des Unheils angeklagt, so daß auch aus der Gegenüberstellung des Mannes, der die Wissenschaft, den Markt und die Börse beherrscht, und der Frau als der Hüterin von Sanftheit und Mitleid ein latentes Genre-Bild wird.

Im Jahre 1848 gründete der Sohn eines royalistischen Exilanten aus Neapel namens Dante Gabriel Rossetti mit einigen Gleichgesinnten die "Pre-Raphaelite Brotherhood", die der Kunst die Rückkehr zur Malerei vor Raffael empfahl. Eines ihrer Sujets war die Darstellung interessanter Märtyrerinnen, die ein Ausdruck stummen Seufzens und flehentlicher Sanftmut auszeichnet. Das durchgeistigte Antlitz seiner Schwester Christina Rossetti, die an Schwindsucht litt, wurde zur Ikone präraffaelitischer Spiritualität.

Während die Gothic Romances schon seit der Romantik die imaginären Besuche mittelalterlicher Folterkammern zum Zwekke der Erregung wohliger Schauer ermöglicht hatten, wird jetzt ein idealisiertes Mittelalter – wie schon Disraeli gezeigt hatte – zum Bezugspunkt für die Kritik am Kapitalismus und seiner materiellen Kultur der Massenproduktion. Auf ästhetischem Gebiet wurde diese Optik in umfassender Weise von John Ruskin entwickelt. Er war der Sohn eines wohlhabenden Weinkaufmanns, wurde zunächst privat erzogen und ging dann ans Christ Church College nach Oxford. Dank seiner finanziellen Mittel konnte er häufig ins Ausland reisen und die Architektur und Malerei ganz Europas kennenlernen. Seine religiöse Erziehung und sein Interesse an den darstellenden Künsten vereinigten sich mit einem prophetischen Prosastil, den er sich durch intensive Bibellektüre zugezogen hatte. Beide zusammen machten ihn zu einem Propheten der neuen Kunstauffassung, die er zum ersten Mal in *Modern Painters*, der Verteidigungsschrift für William Turner, artikulierte. Mit den drei Bänden von *The Stones of Venice* (1851–53) wendet er sich der Architektur zu und erklärt die Schönheit der gotischen Bauten aus der überlegenen Moral der mittelalterlichen Gesellschaft. Von da aus konnte er die Vulgarität der englischen Industrie-Zivilisation zugleich als ästhetische und moralische Vulgarität angreifen. Aus ästhetischer Perspektive wurde er einer der schärfsten Kritiker des Laisser-faire-Liberalismus und der Geschäftsmoral der Viktorianer. Das Modell, das ihm vorschwebte, orientierte sich an neo-mittelalterlichen Formen des Handwerks, des korporativen Lebens und der Gemeinschaftlichkeit. Wie Marx zur gleichen Zeit ging es ihm um die Restitution des menschlichen Wesens durch die Aufhebung seiner Entfremdung durch Arbeit. Er gründete eine Art mittelalterlicher Gilde, die sich wieder der bäuerlichen Bebauung des Bodens zuwandte, und beteiligte sich daran, die Traditionen alter Handwerksmethoden wiederzubeleben. Darin hat er vor allem den britischen Sozialismus und die Fabian Society tief beeinflußt. Hier zeigen sich die Anfänge der Lebensreformgesellschaften. Sie operieren mit nostalgischen Rückgriffen auf traditionelle Formen des Zusammenlebens und der Arbeit, die über die Kunst die Entfremdung der Fabrikarbeiter wieder rückgängig machen wollen.

Diese Form der ästhetisch-moralischen Kritik des Industrialismus wurde aufgegriffen und weitergeführt von William Morris, der direkt unter Ruskins Einfluß geriet. Sein Kunstprogramm bestand in dem Versuch, das Ästhetische und das Nützliche in der Produktion von Gebrauchsdingen zu vereinbaren. So wurde er zum eigentlichen Begründer der Kunsthandwerkbewegung. Seine Abneigung gegen den Kapitalismus konzentrierte sich im Haß auf die Maschine. Entsprechend versuchte er, die Arbeitsteilung rückgängig zu machen und zu integralen Formen der Arbeitsorganisation zurückzufinden. Dazu gründete er eine Firma, die sich dem Design von Möbeln und Dekorationen widmete. Im übrigen schrieb er mediävisierende Dichtungen und die sozialistischen Utopie *News from Nowhere* und unterstützte später sozialistische Vereinigungen wie The Socialist Democratic Federation und The Socialist League. Diese Verbindungen zeigen wie bei Disraeli, daß es einen Zusammenhang zwischen der sozialistischen und der konservativen bürgerlichen Kritik am Kapitalismus gab.

Auch die Thematik der Präraffaeliten war religiös, romantisch und mediävisierend. Rossetti arbeitete zuweilen mit Morris und mit Burne-Jones zusammen. Alle zu dieser Gruppe gehörigen Maler orientierten ihre Themen an der Literatur und wurden deshalb häufig zu Buchillustratoren. Bei aller Verschiedenheit glichen sich die Präraffaeliten, Ruskin und Morris und ihre Anhänger darin, daß sie der viktorianischen Gesellschaft des Hochkapitalismus die nostalgische Utopie einer korporativen, solidarischen Gemeinschaft entgegenhielten, die sich an den verklärten Formen des Mittelalters orientierte. Sie ließen sich dabei von der Vision einer unentfremdeten Form der Arbeit leiten, die nicht durch Massenproduktion, Vulgarität und die Entfremdung zwischen Produkt und Arbeiter gekennzeichnet war. Daran zeigte sich auch, daß Kunst im Zeitalter der Industrialisierung zum eigentlichen Modell unentfremdeter Arbeit wird. Sie allein bewahrt die traditionellen Formen der Arbeitsorganisation, in der das Werkstück zum individuellen Ausdruck der Begegnung zwischen einem formenden Geist und der Natur des Materials wird. Auch diese Reaktionsbildung gegen das erste Zeitalter der Maschine und der Massenproduktion gehört zur Erlebnisverarbeitung der viktorianischen Zeit.

So wie John Stuart Mill der dominante Intellektuelle des Hochviktorianismus ist, ist sein kompensatorisches Gegenbild in der Dichtung Alfred Lord Tennyson, der 1851 Wordsworth als Poeta laureatus ablöst. Er wird der typischste aller viktorianischen Dichter. Das hat damit zu tun, daß er dem Geist der Nostalgie und der mediävisierenden Sehnsucht den umfassendsten Ausdruck verleiht. Repräsentativ hierfür ist seine Gedichtfolge in zehn Büchern über König Arthur mit dem Titel *Idylls of the King*. Hier bildet Tennyson die viktorianische Gesellschaft auf den tragischen Zerfall des Artus-Königtums ab. Die Optik ist moralisch: König Artus verkörpert Tennysons christliches Lebensideal, und Guineveres Ehebruch mit Lancelot bringt die harmonische Welt der Tafelritter zum Zusammenbruch. Von da an häufen sich die Verstöße gegen die strengen Moralgesetze des Königs. Die Dichtung gipfelt dann in der Katastrophe von *The Passing of Arthur* und der Elegie um den sterbenden König. Hier wird das Mittelalter zur idyllischen Gegenwelt und zum nostalgischen Bezugpunkt für die Kritik an der eigenen Welt.

Was jenseits aller Nostalgie am Mittelalter interessiert, ist gerade das, was eine funktional differenzierte Gesellschaft verloren hat: die hohe soziale Integration. Die Faszination durch die ganzheitliche religiöse Orientierung ist ein Zeichen dafür, daß man diese in der eigenen Zeit vermißt. Deshalb stellt man sich die mittelalterliche Gesellschaft als eine Art von christlich-moralischer Gemeinschaft im Sinne eines ethischen Commonwealth vor. Man hielt sie für eine korporative Welt gesellschaftlicher Solidarität, in der eine durchgehende Spiritualisierung jedes Handwerk zur Kunst machte. Und man empfand eine unbewußte

Affinität zwischen der mittelalterlichen und der eigenen Neigung zur Idealisierung. Die Vorbildlichkeit des Mittelalters repräsentiert den typisch viktorianischen, aber gleichwohl paradoxen Versuch, Kunst und Moral in einer Zeit integrieren zu wollen, in der die Autonomie der Kunst seit der Romantik etabliert war. Eben das näherte sie in der Lyrik der Nostalgie, im Roman dem Genre und auf dem Theater dem Melodrama an.

Auch im Bereich des Theaters brachte die Jahrhundertmitte verschiedene Änderungen. Die Manager bemühten sich, die Theater komfortabler zu machen, indem sie die Sitze polstern und die Fußböden mit Teppichen belegen ließen, wobei für Abonnenten der dress circle und für weniger reiche Habitués der family circle erfunden wurden. Zugleich wurde das Programm geändert. Am Anfang des Jahrhunderts öffneten die Theater relativ früh und endeten ungefähr um Mitternacht. Dabei konnten die Zuschauer eine Farce, eine Tragödie und eine Pantomime sehen, die mit allen möglichen Zwischenakt-Entertainments durchsetzt waren. Zur Jahrhundertmitte begann man damit, die Aufführung auf ein Stück zu beschränken, das möglicherweise durch einen "curtain raiser" eingeleitet wurde. Die Theater öffneten später und schlossen früher, wobei sie sich spezialisierten. Damit wurde ein Theaterbesuch für die Repräsentanten der Respektabilität berechenbarer. Andererseits führte diese Änderung zu den sogenannten "long runs". Vorher war die Spielzeit von einer Woche relativ lang gewesen. Mit dem Wachsen der Metropole, der Einrichtung des Transportsystems und der Entstehung des Tourismus konnte man aber für riesige Publika planen und entsprechend viel Geld in eine lang laufende Inszenierung investieren. Das änderte die Zusammensetzung der Ensembles. Vor der Einführung des long run hatten die Theater ihre eigenen Ensembles, die in jeder Spielzeit neu engagiert wurden, und alle Stücke spielten, die im Repertoire waren. Mit dem long run werden für jedes neue Stück auch neue Schauspieler engagiert. Das führte zu einer sich ausweitenden Kluft zwischen Schauspielern und Managern, die im 19. Jahrhundert noch durch die sogenannten "actor managers" überbrückt wird: der berühmteste von ihnen war Henry Irving.

Mit den größeren Investitionssummen kam natürlich auch die Möglichkeit technischer Innovationen. Schon bevor es Gaslicht und elektrisches Licht gab, wurde mit Beleuchtungseffekten von hoher technischer Raffinesse operiert. Neben den verschiedenen

Möglichkeiten, Atmosphäre zu schaffen, bestand der Haupteffekt der künstlichen Beleuchtung darin, daß die Bühnenwelt nun von der Welt des Auditoriums getrennt werden konnte. Das erst machte die Illusionsbühne möglich, bei der man sich vorstellte, daß man in ein Zimmer hineinsah, aus dem zufälligerweise die vierte Wand entfernt worden war. Das Theater nahm damit die Dramatisierung des Kontrastes von Nacht und Tag vorweg, die mit der Einführung der künstlichen Beleuchtung die nächtlichen Städte zu Theaterbühnen machte. In den dunklen Sitzreihen des Theaters wurde der Zuschauer zum Voyeur, der sah, aber nicht gesehen wurde.

Gespielt wurden neben Shakespeare-Tragödien und importierten Stücken vor allen Dingen Melodramen, Farcen und Extravaganzen. Das Melodrama reproduzierte in der Regel das Szenario des Richardson-Schema: ein unschuldig verfolgtes Mädchen, ein finsterer Schurke und ein nobler Held. Dabei ging es immer um moralische Schwarz-Weiß-Zeichnung, sensationelle Effekte, last minute escapes, unwahrscheinliche Koinzidenzen, plötzliche Entdeckungen und die Stimulierung durch Musik. Im Grund arrangiert das Melodrama ebenfalls Genrebilder. An den Aufgipfelungen des dramatischen Geschehens – bei der etwa ein Vater mit einem gezückten Dolch über dem Sohn steht, den er nicht erkennt, während die Mutter einhaltgebietend hereinstürzt – ertönt wie im heutigen Film Musik, und die Szene wird eingefroren und zu einem Genrebild stilisiert. Für die plots der Melodramen werden große Mengen von Romanen kannibalisiert: Scott, Fielding, Smollett, Defoe und vor allen Dingen immer wieder Dickens. Nach der endgültigen Publikation eines Romans werden ungefähr ein halbes Dutzend dramatischer Versionen innerhalb einer einzigen Woche auf die Bühne gebracht.

In den komischen Genres sah es trübe aus. Hier gab es eigentlich nur fade comic operas und idiotische Farcen. Eine Ausnahme bildete die Extravaganza, mit der man im großen und ganzen Burlesken, vor allem Shakespeare-Burlesken meinte. Aus diesen gingen dann die sogenannten "Savoy Operas" von Gilbert und Sullivan hervor. Erst nach 1870 näherte sich das Theater wieder einem Zustand, der es für ein ernstzunehmendes literarisches Drama aufnahmefähig machen sollte.

1851 ist auch das Geburtsjahr der Music Hall, die zu einer singulären viktorianischen Einrichtung wurde. Die erste von

Charles Morton in der Nähe der Westminster Bridge eröffnete Music Hall hieß "The Canterbury" und offerierte Gesangsprogramme von Sängern beiderlei Geschlechts mit Exzerpten aus Opern und komischen Gassenhauern, wobei die Besucher gleichzeitig in einer glitzernden Kristallatmosphäre essen und trinken konnten. Die Lieder bezogen sich auf Figuren der modernen Folklore wie city swells, Ausländer, Schwiegermütter, Verführer, Heuchler und Mieteneintreiber und waren in vielem ungeheuer edel oder sentimental. Immer behandelten sie Themen, die den Mann auf der Straße interessierten. Die Künstlerschaft war in der Regel plebejisch, und ihre Stars wurden volkstümliche Helden. Die größeren Music Halls konnten 2.000 Zuschauer fassen. In seiner sozialen Zusammensetzung war das Publikum kleinbürgerlich und working class, wobei sich gerne city swells, men about town, Halbseidene und Bohémiens aus der Oberklasse dazugesellten. Der Stil war demonstrativ, emotional und ausgesprochen laut. 1868 wurden bei einer konservativen Zählung 40 Music Halls in London und 300 Music Halls in ganz Großbritannien gezählt. Die weniger respektablen Music Halls am Rande des Nachtlebens boten dann schon relativ schräge Vorführungen wie "poses plastiques", eine Art von viktorianischem striptease, und "sexy dances". Das ist dann das Milieu, das in Michael Sadleirs Romanen mit Titeln wie *Fanny by Gas Light* und *Forelorn Sunset* geschildert wird.

Mit der Prosperität der 50er Jahre, dem Ausbau der Eisenbahn und dem Rückgang der Arbeitszeit entwickelt sich eine neue Freizeitkultur, mit der auch eine Vergnügungsindustrie entsteht. Außer für die Allerärmsten werden nun Wochenendausflüge mit der Eisenbahn die große Mode. Mit der Entwicklung des Massentourismus aber entstehen die Seebäder. Pionierarbeit auf diesem Feld leistet die Reiseagentur von Thomas Cook. Zugleich macht die Eisenbahn die Entwicklung des Sports möglich. Erst jetzt können sich Zuschauermassen von großer Zahl zu überregional interessanten Fußball- und Kricket-Spielen versammeln, für die die dazugehörigen Clubs gegründet werden. Damit werden erst die Völkerwanderungen von großen Truppen von Sportfans möglich, mit denen das neue Phänomen des Rowdytums erscheint. Auch Pferderennen wie das Derby von Epsom Downs bieten Gelegenheiten für jährliche Saturnalien. Zusammen mit der Massenpresse entsteht auch ein Sensationstourismus. Gestrandete Wale und Schiffswracks, neu eröffnete Vergnügungsparks, zusammengebrochene Warenhäuser, große Brandkatastrophen – all das konnten nun große Mengen von Menschen mit der Eisenbahn besuchen. Nach einem Grubenunglück in Dukingfield kamen etliche 100.000 Sensationslüsterne aus der Umgebung und störten das Begräbnis der Verunglückten durch Bandenkriege, Trunkenheit und Vandalismus. Das Mekka der organisierten Wochenendausflüge per Bahn war natürlich London. Die Londoner ihrerseits fuhren zu den seaside resorts an der Südküste und zu anderen Ausflugszielen wie Brighton, Scarborough, Blackpool etc. Schließlich hatte Cook seine Organisation so weit vergrößert, daß er 75.000 Besucher aus England zur Pariser Internationalen Ausstellung von 1878 führen konnte. Nun wurden die Engländer ein reisendes Volk. Die Seestädte entlang der belgischen und französischen Küste wurden von den Besserverdienenden entdeckt, weil die englischen Seebäder selbst schon von den Kleinbürgern und Arbeitern besetzt waren.

In den fünfziger Jahren entwickelte sich auch der Sport, den man außerhalb Englands für typisch englisch hält, nämlich Krikket. Ein dicht gewebtes Netz von lokalen Clubs verwandelte Kricket aus einem aristokratischen Zeitvertreib in einen Massensport. Dazu gehörte die Entwicklung des Sportjournalismus, der Telegraphie und natürlich der Eisenbahn, um die Zuschauer zusammenzubringen. Ebenfalls in der Jahrhundertmitte wird Fußball zu dem Massensport, wie wir ihn heute kennen. Dabei gab es zwei Varianten: Rugby football und Association football, ein running game und ein kicking game. Association football kennt man außerhalb Englands als Fußball, innerhalb Englands als "soccer" – ein Begriff, der sich von "association" herleitet. Dieses Schisma des Fußballs folgte der Spaltung der Engländer in zwei Nationen: Rugby blieb ein Oberklassensport, und soccer wurde sowohl in den Public Schools als auch in den Arbeitermilieus gespielt. Erst mit dem Massenpublikum konnten sich Ligen bilden, in denen die Mannschaften wie heute regelmäßig gegeneinander spielten und ihre Lokalrivalitäten austrugen. Eine Zeitlang gab es einen dauernden Wettbewerb zwischen den Gentlemen's Clubs, den Public Schools und den populären Clubs; aber als 1883 die Old Etonians das Blackburn Olympic verloren, hatten sich schon die Hauptzüge des professionellen Fußballbetriebs herausgebildet: Ligen von Mannschaften, die sich auf ihren jeweiligen Feldern besuchten, Eintritte für die Besucher, professionelle Fußballspieler, die für den Verlust an Einkommen während der Trainingszeiten entschädigt wurden, und entsprechende Anhebung des Spielniveaus. Kricket und Fußball wurden dabei die wichtigsten Massensportarten und ersetzten langsam die eher ländlichen Sportarten wie Rattenfangen, Hunde- und Hahnenkämpfe, wobei die Jagd weiterhin ein Vorrecht des Adels blieb.

Gleichzeitig pflegte man aus moralischen und gesundheitlichen Gründen in den Public Schools die Mannschaftssportarten. Man erwartete von der Anstrengung für ein Team und der Einordnung in größere Gruppen unter Kampfbedingungen eine gemeinschaftsbildende Wirkung. Zugleich predigten die Vertreter dessen, was man "muscular Christianity" nannte, die moralisch stählende Qualität körperlicher Fitness und physischer Hygiene. Während sich in Deutschland im 19. Jahrhundert der einsame Sado-Masochismus des Turnens unter Inanspruchnahme von Geräten, die als Folterwerkzeuge dienten, zum Feld nationaler Ertüchtigung entwickelte, waren es in England die sozialen Sportarten, von denen man die moralische Stählung der jungen Generationen erwartete.

Der Löwe und das Einhorn

Hatte man für frühere Jahrhunderte die Regierungszeiten der Monarchen zu registrieren, gilt diese Notwendigkeit nun für die Regierungszeiten der Premierminister und ihrer Partei. Von 1859 bis 1866 regieren die Liberalen die meiste Zeit unter Palmerston; das konservative Kabinett Disraeli bringt dann in der Amtszeit von 1866 bis 1868 die zweite Reform Bill durch. Dann kommt es zum Wechselspiel zwischen Liberalen und Konservativen: sechs Jahre regiert Gladstone (1868–74), die nächsten sechs Jahre Disraeli (1874–1880) und dann wieder für fast sechs Jahre Gladstone (1880–1885). Darauf folgen mit kurzer Unterbrechung von 1885 – 1892 die Konservativen unter Salisbury, die ihrerseits wieder durch Gladstone und Rosebery abgelöst werden (1892 – 1895). Mit anderen Worten, es kommt zu einem ziemlich regelmäßigen Rhythmus im Wechsel zwischen Liberalen und Konservativen. Personifiziert wurde dieser Wechsel durch die beiden führenden Staatsmänner der Zeit, William Gladstone und Benjamin Disraeli. Gewöhnlich hatten die parteipolitischen Auseinandersetzungen etwas Sportliches, da Leute gezwungen waren, einander zu beschimpfen, die persönlich nichts gegeneinander hatten; aber im Falle der beiden führenden Männer verlieh eine herzliche gegenseitige Abneigung der Auseinandersetzung zusätzliche Würze. Sie wurde von Lewis Carroll in *Through the Looking Glass* als Kampf zwischen den beiden Wappentieren Englands, dem Löwen und dem Einhorn, stilisiert.

Die Begriffe "links" und "rechts", die wir heute gebrauchen, stammen aus dem französischen Parlamentssystem und wurden von den Viktorianern zunächst nicht benutzt, kamen aber nach 1870 zunehmend in Gebrauch. Der Unterschied zwischen den beiden Parteien wurde natürlich je nach Parteizugehörigkeit verschieden beschrieben, aber meistens lief es darauf hinaus, daß man die Whigs als "guardians of liberty" ansah und die Tories als "guardians of order". Mit fortschreitender Zeit wurde diese Differenz immer stärker temporalisiert, so daß die Tories als Partei der Vergangenheit und die Liberalen als Partei der Zukunft bezeichnet wurden. Insofern hatte sich schon in den 1830er Jahren für die Tories die Bezeichnung "konservativ" durchgesetzt. Während der hochviktorianischen Zeit versuchte Disraeli, den Namen "Tory" künstlich wiederzubeleben, um an alte Traditionen anzuknüpfen. Für ihn hatte dieses Wort aus dem 17. Jahrhundert eine präkapitalistische Resonanz, während die Konservativen sich nach seiner Meinung an den herrschenden Liberalismus angebiedert hatten. Aber abgesehen von Disraeli selbst besaßen die Tories keine Ideologie, die sich mit begrifflichen Mitteln als Doktrin formulieren ließe. Um 1860 standen sie für vier Prinzipien: eine soziale Ordnung, von der die Aristokratie profitierte; die Unterstützung der anglikanischen Kirche; die Lebensform des ländlichen Grundbesitzers und, last but not least, die Überzeugung, daß man immer die Liberalen besiegen solle. Nach John Stuart Mill wurden die Tories von dem Instinkt beherrscht, daß es dem Menschen nottäte, geführt zu werden und einem Herrn zu gehorchen. Für diese Einsicht nannte sie Mill "the stupidest party". Trollope schilderte sie als eine Art von Buddhisten, denen es gelingt, in einer Welt ruhig zu leben, die sich permanent verändert: "Every step taken has been bad, and yet to them Old England is of all countries in the world the best to live in, and is not at all the less comfortable because of the changes that have been made. These people are ready to grumble at every boon conferred upon them and yet to enjoy every boon. They know, too, their privileges and, after a fashion, understand their position. It is picturesque and it pleases them to have been always on the right and yet on the losing side. Always being ruined, always under persecution from a wild spirit of republican demagogism, and yet never to lose anything, not even position or public esteem, is pleasant enough."

Die liberale Partei ist wie die heilige Trinität in drei Naturen geteilt, die durch die Begriffe "Whig", "liberal" und "radical" gekennzeichnet sind. Macaulays *History of England* von 1849 enthält den großen Abgesang auf das, was mit "Whig" bezeichnet wird: die Tradition von William III. und der protestantischen Erbfolge und das Dogma der konstitutionellen Monarchie in einem System traditioneller Kontrollen von King, Lords und Commons, geführt von einer landed aristocracy, die das politische Maklertum und den Kompromiß gelernt hatte. Der letzte Whig-Führer dieser Art war Palmerston, und der letzte Romancier, der sie darstellte, war Trollope, der Palmerstons Biographie geschrieben hat. Es gab eine Whig Aristokratie, und sie überlebte im kollektiven Gedächtnis als Erinnerung an eine Lebensform.

Während in den 1830er Jahren die Tories zunehmend "Konservative" genannt wurden, ersetzte der Begriff "liberal" bald den der Whigs als der übliche Parteiname. Der Begriff war aus Spanien importiert worden und wurde sehr schnell heimisch. Aber man konnte ihn besser für die Partei als für Menschen gebrauchen. "You call me a liberal?" sagte Macaulay, "But I don't know that in these days I deserve the name. I am opposed to the abolition of standing armies, I am opposed to the abrogation of capital punishment, I am opposed to the destruction of the National Church, in short, I am in favour of war, hanging and church establishment." Im Grunde bestand die liberale Partei aus der Koalition, die die Reform Bill von 1832 durchgebracht hatte: Whigs, Liberale und Ultra-Radikale. Diese Allianz blieb bis ins späte 19. Jahrhundert erhalten. Ihr Fundament blieb die Doktrin der individuellen Freiheit, so wie sie von John Stuart Mill entwickelt wurde. Der Begriff "radikal" wurde niemals ein Parteiname, aber Radikale traten in die Whig Partei während und nach der Agitation für die Reform Bill ein. Mit der zweiten Reform Bill hatten die Radikalen von der liberalen Partei mehr oder weniger das erhalten, was sie wollten.

Unter der Führung von William Gladstone wurde die alte aristokratische Whig Partei zu einer liberalen Massenpartei umstrukturiert. Nach Palmerstons Tod begann er, sich als Wahlkämpfer um die Wahlkreise der nördlichen Industriestädte zu kümmern, und da er die Stamp Tax für die Zeitungen aufgehoben hatte, wurde er von ihnen zu einem Kämpfer für Freiheit und Reform stilisiert. Wohl weitgehend in Unkenntnis seiner tatsächlichen politischen Auffassungen machte ihn auch die Arbeiterschaft aufgrund der guten Presse zu einer Art von Volkshelden, der sich angeblich für das Recht des kleinen Mannes einsetzte. Damit nahm er der liberalen Partei das Stigma, das Instrument einer bestimmten Klasse von Plutokraten und Whig Oligarchen zu sein, und formte sie um zu einer Partei, der man zutraute, im Interesse des gesamten Commonwealth zu handeln. Gladstones moralische Rhetorik, die den Nonkonformisten und Dissenters besonders gefiel, und seine hohe moralische Auffassung vom republikanischen Dienst am Gemeinwesen, den er als Voraussetzung für die Privilegien der politischen Kaste ansah, kamen dem entgegen. Er vermittelte seinen Wählern das Gefühl, eine Mission erfüllen zu müssen. So vereinigte er mit Hilfe der

Presse die traditionellen Whig-Familien, die Industriellen, die Nonkonformisten und Bereiche der Arbeiterschaft.

Demgegenüber war es Disraeli gelungen, die Tories dazu zu erziehen, sich den populären und demokratischen Prozessen anzupassen, die die Reform Bills mit sich gebracht hatten. Dafür war Disraeli besonders geeignet, weil er als Jude eine Sensibilität für die Probleme von Minderheiten entwickelt hatte und von da aus zum Verständnis der Arbeiterschaft gelangt war. Insofern er gleichzeitig in Anknüpfung an Bolingbroke die Ideologie des Konservativismus entwickelte, integrierte er verschiedene konservative Bestandteile und machte so, ähnlich wie Gladstone auf der liberalen Seite, die Konservativen zu einer modernen Partei. Das wurde besonders in den 1870er Jahren sichtbar.

Die Politik, die jeder von ihnen verfolgte, war der des Gegners komplementär entgegengesetzt. Gladstone betrieb eine rege liberale Reformpolitik und richtete seine Energien vor allen Dingen auf die Innenpolitik; dabei ließ er die Zügel der Außenpolitk nach dem Prinzip der "non-intervention" weitgehend schleifen. Bei Disraeli war es umgekehrt: er legte die durch die Reformen hervorgerufene Unruhe in der Innenpolitik durch Konsolidierung bei und betrieb eine aktive Außenpolitik im Sinne des Imperialismus. Das bedeutete in gewisser Weise einen Rollentausch: Bis dahin hatten in der Regel die Liberalen eine aktive Kolonialpolitik betrieben, weil sie den Interessen der Finanzwelt und der middle classes entsprach. Durch die Radikalisierung der Liberalen gingen aber die national oder nationalistisch denkenden Vertreter der middle classes zu den Konservativen über. Von nun an präsentierten sich unter Disraeli die Konservativen als die eigentlichen Hüter der nationalen Interessen nach außen, während Gladstone scheinbar unter dem Druck anderer Mächte zurückzuweichen schien. Von der Notwendigkeit überzeugt, daß der Westen sich durch die Rückkehr zu den orientalischen Wurzeln der Religion geistig regenerieren müsse, betrieb Disraeli eine aktive Orientpolitik, erwarb die Suez-Kanal-Aktien, mischte sich in die Balkankrisen ein und machte Königin Viktoria zur Kaiserin von Indien.

Mit den 1870er Jahren geht der Konsens des Hochviktorianismus also langsam zu Ende, und es kommt zur Entfaltung neuer, bisher unbekannter Kräfte, wobei die stärkere Demokratisierung und der beginnende Imperialismus zusammengehören.

Die lebhafte Reformtätigkeit durch die Gladstone-Regierung Anfang der 70er Jahre führte dazu, daß nun die Parteien mit Programmen aufwarteten. Dadurch konnte die öffentliche Debatte vor der eigentlichen Beratung im Parlament angesetzt werden. Das führte zur paradoxen Forderung von Lord Salisbury, daß nur unumstrittene Legislaturmaßnahmen vor das House of Commons gebracht werden sollten: Wären die Maßnahmen noch umstritten, so argumentierte er, wären sie noch nicht reif für die Gesetzgebung. So verbreitete sich die Überzeugung, daß eine Partei die Regierung nur mit einem fertigen Regierungsprogramm antreten könne. Damit wurde die politische Argumentation viel stärker in die Öffentlichkeit verlagert. Das wirkte zurück auf die Parteien mit dem Ergebnis, daß eine entwickelte Parteimaschinerie die Agitation in der Öffentlichkeit organisieren mußte. Von den 1870er Jahren an brachten die neuen Radikalen, die sich der liberalen Partei angeschlossen hatten, ein halbes Dutzend öffentlicher Kampagnen in Gang mit der Folge, daß die öffentliche Diskussion allmählich für ebenso wichtig gehalten wurde wie die Debatte im Parlament. Das war aber wiederum nur möglich durch eine gute und informierte Presse. Mit Bezug auf Argumentation, Information und Stil war das Niveau des besseren Journalismus der 70er und 80er Jahre höher als jemals zuvor. Der *Edinburgh Review* war liberal, und der *Quarterly* war konservativ. Für die Wochenendlektüre gab es den *Spectator*, zusätzlich gab es die drei Monatsschriften *The Fortnightly*, *The Contemporary* und *The Nineteenth Century*. In London gab es acht Tageszeitungen von politischem Einfluß, und in den Provinzen nochmal so viel. In ihnen schrieben die Staatsmänner Gladstone, Harcourt, Dilke, Chamberlain etc. regelmäßig Beiträge. Diese Organe erreichten natürlich nur die gebildete Öffentlichkeit. An das Volk mußte man noch in direkter Rede von der Plattform herunter appellieren. Gab es bis dahin gelegentlich große rhetorische Auftritte wie zu Zeiten Sheridans und Burkes, wird der rhetorische Lärm nun kontinuierlich. Der Appetit für gute Reden wird unersättlich. Speech going wird zur spätviktorianischen Volksbelustigung. Bei Abnahme des religiösen Interesses ersetzen die Reden zunehmend die Predigt. Es gibt unzählige Themen, die die Öffentlichkeit aufwühlen: Gerechtigkeit und Freiheit, Wohlfahrt und Sicherheit, die Größe des Empire, das Frauenwahlrecht, Beziehungsprobleme, Home Rule in Irland, die Entstaatlichung der Kirche und immer wieder Frauenemanzipation, Frauenstimmrecht, Erziehung von Frauen und die Auffassungen von Ehe und Liebe.

1882 wurde die Technik der parlamentarischen Debatte durch eine neue Geschäftsordnung verschlankt. Die Regeln gaben dem Speaker als dem Leiter der Debatten mehr Macht, um ausufernde Diskussionen besser zu kontrollieren. Dadurch wurde die Grundlage für die heutigen parlamentarischen Prozeduren gelegt. Unter diesen Bedingungen erreichte das viktorianische England einen Standard der Rhetorik, der sich historisch gesehen vielleicht nur mit dem des alten Rom messen kann. Die Reden des 18. Jahrhunderts drangen in der Regel noch nicht über die Grenzen des House of Commons hinaus. Es gab keine Galerie für Besucher bis zum großen Brand von 1834, und bis 1780 durften auch keine Notizen gemacht werden. Von den 1820er Jahren an nahm die Gewohnheit zu, Parlamentsreden zu publizieren. 1803 wurde die sogenannte Hansard-Serie begonnen, und zwischen 1828 und 1841 erschien *The Mirror of Parliament*, für den Dickens als Parlamentsreporter tätig war. Die weite Verbreitung der Parlamentsreden wirkte auf das Parlament selbst zurück. Die platform speakers von außerhalb des Parlaments importierten ihre volkstümliche Rhetorik nach Westminster und revitalisierten auf diese Weise die parlamentarische Redekunst. In den 1860er Jahren hatte das Parlament das Klima von Gladiatorenkämpfen zurückgewonnen, so daß man allein durch Rhetorik eine politische Karriere machen konnte. Schon 1847 sagte George Henry Francis in seinen *Orators of the Age*: “Eloquence in this Empire is power.” Natürlich hieß das nicht, daß jedes Parlamentsmitglied ein eloquenter Redner war; Reihen von sprachlosen Männern haben immer das Land von England repräsentiert, sagte der Verfassungstheoretiker Bagehot. Und hin und wieder konnte auch der Eindruck aufkommen, daß die Qualität des guten Debattenredners mit politischer Führungskraft so viel zu tun hatte wie der Sport mit dem Krieg. Aber durch die protestantische Tradition des Predigens hatte England einen ausgesprochenen Gusto für öffentliche Rhetorik entwickelt. Als Junge mußte Robert Peel alle Predigten, die er in der Kirche gehört hatte, seinen Eltern auswendig wiedergeben. Viele der Mitglieder des House of Commons waren Juristen und hatten ihre Rhetorik vor Gericht gelernt. Hinzu kamen die klassische Erziehung und die Orientierung an den römischen und griechischen Rednern in den Public

Schools und Universities. Allerdings war die antike Rhetorik weniger ein Modell als ein Steinbruch für Anspielungen. Der Duke of Wellington, der relativ ungebildet war, rief einem weitschweifigen Parlamentsmitglied zu: “Say what you have to say, don’t quote Latin and sit down.” Die neue Rhetorik orientierte sich eher an den platform speeches des neuen demokratischen Zeitalters und war geschult in der Kommunikation mit den Massen. Nach der zweiten Reform Bill wird die Rhetorik vollends populär und theatralisch, und die Redner führen sich auch im Parlament auf wie Starschauspieler und Demagogen. In den 70er Jahren wurde für alle Beobachter die Gegnerschaft zwischen Disraeli und Gladstone eine der interessantesten Seiten der britischen Politik. Den Einruck, den Gladstone als Redner hervorrief, kann man aus seinen gedruckten Reden nicht rekonstruieren; wir müssen uns auf die Berichte von Zeitgenossen verlassen, die die eindrucksvolle Körpersprache mit schildern. Demgegenüber war Disraeli fast unbeweglich und wurde immer wieder mit einer Sphinx verglichen. Er war als Redner glänzend, humorvoll, ein großartiger Parodist, epigrammatisch und besaß die Fähigkeit, seine Gegner lächerlich zu machen. Während Gladstones Rhetorik in Fluten aus ihm hervorbrach, war Disraelis Rhetorik die eines Florettfechters. Indem er Gladstone schilderte, brachte er es gleichzeitig fertig, dessen Rhetorik zu parodieren: “A sophisticated rhetorician inebriated with the exuberance of his own verbosity and gifted with an egotistical imagination that can at times command an interminable and inconsistent series of arguments to malign an opponent and to glorify himself.” Eine weitere Parodie von Gladstones Kanzelrhetorik findet sich auch in Dickens’ *Bleak House*, wo die Figur Reverend Mr. Chadbland im Stil von Gladstone redet.

Disraelis Aufstieg verdankt sich noch mehr als der Gladstones seiner persönlichen Brillanz. Er war ein Jude, er hatte keine connections, und seine Talente als Verwaltungschef, seine Respektabilität, seine Finanzen und seine sexuellen Neigungen wurden von Anfang an den größten Zweifeln ausgesetzt. Aber er war ein Rhetor, ein Konversationalist und ein brillanter Schriftsteller. Und er hatte eine Mission, mit der er der konservativen Partei das Gefühl ihrer Identität im Zeitalter der Parteiprogramme geben konnte. Dabei brachte er das Kunststück fertig, sein Judentum mit dem Anti-Modernismus, der Romantik, dem Idealismus und – über die Rassereinheit – mit dem Adel zu identifizieren. Das war deshalb möglich, weil er in England das antisemitische Klischee gar nicht vorfand, das die Juden mit allen Malaisen der Moderne wie dem Geist des Unglaubens und des Geldes identifizierte und das ihn gezwungen hätte, sich in der Auseinandersetzung an ihm zu orientieren. Während all der politischen Polemiken, Invektiven und Karikaturen, die im kämpferischen Leben eines wahlkampfführenden Politikers und eines formidablen Debattenredners vom Format Disraelis nicht ausbleiben können, wurden niemals die antisemitischen Klischees benutzt, die zur gleichen Zeit auf dem Kontinent immer bedrohlicher wurden. Das englische Bürgertum, das sein Selbstbewußtsein aus der Tradition des Dissent, des Liberalismus und der Gentlemankultur gewonnen hatte, litt nicht an jenem antimodernistischen Selbsthaß, der das mitteleuropäische Bürgertum kennzeichnete und den es auf die Juden projizierte. Und so wurde Disraelis Laufbahn eine der bemerkenswertesten Karrieren in der englischen Geschichte und ein Beispiel dafür, daß man sich als Romanautor für die Politik qualifizieren konnte.

Während der gesamten viktorianischen Zeit gab es Romane, die sich mit der einzigartigen Institution des Parlaments auseinandersetzten. Man könnte fast von einer Parliamentary Novel sprechen. Dazu gehören neben Disraelis Trilogie die sozialen Romane von Kingsley und Dickens, George Eliots *Felix Holt*, Merediths *Beauchamp's Career*, Henry James' *The Tragic Muse* bis hin zu H.G. Wells' *New Machiavelli*. Schließlich bilden die Palliser-Romane von Anthony Trollope den Höhepunkt der politischen Romanliteratur in England; sie wurden von jemandem geschrieben, der glaubte, "that to sit in a British parliament should be the highest object of ambition to every educated Englishman". Dabei nahmen die Engländer ihr eigenes parlamentarisches System als selbstverständlich hin. Die maßgebliche Schrift über die englische Verfassung ist Bagehots *The English Constitution* von 1867, in der der Verfasser gegen die strikte Trennung von Legislative und Exekutive polemisiert und ihre Kombination empfiehlt, so wie sie im englischen Kabinett praktiziert wird. Die erste Analyse des britischen Parteiensystems wurde 1890 von Moses Ostrogowski auf Französisch verfaßt und unter dem Titel *Democracy and the Organisation of Political Parties* ins Englische übersetzt.

Kultur, Anarchie und Nonsense

Um die Zeit der zweiten Reform Bill von 1867 gab es Zeichen, daß der viktorianische Konsens zu bröckeln begann. Sie sind mannigfach, diffus und über ein weites Feld verstreut. Dichter wie Swinburne hielten sich nicht mehr an die Sexualtabus. Der viktorianische Ernst wurde durch den Nonsense von Edward Lear und Lewis Carroll karnevalisiert, der zugleich harmlos und anarchisch war. Ein Kritiker wie Arnold beklagte die philiströse Selbstzufriedenheit, die moralische Engstirnigkeit und die Vulgarität der materiellen Gesinnung. Die Dichtung von Browning durchbrach die Konvention der lyrischen Meditation zugunsten ihrer Dramatisierung im dramatischen Monolog. Die Utopie begann, in Samuel Butlers *Erewhon* in die Anti-Utopie umzuschlagen; und in vielen Autoren provozierten die Auseinandersetzungen mit der wissenschaftlich begründeten Evolutionstheorie eine Orientierungslosigkeit und ein Weltanschauungsbedürfnis, das dann erst wieder durch eine romantische Bejahung der Life-Force gestillt werden konnte wie bei Meredith, Browning, Swinburne und den späteren Vitalisten wie Shaw. Das sollte die literarische Thematisierung von Ehe und Liebe mit einem breiten Hintergrund evolutionstheoretisch motivierter Diskussionen über Sexualität, Familienplanung, Vererbung, Gattenwahl, Fortpflanzung und Frauenemanzipation versehen.

1867, mitten in der Debatte um die zweite Reform Bill, erschien aus der Feder von Matthew Arnold die Schrift *Culture and Anarchy*, die zu den großen zeitkritischen Manifesten der Epoche gehört. Der Verfasser war der Sohn des berühmten Direktors von Rugby, Thomas Arnold, wurde 1851 Schulinspektor, was ihm einen Einblick in das Bildungssystem nicht nur Großbritanniens verschaffte, veröffentlichte eigene Gedichte und war von 1857 bis 1867 Professor für Dichtung in Oxford.

Arnolds Lebensthema ist die Spaltung des ganzheitlichen Lebenszusammenhangs durch das Auseinandertreten von Religion und Spiritualität auf der einen Seite und Naturwissenschaft und materieller Zivilisation auf der anderen. Ihm geht es um die Wiederherstellung dieser verlorenen Einheit, die sowohl sozial als auch personal gedacht war. Und für diese Einheit steht das, was er ganz unbritisch "Kultur" nennt. Walt Whitman hat sich über den Begriff lustig gemacht, weil er damit Assoziationen des akademischen Snobismus verband. Aber Arnold steht bei der Übernahme dieses deutschen Begriffes unter dem Einfluß Goethes. Zu dem Ideal der expressiven Integrität, das Arnold vorschwebt, paßt der Goethesche Paganismus im Sinne der Wiedergewinnung harmonischer Ganzheitlichkeit, die Goethe mit der Kultur des antiken Griechenland verband. Zur Kennzeichnung dieses Ideals spricht Arnold deshalb von "Hellenismus". Im Gegensatz dazu sieht er den puritanisch getönten Moralismus der Viktorianer in der Tradition dessen, was er "Hebraismus" nennt. Die dadurch geprägte "Ethik des Glaubens" will er durch eine neue ganzheitliche Ethik überwinden, die sich besser für eine moderne Gesellschaft eignet; und er findet sie in dem, was auf deutsch mit dem Begriff der "Bildung" bezeichnet wird. Mit der Unterscheidung von Hebraism und Hellenism, die schon bei Heine vorgeprägt ist und die wir später bei Nietzsche und bei Joyce wiederfinden werden, kündigt sich der Unabhängigkeitsanspruch der Kunst an, die sich selbst der Gesellschaft nun als Utopie empfiehlt. Kunst soll Religion ersetzen, deren Zusammenbruch anderenfalls die Gesellschaft in eine spirituelle Wüste verwandeln werde. Dieses "Waste Land" sieht Arnold in den Klassenegoismen der Aristokratie, der Bourgeoisie und des Proletariats bereits realisiert, die er in "Barbaren, Philister und Plebs" umtauft – mit nachhaltiger Wirkung im Bewußtsein ihrer Angehörigen. Was Marx zur gleichen Zeit als "Klassenbewußtsein" beschreibt, wird hier aus der Perspektive des integralen Kulturalismus als menschliche Selbstverstümmelung gekennzeichnet. Von da aus muß Arnold nicht nur den moralisch verengten Hebraismus, sondern auch den Liberalismus als Ideologie der Bourgeoisie verwerfen, d.h. die materielle Wirtschaftsgesinnung und das Prinzip des "Anything Goes" oder wie Arnold sagt: "Doing As One Likes". Deshalb greift er auch die englische Tradition des Individualismus und des Dissent an. Ohne ihn zu nennen, richtet sich ein Großteil dieser Argumente gegen John Stuart Mills *On Liberty*. Ihr gegenüber insistiert Arnold auf der Notwendigkeit einer Integration von individueller und sozialer Ordnung. Der Subjektivismus der Romantik, die individuelle Borniertheit und der Egoismus der Klassen müssen durch einen Sinn für das übergeordnete Ganze gezügelt werden, der für Arnold am deutlichsten in der Kunst und im Geist der Klassik zur Geltung gebracht wird.

Als Dichter von Rang und als Bildungsexperte kann Arnold diese Thesen mit der Autorität vortragen, die ihm seine öffentliche Reputation verschafft. Damit formuliert er für England die Prämissen einer kulturkritischen Tradition, die sich mit sehr viel größerer Wirkung in Deutschland entfalten wird und die aus der Perspektive einer Goetheschen Bildungsreligion die Malaisen der Moderne beklagt. Ihr zentrales Motiv ist der Verlust der Ganzheitlichkeit. Dafür steht der deutsche Begriff der Kultur im Unterschied zur westlichen Zivilisation. Aus dieser Perspektive hat man im 20. Jahrhundert von deutscher Seite das eigene Land mit der Kultur und den Westen mit der modernen Zivilisation der Zerrissenheit identifiziert. Daran zeigt sich nur, daß in Deutschland die Kultur der Moderne seelisch weniger akzeptiert wird als in Großbritannien. All diese Bezüge liegen Arnold fern; aber er vertritt im ideologischen Terrain die Position einer Kulturkritik, die die Autonomisierung der Kunst zum Anlaß nimmt, sie zum Maßstab für die Gesellschaftskritik zu machen. Nur aus der Emphatisierung der Kunst in der ästhetischen Reflexion und der literarischen Kritik läßt sich die Moral auf Distanz bringen, wie Arnold das mit seinem Begriff des Hebraismus tut; und nur aus der ästhetischen Perspektive lassen sich mit den Begriffen des Philisters und des Banausentums die Kategorien gewinnen, mit denen Arnold in einer Art nietzscheanischen Hellsichtigkeit die Barbarei der Zivilisation erfaßt. Gegen die kulturellen Sphären des religiösen Glaubens und der rationalen Wissenschaften setzt Arnold auf die dritte: die expressive Selbstvervollkommnung der Persönlichkeit durch die Ganzheitlichkeit der Kunst. Das ist es, was Arnold "Kultur" nennt.

Im Jahr 1871 erschien im *Contemporary Review* ein mit dem Pseudonym Robert Maitland gezeichneter Artikel unter dem Titel *The Fleshly School Of Poetry*. Er bestand aus einem bösartigen Angriff auf die Dichtung der Pre-Raphaelite Brotherhood, die der Morbidität, der Perversität, der Obsession durch sexuelle Themen und der Gleichgültigkeit gegenüber dem moralischen Auftrag der Dichtung für schuldig befunden wurde. Diese Attacke leitete eine Serie von Anklagen und Debatten über die Beziehung von Kunst und Moral ein, die in den spektakulären Prozessen von Ruskin gegen Whistler und der Krone gegen Wilde sowie Max Nordaus Pamphlet *Entartung* ihre Höhepunkte finden sollten. Und sie zeigt, daß das Bollwerk der viktorianischen

Kunstauffassung – die Überzeugung von der Kongruenz zwischen Moral und Literatur – nun attackiert, allerdings auch verteidigt wurde.

1872 erschien ein Gegenangriff mit dem Titel *Under The Microscope* aus der Feder von Charles Swinburne, der lose mit der Pre-Raphaelite Brotherhood verbunden war. Swinburne hatte bereits Erfahrungen in solchen Kontroversen gesammelt. Als Student in Oxford hatte er sich unter dem Einfluß von Shelley, Landor und Victor Hugo deren subversive Meinungen zu eigen gemacht, die politisch republikanisch, religiös atheistisch und moralisch nihilistisch eingefärbt waren und in der Überzeugung gipfelten, daß die Kunst amoralisch war und nur um ihrer selbst willen geliebt werden sollte. Solche Freigeistigkeit verführte ihn zu so kühnen Experimenten in der Sphäre von Sitte und Moral, daß die Oxforder Universitätsverwaltung alarmiert wurde und Swinburne die Universität verließ, um seinem Ausschluß zuvorzukommen.

Unter dem Einfluß von Morris und Ruskin verfaßte er Dramen und Gedichte, bereiste Italien, traf Manet und Whistler in Paris, besprach Baudelaires *Fleurs du Mal* und überraschte 1866 die Welt mit der Veröffentlichung seiner *Poems and Ballads*. Sie evozierten durch ihre hypnotische Laszivität und ihre suggestive Sinnlichkeit die Wirkung eines sprachlich induzierten Rauschzustandes, in dem der Leser seine Abwehrkräfte gegen die eingestreuten Assoziationen mit tabuisierten Dunkelzonen sadistisch gefärbter Sexualität verlor. Das Ergebnis war ein Skandal, in dem die Kritik unter der Führung von John Morley Swinburne als satanischen Anbeter von Perversität und Nihilismus denunzierte. In einer Entgegnung mit dem Titel *Notes on Poems and Reviews* setzte sich Swinburne satirisch von der viktorianischen Erbauungslyrik Tennysons ab und proklamierte offen die Doktrin des l'art pour l'art. Und nachdem er in seinen elegischen Gedichten *Ave et Vale* dem Verfasser der *Fleurs du Mal* seinen Tribut gezollt und sich mit *A Song of Italy* der Sache der italienischen Befreiungsbewegung angenommen hatte, die er von Shelley, Byron und Browning geerbt hatte, warf er sich in den Kampf zur Verteidigung Rossettis gegen den Verfasser von *The Fleshly School Of Poetry*.

In diese Zeit der aufgeregten Debatten fällt auch der Durchbruch Robert Brownings beim großen Publikum mit seinem *The*

Ring and The Book. Browning war im Purpur des Wohlstands geboren worden und empfing seine Erziehung zu Hause. Von seinen Reisen in Italien brachte er eine Faszination durch die italienische Renaissance und den zeitgenössischen Freiheitskampf der Italiener mit. Nach erfolglosen Versuchen mit den konventionellen Formen der Lyrik und dem Drama gab er beide auf, indem er sie verschmolz: er ersetzte die Meditation des lyrischen Ich durch den dramatischen Monolog einer objektiv kontextualisierten, häufig historischen Figur, deren Standortgebundenheit der lyrischen Aussage eine dramatische Qualität verlieh. Sie trugen entsprechende Titel wie *How He Brought The Good News From Ghent To Aix* oder *The Bishop Orders His Tomb in St. Praxed's Church*. 1846 vollzog Browning selbst einen dramatischen Schritt. Er hatte die kränkelnde Dichterin Elizabeth Barrett kennengelernt, war in Liebe zu ihr entbrannt und überredete sie dazu, sich gegen den Willen ihres Vaters von ihm nach Italien entführen zu lassen, wo das Paar bis Elizabeths Tod im Jahre 1861 lebte. Schon vor dieser Zeit war Elizabeth im öffentlichen Bewußtsein zu einer romantischen Figur geworden: sie litt an einer Rückratverletzung, die sie sich durch einen Reitunfall zugezogen hatte, war deshalb von der Gesellschaft ausgeschlossen, hatte bis zu Brownings Besuchen nur die Gesellschaft ihres Hundes Flush, über den Virginia Woolf einen Roman geschrieben hat, und verfaßte Gedichte, die sie zu ihren Lebzeiten wesentlich bekannter machten als Browning. Nach ihrer Entführung wurde sie vollends zur romantischen Legende, als sie ihre Liebesgedichte an Browning mit dem Titel *Sonnets from the Portuguese* publizierte, da Browning sie in ihrer privaten Liebessprache "meine Portugiesin" nannte. Ihre späteren Gedichte, die wegen ihrer bewußt kultivierten Spontaneität der "Spasmodic School" zugerechnet wurden, behandelten Themen des politischen und humanitären Protests und des italienischen Risorgimento.

In Italien fand Browning nun in einem Buchladen ein "Old Yellow Book" mit den Dokumenten und Protokollen über die gerichtliche Verurteilung eines Mörders im Rom von 1698. Das war das Material, das Brownings Interesse an Psychologie, Kasuistik, Kriminalität und italienischer Geschichte entgegenkam und sich für die Darstellung in dramatischen Monologen besonders zu eignen schien. Nach dem Tod seiner Frau kehrte Browning nach England zurück und verarbeitete sein Material aus dem Yellow

Book zu seinem Meisterwerk *The Ring and the Book*. Die Geschehnisse des Mordfalls werden von zwölf Figuren in zwölf Büchern berichtet, von denen jedes ein anderes Licht auf den Fall wirft: dabei geht es um die Ermordung einer Ehefrau durch ihren Mann wegen Ehebruchs, die durch Motive der Mitgiftjägerei, der Familienpolitik der Brauteltern und des Kirchenasyls kompliziert werden. Das "Buch" des Titels bezieht sich auf das Yellow Book, in dem Browning die Geschichte fand, der "Ring" spielt auf einen Goldring von Elizabeth an, der zunächst nur mit Hilfe einer Zusatzlegierung geformt worden war, wonach das minderwertige Metall wieder weggeschmolzen wurde: in ähnlicher Weise konnte das Gold der Geschichte nur durch die Zusatzlegierung mit der Phantasie des Autors seine Form gewinnen.

Wie Swinburne hatte auch Browning eine fast jakobäische Vorliebe für die Verbindung von amoralischer Kunstliebe und Verbrechen bei den Gestalten der italienischen Renaissance, die auch die Dramen Fletchers bevölkerten. Die damit verbundene Dramatisierung überwand die opulente Bilderwelt der romantischen Stimmungspoesie und verlieh der lyrischen Sprache jene Energie und zielgerichtete Pointiertheit, die aus der standortgebundenen Rede von Charakteren fließt. In dieser Dramatisierung kündigt sich die Dichtung der Avantgarde an. Alle avantgardistischen Lyriker der englischen Sprache, die den dramatischen Monolog gebrauchen – an erster Stelle Ezra Pound und T.S. Eliot – stehen unter dem Einfluß Brownings. Richtet sich die Georgian Revolt in der Lyrik kurz vor dem Ersten Weltkrieg fast gegen die gesamte Tradition der viktorianischen Dichtung, ist Browning davon ausgenommen.

Eine andere Variante zugleich milder aber anarchischer Subversivität kündigt sich in der viktorianischen Nonsense-Dichtung an, die die Effekte des Dadaismus vorwegzunehmen scheint. Einer ihrer bis heute unvergessenen Gründungshelden ist Edward Lear. Er war das jüngste von fünfzehn Kindern eines Börsenmaklers dänischer Herkunft, der wegen seines Vaters Aufenthalt im Schuldgefängnis mit fünfzehn Jahren seinen Lebensunterhalt durch Illustrationen, Zeichnungen und Kolorierungen verdienen mußte. Danach zeichnete er für den Earl of Derby die Illustrationen für eine Beschreibung der Menagerie von Knowsley Hall, wo Lear einige Jahre zubrachte. Dieser Aufenthalt verschaffte ihm die sozialen Verbindungen und Aufträge, um seine ausgedehnten

Reisen in Italien, der Levante, dem Nahen Osten und Indien zu finanzieren. Von ihnen brachte er eine Fülle von originellen Zeichnungen, Skizzen und Aquarellen mit, die als topographische, ornithologische, geologische und botanische Dokumente geschätzt werden. Dabei entwickelte er auch einen Hang zu Nonsense-Zeichnungen, die den Stil von James Thurber vorwegzunehmen scheinen. Berühmter aber wurde er durch seine Nonsense-Gedichte, in denen sich seine Entfremdung von der viktorianischen Gesellschaft Ausdruck verschaffte, die durch einen Hang zu melancholischen Depressionen verstärkt wurde. Seine Gedichte dramatisieren häufig den Gegensatz zwischen dem stammelnden Scheitern der Kommunikation und dem gewalttätigen Ausbruch. Dabei machte Lear die Form des Limerick prominent, die inzwischen eine folkloristische Verbreitung gefunden hat. Es handelt sich dabei um einen humoristischen epigrammatischen Vers in fünf Zeilen in einer Mischung aus Jambus und Anapäst, wobei die Zeilen 1, 2 und 5 einen Trimeter bilden, und die Zeilen 3 und 4 einen Dimeter mit dem Reimschema aa bb a. Bei Lear endet die erste Zeile mit einem Ortsnamen, der in der Regel den Herkunftsort des Protagonisten bezeichnet und in der letzten Zeile wiederholt wird. In den Limericks nach Lear enthält die letzte Zeile statt dessen ein Reimwort. Der Limerick arbeitet mit ingeniösen Wortspielen und Doppeldeutigkeiten, und sein häufigstes Thema ist deshalb die Sexualität in der Form grotesker Absurdität, die in einer Pointe gipfelt. Das folgende Beispiel ist eher typisch für die späteren Formen als für Lear:

> The Limerick packs laughs anatomical
> Into space that is quite economical.
> But the good ones I've seen
> So seldom are clean
> And the clean ones so seldom are comical.

Wie Johannes der Täufer zu Christus verhält sich Lear zu dem Mann, der als Lewis Carroll bekannt wurde und als Autor der Kinderbücher *Alice in Wonderland* und *Through the Looking Glass* zum Nationalheiligen aller modernen Linguisten, Logiker, Mathematiker und ordinary-language-Philosophen wurde, die ihre Goedelsche Einsicht in die logische Unbegründbarkeit der Logik mit einem Sinn für Absurdität und Spielerei verbinden. Charles Lutwidge Dodgson – so war sein richtiger Name – war Oxford-

Don, Mathematiker, Hobbyphotograph, Autor von fachwissenschaftlichen Artikeln, zwei Büchern über Logik und satirischen Pamphleten, Parodien, Burlesken, Anagrammen, Akrosticha, Balladen, Phantasmagorien, Liedern und Kinderbüchern. Er war Sohn eines anglikanischen Pfarrers und unterhielt trotz seines Stotterns schon als Kind seine Geschwister mit Zaubereien, selbsterfundenen Spielen, kleinen Stücken für das Marionettentheater und Geschichten und Versen für die Familienzeitschrift. Nach dem Besuch von Rugby bezog Dodgson das Christ Church College in Oxford zunächst als Student der Mathematik und dann als Dozent. Hier blieb er trotz gelegentlicher Reisen und widmete sich neben seinen akademischen Pflichten der neu erfundenen Technik der Photographie. Seine Leistung als Photograph liegt auf dem Gebiet der Kinder-, genauer gesagt der Mädchenportraits, und daß seine zahlreichen Kindfreundinnen die literarische Einbildungskraft des Junggesellen inspirierten, dokumentieren die Widmungen seiner Texte deutlich. Allein seine Korrespondenz mit seiner Kinderbekanntschaft ist von beträchtlichem Umfang. Viele Verse, Rätsel und komische Geschichten komponierte er zu ihrer Unterhaltung. In der Einfühlung in die kindliche Phantasiewelt und in der Idealisierung der Kindheit ist Carroll mit Dickens verwandt. Dabei reiht er sich in eine literarische Tradition ein, die von Wordsworth bis zu Ruskin und den Präraffaeliten reicht. Zugleich mischten sich in seiner Kindervernarrtheit ästhetischer Voyeurismus und pathologische Ersatzerotik; so jedenfalls wurde im unmittelbaren sozialen Umfeld von Carroll gemunkelt. In der Familie der berühmten Alice Liddell erhielt er wegen eines bis heute ungeklärten Vorfalls Hausverbot, und 1880 gab er das Photographieren auf, weil die Eltern eines seiner Modelle offenbar die Portraitabsichten des Kinderfreundes für unschicklich befunden hatten. Seine Komposition von Denksportaufgaben, den sogenannten "pillow problems", dienten ihm selbst als Ablenkung von unheiligen Gedanken, die ihn des nachts wachhielten.

Die phantastische Geschichte der kleinen Alice im Wunderland entstand als Steggreifproduktion während einer sommerlichen Kahnfahrt im Jahr 1862 mit den Töchtern des Christ Church Dekan Liddell, der damals zehnjährigen Alice und ihren Schwestern Lorina und Edith. Auf Wunsch von Alice schrieb Carroll die Geschichte später nieder. Die erste Fassung *Alice Underground* überarbeitete und erweiterte er zu *Alice's Adventures in*

Wonderland. Die Illustrationen dazu stammen von John Tenniel. In der Geschichte gelangt Alice durch ein Kaninchenloch ins Erdinnere und findet dort eine Welt vor, in der die normalen Maßstäbe außer Kraft gesetzt sind. Sie wird erst winzig klein, dann riesig groß, nimmt ein Bad in ihren eigenen Riesentränen, schließt Bekanntschaft mit den phantastischen Bewohnern des Wunderlandes, die wie der Mad Hatter und die Cheshire Cat inzwischen mythologischen Status haben, spielt mit der absolutistischen Königin und einigen der Untertanen eine Partie Krocket und tritt schließlich als Zeugin vor einem willkürlichen Gericht auf. Die Welt des Wunderlandes ist mit Alices viktorianischer Konventionalität unvereinbar, weil seine Bewohner die Heldin permanent mit einer autoritär vorgetragenen Unlogik und mit semantischen und pragmatischen Paradoxien konfrontieren, die heute als schizophrenogene double binds durchschaut werden. Damit distanziert sich Carroll von der autoritären Pädagogik des viktorianischen Kinderbuchs. Zugleich nimmt *Alice in Wonderland* den linguistic turn der späteren Oxforder Philosophie vorweg und antizipiert die Textualisierungspraktiken des selbstreferentiellen Romans der Moderne und der Postmoderne. *Through the Looking Glass*, die Fortsetzung von *Alice's Adventures in Wonderland*, radikalisiert die Dimension der Paradoxie und der Selbstreflexivität. Stärker durchkomponiert als das Alice-Buch, ist der Plot nicht als lockere Sequenz von Episoden organisiert, sondern als strukturelle Analogie: das Land hinter dem Spiegel entspricht einem Schachbrettmuster und der Handlungsverlauf einer Schachpartie, die die Heldin in zehn Zügen gewinnt. Alice, ein weißer Bauer, wird schließlich Königin und schlägt die rote Königin. Hinter dem Spiegel ist die Welt verkehrt: Ursache und Folge verhalten sich umgekehrt zueinander. Um der roten Königin zu begegnen, muß Alice nicht in ihre Richtung, sondern in die entgegengesetzte laufen. Um an einem Ort zu bleiben, muß sie sich fortbewegen. Um sich fortzubewegen, muß sie die doppelte Geschwindigkeit erreichen. Ein Ei kostet mehr als zwei Eier, und die Schrift des Buches, das Alice zur Hand nimmt, ist spiegelverkehrt. Erst als sie es gegen den Spiegel hält, vermag sie das berühmteste Nonsense-Gedicht der englischen Literatur zu entziffern: *Jabberwocky*. Der Inversion der Schrift unterliegt die Verkehrung der Zeichen zum Nonsense. Hier zeigt sich Lewis Carrolls literarische Verwandtschaft zu Edward Lear am deutlichsten. Die Figuren von *Through the Looking Glass* sind womöglich noch berühmter geworden als die aus *Alice in Wonderland*; das gilt zumal für den Meister der linguistischen Verwirrung, Humpty Dumpty, den Erfinder des un-birthday und den Exegeten von *Jabberwocky*, der wegen seiner sprachphilosophischen Radikalität unter den Linguisten des 20. Jahrhunderts am meisten Beachtung gefunden hat. Hier trifft Alice auf einen radikalen Verfechter einer nominalistischen und individualistischen Sprachtheorie, die in Lewis Carrolls *Symbolic Logic* Programm wird: auch dort legitimiert der Autor die Arbitrarität der signifikanten Zuordnung. Danach bedarf es nur der öffentlichen Definition, nicht aber einer wirklichen Referenz. Logik funktioniert ebenso nach ihren eigenen autonomen Regeln wie die Nonsensekunst Carrolls. Das Spiel als gemeinsame diskursive Praxis von Literatur und Logik prägt auch die anderen Bücher Carrolls wie *Sylvie and Bruno* und *The Hunting of the Snark*.

Alice's Adventures in Wonderland ist das erste unterhaltende und das erste phantastische englische Kinderbuch. Dabei distanziert sich Carroll nicht so sehr von den Zielen der viktorianischen Erziehungskonzepte, als daß er sich weigert, seine Vorstellungen in die viktorianische Schreckenspädagogik umzusetzen. Statt dessen ersetzt er Didaktik durch Spiel und moralische Belehrung durch ironische Distanz zu den Schwächen des Kindes. Damit wirkt Carroll für die Kinderliteratur traditionsbildend. George McDonnell's Alice-Imitation *Cross Purposes* (1867), Maggie Browne's *Wanted – A King* (1890), George Edward Farrow's *The Wallypug of Why* (1895) sind von Carroll beeinflußt, ohne die Brillanz und den Witz des Vorbilds zu erreichen. Jenseits der Konventionen der Kinderliteratur ist Carroll zugleich ein Vorläufer der Moderne. Trotz seiner konservativen Weltanschauung schreibt er Erzähltexte, die in formaler Hinsicht ins 20. Jahrhundert vorausweisen. Zugleich hat man die Vorliebe für Paradoxien verschiedentlich als Vorzeichen von Epochenumbrüchen und Krisen gedeutet. Tatsächlich sollte gegen Ende des 19. Jahrhunderts das Paradox immer stärker ins Zentrum stilistischer Trends und philosophischer Reflexion rücken: Wilde und Shaw setzen es bewußt als Stilmittel ein, Bertrand Russell entwickelt um die gleiche Zeit die Typentheorie als Exorzismus des Paradox, der mittels der Trennung von Ebene und Metaebene das Paradox aus dem Universum der Sprache und der Logik verbannt, und in der

Kunst der Moderne wird geradezu ein Karneval der Paradoxien gefeiert, der im absurden Drama und in der Romanliteratur von Kafka, Borges, Nabokov oder Pynchon seine Höhepunkte hat. Ihre Motive finden sich – allerdings ohne den Bezug der existentiellen Erfahrung – schon bei Carroll: Paradoxien, befremdliche Regelsysteme und autoritäre Willkür. Zugleich mag dieser Mangel an Erdenschwere der Grund dafür sein, daß das Anregungspotential Carrolls für die Liebhaber artistischer Darstellungsformen unter den Logikern und Wissenschaftstheoretikern nie nachgelassen hat; vor dem Hintergrund eines neuen posttypentheoretischen Interesses an Paradoxien und Fragen der Selbstbezüglichkeit illustriert ein von Carroll inspirierter Wissenschaftsbestseller wie Douglas Hofstadters *Goedel, Escher, Bach. A Metaphorical Fugue on Minds and Machines in the Spirit of Lewis Carroll* die ungebrochene Popularität dieses Autors unter den avanciertesten Wissenschaftlern der Moderne.

1877 publiziert der Romancier George Meredith eine Schrift mit dem Titel *The Idea of Comedy and the Uses of the Comic Spirit*, in der der Verfasser den Geist des Komischen als Therapeutikum gegen die Pompösität, Sentimentalität und moralische Egozentrik empfiehlt, die für die viktorianische Selbstgefälligkeit so charakteristisch sind. Vor allem aber erklärt Meredith den Geist des Komischen zum Verbündeten der Frauen in ihrem Kampf für Gleichberechtigung gegen die prätentiöse Anmaßung der Männer. Wenn Carlyle die heroische Statur großer Männer gefeiert hat, kündigt sich in Merediths Analyse die Technik des "debunking", des ironischen Entheroisierens an, wie sie Lytton Strachey in seinen biographischen Skizzen *Eminent Victorians* und Shaw mit der Normalisierung historischer Heroen wie Caesar, Johanna von Orléans und Napoleon praktizieren sollte. Meredith hatte diese Programmatik gewissermaßen von seinem Schwiegervater geerbt. Er hatte die Tochter von Thomas Love Peacock geheiratet. Abgesehen davon, daß er mit ihr eine unglückliche Ehe führte, was für sich schon den Sinn für Humor als sokratische Überlebensstrategie wecken kann, wurde er auch von seinem Schwiegervater beeinflußt. Peacock war mit Shelley befreundet gewesen und hatte die Exzentrik und Überspanntheit der Romantiker aus nächster Nähe erleben dürfen. Seine Satire richtet sich daher vor allem gegen den Typ des eifernden Intellektuellen, den seine fanatische Konzentration auf ein bestimmtes Weltübel, das er beheben will, aus dem Gleichgewicht gebracht hat oder, wie Peacock sich ausdrückt, gegen die "perfectibilitarians, deteriorationists, statusquo-ites, phrenologists, transcendentalists, political economists, theorists in all sciences, projectors in all arts, morbid visionaries, romantic enthusiasts" und alle Arten ideologischer Fanatiker. Er hat ein tiefes, klassizistisch begründetes Mißtrauen gegen den Typen des rasenden Intellektuellen, der mit der Französischen Revolution die Bühne der Weltgeschichte betreten hat und den nur eins daran hindert, die Welt in Trümmer zu legen: Lächerlichkeit. Insofern dürfte die in England besonders stark entwickelte Kultur des Humors, der Komödie und aller komischen Genres viel dazu beigetragen haben, das demokratische Immunsystem des Landes gegen die totalitären Intellektuellen zu stärken, die anderswo den vielgestaltigen Reichtum der Gesellschaft der Armut ihrer Theorien geopfert haben. Vor diesem Hintergrund ist es interessant, daß Meredith neben vielen anderen Romanen auch einen Roman geschrieben hat, der die Affaire Ferdinand Lasalles mit Helene von Dönniges und den Tod Lassalles im Duell behandelte, womit er ganz nebenbei die "fiktionalisierte Biographie" erfand.

Bezeichnend ist auch, daß Meredith seine programmatische Reflexion auf das Komische mit einer emphatischen Bejahung der Evolution verband. Das verweist die Komik-Theorie auf die Bezugsdifferenz zwischen dem ewigen Fluß der Evolution des Lebens und den starren Formen der sozialen Konvention, die immer wieder neu aufgebrochen werden müssen. Es ist diese Differenz, an der Shaw später seine komische Praxis und Bergson seine Theorie des Komischen ausrichten sollte, wenn er den élan vital zum Maßstab für die komische Inadäquanz der erstarrten Formen erklärt. Die Motive, die die Theorie des Komischen mit Bergson und Freud zur Jahrhundertwende in den Vordergrund rücken lassen, dürften eine mehr als oberflächliche Verwandtschaft mit denen haben, die die zunehmende Vorliebe für Paradoxien begründen. Das Drama des 19. Jahrhunderts wird anders als auf dem Kontinent in der Form der Komödie erneuert: die Autoren dieser Erneuerung sind zwei Iren – Wilde und Shaw –, die zu Heroen des Paradoxen werden. Und zumindestens Shaw dürfte Hegel in der Meinung zugestimmt haben, daß die Komödie die Bühne der Geschichte von den angehäuften Trümmern der Gesellschaft reinige und damit den Weg für eine neue Ordnung vorbereite.

Die Fortschrittsgläubigkeit der Viktorianer hatte das 19. Jahrhundert zu einem Säkulum der Utopien gemacht, die seit Ende des 18. Jahrhunderts ihre idealen Gesellschaften nicht mehr nur in entfernte Tropenparadiese, sondern in die Zukunft projizierten. Aber 1872 erschien mit Samuel Butlers *Erewhon, Or Over the Range* schon die utopische Zwillingsschwester der Anti-Utopie oder Dystopie auf dem Plan, deren Szenario allerdings nicht temporal, sondern geographisch war: Butler selbst hatte eine Weile als Schafzüchter in Neuseeland gelebt. Der Held von *Erewhon* überquert einen Bergzug in Neuseeland und findet sich in einer Zivilisation wieder, deren Beschreibung wie eine Swiftsche Satire auf das viktorianische England wirkt. Dort verehrt man die Göttin Ydgrun (ein Anagram der sprichwörtlichen Mrs. Grundy als Repräsentantin der Respektabilität); Verbrechen werden wie heute als Krankheiten behandelt, Krankheit und Unglück dagegen als Verbrechen, die bestraft werden. Kirchen werden wie Banken betrieben, wobei die inoffizielle Verehrung des Geldes, die mit der offiziellen Indifferenz kontrastiert, die eigentliche Religion ist. Kinder können sich ihre Eltern selbst aussuchen und verzichten deshalb oft darauf, überhaupt geboren zu werden. Es gibt Hochschulen der Unvernunft, und die Maschinen werden abgeschafft, weil sie im Darwinschen Kampf um das Überleben der Tüchtigsten die Menschen zu besiegen drohen. Zum Schluß verläßt der Held Erewhon mit Hilfe eines Ballons, und in einer späteren Fortsetzung *Erewhon Revisited* stellt Butler fest, daß diese Flucht zum Anlaß für die Entstehung eines neuen Kults geworden war.

Wie Lewis Carroll benutzt Butler die Paradoxie als Stilmittel, wie Meredith ist er intensiv mit Problemen der Evolutionstheorie beschäftigt, wobei er aber an der Vorstellung einer teleologischen zielgerichteten Selbststeuerung der Evolution festhält, und wie Shaw, der Butlers Vorstellungen von der zielgerichteten Evolution aufgreifen und ausbauen sollte, arbeitet er mit der Technik komischer Inversion.

Daß die Jahre nach der Reform Bill von 1867 einen atmosphärischen Klimawechsel mit sich bringen, wird auch durch die Niederlage Frankreichs im Krieg gegen das vereinigte Preußen-Deutschland signalisiert, die Meredith in seinen *Odes in Contribution to the Song of French History* als Strafe dafür auslegt, daß Frankreich ihrem Geliebten, dem Engel der Freiheit, wiederholt untreu geworden ist und sich dem Terror, Napoleon und dem Materialismus der Bourbonen in die Arme geworfen hat. Und es ist für die englische Geschichte zwar belanglos, aber nicht ohne Symbolik, daß der erste Band des *Kapitals* von Karl Marx just im Jahr der zweiten Reform Bill erschien, die für England den Beginn der Massendemokratie bedeutete.

The New Woman

Das 19. Jahrhundert ist das Jahrhundert des Romans. In ihm beobachtet die Gesellschaft sich selbst. Darin ist er gewissermaßen der Vorläufer der Soziologie. Marx war ein großer Romanleser, Herbert Spencer war mit der Romanschriftstellerin George Eliot befreundet, und diese griff für ihre eigenen Darstellungen auf den Soziologen Auguste Comte zurück. Mit dem Entwurf größerer Panoramen präsentiert der realistische Roman ein relativ vollständiges Bild der Gesellschaft. Zugleich trägt er dazu bei, die Vorstellung von der Geschichtlichkeit aller Lebensverhältnisse zu verbreiten. Das viktorianische England war das Labor, in dem Geschichte gemacht und die Zukunft entworfen wurde. Dabei ist die viktorianische Überzeugung fast unerschütterlich, daß sie selbst als historische Periode eine seltene Höhe moralischer Pflichterfüllung erreicht hatte. Literarisch findet das wohl seinen deutlichsten Ausdruck in dem Werk von George Eliot alias Mary Ann Evans. Sie hat bereits Darwin gelesen und betreibt das Schreiben von Romanen in direktem Kontakt zu sozialwissenschaftlichen Erhebungen und zur soziologischen Theorie. Dabei bietet sie das, was die Viktorianer an ihrer Literatur lieben: moral puzzles, komplizierte moralische Fallgeschichten. War Gwendolen in *Daniel Deronda* tatsächlich schuld am Tode ihres Mannes oder hatte sie sich schuldig gemacht, weil sie sich ihn nur gewünscht hatte? Hatte Hetty Sorrell in *Adam Bede* tatsächlich ihr Kind ermordet? Moral und Erkenntnis wurden zusammen gedacht, und es kam nur auf eine genaue Analyse an, um die moralische Problemlage adäquat in den Griff zu bekommen. Die puritanische Gewohnheit der habituellen Introspektion war zur mikrologischen Analyse moralischer Komplexitäten im Kontext einer subtilen ethischen Kasuistik geworden. Auch die Literaturkritik beurteilte Romane nach diesen Kriterien. In der unübersehbaren Welt sozialer Komplexitäten kam es darauf an, moralische Sicherheiten zu finden. Wenn *Tess of the d'Urbervilles* von Hardy oder *Jude the Obscure* eine schlechte Aufnahme fanden, dann lag das nicht nur an der Offenheit, mit der der Autor sexuelle Fragen behandelte, sondern auch daran, daß er bestimmte moralische Fragen im Unklaren ließ. Das Geburtsrecht eines Gentleman, sagt in Shaws *Major Barbara* eine Figur, besteht darin, zwischen Recht und Unrecht unterscheiden zu können.

Die zweite Hälfte des 19. Jahrhunderts wird also noch mehr als die erste eine Zeit der Romanlektüre. Die Leserschaft nimmt weiterhin zu. Das differenziert naturgemäß auch den Geschmack zwischen dem Kitsch für die schlichteren Gemüter und der besseren Produktion für die kultivierten Stände. Entsprechend spezialisierten sich Lesezirkel, Buchgesellschaften, Kioske und Leihbüchereien. Zusammengehalten wurde diese Leserschaft aber durch das alles beherrschende Thema des Romans: die Liebe. Auch wenn es um andere Dinge ging wie Politik oder Geld oder Reformen, wurde die Handlung immer mit Liebe verflochten. In seiner Autobiographie berichtet Anthony Trollope, er habe in *Miss Mackenzie* versucht, einen Roman zu schreiben, in dem die Liebe keine Rolle spielen sollte, und deswegen eine unattraktive alte Jungfer in den Mittelpunkt gerückt, der es nur um das Geld ging. Aber selbst diese Person war gegen den Willen ihres Autors verliebt, bevor der Roman zu Ende war, und so schließt er resigniert: in einem Roman muß Liebe vorkommen. Die Liebe wird zur großen Herzensbildnerin, in der der Bürger seine eigene Psychologie kennenlernt. Die ehemals religiös angeleitete Introspektion und Seelenzergliederung richtet sich nun vor allen Dingen auf das Wachsen dieses Gefühls. *The Egoist* von George Meredith oder die Romane von Henry James führen vor, bis zu welcher Mikrologie und Feinheit der Beobachtung die psychologischen Analysen vorgetrieben werden. Die Literaten und Dichter werden deshalb per se mit der Liebe assoziiert und geraten von da aus in ein romantisches Licht. Wie Schopenhauer bemerkte, sind die Dichter hauptsächlich mit der Schilderung des Geschlechtslebens beschäftigt. Damit wurde die Liebe zu einem Brennpunkt aller möglichen persönlichen, kulturellen, sozialen und politischen Formen der Selbstreflexion. In Henry James' *Wings of the Dove* oder Trollopes *Phineas Finn* kann man lernen, daß Liebe ein politisches Strategiespiel sein kann. Bei Meredith wird sie zum Motor der Gesellschaftskomödie. Bei Emily Brontë ist sie eine zerstörerische Leidenschaft, die noch die emanzipierte Beatrice Potter schockierte, und für Marcel Proust sind Liebe und Unglück praktisch synonym. Aber in der Regel wurde doch das geboten, was man wollte, nämlich ein Happy-End im Kontext der Cinderella Story, in der der Triumph der Liebe am Ende des

Romans mit dem gesellschaftlichen Aufstieg der Braut zusammenfiel.

Der Liberalismus der Jahrhundertmitte hatte auch die Freigabe der Ehe mit sich gebracht. In der ersten Hälfte des 19. Jahrhunderts waren selbst im Bürgertum Vernunftehen noch durchaus üblich. Auf Seiten der Frauen war dann die Liebe eine Fertigkeit, die man erlernen mußte wie das Klavierspielen, um auf diese Weise den verordneten Gatten langsam lieben zu lernen. Dabei wurde auch die Mitgift einem kulturellen Funktionswandel unterworfen; bewies die Braut früher durch die persönliche Herrichtung ihrer Bettwäsche und Kleider, daß sie über die Geschicklichkeit im Nähen und Sticken verfügte, wurde nun die Aussteuer eine Frage von Fachgeschäften, mit der man höchstens noch den Reichtum des Vaters demonstrierte. Aber eben das System der Mitgiften fand man zunehmend unvereinbar mit der romantischen Liebe. Die Romane der Brontë-Sisters zeigen, daß die Frauen nicht mehr nur passive Beutestücke und finanzielle Garantien für ihre Männer darstellen, sondern durchaus als aktive Kämpfer mit eigenen Interessen und eigenen Leidenschaften im Kampf der Geschlechter auftreten. Nun war Liebe ursprünglich ein Prärogativ des Adels und der höheren Stände der Gesellschaft: man brauchte für sie Zeit und Muße und kommunikative sophistication. Wegen ihrer Verbindung zu komplexen Kommunikationstechniken war es für Leute von Stand wie Squire B. aus Richardsons *Pamela* so schwer gewesen einzusehen, daß auch Dienstmädchen lieben konnten. Hier hatte die Umstellung auf Gefühl für die Demokratisierung der Liebe gesorgt, und in der zweiten Hälfte des 19. Jahrhunderts wurde die Liebe für alle erreichbar. Da nun die Ehen zunehmend auf Liebe gegründet wurden, wuchs das allgemeine Interesse an diesem Gefühl ins Unermeßliche. Man mußte Liebe durch intime Erlebnisse, vertrauliche Gespräche und eben vor allen Dingen durch Lektüre erlernen. Natürlich gab es auch die Fachlektüre von Philosophen und Psychologen und eine Unmenge von Traktaten über die Freuden und Pflichten der Ehe, Berichte über glanzvolle Hochzeiten der Aristokratie, Darstellungen sensationeller Prozesse und Scheidungen und vor allen Dingen sentimentale Fortsetzungsromane. Eine Art von literarischer Voyeurismus machte sich breit. Biographien großer Liebender füllten den Büchermarkt, und T.F. Thiselton-Dyers *The Loves and Marriages of Some Eminent Persons* wurden ein großer

Erfolg. Aber das wichtigste Medium war und blieb der Liebesroman. Häufig warnt er vor unbedachter Leidenschaftlichkeit, vor verfrühten Schwärmereien und falschen Verbindungen. Dadurch kommt es immer zu einer Form der Doppelung: entweder gibt es zwei Liebespaare mit verschiedenem Schicksal, von denen dann eines scheitert, weil es sich zu impulsiv in die Arme der Leidenschaft wirft, während das andere in den Hafen einer glücklichen Verbindung steuert wie in Jane Austens programmatischem *Sense and Sensibility*, oder die Helden werden dazu verdammt, zweimal zu lieben: das erste Mal falsch, das zweite Mal richtig. Thackerays *Vanity Fair* ist über die Doppelung der Paare strukturiert; Dickens' *David Copperfield* und Jane Austens *Persuasion* bieten Beispiele für die doppelte Erfahrung. Auf diese Weise lernt man sich zu prüfen und die unmittelbare Befriedigung des Triebes der Zucht des Herzens zu unterwerfen. Entsprechend führte der Roman mit den Opfern der eigenen Begierde ein Doppeltes vor: die richtige Moral und den prickelnden Reiz, den die erotische Faszination auch in der Form ihrer Unterdrücktheit ausübt. Der Leser konnte sich kühn fühlen, wenn er schauerliche sexuelle Abirrungen zur Kenntnis nahm, und sich dann doch mit den moralischen Prinzipien einverstanden erklären, die sie verdammten; und der Roman konnte das vorführen, was er angeblich ablehnte: Promiskuität, Ehebruch, leidenschaftliche Verirrungen und Verführungen. In einer éducation sentimentale wird dem Bürger und der Bürgerin beigebracht, daß sie die Befriedigung ihrer unmittelbaren erotischen Wünsche aufzuschieben haben. Die Helden und Heldinnen haben deshalb für unseren Geschmack eine manchmal übertriebene Geduld. Der edle Dobbin in *Vanity Fair* wartet für die Begriffe heutiger Selbstverwirklichung einfach zu lange, und Agnes Wingfield in *David Copperfield* zeigt gerade übermenschliche Kräfte in der Art, wie sie ihre Liebe zu David bis zum Schluß des Romans unterdrückt. Sie unterdrückt sie natürlich auch im Zeichen einer automatischen Selbstzensur der Verlagspolitik, die im Sinne der von Dickens als "Podsnappery" bezeichneten Heuchelei die Behandlung der Sexualität streng tabuisierte: Über den Schlafzimmern lag immer noch der Schleier einer undurchdringlichen Diskretion, und als Heldinnen treten uns häufig körperlose und asexuelle Wesen entgegen.

Aber in der Wirklichkeit und auch in der Literatur häufen sich die Symptome dafür, daß man gegen diese Klischees zu rebellieren beginnt. In den 1870er Jahren, in denen die Universitätserziehung reformiert wurde, begann auch die Diskussion über Universitäts- und Berufsausbildung der Frauen. Den Anstoß dazu hatte die Karriere von Florence Nightingale gegeben. Als Beauftragte für die Lazarettorganisation im Krimkrieg von 1855 setzte sie sich gegen die Dummheit höherer Offiziere durch und reorganisierte die Krankenadministration, holte sich ausgebildete Krankenschwestern, sicherte die medizinische Versorgung und senkte auf diese Weise die Sterblichkeitsrate von 42 % auf 1 %. Daß gerade eine Frau inmitten eines Krieges so wichtig wurde, machte ihren Erfolg besonders spektakulär. Nach dem Krieg reformierte sie das gesamte Lazarettwesen der Armee und beteiligte sich am Ausbau des Roten Kreuzes nach dessen Gründung durch Henri Dunant. Damit erstreckte sich ihr Einfluß auf die Organisation ziviler Krankenhäuser und die Einrichtung eines regulären Trainings für ausgebildete Krankenschwestern. Ihrem Einfluß, ihrem Beispiel und ihrer immensen Popularität war es zu verdanken, daß die Vorstellung von den Begabungen der Frauen im öffentlichen Bewußtsein sich änderte. Parallel dazu betrieb John Stuart Mill eine Bewegung für die Ausdehnung des Stimmrechts auf die Frauen, die ebenfalls von Florence Nightingale unterstützt wurde. Das führte direkt zur Gründung der Women's Colleges in Oxford und Cambridge, so daß Frauen nun in den Genuß höherer Universitätsausbildung kamen und akademische Abschlußexamina ablegen konnten. In seiner einflußreichen Schrift *The Subjection of Women* von 1869 hatte Mill bereits Zweifel an der naturrechtlichen Begründung des weiblichen Rollen- und Sexualverhaltens geäußert. Gemäß seinem Analyseprinzip transformierte er naturale Kategorien in historische Vorstellungen und erklärte die scheinbar natürlichen Sexualnormen zu bloßen Konventionen. Dem Klischee der passiven Frau stellte er das Konzept des unabhängigen selbstverantwortlichen Wesens gegenüber, das auch das Recht auf sexuelle Selbstbestimmung hatte. Dazu gehörten Empfängnisverhütung und sexuelle Betätigung im Sinne der Selbstverwirklichung. Diese Ansichten wurden Munitionen für die späteren Propagandisten der Frauenemanzipation wie George Egaton, Emily Pfeiffer, Eleanor Marx und Olive Schreiner, die das ausmalen sollten, was man gegen Ende des Jahrhunderts "The New Woman" nannte. Für die Repräsentanten der sozialistischen Renaissance der 80er Jahre war es dann selbstverständlich, daß die sozialistische Gesellschaft zur Emanzipation der Frau auch in Fragen der Sexualität und der Ehe führen müßte. In *The Woman's Question* von 1885 leitete der Verfasser Carl Pearson die Wasser des Feminismus auf die Mühlen des Sozialismus und propagierte in seiner Schrift *Socialism and Sex* die ökonomische Unabhängigkeit der Frau: "The free sexual union seems to me the ideal of the future, the outcome of socialism as applied to sex". Dabei ist er schon von August Bebels *Die Frau und der Sozialismus* von 1883 inspiriert. 1888 begründet Havelock Ellis mit seinem Buch *Women and Marriage* und den zehn Jahre später erscheinenden *Studies in the Psychology of Sex* parallel zu Sigmund Freud die Sexualwissenschaften. Aber anders als im toleranteren Wien wird das Buch von Ellis auf der Grundlage des Obscene Publications Act von 1857 noch als "grossly obscene" eingestuft und von der Polizei beschlagnahmt. Die Kompetenz für derartige Entscheidungen lag bei den subalternen Polizeibeamten der town magistrates, und auf diese Weise konnten relativ schlichte Gemüter entscheiden, was literarisch und wissenschaftlich akzeptabel war. Grundsätzlich verdächtig war die französische Literatur, und so wurde das Gesetz von Lord Campbell, der es durchs Parlament brachte, mit direktem Hinweis auf Dumas' *Dame aux camélias* begründet. Richtig daran war, daß die französische Literatur zuweilen eine Neigung zeigte, die Figur der Prostituierten zu sentimentalisieren. Sie etablierte den Mythos von der Kurtisane mit dem goldenen Herzen, der modernen Magdalena als reizender Sünderin und dem kleinen Fräulein vom Theater. Bis heute hat sich der Mythos von der Kameliendame erhalten: die ausgehaltene Schwindsüchtige, verführerisch und doch zum Tode verurteilt, die von ihrem Leiden durch einen herzzerreißenden Tod erlöst wird, während Zolas *Nana* ihren Beruf mit dem naiven sinnlichen Charme ausübte, den die reine Vitalität verleiht. Dagegen waren Joris Karl Huysmans *Marthe* von 1876 und Edmond de Goncourts 1877 erschienene *La Fille Eliza* klinisch genaue Darstellungen eines immer noch geheimnisvollen Berufs. Bis zur Jahrhundertmitte hatte man die Prostitution als eine Art notwendigen Übels angesehen, und noch der berühmte Sexualkundler Dr. Acton hielt in seinem Buch *Prostitution* das Gewerbe für unausrottbar. Aber gegen Ende des Jahrhunderts begannen Sozialwissenschaftler, Beamte, Mediziner und Sittenreformer, im Schicksal der Prostituierten eine ungelöste moralische und soziale Aufgabe zu sehen. Psychoanalytisch veranlagte Historiker haben in der zunehmenden Obsession der Zeitgenossen durch die Prostitution eine kollektive Rettungsphantasie gesehen, die zumal bei Knaben aus dem unbewältigten ödipalen Trauma entstehe: in diesem Szenario verarbeitet der Knabe die Enttäuschung, die die Entdeckung der sexuellen Aktivität seiner Mutter mit sich bringt, dadurch, daß er sie in seiner Phantasie zum Abbild einer käuflichen Frau erniedrigt, die er dann errettet, um so die erste Liebe seines Lebens in voller Unberührtheit wiederherzustellen. Das Resultat ist die Figur, die nach dem Titel eines berühmten Gedichts von Coventry Patmore *The Angel in the House* genannt wurde. Opfer einer solchen Rettungsphantasie wurde auch der große Premierminister William Gladstone. Nachdem er sich einer Laienbruderschaft angeschlossen hatte, die von ihren Mitgliedern Akte der Nächstenliebe erwartete, spezialisierte er sich auf Prostituierte und entwickelte dabei eine Obsession, die an Stevensons Roman *Dr. Jekyll and Mr. Hyde* erinnert: im Anschluß an die Sitzungen des Unterhauses pflegte er durch Londons nächtliche Straßen zu streifen, um gefallene Frauen anzusprechen und sie zu überreden, ihr verworfenes Leben aufzugeben. Das Ergebnis seiner Arbeit war zwar niederschmetternd, aber dafür war das Motiv nicht abnutzbar: die Straßenmädchen erregten ihn sexuell, und das wiederum stürzte Gladstone in so furchtbare Gewissensqualen, daß er sich wie ein christlicher Geißelbruder wortwörtlich auspeitschte.

Zugleich muß man die Revolte gegen jegliche Art sexueller Tabuisierung als Begleiterscheinung der zunehmenden Autonomisierung der Kunst sehen. Die viktorianische Moralisierung der Literatur konzentrierte sich vor allem auf die Sexualmoral. Je deutlicher hier die Restriktionen empfunden wurden, umso mehr konnte die Kunst in einer antimoralischen Wende betonen, daß sie sich ausschließlich ihren eigenen Gesetzen verpflichtet fühlte. Die starke Moralisierung der Literatur verlieh deshalb der Selbstreferentialisierung der Kunst im l'art pour l'art einen umso stärkeren Impuls. Deshalb hatte sich Matthew Arnold gegen die Vulgarisierung des Geschmacks durch engstirniges Moralisieren ausgesprochen und dabei als Horrorgestalt die Parallelfigur zum Genie in die englische Kritik eingeführt: den Philister. Arnold sieht die Engländer versunken in einen Geist der engstirnigen "moral correctness". Im Gegenzug rückt die Kunst aus dem moralischen Zentrum der Gesellschaft an den Rand und präsentiert sich selbst als Alternative. Die Künstler stilisieren sich zunehmend als solche, die sich in den Ateliers und Künstlervierteln keine moralischen Vorschriften mehr machen lassen. Sie bilden jetzt eigene Milieus in der Bohème und suchen die Gesellschaft von Prostituierten, Geächteten und Revolutionären. Man entdeckt das Nachtleben und demonstriert durch Provokationen künstlerische Unabhängigkeit. Und das thematische Terrain, auf dem sich am leichtesten und deutlichsten schockieren ließ, war das Gebiet der Sexualität. Um sich davon ein Bild zu verschaffen, muß man heute vergessene Romane wie Grant Allens *The Woman Who Did* von 1895 lesen.

Parallel zu den Anfängen der Frauenbefreiung und des feministischen Protests kam es in den 80er Jahren zu einem Revival des Sozialismus. Der Begriff der Wiederbelebung ist auf die Anfänge der Arbeiterbewegung durch die Gewerkschaften, die Chartisten und die Genossenschaftsbewegung von Owen bezogen. In der Jahrhundertmitte gab es dann die Variante des Christian Socialism zwischen 1848 und 1854, die vor allen Dingen von Maurice und Kingsley repräsentiert wurde. Die Tatsache, daß der in London lebende Marx bis in die 1870er Jahre nicht zur Kenntnis genommen wurde, zeigt, daß der Hochsommer des Viktorianismus für seine Aufnahme kein günstiges Klima darstellte. 1869 schrieb Ludlaw einen Artikel in *The Fortnightly Review* über Lasalle – von ihm bezog Meredith die Anregung zu seinem Lasalle-Roman *The Tragic Comedians* –, in dem der Verfasser Lasalle als einen prinzipienlosen Messiahjuden darstellte, dessen Ideen in England niemals Fuß fassen würden. Aber in den späten 1870er Jahren wendete sich das Blatt. William Cunningham, Professor der Volkswirtschaft in Cambridge, schrieb 1879 in *The Contemporary Review* einen Artikel mit dem Titel *The Progress of Socialism in England*, in dem er den Sozialismus als kommende Doktrin ankündigte. Von da an wurde vor allen Dingen im Seitenblick auf die Entwicklung der sozialdemokratischen Partei in Deutschland und der Sozialisten in Frankreich immer wieder festgestellt, daß der Sozialismus auf dem Vormarsch sei. Bis Keir Hardie als Vertreter der schottischen Labour Party 1892 ins Unterhaus gewählt wurde, blieben die Sozialisten im englischen Parlament unrepräsentiert, und erst das Jahr 1900 erlebte die Gründung des Labour Representation Committee, aus dem die

Labour Party hervorging. *Das Kapital* von Karl Marx wurde erst 1887 auf Englisch publiziert. Die beiden ersten Theoretiker, die man als Marxisten bezeichnen könnte – William Morris und H.M. Hyndman –, lasen *Das Kapital* in den 1880er Jahren auf Französisch. Hyndman gründet dann die Social Democratic Federation und Morris die Socialist League. Aber erst die 1884 gegründete Fabian Society sorgt für die Verbreitung marxistischer Ideen, denen sie zugleich die revolutionäre Spitze nimmt: Wie die meisten sozialistischen Gruppen bleibt auch sie im Rahmen einer Lib-Lab-Koalition. Typisch hierfür ist Charles Bradlaugh mit seiner Schrift *The Radical Programme* von 1885, das die Vertretung der Arbeiterschaft im Parlament und das Wahlrecht für Frauen fordert. Seine langjährige Mitstreiterin ist Annie Besant, die in zahlreichen Pamphleten für die politische Gleichberechtigung der Frau eintritt. Sie gehört zu einer Gruppe, die sich Neo-Malthusians nennt und für progressive Empfängnisverhütung eintritt. Ihr Kronzeuge ist dabei George Drysdale, der aus der Malthusschen Verelendungstheorie ein umfassendes Programm der Empfängnisverhütung und Familienplanung abgeleitet hatte, die er aber nicht mehr, wie sonst üblich, durch Abstinenz steuern wollte. Da er damit die Sexualität von ihrem naturalen Ziel der Fortpflanzung trennte, wurde er notwendig zu einem Apostel der freien Liebe. In einem Prozeß gegen Ludlaw und Besant von 1878 erhielten diese Ideen ungemeine Publizität, und billige Ausgaben der vor Gericht diskutierten Schriften verkauften sich zu Hunderttausenden. 1879 wurde die Malthusian League zur Verbreitung dieses Gedankenguts gegründet. Damit verbanden Besant und Bradlaugh in ihrer Schrift *The Gospel of Atheism* einen direkten Angriff auf das Christentum. Bereits in der Mitte der 70er Jahre hatte Emma Patterson eine Gewerkschaft für arbeitende Frauen gegründet; und George Bernard Shaw sollte einen Großteil seiner dramatischen Begabung dem Versuch widmen, der Figur der “New Woman” theatralisches Leben einzuhauchen: *My Fair Lady* ist dem Geist der Emanzipation entsprungen. Abgesehen von solchen Ansätzen spielt aber der Sozialismus in der englischen Literatur eine vergleichsweise geringfügige Rolle: einige Passagen in Morris und Ruskin, etliche Paradoxien von Wilde, einige Romane von Wells und die Stücke Shaws machen schon fast das ganze Korpus sozialistischer Literatur aus. Als die Fabianer im Sommer 1890 eine Konferenz “On

Socialism in Contemporary Literature" abhalten, hält Morris einen Vortrag über Gothic architecture, Shaw spricht über Ibsen, ein weiterer Redner über Zola, und Hubert Blunt unternimmt es nach Shaws Bericht, "to read all the socialist novels of the day, an enterprise the desperate failure of which resulted in the most amusing paper of the series."

Als Grund für den Widerstand gegen den Sozialismus in England wird von allen Beobachtern das gleiche Motiv genannt: ein Mißtrauen gegen die Allmacht des Staates, die sich aus der sozialistischen Umverteilungs- und Erziehungsbürokratie ergeben mußte. In seinem Artikel *Chapters on Socialism* von 1879 unterscheidet John Stuart Mill zwischen zwei Arten von Sozialisten: "Those whose plans for a new order of society are on the scale of a village community or township (and those) who are more a product of the continent than of Great Britain and may be called the revolutionary socialists ... their aim is the management of the whole productive resources of the country by one central authority." Und er fährt fort "Those who would play this game on the strength of their own private opinion unconfirmed as yet by any experimental verification must have a serene confidence in their own wisdom on the one hand and a recklessness of other peoples' sufferings on the other." Und so ist dann auch der spätere Erfolg der Fabianier vor allen Dingen darauf zurückzuführen, daß sie einen kommunalen Sozialismus propagierten. Auf sie werden wir deshalb noch einmal zurückkommen. Der Zusammenhang von Sozialismus und Feminismus aber blieb der komplizierten Dialektik von Haupt- und Nebenwiderspruch überlassen.

Die Ethik des Unglaubens

"Something important and irreversible did happen in the latter part of the nineteenth century with the rise of unbelief in the Anglo-Saxon countries," schreibt Charles Taylor in *The Sources of the Self*. Diese Verwerfung unter der Oberfläche der Kultur riß einen Graben auf, der die Moderne vielleicht stärker als alles andere von der Mentalität der traditionellen europäischen Gesellschaft trennt: die Normalisierung des Unglaubens. Bis in die 70er und 80er Jahre des 19. Jahrhunderts war der Unglaube begründungsbedürftig, und öffentlich bekannter Atheismus machte einen Menschen leicht zum sozialen Außenseiter. Mit dem Ende des Jahrhunderts hatte sich die Begründungslast zumindest unter den Gebildeten verschoben: der Glaube hatte seine Selbstverständlichkeit verloren, war zu einer intellektuellen Option unter anderem geworden und mußte seinerseits begründet werden. Darin zeigt sich, wie wir gesehen haben, eine bedeutsame Phasenverschiebung gegenüber Frankreich. Hier hatte sich der Schub der Säkularisation mit der Aufklärung und der Revolution vollzogen. In England, das in der ersten Hälfte des 19. Jahrhunderts eher religiöser wurde als vorher, vollzog sich dieser Bruch rund hundert Jahre später. In der Regel wird unterstellt, daß der christliche Glaube unter den Hammerschlägen der Wissenschaft zusammenbrach. Tatsächlich gab es im Gefolge des Darwinismus und der geologischen Entdeckungen über das Alter der Erde eine Schlacht zwischen Theologen und Wissenschaftlern über die Glaubwürdigkeit des Schöpfungsberichts. In diesem Feld war der Protestantismus wegen des Literalismus des Bibelglaubens wesentlich anfälliger als der Katholizismus. Aber der Darwinismus ruinierte auch die letzte Verteidigungsstellung des Deismus, mit dem selbst die skeptischen Aufklärer der Vergangenheit ihre religiösen Hoffnungen genährt hatten: die Vorstellung eines weisen Schöpfers als eines Uhrmacher-Gottes und Architekten des sinnvollen Weltplans. Denn mit der Evolutionstheorie wurde der Gedanke plausibel, daß es eine selbstselektive Ordnung ohne übergeordneten Planer geben könnte. Damit war der populäre Gottesbeweis von "Paley's Watch" zerstört: in seinen *Evidences of Christianity* von 1794 hatte der Theologe und Utilitarist Paley die Überlegung angestellt, daß ein einsamer Wanderer, der plötzlich eine Uhr in der Natur finde, denknotwendig auf den Uhrmacher schließen müßte, so wie der Mensch angesichts der zweckvoll eingerichteten Natur auf Gott. Seit Darwins Rekonstruktion der Evolution als eines subjektlosen, aber gleichwohl geordneten Prozesses war das nicht mehr schlüssig. Von nun an durchleben die Intellektuellen Englands (und Amerikas) eine spirituelle Krise, die für die meisten in einer grundlegend moralischen und ideologischen Neuorientierung endet. Diese Krise wird zu einem Generationenschicksal. Entsprechend erhöht sich der Bedarf nach identitätsstiftenden "Weltanschauungen", die dem Einzelnen einen Platz in der Ordnung der Gesellschaft und des Universums anweisen können.

Was aber angesichts dieses Bruches in der Kulturgeschichte erstaunt, ist die Tatsache, daß die moralischen Grundorientierungen eine so starke Kontinuität aufweisen und sich vorher und nachher so ähnlich sind, daß noch wir Heutigen die meisten ethischen Imperative mit den frühen Viktorianern vor der großen Glaubenskrise teilen: das Gebot, Leiden zu mindern; die moralische Idee der Freiheit, der Selbstbestimmung und des demokratischen Abbaus von Herrschaft; das Gebot der universellen Gerechtigkeit; und die Orientierung an den Regeln der Vernunft und der vernünftigen Verständigung. Das waren und sind Ziele, deren moralische Quellen für England einerseits in der Tradition der Aufklärung und andererseits in der puritanisch geprägten Kultur der moralischen Erneuerung und der sozialen Reform lagen und die wir in unserer säkularisierten Kultur noch für so selbstverständlich halten, als ob es den Einbruch des Unglaubens nicht gegeben hätte. Das hat den oben zitierten Charles Taylor dazu veranlaßt, nachzuweisen, daß die Säkularisation mehr war als nur ein kognitiv-intellektuelles Drama, in dem das Christentum unter der rationalen Strahlkraft der Wissenschaft wegschmolz wie der Schnee an der Sonne. Er zeigt, daß es letzten Endes die zitierten moralischen Quellen selbst waren, die den Glauben zerstörten. Mit einem Buchtitel von W.K. Clifford aus dem 19. Jahrhundert spricht er von *The Ethics of Belief* und meint damit eine neue militante Moral, nach der es unehrenhaft und unehrlich ist, etwas zu glauben, wofür man keine Beweise hat. Taylor sieht zwei moralische Quellen für diese Haltung: Die eine speist sich aus dem aufklärerischen Ideal des unabhängigen, rational begründeten Urteils, das sich keiner anderen Autorität beugt als der eigenen Überzeugung; die andere quillt aus jenem spirituellen Heroismus, der darin besteht, die Welt auch ohne geistliche Tröstungen meistern und ohne Belohnungen im Jenseits moralisch handeln zu können. Wir können hinzufügen, daß die intellektuellen Erschütterungen, die Darwin mit seiner Evolutionstheorie auslöste, gerade in die Zeit fielen, in der die liberal-viktorianische Ethik der Selbsthilfe ihre stärkste Überzeugungskraft entwickelt hatte. Samuel Smiles' *Self Help* war im selben Jahr 1859 erschienen wie Darwins *Origin of Species*. Sich der Tröstungen der Religion zu versichern und im moralischen Handeln nach der Belohnung im Jenseits zu schielen, erschien aus dieser Perspektive nicht nur als unmännlich und feige, sondern auch als intellektuell prinzipienlos und geradezu als unmoralisch. Der im Protestantismus entwickelte Kult der Authentizität verlangte radikale intellektuelle Aufrichtigkeit. Die neuen Agnostiker verachteten die Religiosität als eine Form des Aberglaubens mit derselben Inbrunst, mit der ihre protestantischen Vorfahren den Marienkult und die Heiligenverehrung zu einem Greuel vor dem Angesicht Gottes erklärt hatten. Die protestantische Neigung zu klaren moralischen Prinzipien stieß auf Resonanz in der Klarheit, mit der die Wissenschaft zwischen methodisch gesicherter Erkenntnis und unklaren Spekulationen unterschied. Zudem war die Wissenschaft mit der Entwicklung der Technik im Bunde, die zu einer ständigen Verbesserung der Lebensverhältnisse führte und von da aus das Evangelium des Fortschritts begründen half. Sofern nun Religion und Wissenschaft in Konflikt gerieten, verlangte die Ethik der Benevolenz, daß man sich auf die Seite der Wissenschaft schlug. Viele Intellektuelle fanden es moralischer, sich allein für das Wohl der Menschheit ohne Seitenblick auf den Himmel zu opfern. Damit löste man das alte moralische Dilemma der Sentimentalität, daß die moralischen Handlungen autonom sein sollten und doch das Gefühl der Selbstgratifikation und den Ausgleich im Jenseits nach sich zogen. Der wahre Altruismus bestand darin, ohne Spekulation auf die ewige Seligkeit im Dienste der menschlichen Gattung zu handeln. Es war also nicht nur ein neues Weltbild, sondern die Radikalisierung der protestantischen Ethik, die den Umschwung zum Unglauben und zum Szientismus bewerkstelligten. Vor dem Richterstuhl der Moral des Agnostizismus schien der traditionelle Gläubige ein egoistischer Flachkopf zu sein, dem es nur um sein persönliches Schicksal ging. Die neuen Ungläubigen verschrieben sich dagegen einer Ethik der Hingabe an das Allgemeine, Universelle, Überpersönliche, an das Leben, die Natur und den Gang der Evolution. Typische spätviktorianische Intellektuelle wie T.H. Huxley, G.B. Shaw, Lord Bertrand Russell und Sir Leslie Stephen, der Vater von Virginia Woolf, haben sich zu dieser Ethik bekannt. In seiner *Essence of Religion* unterscheidet Russell zwei Seelen, die die Brust des Menschen bewohnen: die eine ist "partikular, endlich und ego-zentrisch; die andere universal, unendlich und unparteiisch". Es ist diese zweite Seele, auf der die Zivilisation beruht: "Entfernte Zeitalter und Regionen sind für sie so real wie das, was gegenwärtig und nah ist. Im Denken erhebt sie sich über das Niveau des Sinnlichen und sucht immer das, was allgemein und allen Menschen zugänglich ist. Im Streben und Wollen zielt sie auf das, was gut ist, ohne darauf zu achten, ob es mir oder dir zugute kommt. Im Fühlen liebt es alle und nicht nur die, die den Zielen des eigenen Selbst dienen. Im Gegensatz zum endlichen Selbst ist es unparteiisch; ihre Unparteilichkeit führt zur Wahrheit im Denken, zur Gerechtigkeit im Handeln und zur universellen Liebe im Fühlen." Es ist genau dieser Kontrast zwischen den beiden Seelen, an dem George Bernard Shaw seine klassischen Konflikte gewinnt. Der berühmte Mr. Higgins aus *Pygmalion* und *My Fair Lady* erscheint darum seiner Eliza als solch ein Monster, weil er nicht nur sie, sondern die Wissenschaft, die Sprache und die Menschheit liebt. Diese Anwaltschaft für das Allgemeine – für universelle Gerechtigkeit und allgemeines Wohlergehen – ersetzt die theistische Religion. Künftig geht es um Menschheitsanliegen. Dieser Hang zum Universellen und Absoluten begründete auch die zeitweilige Popularität des idealistischen Hegelianismus von McTaggart und Bradley, die den Engländern "das Absolute" predigen.

Die Fortsetzung der protestantischen Ethik mit agnostischen Mitteln zeigt sich auch daran, daß viele Intellektuelle die Wandlung als Glaubenskrise und Konversion erleben. Sie fühlen sich danach moralisch wiedergeboren. Häufig sind die Konvertiten ehemalige Pfarrer oder Jünglinge, die für den geistlichen Beruf bestimmt waren. In dem Roman *The Outcast* von Winwood Read, dem Neffen des bekannteren Romanciers Charles Read, wird eine Glaubenskrise beschrieben, wie sie für die Generation nach Darwin typisch war. Bei dem Roman handelt es sich um die fiktive Autobiographie des ehemaligen Pfarrers Edward Mordaunt. Dessen Tochter Ellen findet zufällig die nachgelassenen

Papiere eines Selbstmörders. Daraus erfährt sie, daß der Selbstmörder über der Lektüre von Darwin und Malthus seinen Glauben verlor, *The Origin of Species* fortan mit der Aufschrift *The Book of Despair* und *An Essay on Population* mit der Aufschrift *The Book of Doubt* schwarz einbinden ließ, selbst Trauer um die Menschheit anlegte und einen Traum aufzeichnete, in dem ihm die ganze Evolution als ein mißlungenes Theaterstück der Götter erschien, das von den göttlichen Kritikern wegen des Prinzips des Überlebens der Tüchtigsten als unmenschlich getadelt wurde, bis er schließlich vollends depressiv wurde und Selbstmord beging. Um die Erschütterung aufzufangen, die die Lektüre dieser Papiere in seiner Tochter auslöst, schildert ihr Edward Mordaunt seine eigene intellektuelle Entwicklung. Er ist selbst Sohn eines bis zur Brutalität strengen Geistlichen des Evangelical Movement und wird ebenfalls Pfarrer. In seiner ersten Gemeinde trifft er einen aristokratischen Radikalen, der zu Füßen von James Mill saß, mit dem berühmten Bentham dinierte, für den *Westminster Review* schrieb und sich als Agitator betätigte, einen kräftigen Hasser der Bibel und Verächter der Kirche, einen wiedergeborenen Tom Paine. Durch Vermittlung dieser Figur liest er Lyells *Principles of Geology* und verliert prompt seinen Glauben an die Bibel. Nun betet er zu Gott, daß er ihm die Sünde verzeihen möge, je an ihn geglaubt zu haben – denn er glaubt immer noch an einen Schöpfer des Universums, der aber nicht mehr der christliche Gott ist. Er wird von einem Ekelgefühl gegenüber der Kirche und dem Christentum heimgesucht, bekennt seinen Unglauben, wird von seinem Vater verstoßen und verwandelt sich in die Figur, die der Titel nennt: einen outcast. Schließlich findet er Halt in wissenschaftlichen Studien, sein ehemaliger Bischof verschafft ihm eine neue Stelle, und er wird ein regelrechter Agnostiker und Materialist. In dieser geistigen Verfassung wird er plötzlich beim Anblick eines Dampfschiffes von der moralischen Größe des Menschen überwältigt. Er versteht nun, daß seine Bestimmung in der zivilisatorischen Mission liegt, die Natur zu zähmen und die Evolution zum Guten zu steuern. Diese Überzeugung überwältigt ihn mit dem Ungestüm eines religiösen Erlebnisses und löst in ihm eine Art jubilatorischer Ekstase aus. Da er erkennt, daß die Intoleranz seines Vaters aus der calvinistischen Glaubensüberzeugung stammt, beschließt er nun, zum Verkünder des Evangeliums des Zweifels und der wissenschaftlichen Skepsis zu werden. Der

Versuch, Gott zu erkennen, erscheint ihm reine Zeitverschwendung. Er glaubt statt dessen an die Verbindung von Wissenschaft, Fortschritt und Güte. Seitdem er sich mit dem Gedanken ausgesöhnt hat, daß er nicht mehr unsterblich ist, scheint ihm natürlich, daß er zur Erde zurückkehren wird, aus der er entstanden ist. Diese Überzeugung hält er für weniger egoistisch und sehr viel edler als irgendeine Religion, die Hoffnungen auf himmlische Belohnungen für moralische Leistungen wachhält. Hätten Lyell oder Darwin oder Huxley oder Herbert Spencer Romane geschrieben, die ihre geistige Entwicklung nachgezeichnet hätten, so hätten sie ungefähr so aussehen können wie *The Outcast*.

1840 war für den Naturwissenschaftler der Begriff "scientist" in Gebrauch gekommen. Zum Prototyp dieser neuen Figur wurde T.H. Huxley. 1825 als Sohn eines Lehrers geboren, wurde er Lehrling bei einem Londoner Arzt und verdiente sich ein Stipendium für das Studium der Medizin am Charing Cross Hospital an der neu gegründeten Londoner Universität. 1846 beteiligte er sich an der Forschungsreise des Schiffes "Rattlesnake" und untersuchte die Morphologie der wirbellosen Seetiere in den Meeren um Australien. Nach seiner Rückkehr wurde er zum Fellow der Royal Society gewählt und schließlich Lecturer für Naturgeschichte an der Royal School of Mines in London und später Lehrer für vergleichende Anatomie am St. George Hospital. Dabei entfaltete er eine ungemein rührige Tätigkeit im öffentlichen Vorlesungswesen und in der Publizistik. In den Spalten des *Nineteenth Century* und zahlreicher weiterer Zeitschriften verteidigte er die Evolutionstheorie in so heftigen Kontroversen mit Gladstone und anderen, daß er sich den Beinamen "Darwin's bulldog" verdiente. Er führte einen veritablen Propagandafeldzug für die Aufnahme der exakten Wissenschaften in den klassischen Fächerkanon der Schulen und Universitäten. Darin wurde er zum Gegenspieler von Matthew Arnold, der die humanistische literarische Bildung als Königsweg der Persönlichkeitsbildung propagierte. Zusammen repräsentierten Arnold und Huxley die Trennung zwischen dem, was seit einer berühmten Rede des Romanciers und Physikers C.P. Snow *The Two Cultures* – die naturwissenschaftliche und die humanistisch-literarische Kultur – genannt wird. Huxleys durchschlagende öffentliche Wirkung beruhte darauf, daß er die Fähigkeit zur klaren und würdigen Formulierung mit echtem wissenschaftlichen Talent verband. Wie zur

Demonstration der von ihm propagierten Evolutionstheorie haben sich beide Fähigkeiten unter Auslassung des Sohnes separat in zwei Enkeln fortgesetzt: die wissenschaftliche Fähigkeit in dem Biologen Julian Huxley und die literarische Ausdrucksfähigkeit in dem Romancier Aldous Huxley, dem Autor von *Brave New World*. Thomas Henry Huxley aber machte dieselbe Entwicklung durch wie Edward Mordaunt aus *The Outcast*: er verlor seinen Glauben und bekehrte sich zur höheren Moral des Szientismus. In einem Brief faßt er die entscheidenden Motive zusammen: "Carlyles *Sartor Resartus* lehrte mich sehen, daß ein tiefer Sinn für Religion mit der völligen Abwesenheit von Theologie vereinbar sein kann. Zweitens verschafften mir die Wissenschaften und ihre Methoden eine feste Position unabhängig von Tradition und Autorität. Und drittens erschloß mir die Liebe den Sinn für die Heiligkeit der menschlichen Natur und vermittelte mir ein tiefes Verantwortungsgefühl." Zur Kennzeichnung seiner eigenen weltanschaulichen Position erfand er den Begriff "Agnostiker", der von da an popularisiert wurde. Das größte Aufsehen erregte er mit dem Buch *Evidence As to Man's Place in Nature* von 1863, in dem er nachwies, daß die Verwandtschaft zwischen Menschenaffen und Menschen enger war als die zwischen Menschenaffen und anderen Affen. Die Popularisierung solch schockierender Befunde verband Huxley mit einem Feldzug für die Freiheit der Forschung ohne Rücksicht auf Pietät und religiösen Aberglauben.

Die spektakulären wissenschaftlichen Fortschritte waren auf einem Gebiet gemacht worden, das man "Natural History" nannte. Darwins Evolutionstheorie war aus dem Zusammenhang von vergleichender Anatomie, Geologie und Paläontologie unter Beimischung von Malthus' Bevölkerungstheorie hervorgegangen. In all diesen Disziplinen kam es auf die Methode an, auf der Basis von recht lückenhaften Ausgangsdaten und einer Theorie eine Geschichte zu rekonstruieren. So rekonstruierte der Geologe Sir Charles Lyell die Geschichte der Erde aus den Spuren, die die Kräfte von Wind, Wasser, Wetter und Vulkanismus hinterlassen hatten. George Baron du Cuvier konnte sich rühmen, aus einem Hüftknochen das gesamte Skelett eines ausgestorbenen Tieres rekonstruieren zu können, und Darwin selbst rekonstruierte auf der Basis seiner Beobachtungen auf den Galapagosinseln die Evolution des gesamten Lebens. Die am stärksten ins Auge springende Fähigkeit des Wissenschaftlers bestand darin, Spuren zu lesen und aus Fragmenten und Überbleibseln eine Geschichte zu rekonstruieren, von der diese Spuren Kunde gaben. Darin glich er dem Detektiv, der 1887 in der archteypischen Figur von Conan Doyles Sherlock Holmes das Licht der Welt erblickte. Das Verbindungsstück zwischen Detektiv und Wissenschaftler war die wissenschaftliche Diagnostik. Doyle hatte selbst Medizin studiert, und Sherlock Holmes ist ein Portrait seines Medizinprofessors Dr. Joseph Bell. Während seiner Ausbildung war Doyle Bells Sekretär für ambulante Patienten und hatte durch kurze Fragen ihre Krankengeschichten zu ermitteln, bevor er sie jeweils einzeln Bell vorführte. Dieser schien einen ausgeprägten Geschmack für dramatische Effekte mit einem entwickelten Sinn für Wissenschaftsdidaktik verbunden zu haben. Wenn er, umgeben von seinen Studenten und Assistenten, einen von Doyle vorgeführten Patienten begrüßt hatte, begann er nicht selten mit diesem ein Gespräch, das eine für alle unheimliche Kenntnis über Herkunft und Vorgeschichte des Betreffenden zu verraten schien. Erst dann erläuterte er seinen erstaunten Zuhörern, durch welche Beobachtungen er zu seinen Kenntnissen gelangt war, und illustrierte damit, daß diagnostisches Interpretieren von Symptomen auch in anderen Zusammenhängen als medizinischen möglich ist. Der folgende Bericht aus dem *Annotated Sherlock Holmes* illustriert die Methode: "Man brachte eine Frau mit einem kleinen Kind herein. Joe Bell wünschte ihr guten Morgen, und sie antwortete ebenfalls mit 'guten Morgen'. – "Wie war die Überfahrt von Burntisland?" – "Sie war gut." – "Und hatten Sie einen angenehmen Spaziergang durch die Inverleith Row?" – "Ja." – "Und was haben Sie mit dem anderen Kind gemacht?" – "Ich habe es bei meiner Schwester in Leith gelassen." – "Und arbeiten Sie wohl noch immer in der Linoleum Fabrik?" – "Ja, das tue ich." Jetzt wendet sich Bell seinen Zuhörern zu. "Sehen Sie, meine Herren, als sie 'guten Morgen' sagte, bemerkte ich ihren Fife Akzent. Und wie Sie wissen, ist die nächste Stadt in Fife Burntisland. Haben Sie die rote Tonerde an den Kanten der Sohlen ihrer Schuhe bemerkt? Die einzige Stelle, wo sich solcher Ton innerhalb von zwanzig Meilen im Umkreis von Edinburgh befindet, ist der Botanische Garten. Inverleith Row grenzt an den Botanischen Garten und ist der nächste Weg zwischen hier und Leith. Sie haben bemerkt, daß der Mantel, den sie über den Arm trägt, zu groß ist für das Kind, das bei ihr ist, und deswegen ist sie mit zwei Kindern von zu Hause aufgebrochen. Und schließlich hat sie eine Dermatitis an den Fingern ihrer rechten Hand, was typisch für die Arbeit in der Linoleum-Fabrik von Burntisland ist." In *A Study in Scarlet*, der ersten Geschichte, in der er auftritt, kennzeichnet Holmes diese Methode: "In solving a problem of this sort, the grand thing is to reason backwards." Das ist dasselbe, was der Wissenschaftler Hutton in seiner *Theory of the Earth* sagt. "I take things as I find them at present, and from these I reason backward with regard to that which must have been." "Aus einem Tropfen Wasser könnte ein Logiker die Möglichkeit eines Atlantischen Ozeans oder eines Niagara erschließen, ohne je den einen oder den anderen gesehen oder von ihm gehört zu haben," schreibt Holmes in einem Artikel mit dem Titel *The Book of Life*. In einem seiner berühmten öffentlichen Vorträge im Rahmen einer Vortragsserie für Arbeiter tat Huxley genau das: er leitete die gesamte Erdgeschichte aus einem Stück Kreide her, das er während des Vortrags zum Schreiben auf der Tafel benutzte. Die Ausweitung der Spurenlesetechnik erfüllte die alte Metapher vom Buch der Natur mit neuer Bedeutung, und die Lesbarkeit der Natur wirkte zurück auf die Entzifferung auch der menschlichen Überreste prähistorischer Kulturen und der Schriftformen früherer Hochkulturen. 1822 glückte Jean François Champollion die Entzifferung der ägyptischen Hieroglyphen, und in der Mitte des Jahrhunderts gelang Sir Henry Rawlinson, der sich an der hundert Meter hohen Klippe von Behistun mit der dreisprachigen Inschrift des Darius hatte abseilen lassen, die Entzifferung der sogenannten "cuneiform inscriptions". Zur gleichen Zeit entwickelte jener andere Erfinder der Kriminalgeschichte, Edgar Allan Poe, sein Interesse an der Entzifferung von Geheimschriften, das er in verschiedenen seiner Geschichten dokumentiert. Die Kunst, Spuren zu lesen, wurde zu einer viel geübten Fähigkeit in zahlreichen Wissenschaften. Durch die Übertragung geologischer Grabungs- und Untersuchungstechniken wurde die Archäologie entwickelt. Und außerhalb des Kriminalromans entwickelte sich die Kriminologie, die durch Bertillonage, Seriologie und die seit Galtons *Fingerprints* von 1892 in Gebrauch kommende Daktylographie entscheidende Fortschritte in der Spurensicherung machte.

Der Erfolg der Natural History verbreitete die Erkenntnis, daß nicht nur die menschlichen Institutionen, sondern auch die

Natur einem geschichtlichen Wandel unterworfen war. Es gab sozusagen überhaupt nichts Festes mehr im Universum. Die Vorstellung von der Konstanz der Formen und der Stabilität der Typen, die der Idee der "Great Chain of Being" zugrundegelegen hatte, mußte aufgegeben werden. Zugleich dehnten sich die Zeiten, mit denen man es zu tun bekam, ins Unendliche. Wurde früher das Alter der Welt auf 6.000 Jahre geschätzt, so mußte man nun annehmen, daß sich die Erde in Millionen von Jahren entwickelt hatte. Entsprechend schrieb John Stuart Mill in *The Spirit of the Age*: "Der Zeitgeist ist in gewisser Weise ein völlig neuer Ausdruck. Ich glaube nicht, daß man ihn in irgendeinem Werk, das älter als 50 Jahre ist, findet. Philosophen mag es schon mal eingefallen sein, das eigene Zeitalter mit vergangenen oder der Vorstellung von künftigen zu vergleichen, aber niemals zuvor war das je eine beherrschende Vorstellung des Zeitalters. Bevor Menschen sich intensive Gedanken über die Besonderheit ihrer Zeit machten, mußten sie auf den Gedanken kommen, daß diese Zeiten dazu bestimmt sind, sich in bemerkenswerter Weise von den Zeiten davor zu unterscheiden. Die Menschheit teilt sich seitdem in diejenigen, die immer noch das sind, was sie waren, und diejenigen, die sich geändert haben, in die Menschen der gegenwärtigen Zeit und die Menschen der Vergangenheit. Für die ersteren ist der Zeitgeist ein Gegenstand der Freude; für die letzteren ein Schrecken; für beide ein Gegenstand, den man mit Eifer und Angst beobachtet." Zum ersten Mal in der Geschichte verbreitet sich unter den Intellektuellen die Überzeugung, daß jede Epoche in ihrer Art singulär ist, daß sie in all ihren Aspekten geworden und also auch anders möglich ist und in allen ihren Aspekten wieder vergehen wird, so daß alle Formen sich in Sukzessionen auflösen. Das gab den Zeitgenossen das Gefühl, in ständiger Bewegung zu sein. Wie Tennyson in *In Memoriam* formuliert:

> "The hills are shadows, and they flow
> From form to form, and nothing stands;
> They melt like mist, the solid lands
> Like clouds they shade themselves and go." (CXXII)

Dekadenz, Imperialismus und Irische Renaissance

Daß sich mit den 70er Jahren ein neues Zeitklima ausbreitet, zeigt sich auch darin, daß die Wirkung der französischen Literatur, die die Hochviktorianer für verdächtig hielten, stärker fühlbar wird. In der zweiten Hälfte der 70er Jahre macht sich der Einfluß der Parnassiens Gautier und Leconte de Lisle geltend. In den 80er Jahren kommen dann Baudelaire, Verlaine und Mallarmé hinzu. Die Engländer beginnen, ihrer moralischen Enge überdrüssig zu werden, und greifen zur Abgrenzung gegen ihre eigene Vergangenheit auf die Franzosen zurück. Zugleich bereitet der Oxford-Professor Walter Pater in seinen berühmten Vorlesungen über die Kunst der Renaissance, bei der er die Mona Lisa als moderne Ikone erfindet, die Vorstellung von der Autonomie der Kunst vor. Die Form tritt in den Mittelpunkt der künstlerischen Aufmerksamkeit, deren Souveränität im Kontrast zu trivialen oder unmoralischen Gegenständen betont wird. Die Emphatisierung der Kunst umgreift den Gedanken des Hergestellten, des Gemachten und Produzierten und steigert sich zur Vorstellung des Artifiziellen. Anders als bei den Romantikern wird Kunst der Natur entgegengesetzt. Dazu gehört auch die Poetisierung der Stadt. Die Orientierung am Naturschönen wird aufgegeben, und Natur selbst als unkünstlerisch angesehen: "When I look at a landscape" sagt Oscar Wilde, "I cannot help seeing all its defects." Im Bruch mit der Natur vollzieht sich die Subjektivierung des Schönen. Das Schöne selbst wird als Wirkung im Subjekt zum Resultat artistischer Verzauberung. Die Kunst wird artifiziell und widernatürlich, indem sie für die verfeinerten Nerven des Geschmacksvirtuosen künstliche Paradiese schafft. Für die Symbolisten und Dekadenten wird das Szenario des Erlebens von der Natur in das Innere der Räume verlegt. Des Esseintes, der Held von Joris Huysmans symptomatischem Roman *A rebours*, dessen Titel auf Englisch *Against Nature* heißt, lebt fast nur im Interieur, wo seine hypersensiblen Nerven durch künstliche Sensationen stimuliert werden. Die Faszination durch das Interieur bringt dem Geschmack des fin-de-siècle in engere Berührung mit Problemen der Innendekoration. Die Ästhetizisten stilisieren sich inmitten einer Bühne ihrer eigenen Einrichtung, in der kein Detail der Kulisse dem Zufall überlassen bleibt. Inzwischen hatte sich das Innere des Hauses dadurch geändert, daß zunächst die Gasbeleuchtung und dann das elektrische Licht überall Eingang fanden. Man war auf Natur nicht mehr angewiesen, und das Interieur glühte von innen heraus im Licht eines künstlichen Glanzes. Zugleich werden die Städte des Nachts in elektrische Beleuchtung getaucht. Das dramatisiert den Kontrast von Hell und Dunkel auch im Sinne ihrer traditionell metaphorischen Bedeutung von gut und böse: das Nachtleben entsteht, und die neuen Detektivromane schildern mit Faszination die in dämmriges Licht getauchten Orte des Lasters und die Opiumhöhlen der Unterwelt. Die Assoziation des Orients mit der Vorstellung sinnlich-exotischer Paradiese, die durch die Reklamewelt der Kolonialwaren anbietenden Kaufhäuser vorbereitet worden war, ließ die Beleuchtung der Gasanstalten und elektrischen Kraftwerke als "bengalisch" erscheinen. Die technischen Möglichkeiten der Illumination und der Magie, die ja auch im Theater neu benutzt wurden, erhöhten das Gefühl des Illusionshaften und des Dämonischen der Beleuchtungseffekte. So wird das Licht durch die Inneneinrichtung aufgefangen und in Farbe verwandelt. Man liebt die orientalischen Stoffe wie Atlas, Samt und Seide als intensiv farbige Lichtträger und läßt sich durch die verschiedenen Reize von Brokaten und Spitzen faszinieren. Die Innendekoration wird beherrscht vom Primat der Farbe, die zum Korrelat der Stimmung wird. Dabei müssen die Farben warm sein und im besten Fall sogar glühend. Deshalb stört nun das Fenster. Es durchbricht den abgestuften Glanz und die Glut der Farben, die die Einheitlichkeit der Stimmungen hervorrufen soll. Entsprechend entsteht nun eine Kultur der Vorhänge, der Portieren und der Gardinen. Auch das Naturlicht wird nun mit dem Auge der inneren Beleuchtung gesehen. Der Publikumsgeschmack bildet eine Vorliebe für sozusagen bengalische Beleuchtungseffekte der Natur wie Sonnenuntergänge, Sonnenaufgänge und Alpenglühen aus. Die Natur wird damit theatralisiert: sie bietet wie im Theater ein Schauspiel – eben ein "Naturschauspiel". Dem entspricht die Faszination der Symbolisten durch Edelsteine, die im Inneren des Erddunkels von selber glühen und ihren Glanz ins Interieur des Hauses mitbringen. Die Gegenstände der Wahrnehmung sollen nicht mehr im klaren Licht gesehen werden, sondern in den Impressionen, die sie hervorrufen, zerfließen. Darin zeigt sich der Zusammenhang des Zeitgeschmacks mit den malerischen und poetologischen Programmen im Übergang zur Moderne.

Den Symbolisten und Ästhetizisten geht es nicht mehr um die Wahrnehmung der Wirklichkeit, sondern um die Wahrnehmung der Wahrnehmung. Nicht mehr Objekte, Gegenstände und Realitäten werden ins Visier genommen, sondern die Eindrücke, in die sie sich dekomponieren. "When reflection begins to act upon those objects, they are dissipated under its influence", sagt Walter Pater, der für die Engländer die neue Ästhetik entwirft. "And if we continue to dwell on this world not of objects in the solidity which language invests but of impressions unstable, flickering, inconsistent it contracts still further. The whole scope of observation is dwarfed to the narrow chamber of the individual mind. Every one of those impressions is the impression of the individual in his isolation. Each mind keeping as a solitary prisoner its own dream of the world." Das Subjekt wird jetzt zur Monade, wie sie Leibniz entworfen hatte: sie hat wie das Interieur des Hauses zwar keine Fenster, aber dafür eine Menge Spiegel. Die Zweitfassung der Welt in der Wahrnehmung der eigenen Wahrnehmung konstituiert das, was das Subjekt zusammenhält: die Stimmung. Das gibt dem Kunstgenuß etwas Narzißtisches. Er beschert dem menschlichen Leben Augenblicke höchster Vollendung. Was heute zur Massenerfahrung geworden ist, wird am Ende des 19. Jahrhunderts als Gewagtheit empfunden: das Erlebnis um des Erlebnisses willen. Auf der Suche nach der Steigerung der Sinnenreize werden die Laster, das Nachtleben und die Perversionen ästhetisiert. Der Begriff der sinnlichen Wahrnehmung als Sensation nimmt seine heutige Bedeutung an. Die Kunst proklamiert ihre Unabhängigkeitserklärung von der gesellschaftlichen Moral durch die Ästhetisierung des Bösen. Die ausschließliche Orientierung an rein künstlerischen Maßstäben läßt die verschiedenen Künste zusammenrükken und bereitet die Vorstellung des Wagnerschen Gesamtkunstwerks vor. Selbstreflexion der Kunst und wechselseitige Erhellung der Künste laufen in den in Mode kommenden Künstlerromanen zusammen, und wie in Wildes *Picture of Dorian Gray* liest man nun viel von Ateliers, Malerei und Musik.

Zur Kennzeichnung eines Großteils der geschilderten Phänomene hat sich der Begriff der Dekadenz eingebürgert. Er wurde schon in einem Essay von Gautier über Baudelaire 1868 gebraucht, aber in der englischen Öffentlichkeit wird er erst durch das flamboyante Auftreten und den Prozeß von Oscar Wilde bekannt. 1895 bezeichnet der *National Observer* Wilde als den "high priest of the decadents". Man registriert die extreme Subjektivierung, die affektierte Pose des Lebensüberdrusses, den Hang zur Libertinage, das Modische und Geckenhafte, das Effeminierte, das Dandytum und den ostentativen Müßiggang. Mit all diesen Haltungen provoziert Wilde die traditionellen viktorianischen Wertvorstellungen und erregt eine Mischung aus Abscheu und Faszination. Auf dem Wege von der moralischen Mitte zum Rand der Gesellschaft findet der Künstler eine vorübergehende Rolle in der paradoxen Figur des Dandy, der gerade sein Publikum braucht, um es zu verachten. Insofern entspricht der ganzen Bewegung das Bewußtsein der Paradoxie, die Wilde zum Stilprinzip erhoben hat. Gerade in der Autonomisierung der Kunst zeigt die Provokation die Form ihrer Ankoppelung an die Gesellschaft. Daß der Künstler nun sein Publikum latent verachtet, signalisiert, daß die Kunst ihre Anforderung an die Rezeption erhöht: wer ihr nicht folgen kann, ist ein Banause oder Spießer.

Der spektakuläre Prozeß und die Verurteilung Oscar Wildes wegen Homosexualität im Jahre 1895 haben den Konflikt zwischen den Ansprüchen der viktorianischen Moral und der Autonomie der Kunst für das historische Gedächtnis dramatisiert und Wilde zu einem Märtyrer der Kunst gemacht. Die Tatsache, daß der Poseur Wilde die Gelegenheit zur Flucht nicht wahrnahm, hat vielleicht damit zu tun, daß er sich wie Sokrates von einer spießigen Meute als Verführer der Jugend verurteilen lassen und damit ins Pantheon der Kulturheroen eingehen wollte. Schon Arnolds Charakterisierung des künstlerischen Temperaments als Hellenismus verstand das alte Griechenland als eine an den Idealen der Kunst orientierte Gesellschaft. Zu diesem Bild gehörte auch, daß sie die Homosexualität nicht tabuisierte, sondern im Gegenteil zum Hintergrund für die Idealisierung des menschlichen Körpers als Schönheitsideal erhob. So konnte die Bezugnahme auf die griechische Antike allen Homosexuellen als Rechtfertigung dienen. Insofern war es sicherlich nicht zufällig, daß Johann Joachim Winckelmann, der für die europäische Kultur das griechische Schönheitsideal wiederentdeckt und zum Kunstkriterium erhoben hatte, homosexuell gewesen war. Und ebensowenig ist es ein Zufall, daß der Theoretiker des Ästhetizismus, Walter Pater, seine *Studies in the History of the Renaissance* in Kenntnis der versteckten Motivation seines Gegenstandes mit einer Studie über Winckelmann beschließt. Als Oxford-Don liebt es Pater, sich mit gutaussehenden jungen Männern zu umgeben, ohne sich zu kompromittieren. Zu diesen jungen Männern gehört auch Wilde. Beider Plädoyers für die Freiheit der Kunst gehen einher mit verdeckten Appellen für die Aufhebung des Vorurteils gegen Homosexualität. Das gibt der Anklage gegen die Philister einen zusätzlichen Impuls. 1873 hatte John Addington Symons in *A Problem in Greek Aesthetics* die Geschichte der griechischen Homosexualität geschrieben. An dem ehemaligen Cambridge-Don Edward Carpenter konnte man sehen, wie die aus der Homosexualität motivierte Rebellion gegen die bürgerliche Gesellschaft sich mit anderen rebellischen Impulsen verband. Carpenter war Sozialist, Vegetarier, Abstinenzler, Prophet des einfachen Lebens, demokratischer Mystiker, Lebensreformer, Sandalenträger und schrieb Bücher über die Homosexualität wie *Love's Coming of Age* oder *The Intermediate Sex*. Daß er in dieser Vielseitigkeit unter seinen Bekannten alle Exzentriker der Zeit wie John Addington Symons, den Sexualwissenschaftler Havelock Ellis, die Feministin Olive Schreiner und den Allround-Exzentriker George Bernard Shaw versammelte, zeigt, daß die Reserviertheit gegenüber der Homosexualität gegen Ende des Jahrhunderts aufzuweichen begann. Ein anderes war es allerdings, die herrschenden Moralgesetze öffentlich herauszufordern und zu demonstrieren, daß man sie verachtete. Dies war genau das, was Oscar Wilde tat; damit machte er jenen Angst, die von der zumindest offiziellen Einhaltung der Moralgesetze ihre psychologische Sicherheit ableiteten. Noch bis 1861 war Homosexualität in England mit dem Tode bestraft worden. Schon der *Dorian Gray* war durchaus als verkapptes Buch über Homosexualität gelesen worden, und selbst der Homosexuelle Symons fand das Buch dreist. Der Prozeß selbst markiert dann den Höhepunkt des Interesses an der Homosexualität. Die *Times* und die *Pall Mall Gazette* berichteten mit umständlicher Genüßlichkeit über die Plädoyers der Anwälte, die Einwürfe der Richter und die Bonmots von Wilde. Die *Westminster Gazette* erwartete von seiner Verurteilung einen heilsamen Einfluß auf die ungesunden Tendenzen in der Kunst, und die *St. James Gazette* meinte, *The Picture of Dorian Gray* hätte eher die Aufmerksamkeit der Polizei als die der Kritiker verdient. Im Grunde ging es also schon um den Vorwurf der Entartung, ein Begriff, den ein kulturkritisches Pamphlet aus der Feder von Max Nordau von 1892 prominent gemacht hatte. Zugleich trug der Fall Wilde vor dem Hintergrund von Krafft-Ebings 1886 erschienener *Psychopathia Sexualis* dazu bei, daß Homosexualität überhaupt im gesellschaftlichen Diskurs behandelt werden konnte; dabei wurde vor dem Hintergrund der Frauenemanzipation die Figur des invertierten Mannes zum Schreckbild für die Effeminierung der Gesellschaft, die man sich als fortlaufende Degeneration vorstellte. Ihr Leitbegriff war die Nervosität. Bis in die zweite Jahrhunderthälfte hatte der Begriff "nervous" auf englisch die Bedeutung von "geschmeidig, kraftvoll, viril und muskulös". Die erst am Anfang des 19. Jahrhunderts entwickelte Nebenbedeutung von "reizbar und zart" hat aber gegen Ende des Jahrhunderts die Hauptbedeutung völlig verdrängt. Nervös waren sensible Außenseiter, die Dichter, Künstler und die Vertreter des Raffinements. Aber die eigentlichen Spezialisten der Nervosität waren die Frauen. Eben deshalb konnten die nervösen Ästheten als schlaff, hysterisch und weibisch diffamiert werden. In diesem Sinne hatte George du Maurier die Ästheten im Punch zwei Jahrzehnte lang verhöhnt. Auch Wilde wurde im Punch lächerlich gemacht, und Gilbert und Sullivans Musical *Patience* karikiert ihn in der Figur des neurasthenischen Ästheten Bunthorne. 1880 war das wahrscheinlich einflußreichste Buch zur Nervosität – *A Practical Treatise on Nervous Exhaustion (Neurasthenia), Its Symptoms, Nature, Consequences and Treatment* von George Beard – erschienen. Es führte zu einer allgemeinen und international geführten Debatte über Nervosität als Zeitsymptom. Beard war es auch, der den Bergiff "Neurasthenie" geprägt hat. In einem Folgeband nannte er sie die "amerikanische Krankheit", weil er die Neurasthenie zur Folge der modernen Hast erklärte und Amerika für das am weitesten fortgeschrittene Industrieland hielt. Die Reizüberflutung, das Stadtleben, die Überlastung mit Eindrücken und Gefühlen, kurzum, die Modernität selbst wird nun als Grund für Nervosität angegeben, so daß Paolo Mantegazza das Zeitgefühl ausdrückte, als er 1886 ein Buch mit dem Titel *Il secolo nevrosico* herausbrachte. Nervosität wurde zu einer Vokabel der Zivilisationsdiagnose: je zivilisierter, desto nervöser. Die Künstler selber erklären Hyperästhesie, die außergewöhnliche Reizbarkeit, Nervosität und Irritabilität zu Zeichen ihrer Außerordentlichkeit. Die Vorstellung findet allgemeine Verbreitung, daß es einen Zusammenhang zwischen Genie und Wahnsinn gibt. In den 90er Jahren erregten die Arbeiten des Kriminologen und Arztes Cesare Lombroso außerordentliches Aufsehen, der in *Genio e follia* 1864 (und dann in *Genio e degeneratione* von 1894) die Theorie von der epileptoiden Natur des Genies darlegt und damit Max Nordau zu dem genannten kulturkritischen Pamphlet *Entartung* inspiriert, in dem der Verfasser die Künstler der Zersetzung anklagt und die Kennzeichnung der führenden Hysteriker und Entarteten als Kranke und Feinde der Gesellschaft fordert. Die Prozesse von Wilde und Dreyfus erinnern daran, daß die kulturelle Disposition zur Verfolgung von Sündenböcken nur auf dem Kontinent die Form des Antisemitismus annahm und in England nicht. Zugleich gibt es zahlreiche Hinweise darauf, daß man Homosexualität und Judentum parallelisiert. Marcel Proust, selbst Jude und Homosexueller, schildert sie in *A la recherche du temps perdu* als verwandte "Rassen" und bescheinigt ihnen den gleichen Sozialstil. Otto Weininger identifiziert in *Geschlecht und Charakter* von 1903 das Judentum mit dem Weiblichen und Effeminierten. Im selben Maße, in dem Homosexualität vom Verbrechen zum ästhetisch interessanten Laster wird, dichtet man den Juden eine vererbte Lasterhaftigkeit an. In den literarischen Bearbeitungen und der öffentlichen Rhetorik tritt die Gestalt des Ahasver immer häufiger in den Vordergrund, die mythologische Figur des von einem geheimnisvollen Fluch geschlagenen ewig lebenden, ewig wandernden Juden, in dem eine unklare Schuld, Wurzellosigkeit und metaphysische Macht verbunden sind. So wie der Adel eine unbegründbare höhere Qualität für sich in Anspruch nimmt, so werden die Juden zum Gegentyp einer unbegründbaren Lasterhaftigkeit. Die Begründungen hierfür werden aus dem Biologismus, der Rassentheorie und einer Anthropologie gezogen, die glaubt, auch den geborenen Verbrecher und den "rassisch Entarteten" beschreiben zu können. 1893 erscheint von Lombroso, der selbst Jude ist, die Schrift *Der Antisemitismus und die moderne Wissenschaft*, in der der Verfasser dem modernen Antisemitismus konzediert, Juden seien tatsächlich anfälliger für alle Arten der Degeneration. Zu den Verehrern Lombrosos gehörte Max Nordau, der, als Sohn des Rabbiners Gabriel Südfeld geboren, den Süden mit der ungesunden Urbanität und den Norden mit der Aufklärung und dem Bauerntum identifizierte, deshalb den Juden die zionistische Rückkehr zur Scholle Israels empfahl, damit sie sich dem verderblichen Einfluß der Städte und der Geldwirtschaft entziehen könnten, und sich selbst in "Nordau" umbenannte. Was immer die medizinische, anthropologische und kulturkritische Diagnostik zwischen Charcot, Lombroso, Mantegazza, Freud, Krafft-Ebing und Nordau über die Juden zu sagen hatte, – in einem waren sich ihre Vertreter alle einig: als besonders signifikantes Merkmal jüdischer Degeneration werden allgemein Femininisierung und Sexualisierung genannt. Man glaubt, Homosexualität sei bei den Juden überproportional verbreitet, und Freud selbst weist auf den Zusammenhang von Antisemitismus, Homosexuellenangst und Paranoia hin. Vor diesem Hintergrund ist es umso bemerkenswerter, daß sich in England die Effeminierungspanik und Degenerationsangst nur auf die Homosexualität bezieht und sich nicht gegen die Juden richtet. Die kulturgeschichtlichen Gründe hierfür sind sicher vielfältig, aber einige lassen sich relativ deutlich ausmachen: Es gab keine klerikale Tradition des Antisemitismus wie im katholischen Frankreich, wo die Entmachtung des Adels und der Kirche in der Revolution, die Säkularisation und die Ausbreitung des Liberalismus mit dem heimlichen Wirken der Juden erklärt wurden; statt dessen gab es die starke Identifikation mit dem alttestamentarischen Israel in den puritanischen Sekten und im Milieu des Dissent; die starke Verbreitung des Liberalismus hatte den Handel und die Geldwirtschaft von dem Odium befreit, unproduktiv, parasitär, blutsaugerisch und egoistisch zu sein, und damit den Anlaß dafür beseitigt, daß das Bürgertum sein schlechtes Gewissen auf die Juden projizierte; die politische Mitsprache im Parlament und die Ausbreitung der Gentlemankultur verhinderte die Entstehung eines bürgerlichen Minderwertigkeitskomplexes aus adliger Perspektive, während umgekehrt die wirtschaftliche Basis des Adels in der Regel nicht mehr agrarisch war. All das zusammen verhinderte, daß sich in England der Motivkomplex bildete, aus dem heraus das Bürgertum sein Ich-Ideal mit dem waffentragenden Adel identifizieren und sein gehaßtes Selbstbild in Form eines Phantasma der Degeneration und der Effeminierung auf die Juden projizieren konnte, die dann für alle Malaisen der Moderne verantwortlich gemacht wurden.

Das fin-de-siècle der 90er Jahre ist nicht nur die Zeit der Dekadenten und der Ästheten, sondern auch die Zeit des Imperialismus. Beide stehen zueinander in einem Verhältnis der kompensatorischen Geschwisterlichkeit. Der Repräsentant der Ästheten, Oscar Wilde, zollt der dandyhaften Erscheinung des Imperialisten Disraeli seine Reverenz, wenn er mit seinem *Dorian Gray* an den Titel von Disraelis Society-Roman *Vivian Grey* erinnert. Der Dandy ist der passive hedonistische Aristokrat, und es ist deswegen kein Wunder, daß Wilde an Disraelis Tory-Aristokratismus anknüpft. Zugleich ist der auftrumpfende Imperialismus aber ein Symptom der Effeminierungspanik und der Angst vor Virilitätsverlust. Die zugehörige Horrorvision hat H.G. Wells in seiner *Time Machine* beschrieben: Die Europäer werden zu einer Kaste von degenerierten Ästheten, den Eloi, die von den kolonialen Sklavenheeren der kannibalischen Morlocks bedient und schließlich umgebracht werden. Dagegen verbanden die Kolonien den Exotismus, den die Ästhetizisten so schätzten, mit der kompensatorischen Möglichkeit, sich als Männer und Helden zu bewähren. Im Diskurs des Orientalismus werden die Tropen und der unterworfene Orient mit der verführerischen Femininität identifiziert, gegen deren zehrenden Sog der weiße Mann wie die Helden in Conrads Romanen seine gepanzerte Identität zu sichern und vor Auflösung zu bewahren hat. Und Rudyard Kipling preßt den Darwinismus in eine mythische Form und entwickelt daraus einen moralischen Code, der zugleich brutal, heroisch und kindlich ist. Eine nicht ganz geklärte Herkunft als Anglo-Inder macht vielleicht verständlich, warum er auf der Superiorität der weißen Rasse und den überlegenen Eigenschaften der Engländer insistiert. Wie die Décadents präsentiert er in seinen Romanen den Kontrast zwischen dem außergewöhnlichen Individuum und dem Massenmenschen und Philister. So kontrastiert er den abenteuerlichen, harten, heroischen britischen Soldaten an der einsamen Front mit dem unheroischen Leben des Kleinbürgers in London. Dabei zeigt der Exotismus seiner Romane, daß die Reise in den Dschungel stilistisch ein sehr ähnliches Unternehmen ist wie der subjektive Trip ins Innere künstlicher Paradiese. Bei beiden geht es um die Erschließung unbekannter Gefilde und neuer Bereiche der Sensation und der Stimulation. Die tropischen Dschungel werden dabei so sehr zum Feld der Versuchung wie die Lasterhöhlen im Dickicht der modernen Großstädte. Der effeminierenden Schwächung der moralischen Muskulatur werden dann Techniken entgegengesetzt, mit denen man die Identität gegen die Auflösung panzert. Kipling tritt für militärische Zucht, für Arbeitsethos, für Disziplin und Gehorsam ein und singt den Preis derjenigen, die unter dem "Gesetz" leben und die "Bürde des weißen Mannes" auf sich nehmen. Hier ist der anglisierte Pole Conrad wesentlich skeptischer und differenzierter. Ihm geht es um die Bewahrung der persönlichen Integrität seiner Helden wie Lord Jim im tropischen Milieu oder im Ringen mit der See. Beiden geht es aber um Integrität und Heldentum von Männern in einer Männerwelt. Kommt es zur Kulturkonfrontation mit kolonisierten Völkern oder zur Rassenmischung, sind die Weißen immer männlich, und die Einheimischen bekommen den weiblichen Part zugewiesen. Dem entspricht ein zeittypischer Geschmack an orientalischen femmes fatales wie Salomé oder Kleopatra. Der imperiale Machismo zeigt sich als Gegenbild der Dekadenz, die er als Angst, feminin oder homosexuell zu sein, zu verdrängen sucht.

Die imperialistische Stimmung fiel mit einer expansiven Kolonialpolitik zusammen, die von der internationalen Konkurrenz, einem Wirtschaftsaufschwung und dem Regierungsantritt der Konservativen unter Einschluß des Imperialisten Joseph Chamberlain ausgelöst wurde. In einem "Scramble for Africa" wurde der afrikanische Kontinent aufgeteilt, die Vision einer direkten Linie vom Kap bis Kairo entfaltet und die Ausgaben für den Ausbau der Kriegsmarine angehoben. Cecil Rhodes beflügelte mit seinen abenteuerlichen Aktivitäten die Phantasie der Briten, und die Lektüre von Kiplings Romanen machten es den kleinen Vorstadtbewohnern und Bankangestellten möglich, in ihrer Phantasie auf dem Rücken von Elefanten den indischen Dschungel zu durchqueren. Die Massenpresse fachte die Flammen des Jingoismus, die Joseph Chamberlain, Cecil Rhodes und Kipling entzündet hatten, weiter an und benutzte dazu solche Begebenheiten wie den Jameson Raid von 1895, die Konfrontation mit den Franzosen in Faschoda oder die Mafeking Riots in Südafrika. Die nationalen Gefühle nahmen damit eine imperiale Einfärbung an. Die britischen Krönungszeremonien von 1902 wurden sorgfältig daraufhin inszeniert, daß sie die demokratische Anerkennung einer erblichen Krone als eines Symbols der weltweiten Herrschaft der angelsächsischen Rasse zum Ausdruck brachten. Die Weltausstellungen gegen Ende des Jahrhunderts erhielten plötzlich Kolonialpavillons. Die britischen Jubiläen wie Leichenbegängnisse und Krönungsfeierlichkeiten wurden immer mehr wie römische Triumphzüge gestaltet, in denen Edelstein-besetzte Maharadschas, Turban-geschmückte Sikhs, schnauzbärtige Radschputen, unerbittliche Gurkhas, hochgewachsene Senegalesen und wild dreinblickende Safis marschierten. Diese Ikonographie sollte zum Ausdruck bringen, daß die Barbarei sich dem Dienst der Zivilisation ergeben hatte. In Conrads Romanen konnte man von einer Welt lesen, in der noch der kleinste britische Bürodiener ein Herr sein konnte. In Dakar und Mombasa wurden Leute als Gentlemen anerkannt, von deren Existenz man in London noch nicht einmal Notiz genommen hätte. Zu Anfang des 20. Jahrhunderts hatte Großbritannien sein Kolonialreich auf ein Viertel der von Land bedeckten Erdoberfläche erweitert. In britischen Atlanten wurde dieser Teil der Erde stets in stolzem Rot koloriert. Hinzu kam das sogenannte informelle Empire der von Großbritannien abhängigen Staaten, vor allem in Südamerika. So hat man geschätzt, daß zu Anfang des 20. Jahrhunderts ein Drittel der Menschheit in wirtschaftlicher oder kultureller Hinsicht britisch war.

Es war jedoch keineswegs so, daß die Beherrschung der Kolonialreiche die düsteren Visionen von Effiminierung, Entartung und Virilitätsverlust endgültig beruhigten. Man sah Europa statt dessen zu einer Herrschaftskaste heruntersinken, die im Darwinschen Kampf ums Überleben der Tüchtigsten nicht mehr genug gestählt war, weil alle Arbeit von Kolonialvölkern verrichtet wurde. Gerade das müßte die Fasern der Muskeln schwächen, deren ständige Anspannung erforderlich war, um die Überlegenheit der Europäer aufrechtzuerhalten. Paranoische Visionen wie die von der gelben Gefahr, die Kaiser Wilhelm verkündete, verstärkten die kompensatorische Vorstellung von der Notwendigkeit des Krieges zur Stählung der Abwehrkräfte. Auf der trivialen Ebene erfand Sax Rohmer (ein Pseudonym für Arthur Sarsfield) seinen schurkischen Helden Dr. Fu Manchu. Man befürchtete die Entstehung eines Rentiers-Staats, wobei man sich vorstellte, daß die europäischen Länder zu Freizeitparks und Feriensiedlungen herunterkommen würden, wie man sie in den Seebädern, in der Schweiz oder an der Riviera beobachten konnte.

Eine Figur, die all diese geschilderten Zeittendenzen wie in einem Brennspiegel bündelt und reflektiert, ist der Detektiv, der mit Conan Doyles Sherlock Holmes deshalb mythologischen Status erhält. In ihm verbindet sich – wie wir gesehen haben – die wissenschaftliche Spurenlesetechnik des Geologen und Archäologen mit der medizinischen Semiotik des Symptoms; der Detektiv kombiniert das Abenteuer der exotischen Reise, die ihn allerdings in den Dschungel der Stadt führt, mit der überlegenen Sensitivität des Ästheten, die ihn von der stets im dunkeln tappenden Polizei unterscheidet. Voraussetzung dazu war, daß 1878 das kleine Detective Department in die große Behörde des Criminal Investigation Department von Scotland Yard umgewandelt worden war, die nun das Bild einer integren, aber schwerfälligen und phantasielosen Bürokratie bot. Dagegen ist Sherlock Holmes einerseits ein Dandy, der im Interieur seiner exzentrischen Junggesellenwohnung sich dem Vergnügen des reinen Denkens, dem Kokain und der Musik überläßt, der aber andererseits die Spur des Verbrechens in die Unterwelt und die niedere Welt der Entrechteten und Ausgestoßenen der Gesellschaft verfolgt. Der Satanismus der Ästheten findet hier sein quasi-realistisches Gegenstück im Detektiv, der ebenfalls ein Snob, ein Genie und ein Denkwunder ist und sich zu den beschränkten Plattfüßen von Scotland Yard verhält wie der Künstler zu seinem philiströsen Publikum. Holmes' Isolation, seine Ungeselligkeit, seine Frauenfeindlichkeit, der bohèmehafte Lebensstil, die Beherrschung exzentrischer Kulturbereiche, die Bibliophilie, die Kokainsucht – all das sind Aspekte einer Stilisierung des Artistischen. Wie schon vorher bei Edgar Allan Poe werden in dieser Figur poetologische Schlüsselbegriffe zusammengefaßt: Imagination, Intuition und exakte Analyse. Wissenschaft und Kunst werden hier vereint. Thomas Henry Huxley und Wilde sind in dieser Gestalt verschmolzen. Die Szenerien, die Sherlock Holmes durchstreift, sind geprägt von der Stimmung des Unheimlichen. Das Vage und Flimmernde des Interieur-Lichts wandelt sich zur Beleuchtung der Großstadt. Der Londoner Nebel wird von nun an zum Signum einer Höllenwelt mit Schattengestalten in fahler künstlicher Beleuchtung. Sie entspricht dem Dämmerlicht des Dschungels, mit dem die moderne Metropole ständig verglichen wird. Conan Doyles Detektivgeschichten stellen die Verbindung zwischen dem imperialistischen Dschungelbuch Kiplings und der dekadenten Großstadtliteratur der Symbolisten her. Der Detektiv wird zum Beobachter par excellence und zeigt darin seine Verwandtschaft zur Optik der modernen Literatur. Der Flaneur Baudelaires, der umherschweifende Dandy, die Beobachter bei Henry James und Joseph Conrad, die Spaziergänger in der Stadt wie Joyces Leopold Bloom, die Träumer Dostojewskijs, die mit Notizbüchern ausgestatteten Künstler wie Rilkes Malte Laurids Brigge, sie alle bringen zur Geltung, daß die Literatur von der Beobachtung von Gegenständen auf die Beobachtung der Beobachtung umschaltet und darin selbstreferentiell wird. Deshalb hat Walter Benjamin in seiner berühmten Analyse des Zuschauers den Flaneur zum modernen Typus schlechthin erklärt: er trägt die vier Masken des Promenierenden, des Bildungsreisenden, des Physiognomikers und des Detektivs. Findet der Flaneur alles interessant und läßt sich von allem anregen, ist der Detektiv hinter etwas Bestimmtem her und betrachtet die Welt durch einen Scanner, der über die Differenz Relevanz/Irrelevanz codiert ist. Dabei hat der Detektiv von der neu entwickelten Archäologie und Paläontologie die Kunst gelernt, Spuren zu lesen. Für ihn sind es die unfreiwillig hinterlassenen Spuren, die in einer anonymen Welt trotzdem auf die Identität eines Täters schließen lassen: Fingerabdrücke, Zigarrenasche, Wollfaden, Hausschlüssel etc. Die zugehörige Erlebnisverarbeitung entspringt der Erfahrung der Metropole, wo alle Menschen einander fremd sind und an kleinsten Signalen und Symptomen auf die Identität des Gegenüber schließen müssen. Hierin ist Sherlock Holmes ein unerreichter Meister, der aus dem bloßen Aussehen eines Hutes die Biographie des Besitzers ableiten kann. Das wird zur Befähigung, ein Objekt als ungewöhnlich und als Hinweis darauf zu erkennen, daß "etwas nicht stimmt". Wie im späteren Surrealismus werden die Objekte zu trouvailles, zu objets trouvés, die gerade durch ihre Unverbundenheit mit ihrer Umgebung dazu nötigen, neue und unvermutete Verbindungen herzustellen. In Antizipation avantgardistischer Kunstformen zeigt der Detektivroman über die Analysetechnik des Detektivs ein hochgradiges Auflösungsvermögen gegenüber der vertrauten Alltagswelt, die der Heterogenität, dem Schock und der Verfremdung der Stadterfahrung entspricht. Dabei verklammert der Begriff "mystery", der im Englischen als Gattungsbezeichnung für den Kriminalroman gilt, die Optik des Detektivs mit der Undurchschaubarkeit der Großstadt. Die harte Alternative zwischen Relevanz und Irrelevanz für seinen Fall, die die Optik des Detektivs kalibriert, entspricht der Kategorie der Indifferenz, die Georg Simmel zum Schlüsselbegriff seiner Analyse des Großstädters gemacht hat, dessen Intellekt er als Schutz- und Distanzorgan für ein chronisch überfordertes Gemüt und die ständige Überreizung der Nerven durch das großstädtische Leben interpretiert. So bündeln sich im Detektiv die Tendenzen der Moderne: Großstadterfahrung, exotische Abenteuer, ästhetizistische Stimulation durch den Kitzel des Verbrechens, wissenschaftliche Rationalität und die surrealistische Optik der Avantgarde. Es ist diese Bündelung von Zeittendenzen, die Sherlock Holmes unsterblich machte: Als Conan Doyle seinen Detektive 1893 in *The Memoirs of Sherlock Holmes* durch einen Sturz in die Reichenbachfälle umbrachte, zwang ihn der Protest seiner Leser dazu, ihn wiederauferstehen zu lassen und ihm die Fortsetzung seiner Existenz ins 20. Jahrhundert zu gestatten.

So wie man in den utopischen und sozialistischen Entwürfen der Zeit eine zukünftige Gesellschaft erfand, so hat man mit Bezug auf die imperialistische und nationalistische Symbolpolitik von "the invention of tradition" gesprochen. Anders als im 18. Jahrhundert wurde politische Legitimität nicht mehr legal, sondern historisch begründet: nicht der Gesellschaftsvertrag rechtfertigte politische Ordnung, sondern die Geschichte. Das beflügelte den Nationalismus der "kleinen Nationen" in Europa, die noch keinen Staat hatten und deshalb ihre Identität nicht politisch, sondern kulturell definieren mußten, wie Tschechen, Ungarn, Kroaten, Rumänen etc. Ein Epizentrum dieses Bebens, das den Zusammenbruch der europäischen Vorkriegsordnung auslösen sollte, lag in Irland: im letzten Jahrzehnt vor dem Übergang ins neue Jahrhundert brach der Vulkan der irischen nationalen Renaissance aus. Dazu gab es einen dramatischen Vorlauf.

1870 hatte Isaac Butt die Home Rule Bewegung begründet, die Irland begrenzte politische Autonomie geben, das Land aber im Verbund des britischen Empire lassen wollte. Als die Home Rulers allerdings feststellten, daß sie von den Briten nicht ernst genommen wurden, gingen sie unter der Führung von Charles Stewart Parnell zu einer Politik der parlamentarischen Obstruktion im House of Commons über. Inzwischen hatte der Nationalist Michael Davitt die Irish National Land League gegründet, die im sogenannten "land war" den irischen Pächtern in ihrem Kampf gegen die britischen Landlords beistand. Sie kämpften mit einer Taktik, die den englischen Wortschatz um einen neuen Begriff bereicherte: In einem exemplarischen Fall versetzte die Land League einen gewissen Großgrundbesitzer namens Charles Boycott in einen Zustand der Isolation und Belagerung – die Ernte wurde nicht mehr eingebracht und Warenlieferungen wurden nicht mehr zum Gutshaus durchgelassen –, kurzum, man boykottierte ihn. Als Parnell auch zum Präsidenten der Land League gewählt wurde, vereinte er die nationalen und sozialen Bestrebungen in einer breiten Plattform des Widerstands. Im Verlaufe der wechselvollen Auseinandersetzungen kam es zur Annäherung zwischen Parnell und Gladstone. Um sie zu verhindern, ermordete ein irisches Terrorkommando mit dem Namen "The Invincibles" Gladstones Unterhändler Lord Cavendish und seinen Untersekretär Burke im Phoenix Park in Dublin. Trotz solcher Rückschläge inaugurierte Gladstone eine Gesetzgebung, die die Landfrage löste: Mit staatlicher Unterstützung konnten die irischen Pächter ihr Land von den Großgrundbesitzern als Eigentum erwerben. Das verwandelte Irland aus einem Land englischer Landlords in ein Land irischer Bauern und war die größte Revolution in den Besitzverhältnissen in neuerer Zeit in Irland. Zugleich weckte die zugehörige Auseinandersetzung den irischen Nationalismus. Nach dem Sieg wurde die Land League durch die National League ersetzt und mit einer effizienten Parteimaschinerie verbunden. 1885 kam es zu einem großen Wahlsieg der Home Rulers, und 1886 entschloß sich Gladstone, eine Home Rule Bill für Irland im House of Commons einzubringen. Dabei verlor er allerdings die Unterstützung des imperialistischen Liberalen Joseph Chamberlain, der zur konservativen Opposition überlief, und die Gesetzesvorlage fiel durch; allein der Versuch aber erhöhte in Irland die Hoffnung auf eine konstitutionelle und friedliche Lösung der irischen Frage. Da brach über die Home Rulers die persönliche und politische Katastrophe Parnells herein. Gladstone hatte das Thema "Home Rule" zum Gegenstand eines großen moralischen Kreuzzuges gemacht, weil er die Unterstützung der religiösen Dissenter brauchte. Im Jahr 1890 aber wurde Parnell bei einem Scheidungsprozeß des Ehebruchs mit der Frau eines gewissen Captain O'Shea beschuldigt. Das machte ihn zu einer politisch-moralischen Belastung für die Liberalen, und Gladstone forderte, daß er als Parteiführer der Home Rulers zurücktrat. Als Parnell sich weigerte, spaltete das die Partei in

Parnell-Treue und Abtrünnige, und 1891 starb Parnell selbst, zermürbt von seinem Kampf ums politische Überleben. Nach der "great famine" der Jahrhundertmitte war der Sturz Parnells der zweite Wendepunkt auf dem Weg zur anti-englischen Radikalisierung Irlands.

Im Klima der nun folgenden Enttäuschung verbreitete sich in verschiedenen intellektuellen und literarischen Zirkeln die Vorstellung, Irland solle durch Rückgriff auf die gälische Sprache, die keltischen Bräuche, die bäuerlichen Wurzeln und seine heroische Poesie zu seiner eigentlichen kulturellen Identität zurückfinden. Das ging einher mit einem Revival des Okkultismus, mit dem man den Gegensatz zur materialistischen Kultur der englischen Viktorianer akzentuierte. Entsprechend neigten die repräsentativen Figuren wie William Butler Yeats und A.E. Russell zu einer neo-romantischen Mystik, die sich aus verschiedenen Quellen speiste: Östliche Religionen, hellenistischer Mystizismus, deutscher Idealismus, die europäische Mystik von Thomas a Kempis bis Swedenborg und der neue Vitalismus der Life-Force Philosophen spielen hier eine Rolle. Yeats und A.E. Russell waren Mitglieder verschiedener mystisch-okkulter Zirkel und beschäftigten sich mit Theosophie, Platonismus, Hermetismus, Kabbalistik, Rosenkreutzertum, Alchimie, Astrologie und theurgischer Magie. Mit den Symbolisten verband sie die Überzeugung, daß Symbole die Grenze der Sprache zu transzendieren vermögen und den Zugang zu archetypischen Formen der Erlebnisverarbeitung vermitteln. Das begründet ihr Interesse an Mythen, Mysterien, Zeremonien und traditionellen Riten der Folklore, die sie zu den Wurzeln der irischen Geschichte zurückführten. Aus diesem Geiste gründete William Butler Yeats 1891 die Irish Literary Society in London und 1892 die National Literary Society in Dublin. 1893 gründete Douglas Hyde, der spätere Präsident des irischen Freistaats, die Gaelic League. Sie entwickelte sich zu einer kulturellen Pressure Group der "de-anglicisation", die eine umfangreiche und sehr erfolgreiche Tätigkeit für die Wiedererweckung traditioneller Bräuche, Musik und Literatur entfaltete und immer mehr Einfluß auf die Kultur- und Schulpolitik gewann. Durch diesen kulturellen Separatismus wurden dann auch die Gruppen eingefärbt, die die Unabhängigkeit während und nach dem Ersten Weltkrieg erkämpfen sollten: die radikalere der Nachfolgeorganisationen der Home Rulers – Sinn Fein –, die zur

Etablierung eigener politischer Institutionen aufrief; die Irish Republican Brotherhood, die eine irische Republik mit Waffengewalt errichten wollte und deshalb auf einen europäischen Krieg hoffte; und die sozialistische Arbeiter- und Gewerkschaftsbewegung von James Connolly, aus der die Citizen Army hervorging, die dann zusammen mit den Irish Volunteers und der Irish Republican Brotherhood den blutig unterdrückten Osteraufstand von 1916 inszenierte. In diesen Zusammenhang gehört auch die Gründung der Irish National Theatre Society und die Eröffnung des Abbey Theatre um die Jahrhundertwende durch Lady Gregory und William Butler Yeats. Im Gegensatz zum herrschenden Kommerztheater und zum Realismus à la Ibsen oder Shaw verschrieb sich das Abbey Theatre dem Projekt der Wiedererwekkung eines poetischen Dramas, das seine größten Exponenten in John Millington Synge und William Butler Yeats fand.

Irland ist also in den 1890er Jahren in ähnlicher Weise von seinen Literaten und Intellektuellen als Nation erfunden worden, wie Deutschland hundert Jahre früher während der napoleonischen Kriege und der Romantik. Entsprechend haben sich beide Völker als Kulturnationen etabliert – als "Land der Dichter und Denker" oder als "Island of the Saints" – und ihre kulturelle Identität mit einem deutlichen xenophoben, entweder anti-französischen oder anti-englischen Affekt gewürzt. Das hat in beiden zu einer Neigung zur Sentimentalität und zur Folklore, zur Agrarromantik und zur romantischen Mystik geführt und eine gewisse wechselseitige Popularität in ihrer gegenseitigen Wahrnehmung begründet. Zugleich hat das für die Literaten beider Länder die Entscheidung forciert, sich entweder einem kompensatorischen Nationalismus in die Arme zu werfen oder gerade in Ablehnung der damit verbundenen Enge und Provinzialität besonders international und kosmopolitisch zu werden. In diesen Zusammenhang gehört, daß die Anatomie des Kosmopolitismus, das Epos des Exils und das Modell aller Großstadtromane – der *Ulysses* von James Joyce – auf die selbstverordnete nationale Enge und irische Agrarromantik mit einem Bekenntnis zur Internationalität, zur Moderne und zur Weltzivilisation reagiert. Der Roman spielt an einem Tag in der Zeit des Irish Revival – es ist der 16. Juni 1904, der von Joyce-Fans inzwischen als "Bloomsday" gefeiert wird – und beschreibt den Tageslauf dreier Figuren: des autobiographischen Helden, des künftigen Künstlers und

Erbauers eines Roman-Labyrinths, Stephen Dedalus; des Anzeigenacquisiteurs Leopold Bloom, und seiner Frau Marion, genannt Molly. Der Roman besteht aus achtzehn Episoden, und in der neunten – also in der Mitte des Romans und in der Mitte des Tages – diskutieren in der Nationalbibliothek von Dublin verschiedene Figuren über Literatur; und diese Figuren sind Portraits realer Personen aus der Irish Literary Renaissance. Eine andere Episode konfrontiert Bloom mit einem irischen Nationalisten der Sinn Fein Bewegung, der nach dem Modell des Riesen Polyphem aus der Odyssee dargestellt wird: einäugig, hirnlos, primitiv, aber gewalttätig. Seinen Helden aber macht Joyce zum Urbild all dessen, was die Nationalisten hassen – Bloom ist Jude und archetypischer Großstadtbewohner; als Ahasver ist er zur Heimatlosigkeit und Ruhelosigkeit verdammt. Zugleich ist er der griechische Odysseus, unterwegs nach Ithaka, um zu seiner Frau Molly-Penelope zurückzukehren, deren endloser Bewußtseinsstrom zum modernistischen Bild der überfluteten Stadt wird, in der der moderne Ahasver-Odysseus zu ertrinken droht, bevor er den Hebraismus und Hellenismus Arnolds in einer irischen Synthese zur Aufhebung zu bringen vermag, die erst dem Exilanten Stephen-Joyce vorbehalten bleibt, der in seinem Triester und Züricher Exil, über Dubliner Stadtplänen brütend, die irische Hauptstadt zum literarischen Omphalos der Welt macht und aus seinem irischen Material die Anatomie der Moderne, die Tageschronik einer Stadt, die Momentaufnahme der Zeit, das Inventar einer Kultur und den "Weltalltag der Epoche" formt.

Fabian Society und Bloomsbury

Im Jahre 1888 hatte das konservative Kabinett den County Council Act verabschiedet, der den Land- und Stadtkreisen eine kommunale Selbstverwaltung verschaffte und die Bewegung auslöste, die man als "Municipal Socialism" bezeichnet hat. Das hieß, daß zunächst einmal all die öffentlichen Einrichtungen geschaffen wurden, die wir heute für selbstverständlich halten: Büchereien, Badeanstalten, Museen, Parks, Krankenhäuser, Schulen, Obdachlosenasyle wurden gebaut und die Gas-, Elektrizitäts- und Wasserversorgung sowie die Verkehrsbetriebe wurden in vielen Fällen in Gemeindeeigentum überführt. Gleichzeitig stieg der Pegel sozialer Aktivitäten auf Seiten der Kirchen, Vereine und Gewerkschaften. 1889 führte der Docker-Streik dazu, daß sich nicht mehr nur die gelernten Arbeiter, sondern auch die ungelernten Genossen gewerkschaftlich organisierten. Die "Social Democratic Federation" von Hyndman machte Propaganda für Karl Marx. 1865 hatte William Booth die Heilsarmee gegründet, die 1878 nach dem Vorbild der Societas Jesu militärisch organisiert wurde und den Obdachlosen Brot und die Botschaft der Liebe brachte. Zur Jahrhundertwende verfügte sie über 15.000 Offiziere und 60.000 Freiwillige, die Suppenküchen, Wohltätigkeitsanstalten, Armenwerkstätten und Rettungsheime betrieben und durch Kollekten und eigene Unternehmen finanzierten. Ihr Markenzeichen war die volksnahe provokative Reklametechnik mit Gesang und Predigten in Lokalen, Theatern und auf der Straße. George Bernard Shaw, der in seiner Kombination von religiöser Inspiration, kommunalem Sozialismus, praktischer Effizienz und provokativem Auftreten eine Affinität zu diesen Milieus besaß, hat in seinem Stück *Major Barbara* ein glänzendes Portrait der Heilsarmee geliefert.

Mit George Bernard Shaw haben wir selbst eines der entscheidenden kulturellen Kraftwerke der Jahre um die Jahrhundertwende. 1856 in Dublin als Sohn eines erfolglosen protestantischen Geschäftsmannes und seiner musikalischen Frau geboren, flieht George Bernard vor den Gefahren einer mittelmäßigen Bürokarriere nach London, versucht sich erfolglos als Romancier und wird zur politischen Ökonomie bekehrt, als er einen Vortrag des amerikanischen Sozialreformers Henry George über die Notwendigkeit der Landreform hört, da die Landbesitzer angeblich von der Produktivitätssteigerung profitieren, ohne daß die Allgemeinheit daran beteiligt oder das Land vermehrt werde. Als der frisch bekehrte Shaw diese Thesen bei einer Versammlung der Social Democratic Federation vorträgt, wird ihm verächtlich mitgeteilt, er solle erst einmal Karl Marx lesen. Und so wird er für kurze Zeit ein Jünger von Marx. Diese Phase wird durch die Lektüre von Philip H. Wicksteed beendet, der die Mehrwerttheorie von Marx demontiert, nach der der Wert einer Ware sich durch die aufgewendete Arbeit bestimmt, und statt dessen die sogenannte "Grenznutzentheorie" von Stanley Jevons übernimmt: Wie die klassische Nationalökonomie bestimmt sie den Wert einer Ware aus dem Verhältnis von Angebot und Nachfrage dergestalt, daß der Wert eines Produkts einer vorgegebenen Gütermenge gleich der Bedeutung ist, die dem geringsten Bedürfnis noch beigemessen wird; d.h. bei sich vermehrender Gütermenge ist der Wert eines jeden Produkts gleich dem Wert jenes Produkts an der Grenze des Gütervorrats, für das noch eine Nachfrage besteht. Dieser Wert ist der Grenznutzen. Der Profit entspringt dabei einer anderen Quelle als dem vom Kapitalisten einbehaltenen Mehrwert, der dem Arbeiter nur das Subsistenzminimum läßt: der Preis eines Produkts richtet sich nach dem mit den höchsten Kosten hergestellten, am Markt gerade noch absetzbaren Produkt. Günstiger gestellte Produzenten verkaufen bei niedrigeren Kosten zum selben Preis und können die Differenz als Profit kassieren. Mit dieser Rückkehr zur revidierten klassischen Nationalökonomie von Ricardo und Smith in seiner sozialdemokratischen Form geht die Marxsche Entfremdungstheorie über Bord, nach der die Verdinglichung der Arbeit zum Kapital zur Entäußerung des Wesens des Menschen und zu seiner Preisgabe an objektiv scheinende Tauschwirtschaftsverhältnisse führt. Shaw sieht in Marx fortan nur noch eine Art von sozialistischem Carlyle, dessen Wert für die Umgestaltung der Gesellschaft in der eindrucksvollen Beschimpfung der herrschenden Verhältnisse besteht.

All diese Positionen wurden von Shaw aber nicht mehr allein ausgearbeitet, denn 1884 wurde er Mitglied einer Reformgesellschaft, die sich nach Fabius Cunctator, dem römischen Sieger über Hannibal, "Fabian Society" nannte. Der Name war ein

Programm. Man wollte nicht mehr durch eine Revolution eine gerechte Gesellschaft herbeiführen, sondern durch eine allmähliche Erziehung der englischen Eliten zum kommunalen Sozialismus. Damit wurde auch das Konzept des Klassenkampfes aufgegeben. Die Fabianer waren bürgerliche Intellektuelle mit einer liberalen Tradition, die ein großes Mißtrauen gegen die Weisheit des Proletariats und die Fähigkeit der Massen hatten, sich selbst zu regieren. Zugleich war die Gesellschaft keine Partei und verfolgte auch keine Parteilinie. Zwar gab es interne Debatten und persönlich werdende Streitereien, aber die Schismen, Bannflüche, Sezessionen, Spaltungen, Häretikerverfolgungen und Kämpfe um die korrekte Linie, die sonst überall in Europa die nun entstehenden sozialistischen Zirkel und Parteien bestimmten, waren nicht typisch für die Fabian Society. Eine Gesellschaft, die so verschiedene Leute wie den Romancier H.G. Wells, den politischen Wissenschaftler Graham Wallas, die höhere Tochter Beatrice Potter, den kleinen Beamten Sidney Webb und den exzentrischen irischen Dramatiker George Bernard Shaw umfaßte und sie zu Freunden werden ließ, konnte nur liberal im Sozialstil sein. Das ist ihr von marxistischer Seite natürlich zum Vorwurf gemacht worden und hat die kritische Bewertung von Shaw bis 1989 eingefärbt. Aus postmarxistischer Perspektive kann man sehen, daß der Marxismus zur Erklärung des 19. Jahrhundert einiges, aber zur Erklärung des 20. Jahrhunderts nichts mehr beigesteuert hat: Nur gewaltsame Begriffsakrobatik könnte den sowjetischen Terror oder den nazistischen Genozid in eine marxistische Theorie der Epoche integrieren. Im Gegenteil: nach 1900 wandelte sich der Marxismus von der Erklärung zum Problem. Das drückt sich auch darin aus, daß er nur in den Ländern Fuß zu fassen vermochte, in denen die Modernisierung spät, überstürzt und als Import kam, und keinen entscheidenden Einfluß in dem Land gewann, das die Industrialisierung und Modernisierung aus den eigenen kulturellen Ressourcen entwickelte: Großbritannien. So wurde der Marxismus selbst ein Symptom "verspäteter Nationen" wie Rußland und Deutschland, und sein Zusammenbruch scheint ein Zeichen dafür zu sein, daß wir wieder zu unseren eigenen Zeitgenossen geworden sind. Das wird auch die Neubewertung der Fabian Society einfärben. Jedenfalls sollte sie zu einem der wirkungsvollsten Intellektuellen-Zirkel werden, die je versucht haben, die Politik ihres Landes zu beeinflussen.

Die eigentliche Achse der Gesellschaft bestand aus dem ungleichen Paar Sidney Webb und Beatrice Potter. Beatrice war die achte von neun Töchtern eines Großkapitalisten und wuchs in einem gescheiten Milieu auf, das von anregenden Gesprächen und guter Lektüre geprägt war. Als ihre Mutter 1882 starb und die Schwestern alle heirateten, stand sie dem Haushalt ihres alternden Vaters vor und hatte Zeit, interessante Konflikte über ihre zukünftige Rolle in der Gesellschaft zu durchleben, die sie in einem der anregendsten Tagebücher der Epoche festhielt: die Rolle einer typischen Frau der upper class war ihr zu langweilig, und sie sehnte sich danach, selbständig zu sein und in einer öffentlichen Aufgabe Erfüllung zu finden. In dieser Situation verliebte sie sich in den demagogisch begabten, magnetischen Joseph Chamberlain, der als liberaler Bürgermeister von Birmingham Reformen im Sinne des Gemeindesozialismus durchführte und später aufgrund seines glühenden Imperialismus die Liberalen verließ und ein Bündnis mit den Konservativen schloß. Diese Liebe trieb sie in einen entsetzlichen Zwiespalt: auf der einen Seite stand ihr erotisches Unterwerfungsbedürfnis, wobei sie sehr hellsichtig den Parallelismus zwischen der hypnotischen Wirkung Chamberlains auf die Massen und auf sie selbst durchschaute, und auf der anderen Seite stand ihre Sehnsucht nach einem selbstbestimmten, unabhängigen Leben. Als sie Chamberlain persönlich kennenlernte, mußte sie mit Enttäuschung feststellen, daß er eine konventionell-viktorianische Auffassung von der Rolle der Frau hatte. Das stürzte sie in eine Krise, aus der ihr Sidney Webb wieder heraushalf. Er war das Gegenteil des magnetischen Chamberlain: er war ein kleiner, hart arbeitender Beamter aus der unteren Mittelschicht, arm, häßlich, sozial unbeholfen und linkisch. Er hatte keine klassische Bildung genossen und sprach mit einem unangenehmen Cockney-Akzent. Aber er war ein brillanter Kopf, er verfügte über eine ungeheure Arbeitskraft, über ein absolut phänomenales Gedächtnis und besaß das, was eine Person zum Glühen bringt, nämlich Engagement. George Bernard Shaw hielt ihn für den fähigsten Mann ganz Englands. Beatrice lernte ihn 1890 kennen. Sie wollte ein Buch über englische Genossenschaften schreiben, und Sidney verliebte sich sofort in sie. Sie versuchte, ihn sich vom Halse zu halten, obwohl er ihr imponierte. Sie entwarf merkwürdig kühle, diplomatische Verträge mit eigenartigen Verhaltensregeln, die er um den Preis ewiger Verbannung nicht verletzen durfte. Aber so wie Sidney

Webb die englische Gesellschaft reformieren wollte, so versuchte er auch Beatrice Potter für sich einzunehmen, nämlich allmählich, stetig, durch permanenten Einfluß, Überredung, Propaganda und unaufhörliche Analysen. Am Anfang ihrer Beziehung hatte Beatrice zu Sidney gesagt, daß die Chancen, sie zu gewinnen, eins zu hundert stünden. Aber er gab nicht auf, und die Geschichte ihrer Beziehung kann man in ihrem Tagebuch nachlesen, das sich wie ein Roman von Henry James entwickelt. Kleine signifikante Signale werden jetzt dramatisch: er ergreift zum ersten Mal ihre Hand! Sie zieht sie nicht zurück und macht daraus ein weltbewegendes Ereignis. Mehr und mehr gefiel ihr dieser kleine häßliche Sozialist, wie sie ihn nannte, und am Ende empfand sie so etwas wie eine kameradschaftliche Liebe. Zugleich empfand sie auch Dankbarkeit dafür, daß er sie von einer Leidenschaft, die sie in die Unselbständigkeit zurückzuführen drohte, erlöst hatte. Schließlich wurden sie nach ihrer Eheschließung veralbert als zwei Schreibmaschinen, die im Takte miteinander ratterten. Beatrice Webb gehörte zu den ersten Frauen, die jenen Kampf durchfochten, in dem sie ihre Unabhängigkeit gegen eine noch so große erotische Verführung verteidigten. Mit Webb zusammen lernte sie, daß Liebe und Arbeit miteinander vereinbar waren. Und zusammen machten sie ihr Haus zum Hauptquartier der Fabian Society und aller Intellektuellen, die sich mit sozialen Fragen beschäftigten. In Kooperation mit Shaw, Wells und anderen publizierten sie die *Fabian Tracts* als Studien zu den verschiedensten sozialen Fragen. Ihre gemeinsam verfaßte *History of Trade Unions* von 1897 wurde zu einem Klassiker. Sie gründeten 1895 die London School of Economics, die zu einer der führenden Wirtschaftshochschulen der Welt wurde. Und sie bombardierten Parlament, Parteien, Verbände, Verwaltung und Regierung mit einem ständigen Hagel von Pamphleten, Traktaten, Untersuchungen, Weißbüchern und Polemiken. Bis ca. 1900 gaben sie sich der Hoffnung hin, die liberalen Vertreter der Eliten zu überzeugen. Diese fabianische Lib-Lab-Koalition drückte sich darin aus, daß es auf parlamentarischer Ebene keine eigene Arbeiterpartei gab. Zwar hatte der schottische Arbeiterführer Keir Hardie mit den “Labour Representation Committees” einen Anfang gemacht, aber bis 1900 wählten die Arbeiter liberal, weil sie ihre sozialen Interessen durch die Gewerkschaften vertreten sahen. Da entschied 1901 das oberste Appellationsgericht der Lords in einer Grundsatzentscheidung, daß die Gewerkschaften für die aus Streiks erwachsenen Verluste haftbar zu machen seien, und fiel damit hinter die Gesetzgebung von 1871 zurück. Die Fabianer verloren daraufhin einen Teil ihres Vertrauens in die Lernfähigkeit der politischen Eliten, machten gemeinsame Sache mit Keir Hardie und hoben zusammen mit ihm die Labour Party aus der Taufe, die mit der Muttermilch des Fabianismus genährt wurde: die Verbindung von Intellektuellen und Gewerkschaftern sollte für die Labour Party charakteristisch bleiben. Bei den Wahlen von 1906, die einen letzten Sieg der Liberalen brachten, zog die neue Labour Party ins Parlament ein, und 1920 hatte sie die liberale Partei zertrümmert und ihren Platz eingenommen. Damit wurde das Parteiensystem, daß die englische Politik über Jahrhunderte geprägt hatte, zugleich zerstört und in anderer Besetzung fortgeführt. Als Anfang der 80er Jahre unseres Jahrhunderts die Labour Party unter dem Zustrom von Universitätsabsolventen zunehmend nach links rückte, kam es mit der Abspaltung der SDP gewissermaßen zur Wiedergeburt des Fabianismus: Zu den Gründungsmitgliedern der neuen Sozialliberalen gehörte Shirley Williams, die Sekretärin der Fabian Society.

In gewisser Weise setzten die Fabianer die Tradition der Benthamite Radicals fort: wie diese glaubten sie an die rational gesteuerte, administrativ implementierte Verbesserung sozialer Verhältnisse durch aufgeklärte Politik. H.G. Wells fügte dem eine besonders technokratische Note hinzu. Er suchte sein Publikum davon zu überzeugen, daß die wissenschaftliche und technologische Revolution eine globale Umwälzung mit sich brachte, die nationale Grenzen überwinden und die Menschheit zu einer einzigen Gesellschaft zusammenschließen mußte, die eine Weltregierung nötig machen würde. Darüber wurde er selbst zum Erfinder der Science Fiction und schrieb wissenschaftliche Phantasien mit Titeln wie *The Time Machine*, *The Stolen Bacillus*, *The Invisible Man*, *In the Days of the Comet*, *The First Men in the Moon* und *A Modern Utopia*. Natürlich wurde dieses aufklärerische Vertrauen in die Ehe zwischen Wissenschaft und Fortschritt durch die Weltkriege bitter enttäuscht. Aus der Perspektive der Dialektik der Aufklärung mag Wells' Optimismus manchem wie eine naive Ingenieursphilosophie vorkommen. Zugleich hat Wells natürlich immer noch Recht damit, daß kein Fortschritt gegen Wissenschaft und Technologie möglich ist.

Inzwischen hatte Shaw sich von der Musikkritik auf die Dramenkritik verlegt und führte nicht nur einen Krieg gegen die bürgerliche Gesellschaft und ihren abgestandenen Liberalismus, sondern auch gegen das intellektuell sterile Theater. Zu diesem Zweck stellte er seine polemische Begabung und seinen in vielen Debatten gestählten Witz in den Dienst von Marx, Ibsen und Wagner. Tatsächlich hatte ihn der einflußreiche Kritiker William Archer dabei entdeckt, wie Shaw im Britischen Museum zugleich in der Partitur von *Tristan und Isolde* und im ersten Band des *Kapitals* zu lesen versuchte. Sein erstes, mit Archer verfaßtes Stück über Grundstücksspekulation mit dem Titel *Widowers' Houses* wurde 1892 uraufgeführt. Sein nächstes Stück, *Mrs. Warren's Profession*, über Prostitution wurde vom Zensor verboten. Als Shaw sah, daß er auf diese Weise das große Publikum nicht erreichen konnte, versah er seine Stücke mit ausführlichen Bühnenanweisungen und Vorworten zu den sozialen, politischen und moralischen Themen des jeweiligen Stückes, womit er die Möglichkeit eröffnete, Dramen nicht nur über das Theater, sondern auch über den Buchmarkt bekannt zu machen. Mit *Candida*, einer Komödie, in der er eine präraffaelitische Mutterfigur, einen sozialreformerischen Pfarrer wie Kingsley und einen weltfremden Poeten wie de Quincey in eine Dreiecksgeschichte verwickelte, hatte er beim fortgeschrittenen Publikum bereits ebenso Erfolg wie mit *Arms and the Man*, in der er das romantische Heldentum angesichts der modernen Waffentechnik ad absurdum führte. Inzwischen wurde sein Sozialismus immer stärker von einem anti-darwinistischen Evolutionismus eingefärbt, der von Lamarck, Bergson, Carlyle und Nietzsche beeinflußt war: danach wurde sich die Life Force in jenen Übermenschen ihrer selbst bewußt, die der Evolution den Weg zur Höherentwicklung der Menschheit ebneten. In *Caesar and Cleopatra* stellte er mit der Figur Caesars, die er nach dem Modell von Mommsens *Römischer Geschichte* entwarf, einen solchen Supermann dar und komplettierte das Bild in der invertierten Don Juan-Komödie *Man and Superman* durch die dazugehörige Theorie. Aus der Verbindung von Evolutionismus und Sozialismus leitete Shaw einen militanten Feminismus ab, weil unter evolutionärer Perspektive der Sexualität und Erotik eine stärkere Bedeutung beigemessen werden mußte und daher der Frau als Trägerin der evolutionären Bestimmung der Menschheit eine neue entscheidende Rolle zukam. Auf diese Weise konnte Shaw seinen Fabianismus mit dem "love interest" der traditionellen Komödie verbinden. Von da aus entwarf er den Charaktertyp der "New Woman", um mit ihr zusammen die sentimentale Heroine von der Bühne zu vertreiben. Ab 1904 kooperierte er mit seinem Freund, dem Dramatiker und Regisseur Harley Granville-Barker, der 1905 Direktor des Royal Court Theatre geworden war. Über diese Zusammenarbeit konnte Shaw seinen Einfluß auf die Theaterszene verstärken und zusammen mit Granville-Barker die Herkulesarbeit in Angriff nehmen, das englische Theater zu erneuern.

Bis zum Auftritt von Oscar Wilde und George Bernard Shaw in den 90er Jahren war das englische Drama künstlerisch und intellektuell praktisch substanzlos. Zwar war inzwischen das Melodrama als herrschende Gattung durch das sogenannte "domestic drama" abgelöst worden, das den theatralischen Appell-Ton und die sensationellen Effekte durch logische Konstruktion, realistischen Dialogstil und Alltagsprobleme ersetzt hatte. Aber Shaw verband diese Form durch Rückgriff auf die satirische Comedy of Manners mit modernen Problemstellungen und entwickelte daraus das, was in der Literaturgeschichte unter dem Titel "Ideendrama" bekannt wurde: eine Mischung aus Sittenkomödie, Problemstück, platonischem Dialog und Feuerwerk im Modus der intellektuellen Hochgestimmtheit, kurzum, eine Energie-Explosion, die durch schiere Intelligenz, Tempo und Rasanz mitzureißen vermag und die man deshalb auch "High Comedy" nennt. Damit gelingt Shaw das Unmögliche: nämlich Themen, die anderswo zum Gegenstand von Fanatikern, Demagogen, doktrinären Philosophen, Politikern und Terroristen gemacht wurden, in der Form der Komödie zu präsentieren und einem immer größer werdenden Publikum bekannt zu machen. Dabei betrieb er auch programmatisch die Erneuerung des englischen Theaters, indem er einen Feldzug für Ibsen durchführte und damit das englische Theater dem analytischen Drama Europas öffnete. Zugleich gab es kaum ein Debattenthema der Zeit, sei es nun Vegetariertum, Lebensreform, Munizipalverwaltung, Schriftreform, rationale Bekleidung, Anti-Alkoholismus, Stadtplanung, Tierschutz, neue Medizin, Eugenik, Familienplanung, Kindererziehung, Prostitution, Geldpolitik, Bodenreform, das Shaw nicht behandelt hätte. Der am besten gelungene Charakter seines dramatischen Œuvres ist seine eigene öffentliche Persona als "GBS", der als Sozialist, Rebell, Dramatiker, Debattenredner, Pamphletist, Politiker und intellektueller Buffo die kapitalistische Gesellschaft durch einen Strom satirischer Propaganda karnevalisierte. Dabei schreckte er nicht davor zurück, seine Stücke durch eine Unzahl von Regieanweisungen zu Quasi-Romanen zu machen, mit einer dicken Schicht aus Vorworten, Erklärungen, Essays und Nachworten zu umgeben und das Ganze als Bücher herauszugeben. Er war zweifellos einer der begabtesten Propagandisten, die im Kampf der Aufklärung je die Trommmel gerührt haben. Seine Aktivität begann am Ende des 19. Jahrhunderts, aber seine großen Erfolge gehören schon zum 20.

Ein anderer Zirkel von Intellektuellen, dessen Blüte in die Zeit nach der Jahrhundertwende fiel, war weit entfernt von den reformerischen Zielen der Fabianer und versuchte geradezu, sich aus der Tradition der Benthamites zu lösen: Gemeint ist die lose Gruppierung von Künstlern, Literaten und Philosophen, die mit dem Namen des damaligen Bohème-Viertels Bloomsbury verbunden ist. Zu ihr gehörten die Schriftsteller E.M. Forster, Lytton Strachey und Virginia Woolf, ihre Schwester Vanessa und deren Mann, der Maler Clive Bell, der Philosoph Lord Bertrand Russell, der Kritiker Roger Fry und der Ökonom Maynard Keynes, der im Grunde das Werk der Fabianer fortsetzen sollte, indem er die theoretischen Grundlagen für den Wohlfahrtsstaat legte. Paradoxerweise erfolgte ihre Abkehr von der moralischen Orientierung der Viktorianer unter dem Einfluß des Ethik-Professors G.E. Moore, der mit Lord Russell in Cambridge eine Art Dioskurenpaar bildete.

In England war die heimische Tradition des philosophischen Empirismus für kurze Zeit durch eine hegelianische Okkupation unterbrochen worden, deren Exponent der Philosoph F.H. Bradley war. Dessen hegelianischer Idealismus hatte offenbar die Funktion, die Weltanschauungslücke zu füllen, die der Zusammenbruch des Christentums nach der Explosion des Darwinismus hinterlassen hatte. Er zelebrierte das "Absolute", "den Geist" und "das Ganze", pflegte die moralisch erhebende Rhetorik und lockte Theologen an. Gegen diese Philosophie der großen Geste wandten sich Russell und Moore. Russell, der als Patensohn von John Stuart Mill direkt aus den Quellen der englischen Philosophietradition getrunken hatte, wandte sich dem Problem der logischen Begründung von Urteilen zu und entwickelte das, was unter dem Titel "logischer Atomismus" bekannt wurde. Dabei ging es ihm um eine Notation, mit der man komplexe Urteile in einfache logische Elemente zerlegen konnte, die als einfache Propositionen sich auf einfache Tatsachen beziehen ließen. Damit verließ er gewissermaßen wieder die empirische Tradition und begab sich in die Gesellschaft der logischen Positivisten Frege und Peano, die die Logik von der Grammatik natürlicher Sprachen befreiten und statt dessen mit der Mathematik vereinigten. Die Funktion von Moores Philosophie dagegen bestand darin, die Herrschaft von Bradleys idealistischem "Absoluten" zu brechen, das die Materie zur Erscheinung degradiert und das normale Leben und die sinnliche Wahrnehmung entwertet hatte, und den Glauben an den common sense zu restituieren. Dabei führte er einen anti-idealistischen Feldzug zur Verteidigung des Wesens der Dinge unabhängig von der Form ihres Erscheinens. Auf diese Weise nahm die Welt wieder Farbe an. Die Kunst gewann an kognitiver Würde, und ihre Betonung des Partikularen und Sinnlichen erhielt eine philosophische Rechtfertigung. Im letzten Kapitel seiner *Principia Ethica* erklärte Moore Schönheit und Freundschaft zu den höchsten Glücksgütern. Das kam natürlich der Situation eines Homosexuellen wie E.M. Forster entgegen, der zu dem Zirkel der "Cambridge Apostles" – einer Keimzelle von Bloomsbury – gehörte und die Atmosphäre dieses Kreises in seinem autobiographischen Roman *The Longest Journey* beschrieben hat, in dem ein Freund den anderen durch die Heirat mit einer oberflächlichen Frau verrät. Aber zugleich verschaffte Moore damit den Mitgliedern des Bloomsbury-Set eine Lebensphilosophie, die dem artistischen Cliquengeist eine höhere Weihe verlieh. Zu den Idealen der Gruppe gehörte die Fähigkeit zur individuellen Selbstentfaltung mittels der höchsten Formen der Erfahrung und des Ausdrucks. Es ging ihren Mitgliedern um die Perfektionierung von Erfahrungen, geistigen Zuständen und Formen des Bewußtseins. Dazu gehörte die Attitüde des elitären Individualismus und bewußt gepflegten Nonkonformismus. Man fühlte sich fortschrittlich, unerschrocken und skeptisch gegenüber jeder Tradition. Die gemeinsame Front gegen die langweilige Konventionalität der Umwelt züchtete einen Gruppengeist, bei dem die Neigung zur Verspottung konventioneller Pietäten stark ausgeprägt war und durch den intensiven Sozialstil im Inneren der Gruppe noch verstärkt wurde. Typisch hierfür ist Lytton Stracheys anti-heroische Schrift *Eminent Victorians*, in der er die großen moralischen Autoritäten der Viktorianer durch das Verfahren des sogenannten "debunking" – einer Art Beleuchtung von unten – entzaubert und auf Normalmaß zurückstutzt. Diese antiautoritäre Haltung entsprach der ikonoklastischen Verve, in der Moore in den *Principia Ethica* das ethische Herrschaftswissen von Theologen, Philosophen und Wissenschaftlern angriff. Zugleich inspirierte der Kult der Freundschaft und der exquisiten Bewußtseinszustände Virginia Woolf dazu, in ihren Romanen jene Selbsttransparenz des Bewußtseins zu evozieren, die die Frage aufwirft, wieweit man auch das Bewußtsein des anderen verstehen kann, so wie der Dichter das seiner Figuren. Diese Frage führte Virginia Woolf zu einer Abkehr vom realistischen Roman à la Bennett und Wells. Ihr ging es um die Wiedergewinnung der unmittelbaren Frische flüchtiger Erfahrungen als Ausweis des Lebendigen. Hier berührt sie sich mit Bergsons Vorstellung vom vibrierenden, nie stillstehenden élan vital. Zugleich hatte einer ihrer Bloomsbury-Freunde, Roger Fry, 1910 die erste post-impressionistische Ausstellung in London arrangiert und van Gogh und Cézanne dem englischen Publikum vorgestellt: soweit Cézanne die Technik der Impressionisten benutzte, um von der Oberfläche zum Wesen der Dinge vorzudringen, gibt es eine Affinität zwischen Cézanne und Virginia Woolf, die sie selbst empfand: Sie hat gesagt, daß mit dieser Ausstellung sich die menschliche Natur geändert und die Moderne begonnen habe.

Historismus und Moderne

Eine Kulturgeschichte schenkt notwendigerweise der Entwicklung von Kunst und Literatur große Aufmerksamkeit und bezieht häufig von ihr die Gesichtspunkte für die Gliederung in Perioden und Epochen. Nun ändert sich der Rhythmus der Kunst- und Literaturgeschichte zur Moderne hin unter dem Gesetz einer zunehmenden Beschleunigung. Darin beteiligt sich die Kunst an der Differenzierung der modernen Gesellschaft und vollzieht sie mit. Die zunehmende Autonomie der Literatur ist deshalb nicht mit Adorno gegen die Gesellschaft gerichtet, sondern vollstreckt das Gesetz ihrer Entwicklung. Die Autonomie bricht nicht die diplomatischen Beziehungen zu allen Kontexten ab, sondern stellt nur sicher, daß diese allein unter dem souveränen Gesetz der Kunst reguliert werden. Durch seine Differenz zur Welt stellt das Kunstwerk Fragen an die Welt, die nur vom Werk selbst her beantwortet werden können. Darin ist es subjekt-analog: es entscheidet selbst, wie es die Grenze zwischen sich und der Welt zieht. Für die Kunstautonomie wird die Werkautonomie aber zunehmend zu einem Problem: es muß deshalb etwas geben, was verschiedene Kunstwerke verbindet und als verwandte Gebilde von anderen Artefakten unterscheidet. Das ist der Stil. Am Anfang der Kunstentwicklung war das eine schlichte Anweisung zu kopieren. Die vergangene vorbildliche Kunst enthielt die "copia", die Fülle des Schönen. In der Literatur griff man mittels der Tradition der Rhetorik auf die Fülle der Gemeinplätze und auf den Thesaurus der Formeln und Formen zurück. Wir haben gesehen, daß in der Souveränitätsproklamation der Kunst in der Vorromantik die Tradition der Regelpoetik verabschiedet wird. Der Künstler ist jetzt nicht mehr Imitator der Welt oder anderer Künstler, sondern der Schöpfer völlig neuer Welten, worin er zu einem Konkurrenten Gottes und damit zum Genie wird, das sich selbst die Gesetze gibt. Das bedeutet einen Quantensprung in Richtung Autonomie. Die Kunst findet ihre Kriterien in sich selbst und widersetzt sich den inhaltlichen Wünschen der Auftraggeber. Mit anderen Worten, sie entzieht sich den Zumutungen der Religion, der Politik und der Moral ebenso wie den Glorifikationswünschen adliger und königlicher Mäzene. Es kommt zur Ausdifferenzierung komplementär aufeinander bezogener sozialer Rollen: der Künstler findet das auf Kunsterfahrung eingestimmte Publikum von Connoisseurs und Kritikern, die zwischen authentischer Kunst und Kitsch unterscheiden. Die Banausen komsumieren nur Kitsch. Die Konsensbildung wird dann über Geschmack reguliert, der die Freiheit der Kunst mit ihrer gesellschaftlichen Rolle kompatibel macht. Der Vorteil dieses Konzepts besteht darin, daß unentschieden bleibt, ob die Gesellschaft den Geschmack oder der Geschmack die Gesellschaft bestimmt. Damit löst sich zugleich der Widerspruch, wie man an der Idee der Perfektion festhalten und doch die Imitation verbieten kann: Mit den Begriffen des Geschmacks und des Genies verlagert sich die Herstellung und Beurteilung der Kunst ins Unerklärliche, wofür man dann weitere Varianten wie Sensibilität, Gefühl, Inspiration, Wahnsinn etc. erfindet. Als Ersatz für die abgelehnten Kunstregeln greift man dann auf den Begriff des Stils zurück. An der Ebenendifferenz zwischen Stil und autonomem Werk entfaltet sich die Ordnung und Entwicklung der Kunst. Der Künstler kann nun bei der Anfertigung des Werkes zwischen mehreren Stilarten wählen, aber wenn er gewählt hat, kann er nicht mehr beliebig verfahren. Das kombiniert die Freiheit der Kunst mit der Notwendigkeit des Werkes. Und der Connoisseur kann an dieser Differenz feststellen, ob das Werk konventionell ist, zur Stilentwicklung beiträgt oder gar zu ganz neuen Ufern aufbricht, kurzum, ob es originell ist oder nicht. Auf diese Weise setzt sich die Kunst selbst unter Innovationsdruck. Die Orientierung am Schönen weicht der Ausrichtung am Neuen. Damit folgt die Kunst dem Trend zur Temporalisierung, dem sich auch die Politik mit ihrer Leitdifferenz von progressiv/konservativ unterwirft. Wenn man so will, kommt es auch in der Kunst zur Ausbildung von Stilpolitik: Stil kann dann je nach Bedarf als kritische oder als historische Kategorie benutzt werden. Die Diskreditierung von Stil hatte es auch schon zu Zeiten der Regelpoetik gegeben. Aber da traf sie gewöhnlich den neuen Stil unter der Prämisse einer unterstellten Perfektionsvorstellung: "Barocco" oder "Gothic style" waren Schimpfwörter. Mit der Romantik verschiebt sich hier die Begründungslast. Von da an ist Originalität ein Zeichen authentischer Kunst und läßt alle anderen Werke veraltet erscheinen. Der nächste Schritt ist dann die Historisierung der Stile. Sie begreift jeden Stil als seiner Zeit entsprechend, begründet die Kunstgeschichte und das Museum als Gedächtnisort aller Stile in Simultanpräsenz. Zugleich kommt es in der Kunstentwicklung zu historistischen Stilvarianten. Erst diese Doppelung begründet die Entwicklung der Kunst und Literatur im 19. Jahrhundert. Neben der innovativen Kunst gibt es den Historismus als deren Kompensation. Wir haben gesehen, wie in der Literatur der mediaevisierende Geschmack zu den pseudomittelalterlichen Produkten der Gothic novel oder des *Ossian* führt. Aber der eigentliche Entfaltungraum des Historismus liegt in der Architektur und der Malerei als den Kunstsparten, die von konservativen vermögenden Auftraggebern aus dem Establishment abhängig sind.

Unsere Orientierung an der zunehmenden Innovationsgeschwindigkeit der modernen Kunst und Literatur hat eine gewisse optische Täuschung im Gefolge gehabt: Man neigt dazu, in der Beschreibung des Zeitklimas bereits eine teleologische Perspektive anzuwenden, die Leistungen der künstlerischen Erneuerer überzubewerten und die konservativ-historistischen Produkte der akademischen Kunst auszublenden, weil man die Unwiderstehlichkeit der Entwicklung zur Moderne unterstellt. Darin ist immer eine retrospektive, den tatsächlichen Gang der Ereignisse reflektierende Prophetie enthalten. In Wirklichkeit aber geht es um einen komplexen Zusammenhang zwischen der eigenen Rekonstruktion und der temporalen und historischen Selbstverortung der beschriebenen Epoche und ihrer Vertreter. So steigert die Zunahme der Innovationsgeschwindigkeit in der Kunst auch das Tempo des Veraltens. Was dem zum Opfer fällt, kann dann durch Nostalgiewellen und Renaissancen per Recycling in den Kreislauf zurückgeführt werden. Damit wird Stil zum Maßstab dessen, was nostalgisch, historisch oder avantgardistisch ist. Die Stilentwicklung erfolgt selbst mit erhöhtem Tempo, bis die Lebenszeit eines Stils kürzer wird als die der Künstler. Von da an hat ein Künstler seine Phasen und Perioden: Turner durchläuft die frühe, mittlere und reife Phase, und bei Picasso unterscheiden wir die rosa, blaue und kubistische Periode. Aus dieser erhöhten Anforderung an Originalität ergibt sich der Zusammenhang von Avantgarde und Nostalgie, Innovationsgeschwindigkeit und Veralten, moderner Kunst und Historismus, die häufig eben nicht als zwei Seiten derselben Medaille, sondern als Repräsentationsformen unvereinbarer Lebensgefühle gesehen werden. Wenn auch wir uns in der Regel an der Kunst orientiert haben, die bis zur Avantgarde hin immer schneller mit der Tradition bricht, müssen wir das jetzt durch den Hinweis auf die Persistenz des akademischen Historismus vor allem in der Malerei und der Architektur kompensieren.

Es ist bemerkenswert, daß die Architekten des Industriezeitalters im 19. Jahrhundert keine eigene Formensprache gefunden haben. Statt dessen sind sie Meister in der Imitation vergangener Stile nach historischen Vorbildern – bei Museen gab es eine Vorliebe für griechische Tempel, bei Universitäten für die Bauten der italienischen Renaissance und des Humanismus, bei Kirchen für die Gothik, bei Banken für die Palazzi der Renaissance, bei Villen für den Barock und bei Kasernen und Fabriken für mittelalterliche Burgen. In der Zeit zwischen 1837 und 1868 – also zeitgleich mit der Epoche zwischen der ersten und zweiten Reform Bill – entsteht nach den Entwürfen von Sir Charles Barry das Parlamentsgebäude von Westminster im neugotischen Stil. Ebenso werden die Verwaltungsgebäude meist im neugotischen Stil errichtet, und die von der Funktion her tatsächlich neuen Gebäude – die Bahnhöfe – verkleidet man durch historische Fassaden, um die reine Funktionalität zu verdecken. Die einzigen neuartigen und modernen Gebäude werden für so vergängliche Ereignisse wie Weltausstellungen gebaut: der Kristallpalast von Joseph Paxton in London und der Eiffelturm in Paris.

Seinen direktesten Ausdruck fand der Historismus in der Errichtung der Museen, die nun ganz im Sinne Arnolds als Tempel der Kunstreligion konzipiert wurden. Ihre Architektur deutet das an: durch den Portikus betrat man eine große Eingangshalle, deren strenge Wirkung zur geistigen Sammlung aufforderte, bevor man zu den Altären und Reliquienschreinen der Kunstgeschichte vordrang, um in innerer Einkehr, in stiller Kontemplation, im gesammelten Gebet oder in seelischer Verzückung die Kommunion mit dem göttlichen Geist der Kunst zu vollziehen. Daß wenige Jahre nach der ersten Reform Bill die Nationalgalerie fertiggestellt wurde, erinnert daran, daß mit den Museen ursprünglich die Absicht der demokratischen Aufklärung und der Eröffnung des Zugangs zu den adligen Kunstsammlungen verbunden war. Tatsächlich beförderten sie die Verschmelzung des bildungsorientierten Bürgertums mit den alten kunstsinnigen Eliten des Adels. 1847 auf dem Höhepunkt der Chartistenagitation und der revolutionären Bewegungen in Europa eröffnete das Britische Museum die Pforten hinter seinen ionischen Tempelsäulen. Zwischen 1871 und 1881 folgte das National History Museum, und zwischen 1891 und 1909 das Victoria and Albert Museum. Insgesamt stieg zwischen 1850 und 1914 die Zahl der Museen in Großbritannien von 59 auf 295. Zugleich hatte sich mit so traditionsreichen Auktionshäusern wie Christie's in St. James das europäische Mekka des Kunsthandels mit alten Meistern etabliert. Da wegen der relativen Ärmlichkeit der britischen Tradition in der Malerei die Nationalgalerie vor allem italienische und niederländische Meister enthielt, stiftete der Zuckerfabrikant Henry Tate die Gelder für eine Galerie, die die "modernen" britischen Maler aufnehmen sollte. Das 1897 eingeweihte Gebäude stellte natürlich keine avantgardistischen Maler, sondern die Vertreter der zeitgenössischen akademischen Malerei aus. Nach wie vor verwaltete die Royal Academy die künstlerische Ausbildung, arrangierte die prestigiösen Ausstellungen und sorgte für die Pflege eines traditionalistischen Malstils.

Diese konservative Kunstpolitik, die von den Auftraggebern für öffentliche Gebäude unterstützt wurde, trug mit dazu bei, die Avantgardisten in die Subkultur der Bohème, die Künstlerviertel und an den Rand der Gesellschaft zu treiben. Zusammen mit den Massenmedien und den Trivialkünsten bewirkte sie, daß der Konsens zwischen Künstlern und ihrem Publikum gesprengt und damit jene künstlerische Revolution ausgelöst wurde, die man mit dem Begriff "Avantgarde" bezeichnet. Hier ist naturgemäß das Bild differenziert und sieht je nach künstlerischer Sparte anders aus. Die von Morris initiierte Kunstgewerbebewegung inspirierte vor allem die, die mit den eher praktischen Seiten der ästhetischen Umgebung des Menschen verbunden waren – also Architekten, Innendekorateure und Designer zweckmäßiger Gegenstände – und erreichte deshalb ein weit größeres Publikum als die kleinen Künstler- und Kritikerzirkel. Ihr Programm bestand darin, die seit dem Mittelalter zerbrochene Verbindung zwischen Arbeit und Kunst im Handwerk wiederherzustellen und damit die Umwelt des Alltagslebens und die materielle Kultur ästhetisch zu verändern. Das brachte sie mit dem Sozialismus und den Vertretern öffentlicher Institutionen und reformerischer Behörden in Verbindung. Der Höhepunkt dieser gesellschaftlich-ästhetischen Koalition zwischen Architektur, Reform, Handwerk und Kunst bildet jener Stil, der kurz vor der Jahrhundertwende von Großbritannien aus seinen Siegeszug antrat und mit seiner Bezeichnung ein Programm verband: "art nouveau" oder "Jugendstil". In der Benennung drückt sich aus, daß die Rebellion einer jüngeren gegen eine ältere Generation zum Massenphänomen und eben damit stilprägend wird. Jugend wird stärker als eigenständige Phase der Biographie gesehen und damit zum Ausdruck eines Lebensgefühls. Jugendstil war revolutionär, antiakademisch und anti-historistisch. Weil er modern war, wurde er auch besonders gern in modernen Bereichen wie Stahlkonstruktionen und den Bahnhöfen als Tempeln des modernen Transports angewandt. Sein ästhetisches Ideal war die integrale Verbindung von Zweckmäßigkeit und Schmuck. Die beherrschenden Motive waren stilisierte Blumenmuster und fließende weibliche Gewänder. Mit all diesen Formen wurde Natur, Jugend, Wachstum und Bewegung konnotiert. Insofern dieser Stil die Luxusartikel von Tiffany, Lalique und den Wiener Werkstätten mit den in Massenproduktion hergestellten Tischlampen und Eßbestecken für den bescheidenen Geldbeutel verband, ist er der erste moderne Stil überhaupt. Zugleich ist er aber auch ein Vorläuferstil der Moderne, weil sich in ihm noch die sozialrevolutionären Hoffnungen mit der Vorstellung von künstlerischer Autonomie verbanden. Das war nur für kurze Zeit der Fall. Bald zeigte sich, daß die neuen Massendemokratien weniger die Befreiung der ästhetischen Möglichkeiten als die Verbreitung der Trivialität mit sich brachten. Gerade die kommunalen Kulturpolitiker mußten auf den spießigen Geschmack ihrer Arbeiter- und Kleinbürgerklientele Rücksicht nehmen, die immer mehr zu Konsumenten von Kitsch und Schund wurden. Entgegen aller revolutionären Hoffnungen bildeten allein die Mittel- und Oberschichten das Publikum für fortschrittliche Kunst. Entsprechend kam es nach 1900 zur Trennung zwischen radikaler Politik und radikaler Kunst, deren Verbindung bei Shaw, William Morris oder H.G. Wells noch selbstverständlich gewesen war. Damit wurde Kunst vollends autonom.

Der Beginn des Modernismus wird von einigen Autoren mit bestimmten Daten identifiziert. Am bekanntesten ist das zitierte Diktum von Virginia Woolf, "On or about December 1910 human nature changed", in dem sie sich auf die erwähnte nachimpressionistische Ausstellung in London bezieht. Der Sozialhistoriker Eric Hobsbawm plaziert den Aufbruch der Avantgarde irgendwo zwischen 1900 und 1910. Richard Almond schlägt als Wendepunkt 1900 vor, und andere favorisieren die Geburt des Kubismus im Jahre 1907. Dabei ist Modernismus weniger ein Stil als die Suche nach einem Stil. In ihrer radikalen Abkehr von der Vergangenheit wurde die Moderne experimentell. Die Architekten gaben die Ornamentik auf, nachdem der Jugendstil sie bis zum Exzeß getrieben hatte; die Komponisten gaben die Tonalität auf, nachdem die Musik in der post-wagnerischen Chromatik ertrank; und à la longue gaben die Maler die Abbildlichkeit auf, wurden ungegenständlich und beschäftigten sich in einer selbstreflexiven Wende mit ihren eigenen Mitteln wie Farbe, Form und Linie. Dem entsprechen in der Dichtung dann der free verse und der stream of consciousness im Roman. In der Abwendung von den künstlerischen Formen, in denen bisher die Welt dargestellt wurde, drückt sich die Erfahrung der Entfremdung und des Bruchs mit einer vertrauten Welt aus. Insofern repräsentiert der Modernismus die Krise einer Kultur. Von da aus gewinnt der Begriff "Moderne" um die Jahrhundertwende eine Bedeutung, die ungefähr folgende Elemente enthält: das Gefühl, in einer völlig neuen Zeit zu leben; die Überzeugung, daß in der neuen Zeit die Quelle aller Bedeutung liegt; daß deshalb traditionelle Formen der Artikulation überlebt sind; daß die Moderne, modernismo, modernity ein neues Bewußtsein, einen anderen Aggregatzustand der condition humaine bezeichnet; und daß die Kunst gezwungen ist, darauf zu reagieren. Die Abruptheit und der Schock, mit denen die verschiedenen Avantgarden mit der Tradition brechen, entspricht den neuen Formen der Artikulation, die der Geschwindigkeit der Entwicklung angepaßt werden. Es sind dies die sogenannten Bewegungen, die ihren Ausdruck in Schulenbildung und in kleinen Magazinen finden. Dazu gehört, daß jede Bewegung ein Programm und einen Namen erhält, über den die zugehörigen Künstler identifizierbar werden. Die erste dieser Bewegungen war der Naturalismus unter der Führung von Zola. Von da an war das Bewegungsprinzip ein wesentlicher Bestandteil des Modernismus. Es gab den Künstlern eine Markierung und ein Symbol ihrer Zusammengehörigkeit. Der größte Taktiker in Entwicklung und Vermarktung neuer Kunstbewegungen war Ezra Pound. Als er 1912 nach London kam, entschied er, daß das, was die Stadt brauchte, eine Bewegung war. So trommelte er einige Freunde in einem tea shop in Kensington zusammen und taufte sie auf den Namen "Imagists". Er brachte eine seiner Freundinnen, Hilda Doolittle, dazu, ihre Gedichte mit dem Kürzel "H. D. Imagiste" zu unterzeichnen; er produzierte Manifeste und übernahm Anteile an Magazinen und kleinen Zeitschriften, um die Reklame der Bewegung zu fördern; er bewog Dichter, die nur eine vage Ahnung von der Programmatik des Imagism hatten, dazu, ihre Gedichte in den Anthologien mit einem Programm der Imagists zu veröffentlichen, und er machte dabei die Erfahrung, daß die deutlichste Wirkung dann erzielt wurde, wenn man für eine Gruppe von Literaten eine Kampagne anzettelte. Zu dieser Taktik der Self-Promotion gehörten ein Avantgarde-Lebensstil im Sinne der ästhetischen Guerilla und der politischen Gegenkultur. Dazu pflegte man distinktive erkennbare Manierismen, verstieß gegen bürgerliche Normen und machte durch schockierendes Benehmen auf sich aufmerksam. Einige Künstler gingen sogar so weit, kaum noch etwas zu produzieren, sondern sich selbst zu einer Art von permanentem Ereignis zu machen. Diese Technik, die Tristan Tzara und Marinetti ausbauten, war schon von Oscar Wilde oder George Bernard Shaw vorweggenommen worden. Die Werke wurden nun nicht mehr nur geschaffen, sondern inszeniert und demonstriert. Im Dadaismus, Futurismus und Surrealismus wurde die Bewegung zum Theater. Manifeste, Cabarets, Ausstellungen konnten so zu neuen Formen stilisiert werden, die im Happening endeten. Da die Künstler ständig neue Programme und Manifeste zu rechtfertigen hatten, versorgten sie sich aus neuen Theorien über das Bewußtsein, die Innerlichkeit, die Symbolisation, den Mythos etc. Auf diese Weise wurden die Little Magazines zur Alternative der ernsthaften und etwas pathetischen Kunst-Reviews. Sie hatten nur eine kleine, aber belesene Leserschaft, die sich als auserwählter Zirkel von Kennern fühlte. Ende des 19. Jahrhunderts wurden solche Journale zum wesentlichen Kommunikationsmedium der Kunst- und Literaturszene. Ab 1894 erschien zunächst *The Yellow Book*, in dem die Ästhetizisten publizierten und die genialen Illustrationen von Aubrey Beardsley ein ganz neues ästhetisches Lebensgefühl verbreiteten. Von ihm ging Beardsley dann zu *The Savoy* über, wo neben Beardsley und Verlaine auch Conrad, Shaw und Havelock Ellis publizierten, was einmal mehr zeigt, daß sich um diese Zeit Symbolismus, Ästhetizismus und Naturalismus mit sozial-revolutionären Hoffnungen mischten. Das war endgültig vorbei, als in den Jahren 1908 und 1909 eine neue Welle der Avantgarde anrollte. Um diese Zeit begann Ford Maddox Ford sein *English Review* als Fortschreibung des *Yellow Book*, und in ihm schrieben dann schon neue Talente wie D.H. Lawrence, Wyndham Lewis und der frisch in London eingetroffene Pound. Es ist das erste der modernistischen Magazine, die nun allenthalben erschienen. Nun begann das, was "The Georgian Revolt" genannt wurde, wozu auch der Imagism gehörte. 1911 gründeten John Middleton Murray und Michael Sadleir das Magazin *Rhythm*, das später in *Blue Review* umgetauft wurde, und machten darin Reklame für Bergson und den Fauvismus. Im Poetry Book Shop des Dichters Harold Munro sammelte sich eine Clique von Literaten und gaben das Magazin *Poetry Review* heraus, in dem Texte der Imagisten, Futuristen und Impressionisten publiziert wurden. 1913 übernahm Pound das feministische Blatt *New Free Woman* und taufte es in *The Egoist* um, in dem er dann Reklame für Joyce, William Carlos Williams und T.S. Eliot machte. 1914 sah dann die beiden Ausgaben von Wyndham Lewis' *Blast – a Review of the Great English Vortex*, das mit seinem wilden Titel an ähnlich aktionistische Zeitschriften in Deutschland wie *Die Aktion* oder *Der Sturm* erinnerte. Das Resultat all dieser Aktivitäten war die Verbreitung der Überzeugung, daß nun die Künste und die Literatur in den Händen einer kühneren Avantgarde waren, als sie es jemals gegeben hatte. Fast alle Memoiren beziehen sich auf eine Stimmung der Aufregung und der Aufgedrehtheit, in der sich die Gefühle der Befreiung und des Aufbruchs mit Ahnungen der Massaker, die auf die Zivilisation warteten, mischten. Wyndham Lewis hat später erklärt, der Krieg habe die Entwicklung der hoffnungsvollsten, kreativsten und technisch brillantesten Schule von Dichtern abgebrochen, die England seit langem gesehen habe: "Then down came the lid, the day was lost for art at Sarajevo."

Bei der avantgardistischen Kunst und Literatur, die den Bruch sowohl mit der mimetischen Tradition des realistischen Romans als auch mit dem expressiven Paradigma der Romantik vollzieht, ist der Neubeginn naturgemäß am deutlichsten. Aber auch in der Wissenschaft vollzieht sich eine radikale Revolution, die allerdings nur von den Gebildeten registriert wird. Das Newtonsche Universum bröckelt, als Einstein 1905 in der Speziellen Relativitätstheorie nachweist, daß die Relation von Raum und Zeit von der Bewegung und der Position des Beobachters abhängt. Die Idee von der Unzerstörbarkeit der Atome leidet unter der Entdekkung der Radioaktivität durch J.J. Thomson, Becquerel, Röntgen und durch die Curies und wird völlig ruiniert, als Max Planck im Jahr 1900 feststellt, daß sie in konstanten Quanten Energie abgeben. Einsteins Gleichsetzung von Masse und Energie in der Allgemeinen Relativitätstheorie weist dann den diabolischen Weg in Richtung der Freisetzung dieser Energie durch Spaltung des Atoms. Die Quantentheorie Plancks streut Zweifel auf so fundamentale Konzepte wie Materie, Kontinuität und kausale Determination. Einstein entwickelt den Gedanken, daß der Raum gekrümmt sei und die Welt nicht aus Materie, sondern aus Ereignissen bestehe. Die Physik trennt sich damit vollends von der Welt sinnlicher Erfahrung, mit der sie so lange gegen die Theologie verbündet gewesen war. Ernst Mach erklärt bereits 1883 die Begriffe Raum, Zeit und Kausalität zu metaphysischen Schimären und inspiriert damit den Wiener Kreis und die logischen Empiristen, die sowohl Freud beeinflussen als auch in der Gestalt von Wittgenstein Verbindungen mit Russel und Moore in Cambridge aufnehmen. Es ist eine historisch interessante Koinzidenz, daß die Herrschaft des Newtonschen Weltbildes zur gleichen Zeit zu Ende geht wie die Herrschaft des whiggistischen Liberalismus; sie stammen beide aus derselben Zeit um 1688 und sind gleich alt geworden. Fast möchte man sagen: sie waren unverwechselbar britisch.

Diese Entwicklungen verändern die Auffassungen von der Naturwissenschaft und lösen sie aus der festen Verbindung mit Vorstellungskomplexen wie Mechanismus und Determinismus. Damit endet auch die von Dewey so genannte "Zuschauertheorie des Wissens", also die Vorstellung, daß wahre Kenntnis durch die passive Kontemplation der ewigen Realität und ihrer unwandelbaren Gesetze durch ein punktuelles Selbst entsteht; vielmehr wird nun unterstellt, daß das Beobachtete durch den Beobachter beeinflußt wird. Das macht den Weg frei für die Attacken gegen "scientism" durch Pragmatiker wie William James, Lebensphilosophen wie Bergson und Phänomenologen wie Husserl – eine Traditionslinie, die im deutschen Positivismusstreit der Frankfurter Schule und in der Vernunftkritik Foucaults weitergeführt wird. Diese Attacken unterminieren die alte Allianz zwischen

Wissenschaftsgläubigkeit und Fortschrittsoptimismus, die das viktorianische Bürgertum geprägt hat: dieses Erbe wird statt dessen von den sozialistischen Bewegungen übernommen, in deren Milieus die Wissenschaftsbegeisterung und die Fortschrittseuphorie der europäischen Aufklärung fortleben. Das führt dazu, daß die bürgerliche Kritik an Materialismus und Szientismus vom Gestus der Abwehr gegen die Arbeiterparteien eingefärbt wird. Im europäischen Vergleich sticht England aber durch die Fortdauer der Lib-Lab-Allianz, die relative Stärke seiner liberalen Tradition und den reformerischen Zuschnitt seiner Arbeiterbewegung hervor. Das Krisen- und Katastrophengefühl, das sich anderswo ausbreitet, nimmt in Großbritannien eine moderate Form an. Anders als auf dem Kontinent behält die liberal gesonnene Interessengruppe des Industrie- und Handelskapitals ein politisch größeres Gewicht als die agrarisch orientierten alten Eliten, denen sich zumal in Mitteleuropa das ehemals liberale Bürgertum aus Angst vor der Massendemokratie und dem Sozialismus in die Arme wirft. Es ist diese kulturelle Stärke des Liberalismus, die in England den Übergang ins 20. Jahrhundert weniger dramatisch macht als anderswo.

Belle Époque

Mit der Zeit zwischen der Jahrhundertwende und dem Ausbruch des Ersten Weltkriegs haben wir eine Grenze erreicht: wir betreten den Zwischenraum zwischen wissenschaftlich rekonstruierter Historie und mündlich überlieferter Geschichte, der für die meisten Historiker, die darüber schreiben, auch durch die Erzählungen ihrer Eltern und Großeltern lebendig geworden war. Das führt zu zwei Sorten von Büchern, die der spezifisch viktorianischen Dialektik der Aufklärung unterliegen: Die einen schildern die Andersartigkeit jener endgültig verlorenen goldenen Tage des Bürgertums; die anderen betonen das, was die heutigen Zustände ankündigt und nach dem Krieg zur Massenerscheinung wird. Vor allem für die Angehörigen der Oberschicht erscheint die Zeit der Belle Époque wie durch einen goldenen Nebel verklärt. Die anderen sehen die Entstehung der Arbeiterparteien, die Erfindung des Autos und des Flugzeugs, die Verbreitung der Werbung, die Bildung von Monopolen und Aktienbanken und die Ersetzung der invisible hand von Adam Smith durch die sehr sichtbare Hand des Staates und des Managements.

Der Tod Queen Victorias 1901 verstärkt in England das Gefühl der Zeitenwende. Ihr Sohn Edward VII. repräsentierte den Lebensstil der gehobenen müßigen Gesellschaft, für die Thorstein Veblen den soziologischen Klassiker *Theory of the Leisure Class* schrieb, und verschaffte den Jahren bis 1910 den Beinamen "Edwardian Age". Victoria Sackville-West hat die besondere Qualität des Lebens in dieser Zeit in ihrem Roman *The Edwardians* beschrieben.

Ob man nun die Zeit als Abgesang des Alten oder Prolog des Neuen ansieht – zwei Säulen des liberalen Bürgertums wurden jedenfalls ernsthaft beschädigt: das freie Unternehmertum, das durch Arbeiterparteien, Gewerkschaften und vor allem die Einführung des Managements in Schwierigkeiten geriet, und die Familie, die durch die Emanzipation und die Berufstätigkeit von Frauen untergraben wurde. Mit dem sogenannten "scientific management" ist die Ablösung der auf Erfahrung und Tradition beruhenden Betriebsführung durch ein rationales System der Steuerung, Überwachung und Programmierung großer Firmen gemeint, das nach seinem Erfinder und Begründer F.W. Taylor auch "Taylorismus" genannt wurde. Seine wichtigsten Elemente waren die Zerlegung des Arbeitsprozesses in einzelne Schritte, die Planung und Kontrolle der Produktion durch das Management und die Einführung eines abgestuften Lohnsystems. Der Taylorismus wurde von den sozialistischen Politikern scharf angegriffen und später von den russischen Bolschewiken übernommen.

Es gab einen Zusammenhang zwischen dem Aufstieg der sozialistischen Parteien und der Frauenemanzipation. Ein Viertel der Mitglieder der Fabian Society bestand aus Frauen. Die Ausbildung des tertiären Sektors der Dienstleistungen bot Frauen ein breiteres Spektrum für Berufsbetätigungen als bisher. Dies ging einher mit einem Ausbau des höheren Schulsystems für Jungen und Mädchen ab 1902: die Zahl der höheren Schulen für Knaben stieg von 292 im Jahr 1904 auf 397 im Jahr 1913; die der höheren Mädchenschulen von 99 auf 349. Symbolisch für die größere Bewegungsfreiheit junger Mädchen war die Änderung in der Mode. Es verschwinden nun die Panzerungen aus Stoff und Fischbeinstäbchen, in die der weibliche Körper in der Öffentlichkeit normalerweise eingezwängt war; statt dessen macht der Jugendstil die weiten und fließenden Gewänder populär. Zunehmend werden Frauen Mitglieder von Wander- und Bergsteigervereinen; das Fahrrad trägt das Seine zur Emanzipation der Frau bei, indem es ihr mit einem Schlag eine Bewegungsfreiheit ermöglicht, die selbst adlige Reiterinnen nicht kannten. Die bisher nach Geschlechtern getrennten Schwimmbäder werden nun zu Familienbädern, wo mehr vom menschlichen Körper enthüllt wurde, als die viktorianische Prüderie das je für schicklich gehalten hatte. Die Tageszeitungen legen ihren Blättern Frauenseiten bei, und es entstehen Mädchen- und Frauenzeitschriften mit Werbung, die sich nur an Frauen richtet. Auf der internationalen englisch-französischen Ausstellung von 1908 wurde ein Palais der Frauenarbeit ins Zentrum plaziert, in dem neben Photographien und Kunstgewerbeprodukten auch ein Manuskript von Charlotte Brontës *Jane Eyre* gezeigt wurde. 1891 änderte das britische Nachschlagewerk *Men of the Time* seinen Titel in *Men and Women of the Time*. Von den 1895 aufgeführten Frauen der Zeit hatten sich die meisten entweder als Autorinnen oder als Schauspielerinnen einen Namen gemacht. Ein Drittel von ihnen fiel unter die Rubrik "Reformerinnen und Philanthropinnen". Das zeigt, daß sich vor allem in sozialistischen und revolutionären Milieus Möglichkeiten für die Betätigung von Frauen eröffneten. Annie Besant und Beatrice Webb verkörperten den Typus in England und Rosa Luxemburg, Vera Sassulich, Alexandra Kolontai, Anna Kulickov, Angelika Ballabov und Emma Goldmann auf dem Kontinent. Sozialrevolutionäre wie Engels, Bebel und Shaw traten für die sexuelle Utopie von Fourier, die freie Liebe und die freie Gattenwahl der Frauen ein.

Aus Amerika, wo es schwerer war, Hausbedienstete zu bekommen, verbreiteten sich arbeitssparende Haushaltstechniken. Im *Ladies Home Journal* von 1912 proklamierte Christine Frederic das scientific management auch für das Haus. Ab 1880 hatte sich der Gasherd ausgebreitet, und noch schneller setzte sich vor dem Ersten Weltkrieg der Elektroherd durch. 1903 tauchte der Begriff "vacuum cleaner" – Staubsauger – auf; und das elektrische Bügeleisen begeisterte 1909 die staunende Öffentlichkeit. Bis zum Kriegsanfang erhöhte sich in den USA die Produktion von Waschmaschinen um das Fünffache. Die Sozialisten machten Propaganda für Gemeinschaftseinrichtungen wie Kinderkrippen und öffentliche Mittagstische, und allgemein wurde in den sozialistischen Milieus mit neuen Formen von Lebensgemeinschaften experimentiert.

Der Rückzug der Bourgeoisie aus der Gesellschaft zeigt sich am deutlichsten an der neuen Wohnkultur. Zum zwingenden Ideal bürgerlichen Lebensstils wird nun die Villa, die im Unterschied zum nachgeahmten Vorbild des adligen Landhauses nicht mehr der Repräsentation dient, sondern auf die Bedürnisse des Privatlebens zugeschnitten ist. Nun bilden sich an den Rändern der englischen Großstädte die sogenannten "Villenviertel", in denen die wohlhabenderen Kreise sich von den Unterschichten trennen. Seit den 90er Jahren war die paternalistische Fabrikkultur Nordenglands zerfallen, in der die Arbeiter zugleich in der Gewerkschaft waren und doch die Geburtstage ihrer Arbeitgeber feierten. Nach der Gründung der Labour Party um 1900 wählen die Arbeiter nicht mehr die Honoratioren der ortsansässigen Bourgeoisie zu Parlamentsabgeordneten, so daß diese dazu übergehen, ihre politische Macht nicht mehr durch die Wähler, sondern durch die Mobilisierung von Einfluß auszuüben.

Nach unten grenzt sich die Bourgeoisie durch den Lebensstil, die Freizeitkultur und die typischen Bildungsbiographien ab und schließt die Reihen nach außen. Das soziale Bindemittel dafür liefert der Sport. Ursprünglich war der Begriff "sport" nur auf die adligen Betätigungen des Reitens, der Jagd, des Schießens und Fechtens beschränkt gewesen, während athletische Sportarten als "pastime" galten. Jetzt nahm der Begriff seine moderne Bedeutung an, und die Entwicklung der Zuschauersportarten wie Fußball bei den Arbeiterklassen verhalf dem Sport zu einem indirekten neuen Klassenkriterium, nämlich dem Amateurstatus: ein Amateur konnte sich nur dann im Sport auszeichnen, wenn er in der Lage war, ohne finanziellen Ausgleich zu trainieren, was Arbeiter nicht konnten. Dieses Amateurideal wurde dann in der neu geschaffenen Institution der Olympischen Spiele von 1896 konserviert, weil ihr aristokratischer Gründer Baron de Coubertain die britischen Public Schools bewunderte. Zum typischen Sport der mittelständischen Vororte wurde das Tennisspiel, dessen Regeln 1873 erfunden worden waren. Zu den Gründen für seine Verbreitung gehörte die Tatsache, daß sich auch Frauen daran beteiligen konnten, so daß sich den Söhnen und Töchtern der Mittelschicht, die nicht mehr durch ihre Familien zusammengeführt wurden, die Möglichkeit bot, in den Tennisklubs den geeigneten Partner kennenzulernen. Der Zusammenführung der beiden Geschlechter in relativ homogenen sozialen Gruppen dienten auch der Alpinismus, der neue Radsport und das Schlittschuhlaufen. So ist die Verbreitung verschiedener Sportarten in Großbritannien eine Funktion des sozialen Zusammenhalts und der wechselseitigen gesellschaftlichen Abgrenzung.

Diese Tendenz zur Abgrenzung in Vorstädten, Public Schools und Tennisklubs war eine Reaktion auf die Entstehung der Massendemokratie nach der Wahlrechtsreform von 1867 und der Gründung der Arbeiterpartei. Damit war die klassische Zeit des Liberalismus vorbei, der stets an die Vernunft und an das wohlverstandene Interesse des Einzelnen appelliert hatte. In den neuen Wahlkämpfen von Rhetoren wie Gladstone und Demagogen wie Chamberlain konzentrierte man sich zunehmend auf die künstliche Weckung von Emotionen. 1895 schrieb der französische Mediziner Gustave Le Bon seine *Psychologie des foules* aus der Perspektive eines konservativen Liberalen. Mit der Erscheinungsform der Masse verbindet er nicht messianische Hoffnungen wie die Sozialisten, sondern intellektuelle Schlichtheit und gesteigerte Emotionalität. Nach Le Bon ist die Masse beeinflußbar und leichtgläubig, denkt in Bildern, kann Persönliches nicht von Sachlichem unterscheiden, ist Suggestionen und hysterischen Anfällen ausgesetzt, neigt zu Überschwang und Einseitigkeiten, kann ebenso grausam wie heldenhaft und opferbereit sein, wird von einer unbewußten Abscheu vor allem Neuen gelenkt und neigt wie Frauen zu religiöser Ekstase, die sie anfällig für charismatische Führer macht. In der Masse wird jeder Einzelne ein anderer, und die unbewußte Grundlage der Person wird in Gefühlen, Stimmungen und Triebregungen dominant. Damit verbindet Le Bon das Thema der Massenseele mit dem Komplex des Unbewußten, Triebhaften und Irrationalen. Er versteht die ekstatische Massenpsychose durchaus als religiöse Erfahrung, in der die Säkularisation kompensiert werde. Das Jahr der Publikation von Le Bons Analyse erlebt mit der Dreyfus-Affaire die Entstehung des modernen Faschismus als Koalition zwischen alten Eliten und demagogisch aufgeputschten Massen antisemitischer Kleinbürger.

Angesichts solcher Entwicklungen kam es in allen europäischen Ländern am Ende des 19. Jahrhunderts zu einer Renaissance der Aristokratie, weil ein Teil des arrivierten Bürgertums aus Angst vor der Demokratie und dem Sozialismus nach Durchsetzung seiner konstitutionellen Ziele zu den Konservativen überlief, während die imperialistischen Fieberschauer und die seelischen Malaisen der Modernisierung Wasser auf die Mühlen konservativer Kulturkritik und Herrschaftsideologien leiteten. Zugleich ging in einer Zeit zunehmenden Normverlustes, den der französische Soziologe Durkheim 1897 unter dem Titel "Anomie" in den Mittelpunkt seiner Studie über Sinnlosigkeit und Selbstmord stellte, vom aristokratischen Lebensstil eine wachsende Faszination für die Aufsteiger aus anderen Milieus aus. Das Faszinosum lag in der Aura der geprägten Lebensform selbst, die an bestimmten sozialen Ritualen wie Debütantinnenbällen, Fuchsjagden, Sports and Races, Gardeoffiziers-Hochzeiten, Landhauswochenenden und paternalistischen Wohltätigkeitsveranstaltungen zur Anschauung gebracht wurde. Je antiquierter, pittoresker und anachronistischer der aus den Lebensgewohnheiten des Landadels abgeleitete Lebensstil war, desto attraktiver schien er für die Neureichen zu werden. Mit Hilfe der davon ausgehenden Magie gelang es der Aristokratie, den Eindruck zu erwecken, daß sie die einzige Elite war, die zählte, und dadurch die anderen Führungsschichten zu absorbieren.

Von denen, die es zur Peerswürde brachten, war die Gruppe derjenigen am größten, denen dies über eine Karriere in der Politik, der Regierung oder der Verwaltung gelang. Einem scheidenden Premierminister wurde in der Regel der Rang eines Earl angeboten, und nicht wenige Exminister und Parlamentsabgeordnete landeten am Ende ihrer Laufbahn im Oberhaus. Hinzu kam die Kolonialadministration, die gegen Ende des Jahrhunderts gewaltig expandierte. Sie bot besonders ehrgeizigen Bürgerssöhnen die Gelegenheit, im Dienste des Empires in Übersee die aristokratischen Tugenden des Heldentums und des kämpferischen Opfermuts unter Beweis zu stellen. Die Curricula der Public Schools waren diesem Bedarf angepaßt: da man für das Empire eher zivile und militärische Administratoren als Techniker brauchte, konnte man sich auf die Lektüre der griechisch-römischen Klassiker beschränken, um das Pflichtgefühl und die Dienstethik einer Herrschaftsschicht zu befördern, die nach der Manier römischer Statthalter die Welt regierte und den minderbegabten Völkern die Segnungen des Gesetzes und der unparteiischen Verwaltung brachte. Von den zwischen 1900 und 1904 mit dem Ritterschlag bedachten Briten stammten allein 70 % aus dem öffentlichen Dienst.

Auch was den Anteil an den großen Vermögen anbelangt, rangierte die Land besitzende Aristokratie vor allen anderen Gruppen. Ihre Vermögenswerte übertrafen die der reichsten Kaufleute und Industriellen, wobei die Grenze allerdings deshalb fließend ist, weil diese häufig Landsitze kauften und die Großagrarier zu Industriellen wurden, wenn auf ihrem Land Kohle gefunden wurde. Die Reichsten von ihnen besaßen herrliche Landsitze mit immensen Kunstschätzen und imposante Stadtpaläste wie Grosvenor House, Norfolk House, Devonshire House, die heute zu Hotels oder Zentren von Industrieimperien geworden sind.

An nächster Stelle in der Rangordnung des Reichtums standen die Bankiers, Handelsherren und Reeder. Auch sie wurden durch Nobilitierung und Einheirat in die Aristokratie aufgenommen. Der spätere liberale Premierminister Lord Rosebery heiratete z.B. 1887 Hannah de Rothschild, und 1885 erhielt der Chef des Handelshauses Nathaniel Rothschild die Peerswürde. Beide Gruppen übertrafen die Industriellen und Fabrikanten an Reichtum, die ihre Zentren weder auf dem Land noch in der City, sondern in den Provinzstädten Manchester, Birmingham, Leeds und Sheffield hatten und sich z.T. stärker von den aristokratischen und Kaufmannsdynastien unterschieden. Sie wurden, wenn sie geadelt wurden, meist mit der Würde des Viscount und des Barons bedacht, und es ist bezeichnend, daß von den heute erhaltenen Titeln die Hälfte erst im 20. Jahrhundert verliehen wurde. Selbst die sich lange Zeit abseits haltenden Gelehrtendynastien mit den Familien der Stracheys, Arnolds, Stephenses, Butlers, Trevelyans etc. und der noch endogameren Naturwissenschaftler wie die Darwins, Huxleys, Thompsons, Barlows und Haldanes, die ihre Töchter einfach an ihre besten Studenten verheirateten, zeigten immer weniger Neigung, sich dem diskreten Charme der Aristokratie zu entziehen. Aufgrund dieser aristokratischen Einfärbung war die Führungsschicht Englands stark vom Geist des Dilettantismus, der Nonchalance, des traditionellen literarischen Humanismus und der Technologiefeindlichkeit imprägniert, was die Vertreter des Szientismus und des wissenschaftsgläubigen Sozialismus wie T.H. Huxley, H.G. Wells und G.B. Shaw zum Ausgangspunkt ihrer politischen Kritik machten.

Die Integration der aufsteigenden Schichten in die alten Eliten wurde dadurch begünstigt, daß das Industrie- und Handelsbürgertum kein eigenes Bildungskonzept entwickelte. Bis zur Jahrhundertwende existierte praktisch kein staatliches Schulwesen im Bereich der weiterführenden Schulen. Und erst in den 1890er Jahren hatte sich die allgemeine Schulpflicht durchgesetzt, wobei der Schulbesuch bis zum Ersten Weltkrieg nicht kostenlos war. Für die höhere Bildung blieb die Orientierung an den klassischen Sprachen und Literaturen maßgeblich. Die beiden traditionsreichen Universitäten Oxford und Cambridge hielten mit außerordentlicher Zähigkeit an ihrem klassischen Fächerkanon fest, so daß die neu entwickelten technischen und naturwissenschaftlichen Disziplinen durch die Gründung neuer Universitäten ins Bildungssystem integriert werden mußten. Dabei konnte man in gewissem Maße auf die Tradition nonkonformistischer Bildungseinrichtungen zumal bei den Dissenting Academies zurückgreifen, die sich schon immer stärker den Belangen der Berufsbildung gegenüber aufgeschlossen gezeigt hatten und dem Milieu des Industriebürgertums sowieso näherstanden. Entsprechend war 1836 die Universität London ebenso als nonkonformistische Rivalin von Oxbridge gegründet worden, wie die Universitäten der großen Industriestädte Newcastle (1832), Manchester (1851), Leeds (1867), Birmingham (1880) und Liverpool (1881), während die kleineren Provinzuniversitäten direkt als koloniale Außenposten der London University konzipiert wurden wie Southampton (1862), Bristol (1867), Surrey (1891), Reading (1892), Sheffield (1897) und Nottingham (1903). Nach der damals üblichen Klinkerbauweise faßte man diese Neugründungen unter dem Oberbegriff der "Red Brick Universities" zusammen. Parallel dazu wurden auf der Ebene der weiterführenden Schulen die sogenannten "Grammar Schools" ausgebaut. Gleichwohl entstand durch diesen alternativen Bildungszweig weder eine Gegenelite noch eine politische Gegenkultur. Wenn eine Familie auf ihrem gesellschaftlichen Weg nach oben in das Magnetfeld der alten Elite geriet, entschloß sie sich früher oder später, ihre Söhne zur Wahrnehmung ihrer Aufstiegschancen in eine der berühmten Public Schools zu schicken, in denen die Oberschicht ihren Nachwuchs züchtete. Dabei gab es den Zirkel der "Glorreichen Neun": Eton, Harrow, Charterhouse, Merchant Taylor's, Rugby, Shrewsbury, St. Paul's, Westminster und Winchester. Das waren Internate für Schüler zwischen dreizehn und neunzehn Jahren, die in der Regel in einsam gelegenen Herrenhäusern und Schlössern untergebracht waren, mit ihrer Architektur ein aristokratisches Erziehungsprogramm verbanden und von der Überlegenheit des Lebensstils der Gentry kündeten. Neben den klassischen Fächern war die zweite Säule, auf der die Erziehung ruhte, der Sport. Mit ihm sollte der Charakter der künftigen Führungsschicht gestählt werden, wobei man Mannschaftssportarten bevorzugte, in denen die individuelle Leistung dem Teamgeist untergeordnet werden sollte. Berühmt geworden ist der Spruch "that the Empire was won on the playing fields of Eton".

Obwohl die Absolventen der Glorreichen Neun um die Jahrhundertwende nur 2 % eines Schülerjahrgangs ausmachten, stellten sie die Mehrheit der Oxbridge-Studenten. Nicht zu Unrecht ist gesagt worden, daß die Public Schools und Oxbridge manchmal eher den Eindruck von Verschwörungen als von Bildungseinrichtungen machten. Abgesehen von der Theologie gab es in Oxbridge eigentlich kein Fachstudium im Sinne einer Berufsausbildung. Trotzdem haben sich bis heute viele Oxbridge Colleges spezielle Beziehungen zu bestimmten Berufsgruppen und Laufbahnen erhalten: in Cambridge liefert das Trinity College Wissenschaftler und Philosophen, Trinity Hall produziert Richter, Peter House Historiker und King's College Spitzenleute der Kulturbürokratie, Professoren und später Linksintellektuelle und Spione; in Oxford ist Balliol College ein Brutkasten für Politiker, und Christ Church ist die Wiege von vielen Tory-Politikern, Bischöfen und Bankiers. Allein dreizehn der bis heute fast fünfzig Häupter zählenden Riege der britischen Premierminister stammen aus Christ Church. Bis heute besteht eine der Funktionen des englischen Bildungssystems darin, ihre Absolventen von ihren regionalen Dialekten zu trennen und ihnen einen homogenen Akzent zu verpassen. Das King's oder Queen's English, das in den Public Schools und Oxbridge gesprochen wird, avancierte von da aus zu einem eindeutigen Erkennungsmerkmal der Führungselite. Wer es nicht beherrscht, gehört nicht dazu. Shaw hat das mit seiner wunderbaren Komödie *Pygmalion* sehr deutlich dargestellt, weil es den Umkehrschluß nahelegt: wer den richtigen Akzent hat, kann auch regieren.

Wenn um und nach der Jahrhundertwende der Anteil der Aristokraten- und Gutsbesitzersöhne unter den Oxbridge-Absolventen ab- und die Zahl der Söhne von Kaufleuten, Industriellen und Ingenieuren zunahm, bedeutete das nicht, daß die ehrwürdigen Bildungsanstalten verbürgerlichten, sondern umgekehrt, daß die Bürgerlichen in die traditionelle Elite der Gentlemenkultur aufgenommen wurden. Die imperialistische Grundstimmung vor dem Ersten Weltkrieg stärkte dieses System, das seine Aufgabe darin sah, die künftigen Verwalter des größten Imperiums auszubilden, das die Welt je gekannt hatte. Es hat diese Aufgabe so gut erfüllt, daß noch die James-Bond-Romane des Old Etonian Ian Fleming plausibel zu machen vermochten, ein im Geiste Etons erzogener Geheimagent könne allein das Sowjetimperium in Schach halten.

Ein besonderes Band zwischen Oxbridge und den Führungspositionen der Politik bilden die Student Unions und Debating Societies. Entsprechend sieht der "primrose path" zur Macht, der sich damals herausbildete, folgendermaßen aus: aristokratische Familie oder Verbindungen – Eton oder Winchester oder eine andere Public School der Glorreichen Neun – Balliol oder Christ Church in Oxford – Oxford Union Debating Society – The Bar – The House of Commons und schließlich, als Abschluß des Erfolgs, "The Honours" in Form von Orden und einem Adelstitel.

Die Verleihung von Orden und Titeln geschieht zwar im Namen des Monarchen, aber über die Vergabe entscheidet allein der Premierminister. Die Titel sind ein so preiswertes Mittel in der Hand des Regierungschefs, um seine politischen Freunde und Geldgeber zu belohnen, daß sie zu einer der stärksten Stützen der Monarchie werden sollten.

Die Public Schools und Oxbridge bilden also wichtige Stationen in der Reproduktion einer gesellschaftlichen Führungsschicht, deren Prestige bis heute bewirkt hat, daß andere Eliten angezogen und amalgamiert wurden. Dadurch entstand ein verzweigtes Geflecht aus Einfluß, Reichtum, sozialen Verbindungen, Schulfreundschaften, Verwandtschaften und politischen Beziehungen, das mit dem Begriff "Old Boys' Network" bezeichnet wird. Die, die dazugehören, erkennen sich am sprichwörtlichen "Old School Tie", dem mit dem Wappen geschmückten Schulschlips, und zeigen das durch eine Form des sozialen Selbstvertrauens, das – gepaart mit einem Gefühl der eigenen Überlegenheit – andere leicht demoralisieren kann. Sie reden laut mit dem gleichen Akzent, den gleichen Gesten und ähnlich modulierter Rhetorik, fühlen sich in der Öffentlichkeit wohler als im Privaten, heiraten spät und lesen nur politische Bücher. Auf diese Weise wird durch einen überlegenen Sozialstil Prestige und Charisma in gesellschaftliche Macht verwandelt. Durch ihre Kontinuität hat die britische Führungsschicht im Gegensatz zu den gesellschaftlich unsichereren Leistungseliten anderer europäischer Länder die Gewohnheit beibehalten, Stilpolitik zu betreiben und das Bedürfnis der Massen nach Veranschaulichung und symbolischer Überhöhung durch die Magie der Macht zu befriedigen. Auch das dürfte dazu beigetragen haben, England im 20. Jahrhundert gegen die totalitären Inszenierungen der Macht, die in den zusammengebrochenen Monarchien an die Stelle der alten Herrschaftseliten traten, weitgehend resistent zu machen.

Die Homogenität der britischen Führungsschicht überbrückte in der Zeit vor dem Ersten Weltkrieg auch den Unterschied zwischen den beiden Parteien: die soziale Herkunft des Führungspersonals war bei den Konservativen nicht anders als bei den Liberalen. In beiden Parteien gab es die typische Mischung aus alten Dynastien, industriellen und finanziellen Verbindungen und kaufmännischen Interessen. Die konservativen Premierminister zwischen 1895 und 1905, der Marquess of Salisbury und sein

Neffe Arthur Balfour stammten beide aus der alten Dynastie der Cecils, die schon zu Elisabeths Zeiten regiert hatten; die Ehe des liberalen Premierministers Lord Rosebery mit einer Rothschild-Tochter symoblisierte die Allianz zwischen der alten Aristokratie und den neuen Finanzmagnaten. Da sie alle die gleichen Erziehungsanstalten durchliefen, wurden sie auch durch verwandte intellektuelle Interessen verbunden. Richard B. Haldane, der nach dem Wahlsieg der Liberalen 1906 Kriegsminister wurde, war ein herausragender Kenner der deutschen Philosophie; Premierminister Balfour schrieb eine brillante *Defence of Philosophical Doubt.* Der Staatssekretär für Indien im liberalen Kabinett Campbell-Bannerman, John Morley, war ein glänzender Literaturkritiker und Autor zahlreicher Monographien über Burke, Voltaire, Rousseau, Cromwell u.a. Benjamin Jowett, Plato-Spezialist und Rektor des Balliol College, sah seine Lebensaufgabe darin, die brillantesten Nachwuchspolitiker um sich zu versammeln und sie mit einem altrömischen Geist des Dienstes am Gemeinwesen jenseits der Parteizugehörigkeit zu erfüllen.

Anders als auf dem Kontinent gab es in England keinen Konflikt mehr zwischen kommerziellen und agrarischen Interessen, der sich normalerweise im Verlangen nach landwirtschaftlichen Schutzzöllen ausdrückte. Die Abschaffung der Schutzzölle für Getreide im Jahr 1846, die Peels Sturz herbeigeführt und die konservative Partei gespalten hatte, bedeutete den Sieg von Handel und Industrie über die agrarischen Interessen. Danach wurde der Anbau von Getreide in England praktisch zugunsten der Weidewirtschaft aufgegeben. Viele Landbesitzer wurden durch die Bodenschätze, die auf ihren Gütern gefunden wurden, mehr als entschädigt. Während die Lords Geschäftsleute wurden, wurden die Geschäftsleute Lords.

1897 brachte das diamantene Regierungsjubiläum von Königin Victoria die Überlegenheit des britischen Regierungssystems samt seiner Führungsschicht triumphal zum Ausdruck. Nichts schien seiner Stabilität etwas anhaben zu können, und zugleich hatte die imperiale Machtentfaltung ihren Höhepunkt erreicht. Wie häufig folgte die historische Entwicklung auch hier einer ironischen Dramaturgie. Als um die Jahrhundertwende die Labour Party gegründet wurde, kündigte sich das Ende des alten Parteiensystems an; und der 1899 ausgebrochene Burenkrieg demonstrierte den konsternierten Briten, daß ihre Armee nichts taugte und daß sie in Europa keineswegs so populär waren, wie sie geglaubt hatten, was den Gedanken nahelegte, daß man gegen eine Welt von unfreundlich gesonnenen Nachbarn Freunde brauchte. Dieses plötzliche Bedürfnis nach Freundschaft beendete die Splendid Isolation, führte zur Entente Cordiale und löste auf deutscher Seite die Aktivitäten aus, die England an die Seite von Frankreich trieben. Die entscheidende Wende fällt in die Zeit zwischen 1904 und 1906. Nach vergeblichen britischen Annäherungsversuchen an Deutschland kam es zum anglo-französischen Interessenausgleich in Afrika: Frankreich verzichtete auf seine Ambitionen in Ägypten, und dafür sagte England seine Unterstützung bei der französischen Annexion Marokkos zu. Diese Verständigung provozierte die deutsche Reichsregierung dazu, eine Krise auszulösen: der Kaiser fuhr nach Tanger, und die deutsche Regierung erklärte, man werde die Unabhängigkeit Marokkos schützen, und forderte eine internationale Konferenz. Auf ihr wollte man Frankreich demütigen und damit den Briten vor Augen führen, daß Frankreich als Verbündeter nichts wert sei. Statt dessen begannen Frankreich und England unter deutschem Druck, militärische Absprachen für den Kriegsfall zu treffen. Die Konferenz selbst wurde für Deutschland zum Fiasko: Wenn man von der Unterstützung durch Österreich absieht, war das Reich völlig isoliert. Zum ersten Mal standen sich die beiden Allianzen gegenüber, die acht Jahre später übereinander herfallen sollten.

In der britischen Innenpolitik kam es um diese Zeit ebenfalls zu einer Wende. Der ehemals liberale Imperialist Joseph Chamberlain – den wir als potentiellen Ehemann von Beatrice Potter kennengelernt haben – forderte eine Politik des imperialen Protektionismus und spaltete damit die konservative Partei, so daß Premierminister Balfour 1905 zurücktrat. Sein Nachfolger wurde der liberale Sir Henry Campbell-Bannerman. Er war der Führer der "Little Englanders" – einer anti-imperialistischen Gruppe in der Tradition Gladstones – und bildete ein Kabinett aus Reformern und moderaten Imperialisten: Sir Edward Grey wurde Außenminister, Herbert Asquith wurde Schatzkanzler; Haldane wurde – wie erwähnt – Kriegsminister, und Lloyd George wurde Vorsitzender der Handelskammer. In einem Kabinettsrevirement von 1908 wurde der Imperialist Asquith Premierminister, und zur Versöhnung des radikalen Flügels der Liberalen wurde dafür

Lloyd George Schatzkanzler. Es sind diese Männer, die bei Ausbruch des Krieges an den Schalthebeln der Macht sitzen.

Bis dahin realisieren sie ein imponierendes Reformprogramm. Die Streiks werden wieder legalisiert; Haldane führt eine gründliche Heeresreform durch, schafft einen Generalstab und modernisiert die Armee nach dem Desaster des Burenkriegs. Lloyd George führt nach dem Vorbild von Bismarcks Sozialgesetzgebung eine obligatorische Kranken- und Arbeitslosenversicherung ein, die er mit einer progressiven Vermögenssteuer, einer Erbschaftssteuer und einer Luxussteuer finanziert, womit auch in England der Umbau zugunsten des Wohlfahrtsstaates begann. Als das House of Lords sich widersetzte, wurde seine Beteiligung an der Gesetzgebung in einem erbitterten Verfassungskonflikt auf das Recht zurückgestutzt, ein aufschiebendes Veto einzulegen. 1910 starb Eduard VII., und sein Tod wie auch der erhitzte Verfassungskonflikt bewirkten einen von vielen konstatierten Stimmungsumschwung: das Klima wurde rauher und konfliktreicher. Die lange Blockade zwischen den beiden Häusern des Parlaments hatten das Vertrauen in parlamentarische Prozeduren untergraben und die Bereitschaft zur außerparlamentarischen "action directe" vergrößert. Da betraf vor allem drei Felder der Politik, die noch heute voller Minen sind.

Das erste war Home Rule – Selbstverwaltung – für Irland. Die irischen Nationalisten hatten die Regierung im Konflikt mit dem House of Lords unterstützt und erwarteten nun ihre Belohnung. Als 1912 ein entsprechender Gesetzentwurf vorgelegt wurde, kam es zu heftigen Reaktionen aus Ulster – also Nordirland –, die von den Konservativen unterstützt wurden. Und nur der Ausbruch des Ersten Weltkrieges verhinderte eine bewaffnete Erhebung.

Ein weiteres Feld war die Suffragettenbewegung – die Bewegung für das Frauenwahlrecht –, die nun plötzlich militant wurde. 1906 hatte Mrs. Pankhurst mit ihrer Tochter Christabel die Nationale Sozialpolitische Frauenunion gegründet, und noch im gleichen Jahr wurden zwei Mitglieder zu Gefängnisstrafen verurteilt, weil sie sich geweigert hatten, die wegen Störung öffentlicher Versammlungen verhängten Geldstrafen zu bezahlen. 1907 wurde der Männerbund für Frauenstimmrecht gegründet, und zum Sprachrohr der Militanten wurde die Zeitschrift *Votes for Women*. Von da an verfolgten die Suffragetten eine Politik bewußter Regel- und Rechtsverletzungen, traten in Hungerstreik und durchbrachen die Konventionen zivilen Verhaltens durch spektakuläre Gewaltaktionen. Sie zerfetzten Bilder in der Nationalgalerie, zertrümmerten Schaufensterscheiben, drangen in Klubs ein und ketteten sich selbst an Absperrgitter an, und die Frauenrechtlerin Emily Davison warf sich beim Derby 1913 vor das Pferd des Königs und wurde zu Tode getrampelt.

Zugleich wurde England trotz ökonomischer Stabilität von einer Welle von Streiks überrollt, die eher politischen als wirtschaftlichen Charakter hatten. Die Labour Party hatte ihren Wahlerfolg von 1906 nicht wiederholen können, so daß syndikalistische Ideen aus Frankreich Fuß faßten. Nacheinander streikten die Seeleute, die Dockarbeiter, die Bergarbeiter und die Eisenbahner. Und alle Streiks waren von Maschinenzerstörungen, Vandalismus, Plünderungen und "Ausschreitungen" begleitet, so daß statt der Polizei die Armee eingesetzt wurde. Dadurch verbreitete sich der beklemmende Eindruck, daß die normalen Reformen vielleicht gar nicht mehr ausreichten, um die sozialen Spannungen zu lindern, die die moderne Massengesellschaft mit sich brachte. So hatte also auch England einen gewissen Anteil an jenem gesamteuropäischen Ratlosigkeitsgefühl, das vor allem von den gesellschaftlichen Eliten Ost- und Mitteleuropas ausging, die nicht wußten, wie sie ihre autokratischen Regierungsmaschinerien den modernen sozialen Verhältnissen anpassen sollten. Die auch in England wachsende Unzufriedenheit mit den bestehenden Zuständen – die sich ja ab 1910 auch im Aufbruch der künstlerischen Avantgarde manifestierte – ließ deshalb den Ausbruch des Krieges für viele wie eine Befreiung aus der Stagnation wirken.

Für niemanden galt die Entfesselung eines Krieges bis dahin als Verbrechen. Nur wenige hatten eine realistische Vorstellung von dem Ausmaß, in dem der technische Fortschritt den Krieg dazu verdammt hatte, zu einer industriellen Massenschlächterei zu werden. Zwar hatten die Haager Friedenskonferenzen 1899 und 1907 die wachsenden Zerstörungspotentiale betont, aber sie waren mit Rüstungsbegrenzungen und der Humanisierung des Krieges, nicht seiner Abschaffung und Ächtung befaßt. Nach den Erfahrungen des deutsch-französischen Krieges von 1870/71 und des japanisch-russischen Krieges von 1905 wurde das Risiko, das mit einer bewaffneten Auseinandersetzung verbunden wurde, eher in der Gefahr einer Revolution gesehen. Wegen der Verflochtenheit der europäischen Wirtschaft rechneten die meisten Beobachter mit einem kurzen Krieg, der in wenigen Schlachten entschieden würde. Angesichts der zunehmenden sozialen Konflikte stieg offenbar in den europäischen Gesellschaften die Sehnsucht, die gesellschaftlichen Unterschiede in einem kollektiven Rausch gemeinsamer Erfahrungen zu versenken. Deswegen wurde der Ausbruch des Krieges überall wie der Beginn eines Festes erlebt, das von der gesamten Nation begangen wurde. Der Krieg wurde als Moratorium vom Alltag begrüßt und als Entlastung von der industrialisierten Routine herbeigewünscht. Als "Fest der Gefühle" befreite er von der Herrschaft des Realitätsprinzips, steigerte die Affekte und beförderte die Auflösung des Ich in der ekstatischen Festgemeinschaft. Was jedoch kaum jemand erwartet hatte, geschah: er wurde ein Opferfest und ein Schlachtfest, in dem eine ganze Generation junger Männer und insgesamt mehr als dreißig Millionen Menschen umgebracht wurden. Damit begann jenes finstere Fest des Todes, in dem alle Teufel entfesselt und alle Hunde der Destruktion von der Leine gelassen wurden, jene besinnungslose Orgie des Gemetzels, die die Geschichte der ersten Hälfte des 20. Jahrhunderts zu einem planetarischen Totentanz machen und den europäischen Kontinent in jenen Blutrausch stürzen sollte, der aus der faschistischen Verschmelzung von Staatstheater und Hexensabbat im Zeitalter der Massengesellschaft entstand.

In England gab es ein literarisches Indiz für den plötzlichen Temperaturanstieg in dem Gefühl der Feindseligkeit gegenüber dem wilhelminischen Deutschland vor dem Ersten Weltkrieg: das ist die Entstehung des Spionageromans. Zu seinen Voraussetzungen gehören zwei Neuerungen, die erst das späte 19. Jahrhundert hervorgebracht hatte. Das eine war das Bismarcksche Bündnissystem, das von deutschen Historikern bis heute gefeiert wird. Aber es war ein durchaus zweifelhafter Segen. Bis zu Bismarck wurden Allianzen in der Regel erst kurz vor dem Ausbruch eines Krieges geschlossen, so daß bis dahin die Gegner sich als mögliche Freunde und Verbündete behandeln mußten. Als Bismarck sein anti-französisches Bündnissystem konstruierte, stellte er den Frieden unter das Gesetz des Krieges, weil sich von nun an die Völker schon im Frieden als spätere Gegner betrachteten. Das diente zwar zunächst nur der Isolierung Frankreichs, aber die Entwicklung fester Allianzen überlebte diese Isolierung und spaltete später Europa mitten im Frieden in zwei feindliche Lager, die sich gegenseitig nur das Schlimmste zutrauten. Das vergiftete die internationalen Beziehungen. Hinzu kam die preußische Einrichtung des Generalstabs, der schon im Frieden Schlachtpläne für den nächsten Krieg entwarf. Die andere Innovation war die enge Verbindung zwischen Industrie, Wissenschaft und Waffentechnik. Neue Erfindungen konnten im Verein mit industrieller Macht im Handumdrehen das Gleichgewicht der Kräfte verändern. Der schwedische Rüstungsfabrikant Alfred Nobel repräsentiert am deutlichsten die damit verbundene Dialektik: 1866 erfand er das Dynamit, das die gesamte Waffentechnik und Artillerie revolutionierte; gleichzeitig verband er mit der Tatsache, daß die Kriege durch seine Erfindung um ein Vielfaches schrecklicher wurden, die Hoffnung, daß sie deshalb künftig vermieden würden. Und mit dem Profit aus den Waffenverkäufen finanzierte er eine Stiftung, die ab 1901 neben den Preisen für Medizin, Chemie und Physik auch den Friedensnobelpreis verleiht. Es ist diese Dialektik, die George Bernard Shaw im seinem Stück *Major Barbara* von 1905 in der Figur des Rüstungsmagnaten Undershaft durchspielt, die nach dem Ruhrbaron Friedrich Alfred Krupp modelliert wurde: Auch Undershaft sucht seine Rüstungsmillionen für ein Vermächtnis zu sichern, nach dem mit der Gesellschaft auch der Friede gerettet werden soll. In Wirklichkeit destabilisierten die raschen Fortschritte in der Waffentechnik die Kräfteverhältnisse und begründeten ein generelles Mißtrauen, eine fortgesetzte Paranoia und das, was die Briten von nun an stärker faszinieren sollte als andere Völker: die Spionage und den Geheimdienst. Denn in Großbritannien zerstörten die neuen Waffentechniken die Jahrhunderte alte Gewißheit, daß eine Invasion Englands unmöglich sei. Mit der Erfindung von Zeppelinen, Flugzeugen und Unterseebooten sah man sich plötzlich einer apokalyptischen Invasionsarmee ausgeliefert, gesteuert von gnadenlosen Deutschen, die so automatenhaft und seelenlos waren, daß sie selbst durch die besten britischen Witze nicht von ihrem grimmigen Vorhaben abgelenkt werden konnten. So wie Deutschland eine spezifisch nationale Einkreisungsangst entwickelte, generierte England eine Invasionsparanoia mit der abgeleiteten Variante der Infiltrations- und Unterwanderungsphobie, die sich bis in die heutige Kanal-Tunnel-Allergie fortgesetzt hat.

Einer der Pioniere des Spionageromans war der Journalist William Tufnell le Queux, der möglicherweise während des Ersten Weltkriegs für den britischen Secret Service arbeitete. Seine Romane *Guilty Bonds*, *A Secret Service*, *England's Peril* und *The Great War in 1897*, die er zwischen 1890 und 1894 herausbrachte, unterstellen noch ein Szenario, in dem Rußland und Frankreich die Hauptgegner sind. Das ändert sich nach 1900. In dem 1905 erschienenen Roman *The Invasion of 1910* sind die Deutschen an ihre Stelle getreten, und *Spy for the Kaiser* nennt dann den neuen Feind beim Namen. 1903 erscheint mit *The Riddle of the Sands* von Erskine Childers ein literarisch anspruchsvoller Spionageroman, in dem zwei junge Briten bei einem Segeltörn zufällig über die deutschen Vorbereitungen für eine Invasion Großbritanniens stolpern und der Held Carruthers sich, wie so viele Briten der patriotischen Literatur, von einem mäkeligen Dandy in einen erfindungsreichen Agenten verwandelt und dabei den moralischen Doppelstandard des Spionageromans durchbuchstabiert: die gegnerischen Spione sind moralisch verächtlich, die eigenen sind Patrioten. Das weitere Schicksal von Childers ist mit dem Komplex des Verrats verbunden, den Margaret Boveri in ihrem Buch *Verrat im 20. Jahrhundert* zur Signatur der Epoche erhoben hat: er wurde als britischer Geheimdienstoffizier während des Ersten Weltkriegs ausgezeichnet, stellte seine Talente dann in den Dienst der irischen Freiheitsbewegung und der Irish Republican Army, kämpfte gegen die Regierung des Irish Free State, wurde verhaftet, vor ein Kriegsgericht gestellt und erschossen.

Auch der Chef des britischen Geheimdienstes im Ersten Weltkrieg, John Buchan, der später zu Baron Tweedsmuir of Enfield ernannt wurde, schrieb Spionageromane wie die *Thirty-Nine Steps*, in dem der Held Richard Hannay einen deutschen Spion zur Strecke bringt, der in den obersten Verteidigungsausschuß eingeschleust wurde. Auf sehr viel niedrigerem Niveau waren die Bulldog Drummond-Thriller angesiedelt, die Herman Cyril McNeile unter dem Pseudonym "Sapper" schrieb. Zusammen entwickelten diese Autoren in der Zeit des Ersten Weltkrieges die Konventionen einer Gattung, die offenbar in Großbritannien besonders gute Wachstumsbedingungen vorfand und solche hochrangigen Vertreter wie Somerset Maugham, Graham Greene, Eric Ambler, John le Carré und auf niedrigerem, aber populärem Niveau Ian Fleming mit seinen patriotischen James-Bond-Romanen fand. Diese britische Blüte des Spionageromans hat zweifellos damit zu tun, daß bei aller Paranoia der patriotische Konsens in England im Zeitalter der Ideologien und Weltkriege im Gegensatz zu den Ländern des Kontinents nie in Frage gestellt wurde. Während später Deutschland als Hauptfeind durch Sowjetrußland ersetzt wurde, erfolgte doch die Geburt des Spionageromans aus dem Geiste der Gegnerschaft gegen diejenigen, die man nach Kaiser Wilhelms Rede über die Notwendigkeit der Grausamkeit im Krieg als "Hunnen" bezeichnete: die Deutschen. Die Bezeichnung war eine Prophezeiung.

In denselben Zusammenhang gehört die Gründung der Pfadfinderbewegung durch den Offizier Robert Stephenson Baden-Powell im Jahre 1907. Baden-Powell war besessen von der Idee der Feindaufklärung und schrieb 1889 ein Buch mit dem Titel *Aids to Scouting*. Auf Anraten von Sir William Smith, des Leiters einer kleinen militärischen Jugendbrigade, adaptierte er die Prinzipien des Ausspähens an die Psychologie der Jugendlichen und begann 1907 mit der Schriftenreihe *Scouting for Boys*. Sofort begannen sich in ganz England Gruppen von "Boy Scouts" zu bilden – 1910 zählten sie 100.000 Mitglieder, – die in paramilitärischen Zeltlagern bei Geländespielen übten, sich in unwegsamen Gebieten zurechtzufinden, sich unsichtbar zu machen und den Gegner auszuspähen. Ihr Motto entsprach der mit der Spionage verbundenen Paranoia: "Be prepared". Die Boy Scouts wurden zum Vorbild für die kommunistischen Jugendverbände und für die Hitlerjugend.

In Europa gehen die Lichter aus

Im letzten Jahr des 19. Jahrhunderts erscheint Conrads Novelle *The Heart of Darkness* über eine Reise von London, dem Zentrum der Zivilisation, zum Oberlauf des Kongo ins finstere Reich des vulgärsten Götzendienstes, der Massaker und der Barbarei. Dabei reproduziert die Erzählsituation die historische Lage zur Jahrhundertwende: Während die Sonne im Westen über London sinkt, sitzen auf einem Boot in der Themsemündung vier Männer, warten auf den Wechsel der Gezeiten und lauschen Marlowes Erzählung von der Reise ins Herz der Finsternis wie einer Prophezeiung von kommendem Unheil. "Der Tag ging in einer Klarheit stillen und köstlichen Strahlenglanzes zu Ende. Das Wasser schimmerte friedlich; der Himmel ohne ein Wölkchen war eine wohltuende Unermeßlichkeit reinen Lichts; sogar der Dunst der Essex-Marschen war wie ein duftiges und glänzendes Gewebe, das von den waldigen Höhen des Binnenlandes herabhing und die flache Küste in durchsichtige Falten hüllte. Nur die Düsternis des Westens, die über dem oberen Flußlauf brütete, wurde von Minute zu Minute dunkler, gleichsam als sei sie erzürnt über das Näherkommen der Sonne. Und schließlich sank die Sonne auf ihrer gebogenen und unwahrnehmbaren Fall-Linie hinab und wechselte vom gleißenden Weiß zu einem trüben Rot ohne Glanz und ohne Hitze über, als sei sie im Begriff zu erlöschen, todwund durch die Berührung mit jener über einer Menschenmasse lastenden Düsternis." Zwischen Ebbe und Flut, zwischen Tag und Nacht, zwischen dem 19. und 20. Jahrhundert gibt es einen Moment der Ruhe, in dem das Licht des Zeitalters friedlich verlöscht, bevor die Nacht des neuen Jahrhunderts anbricht. In diesem Augenblick der Zeitlosigkeit fällt unvermittelt die Gewißheit weg, daß die vertraute historische Ordnung des Fortschritts den Schrecken überwundener Barbarei auf Distanz halten kann. "Und auch dies", sagt Marlowe unvermittelt und umfaßt mit dem Verweis auf London die Parallele zwischen Großstadt und Dschungel, "war einer der dunklen Orte der Erde ... hier herrschte gestern noch Finsternis." Die Erzählung von der Reise zum Oberlauf des Kongo, wo der Erzähler einen Hitler-artigen wahnsinnigen Demagogen findet, der sich zum grausamen Gott der Eingeborenen aufgeschwungen hat und sie mit den Mitteln beherrscht, mit denen der reale Hitler später die Mitteleuropäer in Urwaldbewohner zurückverwandeln sollte, hat divinatorischen Charakter und nimmt die These der Dialektik der Aufklärung vorweg: die Zivilisation ist selbst die Barbarei.

Diese These ist durch den Einfluß der Frankfurter Schule so sehr zu einer der idées reçues der deutschen Intelligentsia geworden, daß sie auch den Blick auf das 19. Jahrhundert einfärbt. Hier lohnt deshalb die dekonstruktionistische Frage, ob nicht möglicherweise diese Optik selbst aus dem 19. Jahrhundert stammt, was uns dazu verurteilen würde, mit einer viktorianischen Optik auf die Viktorianer zu blicken.

Die Lichtmetaphorik der Aufklärung gibt einigen Anlaß für diesen Verdacht. Das 19. Jahrhundert ist die Epoche, in der die künstliche Beleuchtung eingeführt wird. Das verändert die condition humaine in nachhaltiger Weise und beendet die Zeit, in der die Nacht tatsächlich dunkel war. Bis dahin unterbrach die Dunkelheit das Leben der Menschen, legte sie zur Ruhe und schaffte Raum für die Aktivitäten der Toten, der Geister, der Dämonen und der Wesen, die den Menschen im Schlaf besuchen. Solange war die Nacht das Gegenstück des Tages. Es herrschte Stille, die allenfalls von den Rufen des Nachtwächters unterbrochen wurde: Kommt ihr Leut' und laßt euch sagen, die Uhr hat jetzt Glock zwölf geschlagen. Wir erinnern uns an diese Spitzweg-artige Figur als den letzten Gruß aus dem Biedermeier der mondbeschienenen Städte. Dann setzt sich in den 1840er Jahren die Gasbeleuchtung durch, und das Lebensgefühl der Menschen wandelt sich von Grund auf. Der stärkste Einschnitt erfolgt dann in den 1880er Jahren, als die elektrische Beleuchtung eingeführt wird. Zur selben Zeit proklamiert Nietzsche in der *Fröhlichen Wissenschaft* von 1882/87 den Tod Gottes. Der Mensch hatte seine Funktion übernommen und sagte es nun selbst: "Es werde Licht!" Damit war er ganz in die Rolle des prometheischen Usurpators von Luzifer, dem Lichtbringer, geschlüpft. Die elektrische Beleuchtung vertrieb die Gespenster nachhaltiger als die Aufklärung Voltaires. Aber sie schuf im selben Moment auch die Dunkelheit: in den großen Städten ließen sich jetzt die Helligkeit und die Dunkelheit zur gleichen Zeit besichtigen: die großen Boulevards waren in gleißendes Licht getaucht, während die engen Seitengassen im Dunkeln blieben. Die beleuchteten Regionen bildeten Lichtungen im düsteren Dschungel der Stadt. Deshalb wurde das Dickicht zur beherrschenden Metapher für die

Beschreibung der Metropolen. Die selektive Beleuchtung theatralisierte die Wahrnehmung und orientierte sie am Kontrast. Das Licht wurde zum Symbol für Reichtum, Glanz und Vergnügen, aber nur wenige Schritte abseits der Boulevards lauerten im Finsteren das Elend, das Laster und das Verbrechen. Nur wer beides sah, sah die ganze Stadt. Sie bestand nun aus der Oberwelt und der Unterwelt. Die traditionelle Topographie wandert unversehens in die Wahrnehmung der Moderne ein. Als Experten der Gegenwelt treten nun die Literaten auf und unternehmen wie Vergil literarische Exkursionen in das Dunkel. Poe und Dickens, Conrad und Zola explorieren die Unterwelt so wie Stanley und Livingstone den Dschungel des Kongo. Im Dunkeln liegen jetzt die Geheimnisse der Stadt. 1842/43 war Eugène Sues Unterwelt-Roman *Les Mystères de Paris* erschienen, der Marx zu seinen aufmerksamen Lesern zählt. Vom geheimnisvollen Dunkel gehen zugleich Ängste und Verlockungen aus. Dort wohnen die ausgebeuteten Elenden, die ihre Fäuste ballen, und die lichtscheuen Schönen der Nacht. An beides knüpft sich die Furcht, daß die Zivilisation wieder in die Barbarei zurückfallen könne. 1882 drohen die Arbeiter der Londoner Gasanstalten mit Streik und lösen mit der Vorstellung, daß die ganze Stadt wieder in mittelalterliches Dunkel versinken könne, zivilisatorisches Entsetzen aus. Man stellt sich vor, daß das lichtscheue Gesindel eine Terrorherrschaft antreten wird, die der gleicht, die die finsteren Morlocks in Wells' *Time Machine* über die überzüchteten, hilflosen Eloi ausüben. Zugleich entstehen mit der elektrischen Beleuchtung die künstlichen Paradiese, die die dekadente Dichtung beschwört. In den 1880er Jahren erwacht Montmartre. 1881 wird das Chat Noir eröffnet, und 1889 folgt das Moulin Rouge. Die nun entwickelte Revue integriert Jahrmarkt, Zirkus, Theater und anrüchigere Formen der Selbstpräsentation zur Massenunterhaltung. Nachtlokale, Lasterhöhlen und Rotlichtviertel locken den bürgerlichen Wanderer und führen ihn in Versuchung. In den 1880er Jahren wird "slumming" – der Besuch des East End – schick unter den Londoner Stutzern. 1886 erscheint Stevensons *Dr. Jekyll and Mr. Hyde,* und 1887 erfindet Conan Doyle den Meisterdetektiv Sherlock Holmes als Zweitfassung des wissenschaftlichen Aufklärers. Das ist ein Jahr, bevor Hitler geboren wird und Jack the Ripper mit seinen Prostituiertenmorden das Entsetzen der Welt erregt. Es erinnert daran, daß jeder Einzelne seine Unterwelt in sich trägt, die zu entdecken Havelock Ellis, Krafft-Ebing und Sigmund Freud sich gerade anschicken. Lombrosos These vom Zusammenhang zwischen Genie und Wahnsinn reproduziert die Dramatisierung von Illumination und Dunkelheit in der Kriminologie und erklärt den Irrsinn zur "Umnachtung". Freud selbst organisiert die Traumdeutung als künstliche Beleuchtung der Nachtseite des Menschen, die sich nur im Schlafe enthüllt und zugleich verhüllt. Im Theater ermöglicht die elektrische Beleuchtung die Entstehung der Illusionsbühne, in der der Zuschauer den Eindruck gewinnt, er schaue in das Interieur eines Hauses, von dem die vierte Wand entfernt worden sei. Dem entspricht das neue analytische Drama mit seiner Technik, die Zuschauerperspektive wie im Kriminalroman über die uninformierten Figuren laufen zu lassen, um das Geschehen durch das sukzessive Einreißen der bürgerlichen Respektabilitätsfassaden als Aufklärung eines verborgenen Geheimnisses zu arrangieren. Gleichzeitig wird in der ästhetischen Reflexion das Kunstschöne von der Natur gelöst und zum Resultat der künstlichen, sozusagen artistischen Verzauberung, die den Kontrast zwischen Licht und Dunkel in eigene Regie nimmt.

Wer sich diese Zusammenhänge vor Augen führt, kann auf den Gedanken verfallen, daß das Nullsummenspiel der Dialektik der Aufklärung oder die Disziplinierungstheorie Foucaults, wonach der Fortschritt der Vernunft den Wahn hervorbringt und vermehrt, ganz und gar einer spätviktorianischen Erfahrung verhaftet bleiben. In ihrer Metaphorik wird auch das Ende der Epoche formuliert. Am Abend, an dem England Deutschland den Krieg erklärt, werden in White Hall die Lampen gelöscht, und der Außenminister Edward Grey sagt den denkwürdigen Satz: "In Europa gehen die Lichter aus, und wir werden es nicht mehr erleben, daß sie wieder angehen." Statt dessen kommt die Zeit der Verdunkelung.

Die Wochen zwischen der Ermordung des Erzherzogs Ferdinand und dem Ausbruch des Weltkriegs sind sorgfältiger erforscht worden als irgendeine andere Zeit der Weltgeschichte. Nachdem der Erzherzog am 27. Juni als Generalinspekteur des Heeres den Manövern des 15. und 17. Armeekorps beigewohnt hatte, gab er den Würdenträgern von Sarajewo ein Bankett. Das Menü enthielt als Vorspeise potage à régence, gefolgt von soufflé délicieux und blanquettes de truite à gelée. Das Hauptgericht bestand aus Lamm und Rindfleisch mit Spargel, Salat und Sorbet. Als Nachspeise gab es crème aux ananas en surprise. Während des Essens warnte ein Abgeordneter des bosnischen Parlaments den Gouverneur vor möglichen Anschlägen. Auf die Erzherzogin, die von dunklen Vorahnungen geplagt war, und den Kammerherrn des erzherzoglichen Haushalts, Freiherrn von Rummerskirch, machten die Warnungen einen solchen Eindruck, daß sie von einem Besuch Sarajewos abrieten. Aber das strahlende Wetter am nächsten Morgen verscheuchte alle düsteren Gedanken. Um 9.25 Uhr nahm der Erzherzog mit seinem Gefolge einen Sonderzug nach Sarajewo. Am Bahnhof stieg das fürstliche Paar in ein offenes Auto Marke Graef und Stift, um zur Kaserne zu fahren. Von da aus sollte es zum Rathaus gehen, wo ein Empfang vorgesehen war. Um 11.30 Uhr sollten der Erzherzog und seine Gemahlin ein Museum eröffnen und dann im Konak, der Residenz des Gouverneurs, ein Dinner einnehmen. Das Museum wurde nicht eröffnet und das Dinner nicht mehr eingenommen, denn um diese Zeit waren der Erzherzog und seine Gemahlin bereits tot. Der bosnische Student Gavrilo Princip hatte sie aus nächster Nähe mit einem kleinkalibrigen Revolver erschossen, als durch einen Fehler des Fahrers der erzherzogliche Wagen vor dem Delikatessenladen von Moritz Schiller an der Ecke Franz-Josef-Straße und Appell-Quai zum Stehen kam. Princip war einer von sieben Verschwörern, von denen einer bereits eine Bombe geworfen und sein Ziel verfehlt hatte. Es war der 28. Juni, der St. Veits Tag und der Nationalfeiertag der Serben, an dem der Nationalheld Miloš Obilic den türkischen Sultan Murad ermordet hatte.

Danach erfolgte die Inzenierung der sogenannten “Julikrise” durch die deutsche Reichsregierung. Man war sich an den entscheidenden Stellen (Kaiser, Reichskanzler, hohe Beamte, Militärs, Pressure Groups) darin einig, daß Deutschland entsprechend seiner Bedeutung einen legitimen Anspruch auf Teilhabe an der Weltherrschaft habe; daß es bei Geltendmachung dieses Anspruchs aber um eine kriegerische Auseinandersetzung mit Frankreich und Rußland nicht herumkommen würde; und daß die Ausgangslage für diese Auseinandersetzung wegen des zunehmenden Verfalls des einzigen Verbündeten, Österreich, und des zunehmenden Machtzuwachses Rußlands mit fortschreitender Zeit schlechter statt besser würde. Das Attentat von Sarajewo wurde deshalb als günstige Gelegenheit dafür gesehen, einen show down zu riskieren, weil erstens die Weltmeinung bei einem Mord eher gegen die Mörder und ihre vermeintlichen Hintermänner in Serbien zu mobilisieren war, zweitens kein unmittelbar deutsches, also eigennütziges Interesse mit im Spiel war und drittens deshalb nicht Deutschland auf österreichische Unterstützung (die nach den Erfahrungen der Marokkokrise unzuverlässig war) angewiesen war, sondern Österreich auf deutsche, die man auf deutscher Seite selbst dosieren konnte. Und so sah das Timing der Krise im Einzelnen aus: am 5. Juli Anfrage Österreichs bei Kaiser und Reichsregierung, wie auf das Attentat zu reagieren sei. Antwort: deutsche Deckung für Krieg gegen Serbien, auch bei Eingreifen Rußlands (Blanko-Scheck), vorausgesetzt, man verfahre zügig (fait accompli). Von da ab deutsche Tarnung der österreichischen Vorbereitung durch einen Schleier sommerlicher Urlaubsstimmung (Kaisers Nordlandreise, leitende Regierungsvertreter inklusive Reichskanzler Bethmann-Hollweg gingen in Urlaub, blieben aber in Wirklichkeit mit ihren Ämtern in Verbindung. Die Irreführung gelang, auch die britischen Botschafter in Berlin und Wien gingen auf Urlaub.) Österreichisches Zögern führte zu deutschem Drängen aus Angst, die Serben könnten auf russischen oder französischen Druck einlenken. Erst am 14. Juli einigte man sich nach langem Hin und Her in Österreich darauf, ein Ultimatum an Serbien zu überreichen, das so abzufassen war, daß die Serben es ablehnen mußten. Mit der Übergabe der Note wollte man aber bis zum Ende des Staatsbesuches des französischen Präsidenten Poincaré in St. Petersburg warten, um eine schnelle Verständigung zwischen den verbündeten Mächten zu verhindern. Deshalb konnte sich bis zum 24. Juli in Europa jene sommerliche Friedensstimmung ausbreiten, die später so oft als Pansche Stunde beschrieben wurde, in der die Welt den Atem anhielt, bevor der Sturm losbrach. Das Ultimatum, das Österreich Serbien am 23. Juli abends überreichte, war auf 48 Stunden befristet. Es schreckte die europäischen Kabinette und die europäische Öffentlichkeit mit einem Paukenschlag auf. Doch waren damit keineswegs die Würfel schon gefallen. Denn erst jetzt erfuhren die deutschen Regierungsstellen von dem österreichischen Zeitplan: nach der (als unzulänglich unterstellten) serbischen Antwort wollte man zuerst die diplomatischen Beziehungen abbrechen, dann mobilisieren (was 14 Tage dauerte!) und danach erst den Krieg erklären. Das aber hätte die diplomatische Intervention der anderen Mächte möglich gemacht. Um sie zu verhindern, drängte Deutschland Österreich auf sofortige Kriegserklärung. Sie erfolgte am 28. Juli, auf den Tag einen Monat nach dem

Attentat. Als dann absehbar war, daß die Serben zum Einlenken bereit waren und England vielleicht nicht neutral bleiben würde, versuchten der Kaiser und Reichskanzler Bethmann-Hollweg (unabhängig und zu verschiedenen Zeitpunkten), das Ganze zu stoppen. Aber nun waren die Würfel gefallen, denn es hatte die Automatik der Mobilmachungs- und Generalstabspläne eingesetzt, und die Militärs übernahmen das Kommando.

Das Timing und die Eindrucksmanipulation in der deutschen Handhabung der Krise hatten vor allem den Zweck, Rußland als eigentlich Schuldigen am Kriegsausbruch hinzustellen. Dabei verfolgte man zwei Ziele: die deutschen Sozialdemokraten, deren Unterstützung man sich keineswegs sicher sein konnte, sollten wie die ganze deutsche Öffentlichkeit den Eindruck gewinnen, Deutschland befände sich in einem Verteidigungskrieg. Das gelang über alle Erwartungen gut. Es kam zur sogenannten deutschen Erhebung, und die Kriegsbegeisterung kannte keine Grenzen. Die Sozialdemokraten stimmten als stärkste Partei des Reichstags für die Kriegskredite. Damit war zugleich die zweite Internationale der Arbeiterbewegung gestorben. Lenin war in seinem Exil so geschockt, daß er die Nachricht vom Abstimmungsverhalten der SPD zunächst nicht glauben wollte und sie für eine Propagandalüge hielt. Das zweite Ziel bestand darin, England, dessen Regierung keine direkten vertraglichen Verpflichtungen eingegangen war und Rücksicht auf die öffentliche Meinung des eigenen Landes nehmen mußte, neutral zu halten. Auch auf die englische Öffentlichkeit verfehlte die Inszenierung der Krise ihre Wirkung nicht. Die Parteien waren in ihrer Meinung geteilt: die Konservativen favorisierten eine Teilnahme an der Seite Frankreichs; die Labour Party war dagegen. Die regierenden Liberalen waren gespalten: der radikale Flügel war gegen eine Teilnahme; Außenminister Grey, der die militärischen Absprachen mit Frankreich getroffen hatte, befürwortete eine Teilnahme, behauptete aber öffentlich und wohl wider besseres Wissen, daß England noch eine freie Hand hätte und die Absprachen zu nichts verpflichteten. Die Frage wurde durch die deutsche Invasion Belgiens entschieden, dessen Neutralität zu schützen England vertraglich verpflichtet war. Dadurch wurde für die englische Öffentlichkeit der Kriegseintritt zu einer Frage der moralischen Selbstachtung. Gleichwohl traten nach Kriegsausbruch zwei Mitglieder der Regierung zurück, die sich gegen Englands Beteiligung an dem Gemetzel ausgesprochen hatten.

Man hat den Ersten Weltkrieg die Urkatastrophe der Neuzeit genannt. Von ihr gingen alle Schockwellen der Rebarbarisierung aus, die das 20. Jahrhundert zu einem finsteren Zeitalter der Massaker und der Tyrannei gemacht haben. Paradoxerweise beendet der Weltkrieg ein weithin friedliches Jahrhundert, das gleichwohl die technischen und die ideologischen Voraussetzungen für den Krieg in seinem Schoße ausgebrütet hatte. In keinem anderen Jahrhundert wurden so hochgespannte utopische Erwartungen an das Leben gerichtet. Man erwartete eine universale Kultur, eine universale Weltsprache, den Fortschritt der Wissenschaften, die Emanzipation der Frau, die Emanzipation der gesamten Menschheit, die Emanzipation der Arbeiter, die sexuelle Befreiung, eine Gesellschaft des Reichtums und einen universalen Frieden. Es war das Jahrhundert der liberalen Verheißung durch materielle Verbesserungen, Bildung und Kultur. Es war das Jahrhundert der revolutionären Verheißung der sozialistischen Arbeiterbewegung. Das Jahrhundert verortete sich selbst innerhalb einer fortlaufenden Geschichte, normalisierte das Konzept einer permanenten Evolution und erwartete eine unablässige Verbesserung der materiellen, geistigen und moralischen Zustände durch den liberalen Fortschritt. In seiner Grundstimmung war es trotz aller Krisen ein Jahrhundert der Hoffnung. Es ist vor allen Dingen diese Stimmung, diese Grundierung der Mentalität und der generellen Ausrichtung der intellektuellen Welt, die das Jahrhundert für uns so unwiderbringlich zur Vergangenheit macht. Aber eben darin unterscheiden wir Kontinentalen uns von England, das in den Katastrophen des 20. Jahrhunderts mehr als andere Länder auf seine kulturellen Reserven zurückgriff und in Übereinstimmung mit seinen Traditionen bleiben konnte. So kommt es zu dem Paradox, daß England, das als Vorreiter der Modernisierung die meisten dafür nötigen kulturellen Erfindungen gemacht hat, sich am wenigsten von seiner kulturellen Vergangenheit getrennt hat. Während wir uns in Deutschland mit den Brüchen in unserer Vergangenheit auseinandersetzen, empfinden wir mehr als nur einen Anflug von Neid auf diese Kontinuität. Ihre Darstellung zeigt uns England als das Labor, in dem die symbolischen Formen für eine zivile Gesellschaft entwickelt wurden, in der wir selber heute leben.

Mnemosyne

Mit der letzten Überlegung haben wir den selbstreferentiellen Punkt erreicht, an dem in der Kulturgeschichte die Voraussetzungen des kulturellen Gedächtnisses thematisiert werden. Damit knüpfen wir an die Bemerkungen zur "ars memoriae" am Ende des ersten Bandes an. Wir hatten dort im Kontext der Darstellung der Memoriasysteme der Renaissance die zwei Gründungsmythen der Gedächtniskunst erzählt und die dritte für diesen Platz am Ende der Erzählung reserviert. Es ist die Geschichte der Titanin Mnemosyne. Sie gebar die neun Musen, die sagen, was war, was ist, und was sein wird. Diese schöpfen ihr Wissen aus dem Wasser, das, angefüllt mit der Weisheit der Toten, aus dem Schoß ihrer Mutter Mnemosyne hervorquillt. In seiner Doppelqualität als Fruchtwasser und als Grab der Menschen umschließt das Wasser als Bild für das Gedächtnis beides – das, was wir erinnern, und das, was wir vergessen. Aus diesem Ozean müssen die Erinnerungen durch mnemotechnische Anstrengungen gerettet werden. Mnemotechnik wird im Unterschied zur Mnemosyne mit einer Bilderwelt verbunden, die von kulturellen Artefakten wie Schrift und Architektur abgeleitet ist. Mit der Erfindung der Städte, der Schrift und der Kunst kroch die Erinnerung wie die Amphibien an Land. Erst die Doppelung von Land und Meer, wie sie exemplarisch in Shakespeares Memoriaspiel *Der Sturm* beschworen wird, enthält die ganze Topographie der Mnemosyne.

An diesem Mythos hat in der Zeit, in der wir unsere Erzählung enden lassen, der Hamburger Kunsthistoriker Aby Warburg mit seinem Forschungsprogramm angeknüpft. Das zentrale Konzept dieses Programms läßt sich am besten wieder mit Hilfe eines Zitats aus Shakespeares *Hamlet* illustrieren. Es handelt sich wie bei der am Ende von Band I zitierten Mausefallenszene um das Zitat eines Zitats, nämlich eine Stelle aus der Rede des Ersten Schauspielers über den rasenden Pyrrhus, der bei der Eroberung Trojas gerade den alten Priamus erschlagen will, als er vom Krachen der berstenden Mauern unterbrochen wird:

> "For Lo! His sword,
> Which was declining on the milky head
> Of reverent Priam, seemed i' th' air to stick.
> So as a painted tyrant Pyrrhus stood
> And, like a neutral to his will and matter,
> Did nothing."

Das Stichwort ist "painted tyrant". In ihm verbindet sich die arretierte Geste und die Permanenz des Bildes mit dem Gipfel der Raserei. Es war diese Polarität, die Warburgs Konzept der Erinnerung inspirierte. Er nannte Bilder wie das des rasenden Pyrrhus "Engramme äußerster Erregung", "Fossilabdrücke der Leidenschaft" und "Energiekonserven, die den ursprünglichen Zustand eines archaischen Schreckens bewahren." Die Künstler der klassischen Antike waren die ersten, die diesen mythischen Schrecken beschworen und ihn in Form der dreifachen Hegelschen Aufhebung negierten, bewahrten und auf eine höhere Ebene hoben. Danach schliefen diese Ikonen der Erregung den Dornröschenschlaf, bis sie von der Renaissance wiederbelebt und in die lebendige Kultur Europas resorbiert wurden. Warburg nennt sie "Pathosformeln", Ikonen der arretierten Bewegung wie der rasende Pyrrhus, die weinende Niobe, der triumphierende Herkules, das geblähte Segel am Schiff der Fortuna etc. Diese Formen wühlen die Wasser der Erinnerung auf, um sie durch mnemische Katharsis zu entgiften. Entsprechend war es sein Forschungsprogramm, die Wanderwege der Pathosformeln zu rekonstruieren. Daraus entstanden drei verschiedene und doch verwandte Werke: eine erst posthum realisierte *Bildersammlung zur Geschichte des Sternglaubens und der Sternkunde*, ein Bilderatlas mit dem Titel *Mnemosyne* und seine berühmt gewordene Bibliothek, deren elliptoider Grundriß um die beiden Brennpunkte Mythos und Logos angeordnet war, um wie ein Memoriasystem die Spannung räumlich auszudrükken, die die Pathosformeln beseelte. Warburg ging es dabei jenseits rein fachlicher Interessen der Kunstgeschichte um die Erschließung des symbolischen Denkens als einer Dimension, in der Rationalität und kulturelle Energie aufeinandertrafen. Zugleich ging es ihm um die Anknüpfung an die Tradition der Akademie von Florenz, jener Wiege des Bürgerhumanismus, der in England ebenso eine Heimstatt finden sollte wie die Warburg-Bibliothek bei der Machtergreifung Hitlers. Kulturelles Gedächtnis artikulierte sich für Warburg nur in der Spannung zwischen der Ratio der Rede und der Magie der Bilder, die den archaischen Schrekken bewahren, der den Impuls zur Orientierung und Sinnsuche auslöst. Zur kulturgeschichtlichen Spur dieser ursprünglichen Orientierung wurde ihm deshalb die Astrologie der Renaissance, die der kopernikanischen Wende voranging: die Linien, mit denen die Astrologen die leuchtenden Punkte am Himmel zu Sternzeichen verbanden, waren Verkehrszeichen in der kosmischen Nacht der Angst. Mit seinem Bilderatlas und seiner Bibliothek knüpfte Warburg deshalb an die Tradition der Memoriasysteme der Renaissance an, um den Zusammenhang zwischen diskursiven Zeichen und kulturellen Energien wiederzugewinnen.

Die Handbücher der "ars memoriae" betonen, daß die Bilder mit Affekten geladen sein müssen, um das Gedächtnis zu faszinieren. Geht man die Dramatisierungsregeln durch, nach denen diese Energieanreicherung erfolgen soll, findet man die Techniken der Verschiebung, der Kondensation und der Substitution, die auch die Freudsche Traumarbeit kennzeichnen. Die anamnetische Entschlüsselung der Träume in der Psychoanalyse stößt auf private Memoria-Systeme mit Arsenalen von "Pathosformeln". Mit dieser Ausweitung der Perspektive wird die Frage nach dem kulturellen Gedächtnis auf die Paradoxie ausgeweitet, die im Mythos der Mnemosyne angelegt ist: Es ist die Frage, ob das Gedächtnis mit dem identisch ist, an das es sich erinnert, oder auch das Vergessene und Verdrängte enthält. Um in der zugehörigen Bildersprache zu bleiben: Ist Erinnerung nur ein verräumlichtes Erinnerungssystem, eine Insel im Meer des Vergessens, wie in Shakespeares *Sturm*, oder ist es die Summe aus Land und Meer? Und was bedeutet es für die Beziehung zwischen Erinnerung und Identität, wenn man die Frage in der einen oder der anderen Richtung beantwortet? Ist Erinnerung als Anwesenheit des Abwesenden vielleicht gar eine logozentrische Illusion, weil sie eine primäre Anwesenheit voraussetzt? Muß sie deshalb zugunsten irgendeiner Differenz dekonstruiert werden, und welche wäre das?

Eine der zentralen Pathosformeln, über die sich das kulturelle Gedächtnis in Deutschland artikuliert hat, ist englischen Ursprungs. Es ist die Identifikation Deutschlands mit Hamlet, der, gedankenreich und tatenarm, über vergangenem Unrecht brütet. Unter der Herrschaft des Saturn und der Melancholie wird diese Figur zur Inkarnation der Erinnerung selbst, "unmixed with baser matter". Wie der Angelus Novus schaut sie zurück und bleibt fixiert auf das, was sie verloren hat, gelähmt durch Erinnerungen an Morde und Opfer. Jedes kulturgeschichtliche Verständnis dieser Figur artikuliert sich deshalb als Erinnerung an die kulturellen Voraussetzungen dieser Form der Erinnerung. Diese Meta-Erinnerung lehrt uns vielleicht den Unterschied zwischen solchen Erinnerungen, die als frei flottierende Alpträume in den Wahnsinn treiben, und solchen, die zur kathartischen Entgiftung der Schrecken der Vergangenheit führen. Es ist der Unterschied zwischen Figur und Werk: der tragische Held muß um der Wirkung des Werkes willen sterben.

Mit dieser Überlegung finden wir uns am Ende der Erzählung in einer der Formen wieder, deren Entstehung wir erzählt haben: der selbstbezüglichen Erzählung, in der die Geschichte am Ende die Bedingungen ihres eigenen retrospektiven Erzähltwerdens hervorbringt. Dieser Punkt ist erreicht, wenn die englische Kulturgeschichte in die gemeinsame Katastrophengeschichte Europas einmündet, die weitgehend von Deutschland bestimmt wird. Daß wir schließlich aus dem selbstverschuldeten Inferno wieder gerettet worden und in zivile Lebensverhältnisse geraten sind, haben wir der Vitalität und der zivilen Substanz der anglo-amerikanischen Kultur zu verdanken. Spätestens hier wird die englische Kulturgeschichte unsere eigene Vorgeschichte, die wir im Bruch mit unserer Vergangenheit gegen ein Gutteil unserer eigenen Katastrophengeschichte eintauschen. Gegenüber der negativen Fixierung auf das finstere Trauma des kollektiven Verbrechens der Deutschen hat die Ergänzung durch eine Alternativgeschichte der Zivilisation, auf die wir uns mit Zustimmung und Hoffnung beziehen können, therapeutischen Charakter. Insofern schließt sich auch hier die Erzählsituation in die Geschichte mit ein, die sich wie der Bildungsroman, der sie ist, als Aufklärung über ihre eigenen Prämissen versteht. Wie alle zirkulären und labyrinthischen Wahrheiten hat sie insofern mythologischen Charakter, als sie Identität stiftet, begründet und legitimiert. Jede Kulturgeschichte, die das versucht, hat dabei der Kontrafaktur der Zivilisation im Holocaust Rechnung zu tragen. Nichts in der Humanität, die Goethe verkörperte, hat gereicht, um Auschwitz zu verhindern. Aber die kulturelle Vernetzung, die von einer Verbindung von Disraeli und Dickens und John Stuart Mill und Gladstone oder von Defoe und Locke und Shaftesbury oder von

Shaw und Churchill und Keynes repräsentiert wird – sie hat Großbritannien mit einem anti-totalitären Immunsystem ausgestattet und die kulturellen Reserven bereitgestellt, mit denen Auschwitz bekämpft wurde. Insofern wird die Whig Interpretation of History mit allen kritischen Vorbehalten, die der Blick auf die von ihr verursachten Kosten hervorruft, für die deutsche Perspektive auf die englische Kulturgeschichte übernommen. Nach dem großen Trojanischen Krieg, in den unsere Geschichte einmündet, hat die Odyssee der Heimkehr nach Ithaka als der Suche nach den Quellen unserer Zivilisation jenseits der Katastrophe begonnen. Jetzt, am Ende des Jahrhunderts der Katastrophen und des Totalitarismus, an dem die Konturen des Europas vor den Weltkriegen aus dem Nebel der Geschichte wieder auftauchen, ist die englische Kulturgeschichte ein Epos, an dem wir uns bei dieser Suche orientieren können.

Namenregister

Acton, Dr. William 225
Addison, Joseph 19
Albert, Prinz von Sachsen-Coburg-Gotha 68, 148, 163, 171, 273
Alessandro, Graf 105
Allen, Grant 227
Almond, Richard 275
Ambler, Eric 296
Archer, William 264
Arnold, Matthew 145, 187, 206–208, 226, 235
Arnold, Thomas 206
Asquith, Herbert 291
Augusta, Prinzessin von Sachsen-Coburg-Gotha 24, 100
Austen, Cassandra 112
Austen, Jane 66, 82–83, 99, 112–120, 122, 125, 223

Bacon, Francis 16
Baden-Powell, Robert Stephenson 297
Bagehot, Walter 203
Balfour, Arthur 290–291
Ballabov, Angelika 282
Balzac, Honoré de 121, 126
Barber, Frank 40
Barrett, Elizabeth s.a. Browning 210
Barry, Sir Charles 163, 272
Baudelaire, Charles-Pierre 240, 242
Beard, George 245
Beardsley, Aubrey 276
Bebel, August 282
Beckford, William 58
Becquerel, Antoine Henri 278
Bell, Clive 266
Bell, Dr. Joseph 237
Bell, Vanessa 266
Benjamin, Walter 101, 141, 168, 252, 290
Bennett, Enoch Arnold 268
Bentham, Jeremy 79, 127–128, 131, 153, 182, 234
Bergson, Henri 217, 264, 277–278
Berkeley, Bishop 43
Besant, Annie 228, 282
Bethmann-Hollweg, Theobald 303–304
Bismarck, Otto von 145
Blake, Robert 84, 90–91
Blake, William 84, 90–91
Blücher, Marschall Gebhard Leberecht von 75–76
Blunt, Hubert 229
Bolingbroke, Henry St. John Viscount of 24, 201
Bonnie, Prince Charlie s.a. Charles E. Stuart 121
Booth, William 258
Borges, Jorge Luis 216
Boswell, Alexander, Laird of Auchinleck 43
Boswell, James 41–44, 60
Boucault, Aristide 159
Boulton, Matthew 61, 185
Boveri, Margaret 296
Bowdler, Thomas 134
Bowood, Marquess of 146
Boycott, Charles 254
Bradley, Francis Herbert 233
Branwell, Elizabeth 163–165
Brontë, Anne 163
Brontë, Charlotte 150, 162–163
Brontë, Emily 150, 163, 221
Brontë, Patrick Branwell 163–164

Brougham, Henry Peter 127–128
Brown, Launcelot (Capability Brown) 60
Browne, Maggie 215
Browning, Elizabeth Barrett 210
Browning, Robert 206, 209–211
Brummell, George Bryan "Beau" 84
Brunty, Patrick 163
Buchan, John 1st Baron Tweedsmuir of Enfield 296
Buckland, William 177
Bulwer-Lytton, Edward George 125, 143, 162
Burgoyne, General John 33
Burke, Edmund 22, 29–33, 36–37, 41–42, 49, 60, 71–72, 81, 86, 123–124, 254, 290
Burney, Charles 41
Burney, Fanny 41, 112
Burns, Robert 71
Burton, Dr. John 51
Butler, Samuel 143, 181, 185, 218, 255–256
Butt, Isaac 253
Byron, Lord George Gordon 78, 88, 94-96, 98-108, 120, 146, 209

Caesar, Julius 216, 264
Campbell, Lord John 225
Campbell-Bannermann, Sir Henry 290–291
Carlyle, Thomas 142, 144–146, 182, 216, 259, 264
Caroline, Prinzessin von Braunschweig 82, 138
Carpenter, Edward 244
Carroll, Lewis s. Charles Lutwidge Dodgson
Cavendish, Lord 254
Cézanne, Paul 268
Chamberlain, Joseph 202, 249, 254, 261, 283, 291
Chambers, Robert 181
Champollion, Jean François 238
Charcot, Jean-Martin 247
Charles, Edward Stuart 121
Charles II., 30, 81
Chatterton, Thomas 57–59, 104
Childers, Erskine 296
Chippendale, Thomas 60
Churchill, Charles 25
Churchill, Winston 7, 310
Clairmont, Claire 101–103, 106
Clarkson, Thomas 85
Clifford, William Kingdon 231
Clive, Kitty 46
Clive, Robert 22, 24, 34
Cobden, Richard 167, 171
Coleridge, Samuel 71, 78, 91–92, 94–95, 99–100, 108–109, 144
Collins, Wilkie 187
Comte, Auguste 182, 220
Connolly, James 256
Conrad, Joseph 248–250, 252, 276, 298, 300
Conroy, Sir John 148
Constable, John 109
Constant, Benjamin 101
Cook, Thomas 195–196
Cooper, James Fennimore 126, 162
Cornwallis, Charles 1st Marques und 2nd Earl of 33
Coubertain, Baron de 283
Cowper, William 59
Cromwell, Thomas 33, 38, 71, 145, 290
Cunningham, William 227
Curie, Marie 272
Curie, Pierre 272
Cuttle, Joseph 108
Cuvier, Baron de 177, 236

Dale, David 78
Dante Alighieri 58, 91, 145

Darius, 238
Darwin, Charles 74, 178–180, 220, 232–236, 250
Davison, Emily 293
Davitt, Michael 253
Defoe, Daniel 13, 121, 194, 309
Derby, Earl of 195, 211, 293
Descartes, René 15–16
Dewey, John 278
Dickens, Charles 21, 62, 67, 121, 125, 128, 131, 139–140, 142–143, 150–159, 161–162, 174, 194, 203, 205, 213, 223, 300, 309
Diderot, Denis 46, 97
Dilke, Sir Charles Wentworth, 2nd Baronet 202
Disraeli, Benjamin 63, 68, 141–142, 159, 162, 166, 168–169, 174, 190–191, 198–199, 201, 204–205, 248, 309
Dodgson, Charles Lutwidge 156, 198, 206, 212–216, 218
Dönniges, Helene von 217
Doolittle, Hilda 276
Dostojewskij, Fjodor Mikhailovich 252
Doyle, Conan 237, 253, 300
Dreyfus, Alfred 246, 284
Dryden, John 41, 100
Drysdale, George 228
Duff, William 97
Dumas, Alexandre 126
Dunant, Henri 224
Durkheim, Émile 284

Edgeworth, Maria 112
Edward, VII. 68, 280
Egaton, George 224
Eichendorff, Joseph von 98
Einstein, Albert 277–278
Eliot, George (Mary Ann Evans) 181, 187, 205, 220
Eliot, Thomas Stearns 211, 277
Ellis, Havelock 225, 244, 276, 300
Engels, Friedrich 62, 282

Ferdinand, Erzherzog 301
Ferguson, Adam 56, 124
Fichte, Johann Gottlieb 94, 144
Fielding, Henry 43, 60, 113, 194
Fitzherbert, Maria Anne 82
Fleming, Ian 288, 296
Fletcher, Thomas 211
Fontane, Theodor 125
Fontenelle, Bernard Le Bovier, sieur 182
Ford, Ford Maddox 277
Forster, Edward Morgan 266–267
Foucault, Michel 153, 278, 301
Fourier, François Marie Charles 282
Fourmandel, Catherine 50
Fox, Charles James 22, 29–33, 35–37, 41, 60, 71, 81, 86
Francis, George Henry 203
Francis, Sir Philip 28, 34, 35
Franklin, Benjamin 64
Frederic, Christine 277
Frege, Friedrich Ludwig Gottlob 267
Freud, Sigmund 217, 225, 247, 278, 300–301
Freytag, Gustav 125
Fricker, Edith 92
Fricker, Mary 92
Friedrich der Große, 24, 59
Fry, Roger 266, 268

Gainsborough, Thomas 60
Galton, Sir Francis 238
Gamba, Graf 105
Garrick, David 22–23, 40–42, 45–46, 49, 51, 60–61

Gaskell, Elizabeth Cleghorn 140
Gautier, Théophile 240, 242
Gellert, Fürchtegott 44
Gentz, Friedrich 72
George II. 24
George III. 22, 24, 27, 32, 37, 41, 68, 81
George IV. 68, 120
George V. 69
George, Henry 259
George, Lloyd 291–292
Gerard, Alexander 96
Gibbon, Edward 41, 64
Gilbert, Sir William Schwenk 83, 194, 245
Gillman, Dr. James 95
Gillrays, James 109
Gladstone, William 166, 169–170, 174–175, 198, 200–202, 204, 226, 235, 254, 283, 309
Godwin, William 71, 73–74, 84, 90, 102, 182
Goethe, Johann Wolfgang von 21, 45, 56, 70, 105, 144, 207, 309
Gogol, Nikolai Vasiljevich 126
Goldmann, Emma 282
Goldsmith, Oliver 41–42, 44–45, 60, 88, 129
Goncourt, Edmond de 225
Gottsched, Johann Christoph 44
Grafton, Augustus Henry Fitzroy 3rd Duke of 26
Granville-Barker, Harley 265
Gray, Thomas 56–57, 129, 242, 244, 248
Greene, Graham 296
Greene, General Nathaniel 72
Gregory, Isabelle Augusta 256
Grenville, George 26, 32
Greville, Charles 75
Grey, Sir Edward 163, 165, 248, 291, 301, 304
Guiccioli, Theresa 104, 106
Haidar Ali, Maharadscha von Mysore 35
Haldane, Richard B. 290–292
Halifax, George Savile Marquess of 26
Hall-Stevenson, John 50
Hamann, Johann Georg 97
Hamilton, Lady Emma 75
Hamilton, Sir William 75
Harcourt, Sir William George Granville Venables Vernon 202
Hardie, Keir 227, 262, 263
Hardy, Thomas 181, 220
Harley, Robert, 1st Earl of Oxford and Mortimer 38, 265
Harrington, James 63, 184
Hartley, David 131
Harun al Raschid 58
Hastings, Warren 22, 34–36
Hegel, Georg Friedrich Wilhelm 30, 106, 117–120, 217
Heine, Heinrich 207
Heinrich VIII. 99
Hepplewhite, George 60
Herder, Johann Gottfried von 45, 97
Hickman, Tom 143
Hill, Sir Rowland 57–58, 171
Hitler, Adolf 68, 298–300
Hobbes, Thomas 15–17, 51
Hobhouse, John Cam 100–101
Hobsbawm, Eric 275
Hofstadter, Douglas 216
Hogarth, Catherine 151
Holcroft, Thomas 73
Holland, Lord 30, 33, 44, 70, 78, 85, 100–101
Horaz 51, 129
Hughes, Thomas 170
Hugo, Victor 126, 209
Hume, David 59–60, 63, 73, 117, 124
Hunt, Leigh 94, 101, 105–106

Husserl, Edmund 278
Hutcheson, Francis 19, 63
Huxley, Aldous 236
Huxley, Julian 236
Huxley, Thomas Henry 180–182, 233, 235–236, 238
Huysman, Joris Karl 225, 240
Hyde, Douglas 104, 171, 226, 255, 300
Hyndman, Henry Mayers 67, 228, 258

Ibsen, Henrik Johan 229, 256, 264–265
Imlay, Gilbert 83
Irving, Henry 193

Jack the Ripper 300
James, Henry 83, 205, 221, 252, 256, 262
James, William 278
Jevons, Stanley 259
Johanna von Orléans 216
Johnson, Dr. Samuel 23, 40–46, 49, 58, 60–61, 90, 145
Johnson, Joseph 90
Jonson, Ben 41
Jowett, Benjamin 290
Joyce, James 207, 256–257, 277

Kafka, Franz 216
Kant, Immanuel 94, 97, 117–119
Kean, Edmund 88, 101
Keats, John 58, 94–96, 98–99, 104, 108
Kemble, Philip 88
Kemble, Sarah s.a. Siddons 88
Kemble, Stephen 88
Kempis, Thomas 255
Kéroualle, Louise de 30
Keynes, Maynard 266, 310
Kingsley, Charles 142, 148, 170, 182, 187, 205, 227, 264
Kipling, Rudyard 248–249
Knox, John 145
Kolontai, Alexandra 282
Kopernikus 181
Krafft-Ebing, Freiherr von 245, 247, 300
Krupp, Friedrich Alfred 295
Kuhn, Thomas 177
Kulickov, Anna 282

Lamarck, Jean-Baptiste-Pierre-Antoine de Monet, Chevalier de 179, 264
Lamartine, Alphonse de 106
Lamb, Charles 94
Landor, Walter Savage 209
Lasalle, Ferdinand 227
Lawrence, David Herbert 277
Lawrence, Thomas 109
Le Bon, Gustave 283–284
le Carré, John 296
le Queux, William Tufnell 296
Lear, Edward 206, 211–212, 214
Leconte de Lisle, Charles Marie René 240
Leibniz, Gottfried Wilhelm 41, 242
Leigh, Augusta 94, 100–101, 105–106
Lenin, Vladimir Iljiich Uljanov 304
Lennox, Caroline 30
Leonardo da Vinci 110
Levett, Robert 41
Lévi-Strauss, Claude 9
Lewis, Wyndham 277
Liddell, Alice 213
Liddell, Henry George 213
Lillo, George 19
Livingstone, David 300
Livius, Marcus Tullius 28, 129
Locke, John 15–16, 19, 33, 50, 63, 141, 184, 189, 309

Lombroso, Cesare 246
Longmann, Thomas Norton 108
Lucius Junius Brutus 28
Ludd, Ned 78
Ludwig XVI. 70, 73
Luhmann, Niklas 9
Luther, Martin 145
Luxemburg, Rosa 282
Lyell, Charles 178, 235–236

Macaulay, Thomas Babington, 1st Baron 176–177, 182, 200
Mach, Ernst 29, 278
Macklin, Charles 46
Macpherson, James 56, 58
Mallarmé, Stéphane 240
Malthus, Daniel 73
Malthus, Thomas 73–74, 77–78, 131, 234
Mancini, Pasquale Stanislao 107
Mandeville, Bernard de 63
Manet, Édouard 209
Mantegazza, Paolo 245, 247
Marinetti, Filippo Tommaso Emilio 276
Marx, Eleanor 224
Marx, Karl 62, 67, 77–78, 80, 102, 160–161, 182, 191, 207, 219–220, 227–228, 258–259, 264, 300
Maugham, Somerset 296
Maurice, Frederick Denison 170, 227
Maurier, George du 245
McDonnell, George 215
McNeile, Herman Cyril 296
McTaggart, John Ellis 233
Meredith, George 181, 206, 216–218, 221, 227
Mérimée, Prosper 126
Meyer, Conrad Ferdinand 2, 126
Milbanke, Amabella 100–101
Mill, James 127–129, 147, 182, 234
Mill, John Stuart 127, 129–132, 144, 172–173, 182, 184, 192, 199–200, 207, 224, 229, 239, 266, 309
Millar, John 124
Milton, John 87, 100, 129
Mitchel, John 168
Mommsen, Theodor 264
Montagu, Elizabeth 61
Montagu, Lady Mary 24
Montesquieu, Charles-Louis de Secondat, Baron de la Brède et de 33
Moore, George Edward 266
Moore, Thomas 81, 94, 146, 266–268, 278
Morley, John 209, 290
Mornington, 1st Earl of 76
Morris, William 67, 142, 145, 191, 209, 228–229, 273–274
Morton, Charles 195
Munro, Harold 277
Murad, Sultan 302
Murray, John 108
Murray, John Middleton 277

Nabokov, Vladimir Vladimirovich 216
Napoleon Bonaparte 67, 71, 75–77, 79, 87, 91, 100, 109, 118, 123, 145, 216, 219
Neat, Bill 142
Nelson, Horatio 74–76, 109
Newcastle, Thomas Pelham-Holles 1st Duke of 24, 287
Newman, John Henry 148
Newton, Isaac 15–17, 50, 180–181
Newton, John 102
Nietzsche, Friedrich 207, 264
Nightingale, Florence 224
Nobel, Alfred 295

Nordau, Max 245–247
North, Frederick 2nd Earl of Guilford 25–26, 32–34

O'Brien, William 168
O'Connell, Daniel 168
O'Connor, Fergus 139
O'Shea, William Henry 254
Obilic, Milos 302
Onslow, George 28
Ostrogowski, Moses 205
Owen, Robert 78–79, 227

Paine, Thomas 72–73, 84, 90, 234
Paley, William 230
Palladio, Andrea 57
Palmerston, Viscount 173–174, 198–199
Pankhurst, Christabel 292
Pankhurst, Sylvia 292
Paoli, Pascal 44
Papst Pius XI. 182
Parnell, Charles Stewart 253–255
Pater, Walter 240, 242–244
Patmore, Coventry 226
Patterson, Emma 228
Paul, Jean 144
Paxton, Joseph 272
Peacock, Thomas Love 128, 216–217
Peano, Giuseppe 267
Pearson, Carl 225
Peel, Sir Robert 138, 166–169, 174, 203
Pepys, Samuel 13
Percy, Thomas 58, 101
Pfeiffer, Emily 224
Pitt, William der Ältere 22–26, 30, 32–33
Pitt, William der Jüngere 22, 33, 35–38, 49, 66, 70–71, 73–74
Place, Francis 236
Planck, Max 278
Plato 44, 129, 290
Poe, Edgar Allan 238, 251, 300
Poincaré, Raymond 303
Polybius 129
Pope, Alexander 24, 26, 59, 100
Potter, Beatrice 159, 221, 260–262, 291
Pound, Ezra 211, 275, 277
Priestley, Joseph 182
Princip, Gavrilo 302
Pritchard, Hannah 46
Proust, Marcel 221, 246
Pückler-Muskau, Fürst 82
Puschkin, Alexander Sergejevich 126
Pynchon, Thomas 216

Quincey, Thomas de 143, 264

Radcliffe, Anne 58, 112
Radscha von Oudh 35
Raffael Santi 190
Rawlinson, Sir Henry 238
Read, Charles 233
Read, Winwood 233
Reynolds, Sir Joshua 60, 109
Rhodes, Cecil 249
Ricardo, David 78, 129, 173, 259
Richardson, Samuel 13, 19, 45, 58–60, 113, 116, 165, 194, 222
Rilke, Rainer Maria 252
Robespierre, Maximilien de 23, 73, 92
Rockingham, Charles Watson-Wentworth Marquess of 26, 30, 33
Rohmer, Sax 250
Röntgen, Wilhelm Conrad 278
Rosebery, Archibald Philip Primrose 198, 285, 290
Rossetti, Christina 190

Rossetti, Dante Gabriel 190–191, 209
Rothschild, Hannah de 285
Rothschild, Nathan 87
Rothschild, Nathaniel 285
Rousseau, Jean-Jacques 20, 21, 44, 48, 59–60, 66, 73, 145, 290
Rowlandson, Thomas 109
Rummerskirch, Freiherr von 302
Ruskin, John 110, 145, 190–191, 208–209, 213, 228
Russell, Bertrand 3rd Earl of 215, 233, 266
Russell, George William, Pseudonym: A.E. 255
Russell, Lord William 143

Sackville-West, Victoria 280
Sadleir, Michael 277
Salisbury, Robert Cecil 3rd Marquess of 198, 202, 289
Sandwich, Edward Montagu 1st Earl of 25–26
Sarsfield, Arthur 250
Sassulich, Vera 282
Schelling, Friedrich 94
Schiller, Friedrich 97, 144
Schiller, Moritz 302
Schopenhauer, Arthur 221
Schreiner, Olive 224, 244
Scott, Sir Walter 67, 99, 105, 109, 120–125, 129, 152, 176, 194
Selwyn, George 25
Shaftesbury, Anthony Ashley Cooper, 1st Earl of 19, 309
Shakespeare, William 15, 43, 46, 79, 102, 108, 129, 145, 194
Sharp, Grandville 85, 162
Shaw, George Bernard 33, 102, 145, 162, 181, 206, 215–218, 228–229, 233, 244, 256, 258–265, 274, 276, 282, 286, 288, 295, 310
Shelburne, William Petty Fitzmaurice Lansdowne, 2nd Earl of 33
Shelley, Mary 84, 104–106
Shelley, Percy Bysshe 57, 84, 94–96, 98–99, 101–108, 209, 216
Sheraton, Thomas 60
Sheridan, Richard Brinsley 22, 29–33, 36–37, 41, 45–46, 49, 81, 88, 100
Siddons, Sarah 46, 88
Simmel, Georg 14, 253
Smiles, Samuel 185–186
Smith, Adam 36, 41, 43, 63–64, 124, 129, 259, 280
Smith, Sir William 297
Smollett, Tobias 41, 194
Snow, Charles Percy 235
Sokrates 20, 97, 243
Southey, Robert 71, 91–92, 94, 100, 102, 108–109
Spencer, Herbert 182, 220, 235
St. Pierre, Abbé de 182
Staël, Madame de 64, 101
Stanhope, Charles 3rd Earl of 71, 73
Stanley, Sir Henry Morton 259, 300
Steele, Richard 19
Stephen, Sir Lesley 233, 257
Sterne, Laurence 21, 49–55, 113, 117, 119
Stevenson, Robert Louis Balfour 50, 125, 226, 300
Stifter, Adalbert 125
Stillingfleet, Benjamin 61
Stowe, Harriet Beecher 188
Strachey, Lytton 216, 266
Strauß, David Friedrich 181
Südfeld, Gabriel 246
Sue, Eugène 300

Sullivan, Sir Arthur Seymur 194, 245
Swedenborg, Emanuel 90, 255
Swinburne, Charles 206, 209, 211
Symons, John Addington 244
Synge, John Millington 256

Talleyrand, Charles-Maurice Marquis de Talleyrand-Périgord 83
Tate, Henry 273
Taylor, Charles 8, 16, 21, 230–231
Taylor, Frederick Winslow 281
Taylor, Harriet 173
Tenniel, John 214
Tennyson, Alfred Lord 192, 209, 239
Thackeray, William 125, 150, 161–163
Thomson, Sir Joseph John 278
Thrale, Hester 41–42
Thukydides 129
Thurber, James 212
Tipu Sahib 35
Tissot, Dr. Samuel-Auguste-David 134
Tolstoi, Leo 126
Trollope, Anthony 199, 205, 221
Turner, William 109–110, 190, 271
Twain, Mark 125
Tzara, Tristan 276

van Gogh, Vincent 268
Veblen, Thorstein 80, 280
Verlaine, Paul 240, 276
Vesey, Mrs. Elizabeth 61
Victoria, Queen of England, Scotland and Ireland (Königin Viktoria) 67–68, 148–149, 201, 280, 290
Viviani, Emilia 104
Voltaire, François-Marie Arouet 41, 44, 290

Wagner, Richard 264
Wallas, Graham 260
Walpole, Horace 33–34, 56–61
Walpole, Robert 23, 35, 38, 71
Warburg, Aby 306–308
Watt, James 61, 185
Webb, Beatrice s.a. Potter, Beatrice 261–262, 282
Webb, Sidney 260–262
Webster, Noah 41
Wedgewood, Thomas 60, 85, 92, 108
Weininger, Otto 246
Wellesley, Arthur s. Wellington
Wellesley, Richard Colley, 2nd Earl of 76
Wellington, Sir Arthur Wellesley, 1st Duke of 74–76, 204
Wells, Herbert George 145, 181, 228, 248, 260, 262–263, 268, 274, 286
Welsh, Jane Baillie 144
Wesley, John 13, 23, 49
Westbrook, Harriet 101
Whistler, Thomas 208–209
Whitefield, George 23
Whitman, Walt 207
Wicksteed, Philip H. 259
Wilberforce, William 39, 85, 133
Wilde, Oscar 25, 107, 208, 215, 217, 228, 240, 243–246, 248, 251, 265, 276
Wilhelm II. 250, 297
Wilkes, John 22, 25–29, 33, 37–38, 41–42, 44, 49, 57, 69
Wilkinson, John 62
William III. 38, 199
William IV. 68, 148
William the Conqueror 99

Williams, Shirley 263, 277
Winckelmann, Johann Joachim 44, 243–244
Wittgenstein, Ludwig 278
Woffington, Peg 46
Wollstonecraft, Mary 73, 83, 90, 102
Woolf, Virginia 210, 233, 266, 268, 274
Wordsworth, Dorothy 92, 94
Wordsworth, William 71, 84, 91–95, 99–100, 108, 132, 154, 157, 189, 192, 213

Yeats, William Butler 255–256
Young, Edward 96

Zola, Émile 36, 62, 225, 229, 275, 300